高等院校经济管理类系列教材

公共关系学(第五版)

唐雁凌　王　挺　赵　青　陈瑞珊　编著

清华大学出版社
北京

内 容 简 介

本书在第四版的基础上进行了数据与案例的调整，本书的案例除了经典不可替代的案例外，大多是新案例，与时俱进。在第四版"网络公共关系"内容的基础上，本书又增加了公关传播仪式观、微视频公关以及 5G 技术条件下公关的发展趋势等新内容。

本书作为本科应用型教材，融合了公共关系学的基本理论和重要操作技巧，突出了公共关系的沟通技巧、公共关系传播技巧，特别是网络传播技巧、公共关系的活动策划和运作技巧，其中对危机公共关系的处理和对 CIS 形象策划等知识都进行了详细的介绍。本书着重"传播"二字，对提升学习者的公共关系传播能力有重要的指导作用。本书突出实践指导性，集纳了许多具体的操作案例和操作方法。

本书可作为本科院校及高职高专院校经济类、营销类、管理类、传播类相关专业的教材，也可作为企业事业单位公共关系、市场营销和管理人员的培训教材和参考读物。

本书封面贴有清华大学出版社防伪标签，无标签者不得销售。

版权所有，侵权必究。举报：010-62782989，beiqinquan@tup.tsinghua.edu.cn。

图书在版编目(CIP)数据

公共关系学/唐雁凌等编著. —5 版. —北京：清华大学出版社，2024.2
高等院校经济管理类系列教材
ISBN 978-7-302-65373-8

Ⅰ. ①公… Ⅱ. ①唐… Ⅲ. ①公共关系学—高等学校—教材 Ⅳ. ①C912.31

中国国家版本馆 CIP 数据核字(2024)第 038185 号

责任编辑：孙晓红
封面设计：李　坤
责任校对：周剑云
责任印制：刘海龙

出版发行：清华大学出版社
　　　　网　　址：https://www.tup.com.cn, https://www.wqxuetang.com
　　　　地　　址：北京清华大学学研大厦 A 座　　邮　编：100084
　　　　社 总 机：010-83470000　　邮　购：010-62786544
　　　　投稿与读者服务：010-62776969, c-service@tup.tsinghua.edu.cn
　　　　质量反馈：010-62772015, zhiliang@tup.tsinghua.edu.cn
　　　　课件下载：https://www.tup.com.cn, 010-62791865

印 装 者：北京同文印刷有限责任公司

经　　销：全国新华书店

开　　本：185mm×260mm　　印　张：17.5　　字　数：422 千字

版　　次：2007 年 9 月第 1 版　2024 年 2 月第 5 版　　印　次：2024 年 2 月第 1 次印刷

定　　价：56.00 元

产品编号：097678-01

前　言

随着社会经济与传播业的发展，公共关系在现代社会特别是在现代企业中逐渐提升到了一个很高的地位。近年来中国公关行业调查显示：高级咨询顾问、高级管理人员、客户经理始终位居中外公关公司紧缺人才的前三位。北京职位需求最新资料也显示：咨询业人员仅次于IT和电子技术人员，属市场需求的热门人才。

"资讯传播、关系协调、形象管理"三个关键词体现了现代公共关系发展的主流趋势，"公共关系"已经不再是一个被质疑和非议的词汇，它在现代社会的发展中起着越来越重要的作用。公共关系已成为组织战略管理的重要组成部分。随着互联网时代的来临，传播沟通活动迅速增长，社会组织如果不学会正确的传播沟通方式，不学会树立企业良好形象，不学会及时快速地解决危机事件，就难以在激烈的竞争中取胜，更难以赢得信誉。在当今社会，公共关系给社会组织提供了一种全新、有效的组织传播视角，提供了解决企业危机问题的有效方法和手段，提供了有效进行品牌良好形象建构的思路。现代社会组织不学习公共关系学，将会严重制约其竞争力。

本书具有以下几个方面的特点。

(1) 章节紧凑，简洁明了。本书用较少的篇幅和文字阐述了公共关系的主要理论和操作技巧，但不失其全面性、系统性。

(2) 内容新颖，收集了本学科前沿的知识和信息资料。随着现代市场营销理论、传播技术与实践的发展，出现了很多新的公共关系案例、技巧、方法和手段，本书在第四版的基础上竭力收集和整理了最新的公共关系理论、方法和案例，特别是为了适应网络时代手机传播的需要，我们增加了微视频公关和5G技术条件下公关发展的新趋势等内容，同时，还把以前缺失的公关传播仪式观等内容纳入进来，把读者引向了本学科的前沿阵地。

(3) 本书方便实用，指导性强。本书在清华大学出版社的网站上配有电子课件、习题集、案例库、专题拓展，方便师生共同学习和探讨，给购书者以超值的回报。

本书由唐雁凌拟写大纲，并与王挺、赵青、陈瑞珊共同编写。全书共计12章，具体撰写分工为：第一章由陈瑞珊编写；第二章由赵青编写；第三、四、五、七、八、九、十、十一章由唐雁凌编写；第六、十二章由王挺编写；全书最后由唐雁凌核对并修订。

本书参考和引用了众多专家学者的珍贵资料，在此向有关作者表示诚挚的感谢。

由于作者水平有限，书中难免存在不妥与疏漏之处，敬请广大读者和专家给予批评指正。

编　者

目 录

第一章 公共关系概论 1
第一节 公共关系的含义 1
一、历史上公共关系的各种定义 2
二、公共关系的内涵 4
三、公共关系学科 4
第二节 公共关系的构成要素及特征 4
一、公共关系的构成要素 4
二、公共关系的特征 6
第三节 公共关系的作用 10
一、公共关系对社会组织的作用 10
二、公共关系对个人的作用 13
三、公共关系对社会的作用 14
第四节 公共关系理论的产生与发展 15
一、公共关系理论产生的背景 15
二、公共关系理论的出现 16
三、公共关系理论成熟时期的重要思想 17
四、公共关系创新时期的理论 20
五、公共关系学全球化传播时期的理论 21
第五节 公共关系理论在我国的传播 23
一、起步阶段(1980—1986年) 23
二、发展阶段(1987—1989年) 23
三、规范阶段(1990—1993年) 24
四、完善发展阶段(1994—2008年) 24
五、全面创新繁荣阶段(从2008年开始) 24
本章小结 26
复习思考题 27

第二章 公共关系机构与公共关系从业人员 28
第一节 公共关系机构 28
一、公共关系部 28
二、公共关系公司 32
三、公共关系社团 36
四、公共关系公司与公共关系部各自的优势和劣势比较 39
第二节 公共关系从业人员 40
一、公共关系从业人员的素质 40
二、公共关系人员的培养 47
本章小结 51
复习思考题 51

第三章 公共关系战略与策略 52
第一节 公共关系战略 52
一、战略的内涵 52
二、战略的价值 53
三、公共关系战略的含义 54
四、公共关系战略的特点 55
五、公共关系战略运行要素 55
六、公共关系的战略核心——CS战略 58
第二节 公共关系策略 60
一、公共关系策略的内涵和作用 61
二、经典公共关系策略 62
三、全球化时代中国公共关系策略解析 67
本章小结 70
复习思考题 71

第四章 公共关系工作模块 72
第一节 公共关系调查 72
一、公共关系调查的内容 72
二、公共关系形象调查的方法 77
三、选择调查对象的方式 82
四、实际形象的调查步骤 85
五、理想形象调查的步骤 86

六、理想形象与实际形象的差距
　　　　分析 86
第二节　公共关系策划 88
　　一、公共关系策划的特征与原则 89
　　二、公共关系策划的步骤 90
　　三、公共关系策划的技巧 96
　　四、公共关系策划的作用 96
第三节　公共关系实施 97
　　一、公共关系实施的基本途径 97
　　二、不同传播方式的比较与发展趋势
　　　　分析 99
　　三、选择传播媒介的原则 101
　　四、公共关系实施阶段应注意的
　　　　问题 107
第四节　公共关系评估 107
　　一、对公共关系活动实施效果的
　　　　评估标准 108
　　二、公共关系评估的主要内容 108
　　三、公共关系评估的过程 108
　　四、公共关系评估的方法 109
　　五、公共关系活动评估报告 110
　　六、基于评估的实施修正阶段 110
本章小结 111
复习思考题 112

第五章　公共关系沟通技巧 113

第一节　公共关系沟通概述 113
　　一、沟通与公共关系沟通 113
　　二、公共关系沟通的要素 114
　　三、公共关系沟通的分类 116
　　四、公共关系沟通的特征及影响
　　　　因素 118
第二节　公共关系沟通中的语言艺术 119
　　一、幽默法 120
　　二、委婉法 122
　　三、暗示法 123
第三节　公共关系沟通中的障碍 124
　　一、公共关系沟通的主要障碍 124
　　二、公共关系沟通障碍的克服 126
本章小结 127
复习思考题 128

第六章　公共关系传播 129

第一节　传播的基本原理 129
　　一、传播的概念 129
　　二、传播的特性 130
　　三、传播的过程和要素 131
　　四、传播的类型和方式 132
第二节　公共关系传播的原则及媒介 134
　　一、公共关系传播的原则 134
　　二、公共关系传播的媒介 138
　　三、公共关系传播媒介的选择 144
第三节　公共关系传播的效果 145
　　一、公共关系传播效果的理论 145
　　二、公共关系传播效果的层次 146
　　三、公共关系传播效果的评价 147
第四节　公共关系传播的障碍及技巧 148
　　一、公共关系传播过程中的障碍 148
　　二、有效的公共关系传播技巧 150
本章小结 156
复习思考题 157

第七章　公共关系专题活动 158

第一节　公共关系专题活动概述 158
　　一、公共关系专题活动的工作
　　　　性质 158
　　二、公共关系专题活动的工作
　　　　对象 159
　　三、公共关系专题活动的工作
　　　　途径 159
　　四、公共关系专题活动的工作
　　　　目标 159
第二节　公共关系专题活动的要求
　　　　和原则 160
　　一、开展公共关系专题活动的
　　　　要求 160
　　二、开展公共关系专题活动的
　　　　原则 161
第三节　公共关系专题活动的组织
　　　　与实施 162

一、记者招待会.................................162
　　二、展览会...164
　　三、赞助活动.....................................166
　　四、典礼与仪式.................................168
　　五、宴会...169
　　六、公共联谊活动.............................170
　本章小结...171
　复习思考题...171

第八章　网络公共关系与绿色公共关系...172

　第一节　网络传播.................................172
　　一、网络传播的内涵.........................172
　　二、网络传播的原则和技巧.............177
　第二节　网络公共关系.........................178
　　一、网络公共关系传播的内容.........178
　　二、网络公共关系的渠道与形式.....180
　　三、网络公共关系的优势.................182
　　四、网络公共关系的新变化.............184
　第三节　绿色公共关系.........................186
　　一、绿色公共关系的内涵.................186
　　二、绿色公共关系的意义.................187
　　三、绿色公共关系的特点.................187
　　四、绿色公共关系的运用策略
　　　　和技巧...188
　本章小结...189
　复习思考题...189

第九章　大型公共关系活动.................190

　第一节　大型公共关系活动概述.........190
　　一、大型公共关系活动的定义
　　　　和内涵...190
　　二、大型公共关系活动的策划
　　　　原则...192
　第二节　大型公关活动的策划技巧.....194
　　一、大型公关活动的策划思路.........194
　　二、大型公关活动的策划技巧.........197
　第三节　大型公共关系活动的程序.....198
　　一、立项...198

　　二、确立公共关系活动对象.............198
　　三、确立活动主题.............................198
　　四、制定大型公关活动的实施
　　　　方案...198
　第四节　借势造势——大型公共关系
　　　　　活动的成功之道.....................202
　　一、借热点事件造势.........................203
　　二、借社会时尚造势.........................203
　　三、借公益事业造势.........................203
　　四、借议题造势.................................204
　本章小结...204
　复习思考题...205

第十章　危机公共关系管理.................206

　第一节　危机公共关系概述.................206
　　一、与危机相关的几个概念.............206
　　二、公共关系危机的特征.................207
　　三、危机公共关系的类型.................209
　第二节　公共关系危机的发展阶段与
　　　　　处理程序.................................212
　　一、公共关系危机的发展阶段.........213
　　二、公共关系危机的处理程序.........213
　第三节　公共关系危机的处理原则.....215
　　一、危机处理的原则.........................215
　　二、危机公共关系资料的收集
　　　　与提供...216
　第四节　制订危机管理计划.................217
　　一、建立危机管理小组.....................217
　　二、危机计划制订的原则.................218
　　三、危机管理计划的内容.................219
　　四、危机公共关系的预警.................219
　　五、危机处理过程中的新闻发布.....220
　　六、危机后期的恢复和发展.............221
　本章小结...221
　复习思考题...222

第十一章　CIS战略.................................223

　第一节　CIS战略的基本内涵.............223
　　一、CIS战略的定义.........................224

二、CIS 战略的构成要素..................224
　　三、CIS 战略的作用..........................227
第二节　CIS 战略的起源与发展..........228
　　一、CIS 战略在美国的产生
　　　　和发展..228
　　二、CIS 战略在日本的发展..............230
　　三、CIS 战略在中国的发展..............230
第三节　导入 CIS 的实施程序..............232
　　一、导入 CIS 的启动阶段..................232
　　二、企业实态调查阶段......................233
　　三、CIS 设计开发阶段......................235
　　四、CIS 实施管理阶段......................240
　　五、CIS 战略与 CS 战略的异同
　　　　分析..240
第四节　关于 CIS 的错误认识..............241
　　一、CIS 无用论..................................241
　　二、CIS 导入中重视 VI 而忽视
　　　　MI、BI..242
　　三、CIS 导入后墨守成规，导致
　　　　形象老化......................................242
　本章小结..245
　复习思考题..246

第十二章　国际公共关系..........................247

第一节　对外交往中的国际关系..........247
　　一、国际公共关系概述......................247
　　二、国际公共关系的产生和发展......248
　　三、国际公共关系的基本原则..........249
　　四、中国国际公共关系的发展..........250
第二节　国际公共关系的目标..............253
　　一、国际公共关系目标的分类..........253
　　二、确立目标原则..............................254
　　三、目标确立前的调研......................255
第三节　国际公共关系活动..................256
　　一、国际公共关系活动的内容..........256
　　二、常见的国际公共关系活动..........258
第四节　国际公共关系礼仪和外事
　　　　规则..264
　　一、国际公关礼仪在对外交往中的
　　　　作用..264
　　二、国际公共关系礼仪的基本
　　　　要求..264
　本章小结..267
　复习思考题..268

参考文献..269

第一章　公共关系概论

本章导读

公共关系的英文是 public relations，简称公关，又称公众关系。由于公共关系具有丰富的内涵，因此如何为其作出确切、科学的定义仍是一个待解决的难题。人们对公共关系有着不同的理解，从不同的角度下过许多定义。这些定义虽然各有所长，也各有不足，但实际构成的基本思想还是比较一致的，都肯定了公共关系是一种社会关系状态，同时也界定了公共关系的传播行为。

公共关系的基本结构是由社会组织、公众、传播三个要素构成的。公共关系的主体是社会组织，客体是社会公众，连接主体与客体的中介环节是传播。这三个要素构成了公共关系的基本范畴，公共关系的理论研究、实际操作都是围绕这三者的关系层层展开的。

公共关系对组织、个人和社会都担当着重要的职能和发挥着不可或缺的作用，只有认识到公共关系的重要性，才能更好地学习和运用公共关系。

公共关系学作为一门独立的学科诞生于 20 世纪 20 年代，艾维·李(Ivy Lee)、爱德华·伯内斯(Edward L. Bernays)等著名学者对公共关系理论与实践所作出的巨大贡献极大地推动了公共关系学的发展。该学科的形成将公共关系的实践活动加以总结，并概括成规律性的内容，从而取代了以往的经验总结，带有更为普遍的指导意义。随着我国经济体制改革的深入，公共关系在中国的发展是飞速的。中国公共关系的发展经历了四个时期，通过研究公共关系在我国的发展进程，进一步了解公共关系在我国的发展过程及其规律，能更好地认清公共关系未来的发展方向。

学习目标

通过对本章内容的学习，可为后续章节及内容的学习打下基础。要求掌握公共关系不同角度定义的核心内容，重点掌握公共关系的内涵及构成要素，掌握公共关系的特征及作用，了解公共关系理论的产生与发展以及该学科在我国的发展现状。

公共关系学作为一门独立的学科虽已有上百年的历史，但仍是一门年轻、新兴的学科，并日益受到世人的青睐与重视。它进入各个国家和地区后，被人们广泛运用在政治、经济、军事、文化等领域，并开展了丰富多彩的公共关系实践活动，这又同时促进了公共关系理论的研究和发展。人们对公共关系的新认识，在不同程度上丰富和发展了公共关系学这门有着良好前景的新兴学科。随着社会的发展和进步，各种组织面临的情况越来越复杂，公共关系在现代社会中的作用也越来越重要，必然需要人们更深入广泛地去研究它。

第一节　公共关系的含义

公共关系的含义是公共关系学研究者首先需要面对的问题，是公共关系理论研究中的核心内容之一，也是学术界一直存在争议的问题。下面通过对各种观点的介绍，确定出公共关系的含义，并了解公共关系学的相关内容。

一、历史上公共关系的各种定义

自从公共关系诞生以来，由于认识角度的不同，对公共关系内涵的理解也各不相同，因此形成了许多公共关系的定义。20 世纪 70 年代中期，美国著名的公共关系专家雷克斯·哈罗(Rex Harlow)收集到 272 个公共关系的定义并对其进行了相应的研究。还有人说，公共关系的定义已有上千条之多，于是有人不无幽默地说有多少公共关系学者，便有多少种公共关系的定义。关于公共关系的定义和概念之争一直都未平息。

为了更好地理解公共关系，现将众多的公共关系定义归纳成以下几种类型。

1. 职能说

这类定义主要从公共关系的应用功能和作用来认识，阐述它的基本特征。在这类观点中，比较著名的是雷克斯·哈罗提出的定义：公共关系是一种特殊的管理职能。它帮助一个组织建立并保持与公众之间双向的交流、理解、认可与合作；它参与处理各种问题与事件；它帮助管理部门及时了解公众舆论，并对其作出反应；它明确并强调管理部门为公众利益服务的责任；它作为社会变化趋势的监视系统，帮助管理部门及时掌握并有效地利用社会变化，保持与社会变化同步；它运用健全的、正当的传播技术和研究方法作为基本的工具。这样详尽的定义，详细地说明了公共关系的主要功能和作用，有不少学者持这一观点。

国际公共关系协会同样认为公共关系是一种管理职能，其定义是：公共关系是一种管理功能，它具有连续性和计划性。

2. 传播说

这类定义侧重于公共关系的传播属性，认为公共关系是社会组织与公众的一种传播沟通方式。

比较有代表性的是英国著名的公共关系学专家弗兰克·杰夫金斯(Frank Jefkins)和美国学者约翰·马斯顿(John Marston)。杰夫金斯认为，公共关系就是一个组织为了达到与它的公众之间相互了解的确定目标，而有计划地采用一切向内和向外的传播沟通方式的总和。马斯顿直接把公共关系定义为运用有说服力的传播去影响重要的公众。他们强调的是公共关系的手段，把"传播"作为公共关系必不可少的一种工具。在我国，有大量的研究者持这种观点，与职能论者形成势均力敌的两大学派。

3. 关系说

这类观点认为，"关系"体现的是公共关系的本质属性，公共关系是一种特定的社会关系，正确认识公众关系、处理公众关系是开展公共关系活动的出发点和归宿。

在这方面比较有名的是美国普林斯顿大学资深公共关系专家哈罗·希尔兹(H. L. Chils)。他认为，公共关系是我们所从事的各种活动、所发生的各种关系的通称，这些活动与关系都是公众性的，并且都有其社会意义。

另外，英国公共关系协会也有一种定义：公共关系的实施是一种积极的、有计划的以及持久的努力，以建立及维护一个机构，实现与其公众之间的相互了解。

这类定义往往比较笼统、抽象，理论色彩浓厚。

4. 咨询说

这类定义侧重于公共关系的决策和咨询功能。

最有代表性的是国际公共关系协会于 1978 年发表的《墨西哥宣言》，它提出："公共关系是一门艺术和社会科学。它分析趋势，预测后果，向机构领导人提供意见，履行一系列有计划的行动，以服务于本机构和公众的共同利益。"

5. 形象说

这类定义强调公共关系的宗旨是为组织塑造良好的形象。

美国公共关系协会征询了 2000 多位公共关系专家的意见，从中选出了四种带有浓厚的形象描写色彩的定义。

(1) 公共关系是企业管理机构经过自我检讨与改进后，将其态度公诸社会，借以获得顾客、员工及社会的好感和了解的经常性工作。

(2) 首先，公共关系是一个人或一个组织为获取大众的信任与好感，借以迎合大众的兴趣而调整其政策与服务方针的一种经常不断的工作。其次，公共关系是对此种已调整的政策与服务方针加以说明，以获取大众了解与欢迎的一种工作。

(3) 公共关系是一种技术，这种技术在于激发大众对任何人或组织的了解并产生信任。

(4) 公共关系是工商管理机构用以测验大众态度、检查本企业的政策与服务方针是否得到大众了解与欢迎的一种职能。

6. 特征综合说

基于对公共关系定义复杂性的认识，为了克服某类定义只能反映公共关系某一方面的含义或特征，以免失之偏颇。美国《公共关系季刊》曾详细罗列了公共关系的 14 个特征。1982 年 11 月，美国公共关系学会(PRSA)在其组成的一流专家小组的努力下，正式采用了一个"关于公共关系的官方陈述"。这一定义除了概念方面的内容外，还将各种活动、结果和对公共关系实践的知识要求包括在内，成为人们从事公共关系活动和理论研究的借鉴。

7. 其他

此外，还有协调说，认为公共关系主要是协调组织和公众之间的关系等。

当然，还有一批学者另辟蹊径，用形象、直观、通俗的语言解释公共关系的部分含义，虽然总体上不够全面和准确，但对引起人们对公共关系的关注和兴趣还是有一定帮助的。比如下述各条。

(1) 公共关系就是促进善意行动。

(2) 公共关系是信与爱的运动。

(3) 公共关系就是争取对你有用的朋友。

(4) 公共关系就是说服和左右社会大众的技术。

(5) 公共关系就是讨公众喜欢。

二、公共关系的内涵

公共关系定义的内容很多，形式相当丰富，但这些定义都包含着这样的重要因素：社会组织与公众；它们之间的传播沟通过程；如何获得它们之间的良好关系，从而为组织的发展奠定良好的基础。总之，公共关系是一个社会组织用传播的手段使自己与公众相互了解和相互适应的一种活动或职能。

本书将公共关系定义表述为社会组织为了生存和发展，运用双向传播的手段来协调、改善组织的内外部关系，以期树立良好形象和取得公众的理解、支持和合作，并对组织形象的传播进行科学性和艺术化管理的一种社会活动。

三、公共关系学科

公共关系学作为一门独立的学科诞生于 20 世纪 20 年代的美国，是一门新兴、现代、边缘、交叉、综合性的应用学科。在公共关系学中，综合运用了传播学、社会学、心理学、经济学、管理学、新闻学、市场营销学、人际关系学、广告学等学科的基本原理和最新成果。

作为学科的公共关系学，是指研究现代社会组织与社会公众建立良好关系的原则、原理、方法、技巧及其规律的一门综合性应用学科。根据研究对象的特点和学科研究的需要，公共关系学同其他应用性学科一样，可分为公共关系理论、公共关系史和公共关系应用三大块，其主要内容包括公共关系的基本概念和基本理论；现代公共关系产生和发展的历史过程及动因；公共关系的工作程序；公共关系的传播媒介、传播过程及传播效果；公共关系实务；公共关系人员的职业道德和素质、技能培养；各种特定组织的公关工作及其技巧等。

公共关系应用是公共关系学研究的重要部分，其内容十分广泛，包括如何确定公共关系目标；如何收集和处理信息；如何制订工作程序和工作计划；如何组织各种规模的交流、沟通、劝说活动；如何评价活动结果；如何策划公共从业人员的职业培训；公共关系机构的建设等。

第二节 公共关系的构成要素及特征

一、公共关系的构成要素

公共关系的基本结构是由社会组织、公众、传播三个要素构成的。公共关系的主体是社会组织，客体是社会公众，连接主体与客体的中间环节是信息传播。这三个要素构成了公共关系的基本范畴。公共关系的理论研究、实际操作都是围绕着这三者的关系层层展开的。

1. 社会组织

公共关系的主体是社会组织。社会组织是公共关系活动的发起者，是公共关系活动的主体，没有社会组织就没有公共关系。在许多场合，公共关系人员往往会以个人的身份参与活动，这些公共关系人员表面上以个人的方式所进行的公共关系活动，实际其所代表和依托的是某个社会组织，因此，人们也常说公共关系人员的形象代表着组织的形象，是组织形象不可分割的一部分。社会组织进行的活动不是一般的私人活动，所要处理的关系也不是一般的人际关系。从本质上看，公共关系的一切活动都是由一定的社会组织引起、运用和操作的。因此，社会组织包括它的公共关系机构和公共关系人员构成了公共关系的主体。

社会组织的生存和发展与很多因素有关，自身的实力、良好的管理、适宜的环境是组织成功的基础。公共关系作为一种管理职能，它从如何建立和维护组织与公众之间的互利互惠关系、树立组织良好形象的角度来促进组织的发展。

公共关系学中所讲的组织即社会组织，是按照一定的目的、任务和形式建立起来的社会群体或社会集团。社会组织的特点有群体性、导向性、系统性、协作性、变动性、稳定性。人们组成组织必定是为了实现某种共同目标，但目标的存在方式又各不相同。为了使公共关系活动的针对性更强，在公共关系学中，要认清社会组织有多种类型，例如，根据组织的目标、性质、功能和内容等要素的不同，可将其分为营利性组织、公共性组织、服务性组织、互利性组织等。

2. 社会公众

社会公众(简称公众)是公共关系传播沟通的对象，是公共关系的客体。公共关系要协调的是社会组织与公众之间的关系。公共关系所涉及的公众构成组织的社会生态环境。公共关系由组织运行过程中涉及的个人关系、群体关系、组织关系共同构成，这些个人、群体和组织构成了组织的公共关系。任何一个组织都处在一定的内外部环境之中，这个环境是指组织所面临的各种社会条件以及各类内外部公众。任何一个组织的公众都可分为内部公众和外部公众，因而有内部公共关系和外部公共关系之分。

公众作为公共关系的对象、客体，并不是完全被动、可随意摆布的，公众会主动地对公关主体的政策、行为作出相应的反应，从而对公关主体形成社会压力和舆论压力。

公共关系的重要职能就是通过创造性的工作，给自身组织的生存与发展创造一个最佳的社会关系环境，并使自己适应环境，也使环境有利于自己。

3. 传播

传播是公共关系的手段或职能。传播是人类信息交流的过程，是人与人之间信息的传递与分享。在公共关系中，传播起着媒介或手段的作用。从总体上来讲，公共关系的一切活动都是传播活动。公共关系中的传播的目的是通过双向的交流和沟通，促进公共关系的主体和客体(组织和公众)之间的了解、共识、好感和合作。公共关系概念中的传播，不仅指通过传播媒体的大众传播，也指人际传播，有时还指不同文化背景之间的跨文化传播；不仅指信息传播，还指信息沟通、情感传送、形象传播等。

社会组织是公共关系的主体，具有主导性；公众是公共关系的客体，具有权威性；传播是公共关系的手段和媒介，具有效能性。公共关系这三大基本要素之间的动态平衡、协调适应是公共关系运行的基本规律，是科学的公共关系的内在要求。

二、公共关系的特征

在认识了公共关系的含义和构成要素之后，需要通过对公共关系特征的理解来进一步认识公共关系，以便更好地指导我们在实践中的应用。公共关系是现代社会发展的产物，而它的出现又推动了现代社会的发展。任何处于现代社会的国家，对公共关系的研究都具有一定的现实意义。

1. 以社会组织为主体

公共关系的重要特征是以社会组织为主体，这是公共关系区别于其他关系的根本。关系是指事物与事物之间以及事物内部各要素之间的客观联系。社会关系作为一种客观联系是一种自然关系。但社会关系与一般自然关系有着本质的不同，它特指社会领域内人与人之间的关系。公共关系特指社会组织与公众之间的关系，也是社会领域内人与人之间的关系，但它又与一般社会关系有所不同。在一般社会关系中，关系的双方均为主体，但公共关系中只有社会组织一方为主体，社会组织在与公众的关系中处于主导地位，社会组织与公众关系良好与否更多地取决于社会组织，公众处于被影响的地位。对公共关系的认识应该清楚两点：就其行为而言，公共关系是社会组织的行为，它不是个人行为，而是一种组织的活动、组织的职能；就其关系形式而言，公共关系是社会组织与公众之间的关系，在公共关系中，以社会组织为主体是由公共关系产生的社会历史条件所决定的。也应看到，社会组织虽然是公共关系中的主体，公众是客体，但又不能把公众看作从属地位，更不能认为公众是可以任意摆布的，组织与公众之间是一种相互依赖、相互矛盾的关系。

公共关系以社会组织为主体的主要特征，就区分了公共关系与人际关系。普通人际关系的双方均为主体，并且主体都是个人。人际关系谋求的是个人的生存环境。人际关系还包含大量与组织无关的私人关系，比较局限于面对面、个体对个体的交流方式，主要依靠个人的交际技巧和能力。社会组织是公共关系的主体。公共关系谋求的是组织的生存环境。公共关系十分强调运用公众传播和大众传播的方式进行远距离、大范围的沟通，是一种组织的管理活动与职能，是一种"公共"性质的关系，而人际关系是一种带有"私人"性质的关系。人们常把公共关系与人际关系相混淆，其原因在于公共关系包括了部分人际关系，主要是个人因组织的影响而形成的那部分人际关系。实际上，良好的人际关系有助于组织公共关系的成功。这是因为公众对象中包括许多个体对象，公共关系实务工作离不开各种人际传播的方法。公共关系强调人际关系的和谐，重视利用人的情感来控制人的行为，和谐的人际关系可以满足组织成员的心理性与社会性的需要，形成较强的群体意识，提高组织成员对组织的认同感与责任感。以上分析表明，公共关系与人际关系有着较为紧密的联系，但又与人际关系有着本质的区别。

另外，由于庸俗关系与公共关系产生的社会条件不同，庸俗关系与公共关系的主体和对象不同，庸俗关系与公共关系采取的手段和欲达到的目的不同，这些特征也可把庸俗关系和公共关系区分开。公共关系的工作是用合法的、公开的、符合职业道德准则的沟通手段，以讲求遵纪守法、互惠互利、信誉、优质服务来争取公众了解、认识组织，进而支持、配合组织的政策和行动。庸俗关系是以各种物质利益以及封官许愿、吹牛拍马、钱色交易等不透明、不公开，甚至违法的行为作为主要手段。

公共关系是在追求社会整体利益最大化的基础上，谋求组织效益最大限度的提高。因此，做好公共关系工作必然促进公众对组织的信任和支持，以达到组织利益与公众利益的一致，推动经济发展和社会进步。而搞庸俗关系是通过以权谋私、损人利己等方式，谋求个人或小集团利益，其结果是少数人中饱私囊，而国家、社会、公众利益遭到损失，进而败坏了社会风气，阻碍了社会进步。

2. 以形象和美誉为目标

公共关系作为组织的一种管理职能，其目的在于争取公众的赞誉与认同，赢得公众的理解、支持与合作。与具体的人、财、事、物的管理有所不同，公共关系的管理内容是组织的声誉和形象。在现代社会中，社会组织的形象是社会组织最重要的无形且无价的资产，对社会组织的生存具有更直接的作用。

社会组织的形象良好与否，是社会组织生死攸关的大事。对政府机构而言，把人民满意作为政府公共关系的工作目标，其目标应该是树立"人民公仆"的政府形象。政府公共关系要树立"民本位"的思想，增强政府工作人员的公仆意识和人民群众的主人翁意识，满足人民群众参与社会公共事务决策和管理的愿望，主张政府的一切行为都应立足于满足人民群众的需求，倾听他们的呼声，只有帮助他们解决实际问题，才能使政府的政策、措施得以有效实施，才能得到人民群众的广泛赞誉和有力支持。对于经济组织，其公共关系的目标应该是树立诚实守信、公平竞争、有社会责任感的组织形象。它可以通过各种方式向公众大力宣传本组织的专业性质、业务特点及相关政策、行为和产品，利用各种赞助、社会服务等形式来体现本组织对社会的贡献，塑造本组织的良好形象。

公共关系的一个重要目标是以美誉为特征，要求社会组织要尊重公众的存在价值，对社会要有责任感，这将大大减少由于社会组织缺少社会责任感及无视公众的存在而引起的摩擦和纠纷。公共关系以美誉为目标有利于社会经济环境的优化。良好的美誉度有助于营利性组织获得最好的经济效益，从而促使整个社会经济繁荣。另外，公共关系沟通了社会各部门、各团体之间的联系，促使它们齐心协力承担各种社会义务，使广大人民的教育、医疗、卫生、社会福利等条件不断得到改善。通过经济条件的改善，消除经济环境中薄弱和落后，使社会经济环境得以优化。公共关系以美誉为目标也有利于政治环境的优化。

社会政治组织的美誉度是通过政府工作人员的民主意识和全心全意为人民服务来表现的。政府工作人员要想获得良好的美誉度，就必须想人民群众之所想，急人民群众之所急，及时发现工作中的不足，经常听取人民群众的意见和建议，并加以调整，以群众满意为准绳。这样才能减少政府工作人员的官僚主义作风，有利于促进民主政治的建设。

公共关系以美誉为目标促进了社会的安定团结，净化了社会风气，有利于社会主义物质文明和精神文明的建设。

3. 以互惠为原则

精神和物质需求是人的基本属性，"没有需要，就没有生产"，也就没有社会关系。公共关系是由社会组织和公众双方利益的需要而建立起来的一种社会关系形态，而社会关系的协调平衡本身就有双方需要互补的要求。在现代社会中，个人或团体为了生存和发展必须同另一些人或团体建立和维持某种关系。社会组织作为公共关系的主体，总是生活在社会公众之中，这些公众既满足了主体的需要，也获得了自身的利益。例如，企业的成败得失,首先取决于内部的公共关系是否良好。企业是由许多员工组成的,员工构成了企业的内部公众,他们的身份有工人、专家、技术人员和管理人员等,他们同企业的关系是一种公共关系。企业给它的内部公众提供就业机会、劳动工资和社会福利等。内部公众承担着企业的全部工作,执行企业的各项方针、政策和计划措施,为企业的发展进步做贡献。同时,一个企业还存在众多外部公众,他们由顾客、经销商、供应商、同行企业、政府部门、新闻界和银行等组成,企业同他们的关系是公共关系。供应商是企业原材料供应人,为企业提供了生产的必要条件;企业又是供应商的用户,为供应商提供了销售市场;政府为企业提供法律和行政保护,企业又是政府的纳税人等。由此可见,企业同它的公众之间是一种互益关系。对一个企业来说,如果管理有方,利益分配合理,解决了员工的后顾之忧,充分维护了员工的权益,就能够有效地调动员工的创造潜力和工作热情,发挥他们的积极性,顺利地贯彻执行企业的各项方针政策,提高企业的各项效益。反之,如果管理不善,对公众的利益漠不关心,员工的权益得不到保障,他们的热情和积极性必然受到伤害,工作效益必然下降。因此,企业同内部公众的关系良好与否是其最高决策层行为好坏的直接结果。如果良好的公众关系变成了恶劣的公众关系,那么这就是公共关系的失败。同样,企业同它的外部公众在利益分配上,如果只强调自身利益而不顾对方的利益,那么必然会使彼此关系遭到破坏甚至中断。因此,公共关系认为凡是有益于公众的事业,最终必将有益于企业或组织;凡是有损于自己关系对象的事情最终必将损害自己,维护关系对象的利益也就是维护自身的利益;只有互惠互利的关系才是最稳定、最可靠的关系。

公共关系主张关系的双方在交往或合作中应该共同获益、共同发展,将平等互利作为处理各种关系的行为准则。公共关系强调社会组织在满足自身利益的同时,还要满足公众的利益。公共关系与所谓的庸俗关系,即"拉关系""走后门"和极端的利己主义有着本质的区别。从公共关系以互惠为原则这一特征就可以看出,公共关系在为本组织谋求利益时,并不损害公众的利益,而是谋求组织与公众利益一致。庸俗关系则不然,它不顾国家利益,不顾其他组织和公众的利益,一切为谋求私人或小团体的利益而进行活动。公共关系的目标是为组织树立良好的公众形象,而极端的利己主义表现为个人利益高于一切。例如,某些企业通过拉关系推销伪劣产品,损害公众的利益,即使推销者不是为了个人的利益,而是为了企业的利益,这种行为所造成的后果是与公共关系的行为准则相悖的,它损害了企业的形象。总之,庸俗关系、极端的利己主义是以损害他人的利益为代价的,而公共关系是以利他利己为前提的。

4. 以长远为方针

公共关系以长远为方针有三层含义。

(1) 公共关系不是短期行为。公共关系的根本任务是为社会组织树立良好的形象。社会组织形象包括两个方面的内容,即内在气质和外观形象。内在气质是指社会组织在运行中对现实环境诸因素发生或改变关系时所表现出的基本态度、价值取向,以及社会公德水平,包括服务态度、待人处事的基本行为准则、作为社会成员的道德水准等。外观形象是指社会组织在实现工作目标时所显示的知名度、市场占有率、技术力量、人员素质等。组织的内在气质和外观形象都是要经过长期的努力才能获得的,不是通过一两次轰动效应活动就能建立起来的。例如,员工的服务态度,首先要增强员工公共关系意识,对员工进行培训、示范，使他们用自觉行为贯穿始终。这需要一个过程，而绝不是一两次说教就能奏效的。良好的组织形象的形成需要长期不懈的努力，而维护良好的组织形象也是一项持久性的工作。

(2) 社会组织要想得到公众的认同与支持也不是一朝一夕就能办到的，要靠公共关系的工作手段，利用和创造各种机会争取公众的了解与认识。例如：利用新闻报道的形式将组织的成就向社会传播，争取公众的认同；利用广告传播的形式传播企业产品的品牌、性能及承诺，赢得公众的信任；参与各种社会慈善活动，例如，救灾、救助、赞助文化团体等，以体现对社会的责任感，赢得公众的好感。这些是一项系统工程，着眼于社会组织的长远利益。

(3) 投入、产出不同步。投入即组织将利益向公众及社会输出，例如，为公众及社会提供各种免费服务与赞助。产出即组织为公众及社会提供的各种免费服务与赞助给组织带来的回报。所谓的不同步，即投入后不一定很快获得产出，而是要持续一段时间甚至更长的时间。

公共关系以长远为方针的特征，使公共关系与推销活动、商品广告及实用主义区分开来。公共关系活动侧重于社会效益的获得，对营利性组织而言，通过社会效益可以促进经济效益的提高。推销活动和商品广告是为推销某种产品或劳务，获得一时的经济效益。实用主义行为与公共关系活动的区别在于，公共关系看重的是双方关系的可持续性，而实用主义只注重自身眼前利益的获得，与对方的关系不是可持续的。

5. 以真诚为信条

在人际交往中，真诚最能获得他人的信任，社会组织要获得公众的信任，也要真诚地对待公众。在 1903 年，公共关系之父艾维·李就明确指出：一个企业、一个组织要获得良好的声誉，必须把真实情况披露于世，把与公众利益相关的所有情况都告诉公众，以此来争取公众对组织的信任。一旦披露真实情况确实对组织不利的话，就应该调整公司或组织的行为，而不是极力掩盖真实情况，对公众封锁消息或欺骗愚弄公众。因此，以真诚为信条是公共关系的根本特征。

公共关系主张传播组织信息要以诚实传播为原则，不能欺骗公众，必须尊重公众的知晓权，即准确无误地向公众提供信息。社会组织是要让公众真正体会到该社会组织是诚实、可信的，任何虚假的信息传播，都会损害组织的形象，唯有真诚才能赢得合作。要想获得公众的赞誉只靠铺天盖地的宣传攻势是做不到的。而真诚是公共关系的生命所在，真诚是建立友好关系的保证。认识公共关系以真诚为信条这一特征，有利于消除人们对公共关系技巧的误解，即认为公共关系技巧就是阿谀奉承、弄虚作假、哄骗公众的把戏。

6. 以沟通为手段

社会关系的协调平衡需要相应的调节手段。社会关系是多样的，其调节手段也是多样的。调节手段按其灵活性程度可概括为两种：柔性手段和刚性手段。公共关系作为一种传播沟通活动，一般都会采用柔性手段调节彼此的关系，除非万不得已，公共关系一般不采用刚性手段。

柔性手段包括道德手段、心理手段、礼仪手段等。道德手段是通过自我约束、社会舆论和传统习惯等来促使人们自觉地遵守"公共生活准则"，以获得调节社会关系的效果。

心理手段通过社会舆论的媒介来了解相互的心理,如广告、宣传等,也可以通过直接的接触来建立彼此间的感情,例如谈心、对话等。礼仪手段以尊重对方为前提,以融洽双方的关系为目的。各种柔性手段,基本上都是通过传播沟通活动来进行的。

刚性手段包括经济手段、行政手段、法律手段和政治手段等。经济手段是通过钱财的给予或剥夺来解决关系双方矛盾的一种方法,例如罚款、赔款等。行政手段是通过固定的行政关系格局来表示肯定或否定的倾向,以保持社会关系平衡的一种方法。法律手段是通过法定的行为准则来判定是非,并强制执行判决,以达到社会关系的平衡。政治手段是通过实力显示来表示赞成或反对的意见,以获得关系的协调(政治手段也可以是柔性的,例如思想政治工作)。

公共关系作为一种组织的经济管理方法,以沟通为手段,使公共关系活动与生产活动、销售活动、财务活动、行政人事活动等其他管理活动区分开来,它既不能代替这些活动,也不能被这些活动所取代。

第三节 公共关系的作用

了解公共关系的职能作用,对进一步了解公共关系,了解公共关系在现代社会中的重要地位有着十分重要的意义。公共关系作为一种管理职能,在组织的经营管理中具有明确的职责范围,发挥着特定的功能和作用。这些职能和作用的发挥,不仅为组织的生存和发展创造了良好的外部环境和内部条件,而且渗透到社会生活的方方面面,对社会产生了积极影响。公共关系职能和作用的发挥,还能使公共关系从业人员的观念不断更新,素质逐渐提高。

一、公共关系对社会组织的作用

公共关系对社会组织的作用主要表现在以下三个方面。

(一)采集信息、监测环境

1. 采集信息

信息是预测和决策的基础,因此要发挥预测的作用,首先要充分地掌握环境信息。公共关系采集的信息主要是关于组织信誉和形象方面的内容,具体包括以下几类。

1) 产品形象信息

产品既包括工商企业提供给顾客的有形物品,例如衣服、计算机等,也包括无形的劳务支出或服务,例如律师服务、歌星演唱等。

在某种程度上,甚至可以从广义的角度,把政府部门的政令通告、慈善机构的慈善活动也看作这些组织的产品。成功的组织都非常重视公众对该组织产品的意见和评价,因此公共关系人员应认真收集这方面的信息。

2) 组织形象信息

与产品形象相比,组织形象对组织而言可能更重要。因为产品形象是公众对产品这一因素的评价,而组织形象却是公众对组织的整体印象,它更能反映组织的公共关系状态,对企业公共关系工作效果的反映也更全面。组织形象信息包括公众对组织机构、管理能力、人员素质、服务水平等方面的看法和态度。

3) 其他社会信息

对一个成功组织或一次成功的公关活动而言，除了要掌握自身的信息和组织形象信息外，还必须对国内外的政治、经济、文化科技等方面的状况和变化，对社会时尚潮流的更替，对人们普遍关注的舆论热点随时进行跟踪。只有这样，才能做到通观全局，立于不败之地。

2. 监测环境

采集信息并不是公共关系的最终目的，信息只有在经过加工、整理和分析后，在预测形势、趋势时，才能真正发挥其作用。

1) 监测政府决策趋势

尽管很多组织的领导人都自称远离政治、不谈政治，但在现代社会，组织或个人还是不得不和政府部门打交道，受到政府部门的直接或间接影响。任何组织都必然受到政府的法律、法令、法规以及政治、经济、文化、外交等方面政策的影响，不仅受到党派势力力量消长的影响，还会受到政局稳定性的影响。

因此，任何组织的现实行动必须符合政府的现行政策，未来行动则必须符合政府的未来政策走向。这就要求公关部门必须密切关注政策环境，随时掌握政府决策动态和方向，及早预测与组织有关的各种现行政策可能发生的变化，以及这种变化可能带来的机遇和挑战，以使组织提前制定应对之策。

2) 监测社会环境变化趋势

社会文化是人类在长期的社会实践中积累起来的全部精神财富，包括民族传统、风俗习惯、伦理道德、价值观念、文化水准和宗教信仰等相对比较稳定的因素，也包括自然环境、经济环境、科技环境等变化相对较快的因素。这些因素都可能对组织的公关工作产生或强或弱的影响。例如，社会需求和市场环境的变化，会从整体上影响组织的经营；公众需求、公众心理的变化将很快对产品开发提出挑战；社区内的重大问题可能引起公关纠纷，也可能使组织在不经意中形象变得更好；日益兴起的环境主义和绿色主义将对组织的未来发展带来持久的长远影响。因此，组织必须密切注视社会环境的发展动态，以使组织能根据环境变化主动出击，获得更大的发展空间。

3) 监测竞争对手的发展动态

《孙子兵法》云："知己知彼，百战不殆。"尽管很多公关专家在正式场合都会说，在公关学者眼中没有竞争对手，只有合作伙伴；但为了更好地和这些伙伴合作，就必须了解他们，洞悉其长处，清楚其弱点，然后才能在相互合作中取长补短、各取所需。因此，洞察竞争对手的公关状态，借鉴竞争对手的成功经验和吸取其失败教训，分析竞争对手的优劣所在，预测竞争对手的未来走向，同样是公共关系的重要工作。

(二)引导舆论、塑造形象

1. 通过公关活动，引导公众理解并接受组织

(1) 当公众对组织缺乏认识和了解时，组织应主动地宣传自己、介绍自己，促进公众对自己的认知和了解。

(2) 当一个组织及产品获得基本的公众印象及良好的评价之后,组织应继续努力强化这种良好的舆论态势,使组织形象深入公众心中。

(3) 当公众对组织的评价游离不定、好坏莫辨时,组织应谨慎地发挥引导作用,使舆论尽可能地向有利于组织的方向发展。

(4) 当组织形象受损时,组织应该根据不同情形采取相应措施。如果是因组织自身失误危害了公众利益,就应该本着实事求是、有错即改的态度,坦率认错,尽快采取补救措施,将损失减少到最低限度,并把组织处理事故的过程以及整改措施及时告知公众,求得公众谅解,以期重获支持和信赖。如果是因为公众误解,应及时向公众澄清事实真相,消除误会;对于他人陷害,应尽快揭露其阴谋,并将本组织采取的预防措施向公众宣布,以防事态扩大,然后逐步恢复公众对组织的信心。

2. 通过社会交往,塑造组织的良好形象

公共关系的对象——公众,是特定的人群而不是单个的人,但是任何公关工作总是要落实到个人身上。因此,除了通过大众传播媒介引导舆论从而影响大量公众外,借助各种社交活动即人际交往,为组织建立广泛的社会联系,广结良缘也是公共关系的重要功能。

当然,在理解这种社会交往(人际交往)的作用时,需要特别注意的是,人际交往只是公共关系的一种手段,绝不是唯一的手段;不能把公共关系看作人际应酬,更不要把它和庸俗关系即所谓的"关系学"混同起来。

(三)沟通内外、协调关系

1. 减少摩擦

由于作为公关主体的组织和公关对象的公众处于不同地位,他们之间必然会存在利益的种种差异和矛盾。又由于社会组织和公众在信息的掌握上总是不对称的,因此,摩擦在所难免。这就要求组织必须充分运用公共关系,努力减少摩擦,协调内外关系。

2. 化解冲突

摩擦是小的冲突,冲突是大的摩擦。对社会组织来说,有冲突并不是什么丑事,只有当有了冲突而不思化解、不求改进才是不可原谅的。发生了冲突,公共关系便可充分发挥其协调功能,运用各种有效的交际手段和沟通方式,化干戈为玉帛,解冲突于无形。

3. 平衡关系

在公共关系发展过程中,不平衡模式一直占据主要地位。最初是组织完全以己为主,根本不考虑公众利益。后来人们提出公众是上帝,一切为了公众,这种思想仍是一种不平衡观。现代公关理论认为,组织和公众双方都有自己的利益,两者同样重要。当双方利益出现分歧和矛盾时,组织既不能牺牲公众的利益,也不要一味地牺牲自己的利益,而应通过平等的对话、协商,使双方达成共识,双方都应该作出必要的让步和妥协。因此,公关的任务便是在双方利益得到维护的前提下,实现利益平衡下的新合作。

二、公共关系对个人的作用

公共关系对个人的作用主要表现在以下两个方面。

(一)公共关系推动个人观念不断更新

1. 注重个人形象的观念

尽管我们常常说,爱美之心,人皆有之。但事实上,总有些人对自己的形象并不是很在意,在言谈举止、姿态动作及穿着打扮方面表现得漫不经心。组织会通过公关活动向人们灌输形象意识,它甚至会要求个人在公共场合和社交场合要尽量地修饰自己的外表和仪容,保持得体的形象和风度。例如,IBM 公司要求它的白领工人(办公室人员)上班时西装革履、衣冠整洁;很多营业性场所,要求其员工仪态大方,保持职业微笑。

2. 尊重他人的观念

在公关活动特别是与人交往和沟通的过程中,特别强调要尊重他人。在企业看来,消费者是衣食父母、是上帝,当然要尊重;在党派领袖看来,选民是水,他们是舟,水能载舟也能覆舟,不尊重选民,自己就得下台。其实从人际交往的角度来看,尊重他人就是尊重自己,你尊重别人,别人才会尊重你。所以,在公共关系活动中,应该培养相关人员学会尊重他人的观念。

3. 合作观念

社会分工和专业化不仅需要人们交往、沟通,更需要人们进行合作。企业与企业之间的合作正在日益加强。例如,麦当劳、可口可乐和迪士尼就因为共同利益走到了一起;国家和国家之间的关系日益紧密。在一项工作中,人与人的合作也正变成一种社会要求,是否具备合作精神或合作观念,甚至成为某些组织录取新员工的一个重要标准。而在提倡合作观念方面,公共关系可以说是不遗余力。因此,公共关系确实有助于人们树立合作观念。

(二)公共关系促使个人能力得到提高

1. 交际能力

在从事公关活动时,公关人员的交际能力和水平往往会对公关活动效果产生很大影响,有时甚至是决定性的。例如,周恩来总理就以其卓越的交际能力在国际政治舞台上纵横捭阖,为中华人民共和国创造了良好的外部环境。交际能力在公关活动中的这种重要性,要求公关人员必须努力学习和掌握各种交际礼仪和规范,不断提高自己的交际能力和水平。

2. 自我调节能力

在公共关系活动中,公关人员常常要与不同的组织和个人打交道,经常会面临各种突发事件,其自身的心理状态也会随时发生变化。但工作不能不做,而且必须做好,这就促使公关人员必须随时调整自己的心态,摆正自己的位置,不管在何种情况下都能以敬业的态度和乐观精神去面对工作和生活。

3. 应变能力

公共关系是一门实践性很强的工作，现实中的公众和环境都是比较复杂的，并且随时都会发生变化，根据变化的环境作出正确决策就是公关人员的必修课。因此，公关人员在从事这些公关工作中，会自然而然地锻炼自己并且逐步提高应变能力。

三、公共关系对社会的作用

公共关系对社会的作用主要体现在以下四个方面。

1. 净化社会风气，调控社会行为

以追求交流、协作、互惠互利为特色的公关意识和以运用公平、公正、公开的手段为特征的公关活动，在 20 世纪逐渐得到了社会的认同，进而成为现代占主导地位的社会观念和价值标准的一个非常重要的方面。由此，使得人际交往和社会经济生活中那种你死我活的生存斗争、势不两立的激烈对抗逐渐趋于缓和，也使得那种暗箱操作、权钱交易、权色交易、钱色交易等丑恶行为越来越受到社会舆论的谴责。这样，公共关系就在无形中起到了净化社会风气、调控社会行为的作用。

2. 消除心理障碍，优化心理环境

现代社会一个突出的现象是人们在享受高度物质文明的同时，精神方面的失落感却越来越强。有了汽车、飞机、高速公路、高速铁路等，人们的地理距离越来越近了，但人们之间的心理距离没有缩短反而拉大；很多人天天见面，却熟视无睹，形同路人；很多人心情苦闷，精神压抑，却无处倾诉。所以，一些有识之士不无忧虑地说，当今社会对人类威胁最大的不是战争，不是原子弹，而是越来越严重的心理障碍、心理疾病。

按照心理学理论，每个人都有合群的需要、情感的需要、交往的需要。如果这些需要得不到满足，就会导致人的心理失衡，这样的人多了，就会形成社会问题。而公共关系恰好可以为社会营造一种良好的关系氛围，它可以用真诚广泛的社会交往、双向交流的沟通，帮助人们摆脱孤独、恐惧、忧虑和隔阂，帮助人们提高心理适应能力和心理承受能力，从而营造一种良好的社会心理环境。

正如美国黑人运动领袖马丁·路德·金(Martin Luther King, Jr)所说，"人之所以会互相仇视，是因为他们之间害怕；他们之所以害怕，是因为他们互相不了解；他们之所以互相不了解，是因为他们互相不能交流；他们之所以互相不能交流，是因为彼此隔离"。因此，接触、对话、交流，这些公共关系的基本观念，是优化社会心理环境的绝妙良药。

3. 繁荣社会经济，增进整体效益

首先，公共关系有助于营利性组织获得更好的经济效益，从而促进整个社会的发展。其次，公共关系有助于建立和维护地区、国家良好的经济环境，为该地区、国家内的企业提供良好的发展条件，也有利于吸引更多的外部资源(如投资、技术、人才)进入该地区，从而促进该地区整体经济的发展。最后，公共关系活动还可以促进现代社会中信息的共享和交流，大大降低市场交易成本，使经济活动变得更为规范和有序，使社会资源得到更为

有效的利用。

4. 促进民主政治，倡导社会文明

公共关系是民主政治的产物，公共关系的不断发展又会反过来促进民主政治的发展。

公共关系强调"公众至上"，主张社会组织的一切行为都应立足于满足社会成员的各种需要，热忱地为他们提供各种优质服务。这种观念的培养和树立及其在整个社会的不断普及，一方面，会使管理人员和政府公务员形成公仆意识，自觉深入民众之中，关心公众利益，倾听公众呼声，解决他们的实际问题；另一方面，当社会成员看到自己的意见得到重视、自己的权利得到尊重时，又会唤起他们对社会事务、国家事务的主动参与意识，这样就会在社会中形成一种积极、健康的政治环境，这将大大有利于民主政治的健全和发展。

第四节　公共关系理论的产生与发展

一、公共关系理论产生的背景

现代公共关系活动、职业和理论起源于欧美。

1. 公共关系产生的社会背景

商品经济的高度发展为公共关系提供了现实基础。19世纪末20世纪初，欧美市场的商品经济已经达到了高度发展状态，发达的商品经济与自给自足的自然经济的不同之处是，它建立在社会化大生产基础之上，通过市场与分工两个环节，由竞争杠杆进行调节，形成了竞争已经十分激烈的市场经济系统。社会组织必须不断与外界交换信息、能量，只有树立自身良好的社会形象，才能在竞争中占据有利地位。可见，公共关系正是以这一开放竞争的社会经济环境作为培育和发展基础的。

传播现代化为公共关系的发展提供了技术与中介支持。在工业革命以后，传播技术的广泛应用，打破了原来社会的闭塞和国与国、地区与地区之间的隔绝状态，世界性市场逐渐形成。而交通与信息传播条件的这种优化，为人与人、组织与组织、国与国之间的联系与交往提供了技术与工具，更为公共关系的产生和发展提供了技术与中介支持。

2. 美国是公共关系的发源地

现代意义的公共关系始于美国。其产生于19世纪30年代，美国的"报刊宣传运动"直接影响了社会公众及工商企业，人们开始从正面来重视报刊舆论传播的社会功能和价值了。另外，美国南北战争期间，林肯总统《解放黑奴宣言》的颁布和随后的广泛宣传，使美国公众进一步感受到"向公众正面宣传"的巨大作用。西方国家普遍认为，在1888年美国民主党和共和党之间竞选总统时，同时提出"反托拉斯，为劳工服务"的口号，标志着现代公共关系已经出现。美国是公共关系的发源地原因有三：第一，美国是一个典型的移民国家，国民中的人权意识、平等意识是公共关系产生的人文保证；第二，美国市场体系发育十分健全，经济活动已经从以生产为中心转移到以市场为中心，这是公共关系产生

的经济保证；第三，三权分立与制衡体制比较成熟与稳固，这成为公共关系的政治制度保证。

3. 公共关系职业的出现

1903 年，公共关系作为一种职业在美国出现。美国新闻记者艾维·李在纽约开办了一家宣传顾问事务所，向客户提供咨询服务并收取劳务费。当时，美国电话电报公司、平安人寿保险公司等著名企业都成为艾维·李的客户。1908 年，美国电话电报公司率先在企业中设置了公共关系部。1919 年，伯内斯夫妇创办了第一家公共关系公司。

艾维·李的经营信条是"公众必须被告知。"他反复向客户灌输这样的信念：凡是有益于公众的事业，最终必将有益于企业和组织。1906 年，他起草了《原则宣言》，呼吁企业不要唯利是图，应该实现企业人性化，并倡导公共关系应进入企业最高管理层。他成功地为杜邦公司扭转了"杜邦杀人"的可怕形象，成功地平息了宾夕法尼亚州铁路公司交通事故和无烟煤矿工人罢工事件，促成洛克菲勒财团向慈善事业捐款、赈灾、济贫等行为。故此，西方社会把他誉为"公共关系之父"。

艾维·李是公共关系职业化的奠基人，他在公共关系发展史上具有里程碑的作用。但他只是凭经验和直觉进行工作，并没有对公众舆论进行科学调查和分析。他的工作"只有艺术性，而无科学性"。

上述这些公共关系活动表明，公共关系已经作为一种职业开始出现。

二、公共关系理论的出现

随着公共关系职业在社会上的广泛出现，客观上对公共关系理论提出了更高要求，即需要从理论上将公共关系实践活动规范化、完善化和系统化。

1. 伯内斯的公共关系理论

1923 年，美籍奥地利人爱德华·伯内斯出版了《公共舆论之凝结》(又称《舆论的形成》)一书，这本著作的出版，被西方社会视为公共关系理论正式诞生的标志。伯内斯被公认为公共关系学的创始人，被称为"公共关系理论之父"。1923 年，伯内斯在纽约大学开设了公共关系讲座，第一次把公共关系引入了大学课堂。公共关系教育和公共关系理论研究从此开始兴起。

在《舆论面面观》中，伯内斯首先提出了新概念——公共关系咨询的双重作用。1952 年他编纂了《公共关系学》一书。他的公共关系思想的核心是"投公众所好"。他认为，公共关系工作首先要确定公众的价值观和态度，并且投其所好，有针对性地开展工作。他提出了公共关系人员应该履行社会责任和义务的观点。这些思想为公共关系学的建立奠定了理论基础。该书从理论上对 20 世纪美国的公共关系实践进行了概括与总结，并且使其成果化。

如果说艾维·李成功使公共关系成为一种专门的职业，那么伯内斯则把公共关系引向了科学研究。伯内斯使公共关系发展成为一门独立而又系统的学科，正式将原来从属于新闻学领域的公共关系分离了出来，成为一门独立学科，使公共关系更科学化、职业化，并将其纳入高等学校的专业教育。但是，伯内斯的"双向沟通式"的公共关系模式仍偏重于维护组织利益。此外，伯内斯不仅是一位公共关系理论家，同时也是一位公共关系实践家，一生成功策划过很多著名的公共关系活动。

2. 公共关系学的社会认可

1924年，《芝加哥论坛报》发表社论称"公共关系已经成为一项专门职业，一种管理艺术和一门科学"，倡导企业主管和社会各界重视公共关系。这标志着公共关系学作为一门学科已经得到社会认可。

3. 公共关系学专业教学的出现

1937年，美国斯坦福大学开设了公共关系学专业，从此公共关系教学开始成为大学中的一个专业，在美国一些大学中普遍设立。1947年，美国波士顿大学开办了世界上第一所公共关系学院，开始了公共关系学硕士、博士研究生教育。到1949年，美国全国有100余家高等院校开设了公共关系学课程。公共关系学科——"公共关系学"正式诞生。

三、公共关系理论成熟时期的重要思想

1940—1970年是公共关系学理论的成熟时期。当20世纪40年代美国介入第二次世界大战以后，公共关系理论和实践得到长足发展。在公共关系学理论上，一系列重要理论陆续出现，形成了完整的公共关系学科思想，标志着公共关系理论建构上的成熟。同时，希尔-诺顿(Hill & Knowlton)公共关系公司成立，并且很快建立了庞大的企业集团。

1. 双向对称理论

美国学者卡特利普和森特先后出版了《有效公共关系》《公共关系咨询》《当代公共关系导论》等著作。在1952年出版的《有效公共关系》中，提出了"双向对称"的公共关系模式。此书被誉为"现代公共关系思想的基础"。

他们认为：公共关系就是一方面把组织的想法与信息传播给公众；另一方面把公众的想法与信息反馈给组织。只有这样，才能够达到双向沟通，从而产生对称平衡的良好环境。公共关系的最终目的是要在组织与公众之间形成一种和谐的关系。该书还提出了"四步工作法"，明确了公共关系活动的一般程序和过程，它成为公共关系工作中最重要的工作流程。

这种公关理论比伯内斯又进了一步，把公共关系看成组织和公众之间一个互动的过程，科学地界定了公共关系在"传播沟通"上双向互动的特征。"双向对称"模式迄今仍然属于现代公共关系活动采用的基本模式。

2. 公共关系工作六步曲

在公共关系理论建树上，与卡特利普和森特齐名的是英国著名公共关系学专家弗兰克·杰夫金斯。

杰夫金斯是一位出色的公共关系教育家和高产的公共关系学理论家，著有《市场学、广告学和公共关系学词典》《公共关系·广告·市场营销》《市场学和公共关系媒介设计》《公共关系学》《公共关系与市场管理》《公共关系与成功企业管理》等著作。他在英国开办了第一家公共关系学校，讲授公共关系学、广告学和市场营销学等方面的课程，

并且先后到过 18 个国家讲学。

他是世界上撰写公共关系理论著作最多的公共关系专家。他提出了"公共关系工作六步曲",在公共关系理论发展史上具有划时代的意义。

"公共关系工作六步曲"中的"六大步骤",对于公共关系工作管理和工作流程作出了科学规定,它是公共关系实务上具有突出意义的理论创建。该理论在公共关系实践中的应用,推动了公共关系活动的程式化、层次化、规范化发展。"公共关系工作六步曲",即"估计形势→确定目标→确认公众→选择传播媒介与技巧→编制预算方案→评价结果"。杰夫金斯的"公共关系工作六步曲"从公共关系决策管理层面解决了管理过程和管理环节上的理论问题。

3. RACE 公式

马斯顿把公共关系活动的过程概括为一个著名的公式,即 RACE 公式。马斯顿认为,公共关系活动是由"研究、行动、传播、评估"四个环节构成的。RACE 是公共关系活动的四个主要环节:R(research)——研究;A(action)——行动;C(communication)——传播;E(evaluation)——评估。

公共关系活动的起点是"调查研究",只有在进行了详细而周密的调查研究的基础之上,才能够作出符合实际的公共关系活动的决策。调查研究从两个方面着手,即"自身的调查研究"和"组织面临的公众的调查研究"。

马斯顿确立的第二个阶段是"行动",是指寻找和确定公共关系活动目标的行动。在目标上要求做到:选择和制定目标要建立在详尽的第一手资料的基础上;目标设定要合理;目标要有"弹性"。

马斯顿确立的第三个阶段是"传播",是指一个组织在确认了公共关系目标之后,必须把有关信息及时向公众传递,在传播信息的过程中实现预期目标。

马斯顿确立的第四个阶段是"评估"。具体要求是提倡值得借鉴的经验,发现问题,为组织提供咨询。评估是完整的公共关系过程的最后一环,是对公共关系工作的认真总结和评价。

马斯顿的 RACE 公式与杰夫金斯的"公共关系工作六步曲"相比,不同之处在于:一个是公共关系活动的过程分析;另一个是公共关系决策的过程分析。尽管两者有着许多相同之处,但是两者又从不同视角对公共关系进行了过程分析和剖析,建立起了公共关系过程的分析模式。

4. 公共关系职能模式

马里兰大学公共关系学教授格罗尼(J. Gruning)和亨特(T. Hunt)提出:组织与公众的双向影响是通过公共关系机构的传播来实现新的公共关系职能模式的。公共关系职能模式是在对策论和功能论的基础上,对公共关系职能进行的研究。其意义在于通过职能模式研究,揭示出公共关系的价值作用所在,以及公共关系对于所在组织能够产生的功能影响。公共关系部由于处于组织与公众的中介地位,掌握了双方的信息,因此它能够向组织管理层提供客观、全面、系统的建议。本模式要求在认真评估公共关系工作的基础上,确定在对组织咨询时,哪些事情可以做,哪些事情不可以做;如果做的话,有哪几种方案可供选择等。尽管公共关系职能研究属于公共关系理论层面的意义分析,但是其基本思想对进一步强化公共关系在组织中的价值作用具有开创意义。直到现在人们所能够见到的公共关系功能和作用分析框架，还是以上述研究成果为基础的。

5. 公众分类理论

格罗尼和亨特从组织对公众引起的"后果"出发，把公众分为四种类型，即非公众、潜在公众、知晓公众和行动公众。其中，非公众是不受组织影响，也不对组织产生影响的团体或个人；潜在公众是组织的行为已经对他们产生影响，但是他们本身还未意识到的团体或个人；知晓公众是组织的行为已经对他们产生了影响，他们自己也意识到这一影响存在的团体或个人；行动公众是指那些已经开始讨论组织面临的影响，并准备采取某种行动来作出反应的团体或个人。

上述这四种公众是连续发展的，即非公众→潜在公众→知晓公众→行动公众。日本学者认为"潜在公众"阶段是公共关系工作的最好时机，此时塑造组织形象或改变各种态度比较容易。对于公众所作出的分析，开创了公共关系核心概念细分化的理性分析先河，奠定了公共关系基本范畴的内在规定性，而且丰富化和系统化地清理出了"公众"的思想内容。

6. 公共关系角色

20世纪70年代，美国威斯康星大学和圣地亚哥州立大学的研究人员对美国公共关系协会(PRSA)中的458个成员进行调查后，提出"角色理论"。该理论是在借鉴社会学、传播学等学科中"角色"的概念、范畴的基础上发展起来的公共关系传播主体学说。同时，它也从公共关系管理角度对公共关系人员作出岗位分类，为公共关系组织人员的构成奠定了理论基础，在一定程度上解决了公共关系部门人员构成等现实问题。现代社会中公共关系部内部的职务、职别和职位的划分，就是随着公共关系角色理论的成熟而完善起来的。

公共关系人员表现为两种主要角色和三种次要角色。两种主要角色是传播的技术人员和传播的管理者；三种次要角色是熟练的专业技术人员、传播的推进者和问题解决的促进者。

7. 公共关系传播仪式观

20世纪70年代，美国传播学者詹姆斯·凯瑞在吸收芝加哥学派、美国文化研究学派、英尼斯·麦克卢，以及美国人类学者克得福德·格尔兹思想的基础上，提出了传播仪式观。在仪式观中，"传播"一词的原型是"一种以团体或共同的身份把人们吸引在一起的神圣仪式"。与主流的"传递观"不同的是，仪式观考察的不是信息在物理空间的扩散，而是通过信息的共享来达到时间上对一个共同体的维系，它强调的不是控制与权力，而是共享与交流。这种观点认为，当传播一旦从物理空间和运输工具的束缚中解脱出来时，人们对"传播"的思维方式就会发生变化，"旧的生活节奏和时间观念会被铲除，技术所带来的变革渗透到了普通人的日常生活和实践经验意识之中"。买卖的速度和数量也发生了很大的变化，同时，詹姆斯·凯瑞也认为，传播仪式观也在精神层面改变了公众。他认为：技术一旦产生，就代表一种新的社会形式、社会关系和社会结构的出现，它改变了我们的时空观，改变了我们日常生活的方式，甚至改变了我们的思考模式和意识形态(当然，这里所指的技术是"电报"技术，但这种理论也吻合当代互联网时代的通信技术，我们需重新认识这一观念)。

四、公共关系创新时期的理论

20 世纪 70~80 年代，公共关系理论进入创新发展时期，一批学者都对公共关系管理进行了研究，"公共关系管理"成为主要理论思潮。

1. 公共关系目标管理

在美国公共关系界，公共关系管理大都基于三项基本指标，即领先指标(leading indicator)、线性指标(linearity indicator)和趋势指标(trend indicators)。领先指标是公共关系人员对公共关系项目实施结果的一种预测和估计。线性指标是公共关系人员按照组织所面临的问题，采用符合组织实际情况的方法来进行公共关系活动，实现所应达到的目标。趋势指标是指公共关系管理者根据已经取得的成果(即公共关系活动绩效)来展望今后组织所面临的公共关系状态。公共关系目标是公共关系管理的理论前提。领先指标、线性指标和趋势指标分别从不同角度指出管理的要求：领先指标提出了管理的目标；线性指标提出了管理的操作程序；趋势指标提出了管理的发展方向。这三个指标的有机结合构成了公共关系管理的基本指标。

2. 公共关系管理阶段理论

1982 年，美国卡特利普和森特在公共关系管理上提出了"四段论"模式。他们认为公共关系管理应该是：寻找事实和反馈信息；提出公共关系计划项目；开展公共关系活动和进行信息传播；对于公共关系活动效果进行评估。他们强调，"组织与公众的良好关系必须经过精心的策划，必须经过特定的步骤和过程才能完成"。

汉尼斯(J. Haynes)等提出了公共关系管理"五段论"。具体内容是：树立发现问题的意识；对问题进行限定；分析有目的的选择以及可能的结果；评估方案和选择行动的契机；对公共关系方案进行验收。

上述各种管理阶段理论，分别代表了公共关系管理阶段的不同理论学说，在实践上都被不同的公共关系从业人员所采用，并且产生了积极的效果。这些理论都是不同学者基于自己特定的学科背景把公共关系活动放置于不同时期、不同阶段和不同侧重点上所展开的分析研究。

3. 格罗尼公式

格罗尼认为，上述专家提出的公共关系管理模式都缺乏更深入、细致的分析。他认为公共关系管理公式应该是"觉察→构筑→规定→选择→确认→行为→觉察"。

前一个觉察是指公共关系管理者发现了环境中存在的问题，已经开始思考如何行动。构筑是寻找解决问题的方法。规定是公共关系管理者思考如何着手解决问题。选择是指管理者从各种可能、可行的方案中选择一项，具体去实施。确认是要求公共关系管理者确认一下在执行中是否有意外。行为是具体实施行动计划。最后面的觉察是公共关系管理者从问题解决中又发现了新问题，下一步是起点开始。可见，格罗尼公式是一个比较完美的公共关系管理模式。

4. 杰夫金斯的公共关系计划管理

时至今日，公共关系计划管理已经成为组织开展公共关系活动中必不可少的内容之一。杰夫金斯提出，在进行公共关系计划时，必须注意四个法则，即确定公共关系工作的目标，这个目标要符合实际情况，与预期结果相一致；估计所花费的人力、时间与资金；选择成员、时机来实施项目；确定项目实施的可能性，例如人力、设备和预算等，从而实现公共关系计划管理的基本目标。本理论的应用，把公共关系与投入产出的科学规律结合在一起，推动了公共关系活动的有序化、可量度化和标准化的发展。

五、公共关系学全球化传播时期的理论

进入20世纪90年代以来，世界政治、经济、文化掀起了全球化的浪潮。这一时期公共关系最有代表性的是"公共关系营销""绿色公共关系"和"网络公共关系"的兴起。以全球传播网络化为基础的全球经济一体化、计划经济国家市场化、全球政治民主化和社会危机全球化的交织融合，进一步推动了公共关系理论的新发展。

1. 公共关系营销

1986年，科特勒(P. Kotler)提出了"大营销"概念，把"市场营销组合"(即产品、价格、促销和销售渠道)发展为公共关系营销(即产品、价格、促销、销售渠道、政治和公共关系)。他尤其指出，公司组织在打击地方保护市场的问题上，营销者越来越需要借助政治技巧和公共关系技巧，克服各种地方保护主义、政治壁垒和公众舆论方面的障碍，以便在全球市场上有效地开展工作。

1995年，美国市场营销专家帕托拉(W. Perttula)和汉克(M. Hanke)在《市场营销》一书中指出：公共关系的目标是影响公众对公司的看法。公共关系的目标是促进与不同公众的良好关系，首先是消费者、雇员、供应商、持股人、政府、一般民众、工会等。他特别强调："公共关系结合其他促销组合(广告、营业推广与人员推销)可以树立品牌知名度，建立有利于品牌的公众态度以及鼓励消费者的购买行为。"

1996年，科特勒在其出版的《营销管理——分析、计划、执行和控制》一书中，再次把公共关系营销放到一个重要位置。营销公共关系的主要工具有事件、新闻、演讲、公益服务活动和形象识别媒体。营销公共关系对于实现树立知名度、树立可信度、刺激销售队伍和经销商、降低销售成本等目标发挥着重要作用。有效公共关系最常用的方法是展露度；知名度、理解和态度方面的变化；销售额和利润贡献。他认为，在有些情况下，公共关系的成本效益高于广告，但是公共关系必须与广告一起规划。

公共关系与营销的融合是两大学科发展的必然结果，从此，公共关系有了产业化的依托，营销进入了"大营销"时代。

2. 绿色公共关系

环境是人类赖以生存的空间，是人类进行生产活动的物质基础和必要条件。人与自然环境关系的和谐是社会持续稳定发展的基本保证。进入20世纪以来，伴随着经济的繁荣和现代化的飞速发展，人与环境的矛盾显著激化，出现了严重的环境问题，主要表现为人口爆炸、土地荒漠化、臭氧层空洞、环境污染、资源枯竭等。这些环境问题对人类的生活

和经济的发展构成了严重的威胁。环境问题已成为企业、消费者、社会团体和公共政策制定者都不得不关注的最大挑战。绿色公关构筑在人类环境意识逐渐觉醒的时代基础之上，依托可持续发展的研究成果，其兴起是一种必然。绿色公关是社会组织为避免在环境问题上出现失误进而损害自己的公众形象，而有针对性地进行的传播沟通和协调工作。

我国的环境问题一直十分突出。尽管工业发展取得了明显进步，但环境污染十分严重，其污染程度和发达国家在20世纪60年代公害泛滥时的情况相似。和国外相比，国内绿色公关实践还处于起步阶段，公关活动仍停留于表层，在意识和具体实践上都存在束缚。由于绿色公关的研究比较肤浅，没有太多的理论支撑，活动的开展难免有些零碎，深度远远不够。因此，开展绿色公关意义深远，前景广阔。

3. 网络公共关系

20世纪末至21世纪初，随着互联网的广泛应用，人类在传播沟通领域经历了一场革命。米德伯格(D. Middleberg)是第一代网络公共关系专家中的典型代表。

米德伯格在2001年出版了《成功的公共关系》一书。他在书中系统阐述了自己的网络公共关系思想。他认为，"从本质上看，公共关系受互联网增长的影响，形成了五个重要的商业沟通趋势，即速度、途径、交互作用的新规则、品牌的重新界定以及作为沟通的商业伙伴。"现代商业活动，包括公共关系最深层次的本质已经因为互联网的出现而发生了根本性变化。公共关系在宣传公司和产品时比起其他沟通工具，能够发挥更大的作用，公共关系正在以全新的方式与客户产生着相互作用。他断言：新的公共关系人员的群体已经出现，他们是混合了传统的公共关系与网上沟通所创造出的对客户具有前瞻性的、一体化的商业活动——电子沟通者(E-communicator)。互联网是现代社会解决危机冲突必需的沟通工具。由于网络的参与性和互动性所带来的网络公共关系的发展，必将对传统的公共关系思想、模式和管理带来诸多的变革。如何适应网络公共关系带来的社会影响，如何评价网络公共关系带来的价值功效，如何去利用和测度网络公共关系，已成为公共关系领域的新课题。互联网时代的公共关系是一场全新的竞赛，"公共关系已经彻底地变革了"。

技术的发展令公共关系日益数字化、新媒体化，微信、微博、智能手机、移动电视、短视频、直播等的不断涌现，令新型的媒介化社会逐渐形成。中国公关实务界也意识到，技术的发展令信息的传播方式发生了革命性转变，公共关系已经走到一个技术革新的转折点。

此外，2002年由美国当代营销大师阿尔·里斯及其女儿劳拉·里斯撰写的《公关第一，广告第二》一书进一步阐述了营销思想的一个新理念。认为当今的市场营销首先是要建立良好的公共关系，只有通过建立良好的公共关系才能使自己的品牌在消费者心中占有一席之地；市场营销始于公共关系，而广告则是公共关系的延续，因此是公共关系在打造品牌，广告则起到提醒消费者的作用。作者用大量的案例证实了公共关系的崛起和重要性。

如果将1923年作为公共关系理论的发端，那么公共关系理论的研究和发展至今已有100年的历史。如果从1903年公共关系职业化开始算起，那么现代意义上的公共关系职业化发展已经有120年的历史。综合研究百年来的公共关系实践和理论的沿革，有助于探索公共关系学的规律性认识，有助于当前公关关系业界了解专业理论发展的轨迹，有助于在已经出现的网络化时代对公共关系实践和理论发展进行前瞻性认知，更有助于关注公共关系的各界人士能够在现代公共关系从宏观概念和理论体系的变迁及成熟过程中，了解、把握公共关系学科的系统内容。

第五节 公共关系理论在我国的传播

现代公共关系理论是在改革开放的环境条件下从中国香港及海外传入中国沿海的开放地区的。其活动开始于 20 世纪 80 年代初，最初是在一些合资的宾馆、饭店设立专门的机构，由一些专门的人员组成，是作为一种经营管理手段而存在的。所以，现代公共关系在中国一开始就已经发生了根本性的变化，是一种具有"中国特色"的公共关系。

1984 年，广州白云山制药厂第一个设立了"公共关系部"，并且依据公共关系的一般规律，拿出当年产值的 1%作为公共关系的预算开支，在当年就产生了巨大效益。《经济日报》为此发表了题为《如虎添翼——记广州白云山制药厂的公共关系工作》的通讯，并配发了社论《认真研究社会主义公共关系》，这是全国性媒体首次发表有关公共关系的专题社论和通讯报道。

1989 年拍摄的电视剧《公关小姐》，是最早反映公关行业的电视连续剧。该剧还收到了一个让人意想不到的效果——促使了内地公关行业的产生。由此，不少城市陆续成立了公关协会，企业成立了公关部，以致这部剧被当作了"教材"。

随后，公共关系开始在中国大地从南到北、从东到西蓬勃发展。总的来讲，现代公共关系在中国的传播、发展大致可以分为以下几个阶段。

一、起步阶段(1980—1986 年)

1980 年《广东省经济特区条例》颁布，开始设立深圳、珠海、汕头三个经济特区。现代公共关系开始传入中国大陆。例如，1984 年开始的广州白云山制药厂的公共关系活动；1985 年翻译出版了美国的《有效公共关系》著作；1985 年博雅公司与中国新闻发展公司签订协议代理外贸企业境外公共关系服务，促使中国环球公共关系公司成立；1986 年 11 月 6 日中国第一家公共关系协会——上海公共关系协会成立。

二、发展阶段(1987—1989 年)

从 1986 年 11 月中国第一本公关著作《公共关系学概论》的出版到 1989 年年底，短短三年多的时间里，中国共出版了 54 部公共关系类书籍，其中 49 本是中国人编写的，5 本是翻译国外的，达到了平均每月推出 1.5 本公关书的记录。1987 年 6 月中国公共关系协会成立；1989 年中央电视台播出《公共关系浅说》专题片，中央领导也发表了关于公共关系的重要讲话；公共关系专业报纸和刊物开始创刊；电视连续剧《公关小姐》公开播出，以及各种公共关系的培训、调查和实践活动在我国陆续展开。这一时期还有一个重要特征就是企业公共关系活动的开展，许多知名品牌借助公共关系手段树立形象，扩大影响，完成了资本的原始积累，度过了创业的第一个阶段。随着中国经济体制改革的深入，公共关系从理论研究到实践活动形成了一股强劲的"公关潮"。

但是，应该看到一个基本的事实，就是在整个 20 世纪 80 年代，除了在少数具有外资背景的企业中取得了一定的具体成效外，公共关系的独特价值还没有充分展现出来，人们对此也没有一个充分的、正确的认识，那"迷人的光环"在很大程度上只具有一种象征意义。

三、规范阶段(1990—1993 年)

1990 年，我国经济发展进入治理整顿阶段，以克服经济"过热"带来的一系列问题，与经济发展密切相关的公共关系也不例外。

这一阶段最重要的事件是中国公关界分别在 1990 年、1991 年、1992 年围绕"公共关系与社会发展""公共关系与改革开放"和"公共关系与经济建设"三个主题进行的理论研究和探讨。1991 年 4 月，中国国际公共关系协会(CIPRA)成立，宣告中国公共关系研究开始与国际理论研究接轨。1993 年，中央广播电视大学开始开设公共关系学课程，从而使更多的人可以从理论的层面辨别公共关系的真伪，使公共关系真正成为一门科学的理论和有效的实践活动。这一时期，一方面公共关系的热度开始降温，公共关系的实践活动停滞不前；另一方面关于公共关系的理论研究开始引起人们的重视，因为没有理论指导的实践不可能长久地发展。

四、完善发展阶段(1994—2008 年)

到了 20 世纪最后几个年头，我国已基本形成较完整的公共关系理论体系和一整套公共关系实务运作规范，特别是众多公共关系咨询公司的有序发展更意味着我国公共关系已步入正常化发展轨道。但进入 21 世纪这么多年，公共关系在我国的发展仍存在诸多问题，还需要进一步发展完善。

1994 年，教育部正式批准中山大学和首都经济贸易大学招收公共关系方向硕士研究生，从而使我国的公共关系教育从普及公共关系教育、职业公共关系教育和专业公共关系教育又迈上了一个新台阶，形成一个完整的教育网络体系。1997 年 11 月，原国家劳动和社会保障部成立了中国公共关系职业审定委员会，正式命名中国公共关系职业为"公共关系员"，并于 1999 年 5 月将公共关系职业列入《中华人民共和国职业分类大典》，这标志着经过近 20 年的发展，公共关系职业终于获得了社会的认可。2000 年，我国在全国范围内开始推广公共关系人员上岗资格考试，公关员走上了职业化和专业化的道路。2003 年，中国国际公共关系协会宣布，把每年的 12 月 20 日定为"中国公关节"。21 世纪初，特别是 2003 年"非典"以后，国家各部委、各级政府部门纷纷设立新闻发言人，建立新闻发布制度，进一步满足了公众的知情权需求。逐渐开放的传播环境将进一步促进公共关系的完善和发展。

五、全面创新繁荣阶段(从 2008 年开始)

中国用不到 30 年时间完成的史无前例的"中国飞跃"，令世界瞩目和震惊。而中国公共关系发展的历程清晰地呈现了逐渐融入世界的历史轨迹，这种"融入"在 2008 年北京奥运会上得到了巅峰体现，其赋予了中国公关人集体审视世界、融入世界、共享世界的巨大历史机遇。2008 年北京奥运会和 2010 年上海世博会，是中国有史以来最大的国家级公关活动，是中国公共关系行业面向国际舞台的两次"亮相"，为中国公共关系行业更好地融入世界提供了机遇，大大推动了中国公共关系行业向国际化的进军。在这样的大环境下，许多行业为了赢得国际化的竞争，本土公司也越发重视公共关系。在这样的格局下，中国公共关系的行业标准必然要向国际化靠拢，否则无法满足客户的要求。

2008 年对中国是极具历史意义的一年，除了北京奥运会外，年初春运期间遭遇特大冰雪灾害，中国国家领导人亲赴抗灾前线，帮助解决问题。中央直接领导的 2008 年年初这场抗击雪灾行动，受到国民的赞扬，也引起境外媒体的强烈反响。2008 年 5 月 12 日，四川汶川大地震灾害发生后，中国政府采取的一系列行之有效的救援行动和对待灾难报道的开放态度，也给世界人民留下了良好的印象。2016 年杭州的 G20 峰会再一次向全球展示了中国的大国形象。

近些年，随着人们生活水平的普遍提高，"过节热""庆典热""礼仪热"昭示着人们与仪式感相关的消费行为越来越普遍。当人们的心灵需求渐次成为消费需求主流时，企业越来越重视打造"仪式感营销"，公共关系也越来越重视并有效利用这些心理在恰当的时机开展公共活动。在当前，公共关系活动也越来越注重"仪式感"。

2013 年 10 月，第六届"公关与广告国际学术论坛"在武汉召开，来自全球 10 个国家和地区的 50 多所高校的 120 多位代表参加了圆桌论坛。会上，以陈先红教授为首的来自海峡两岸及香港、澳门的专家学者、行业协会领导、新闻媒体记者、公关业界代表共 15 人集体宣读了"公关正能量宣言"，通过现场讨论对话、集体表决，现场达成"武汉共识"。会后，研究者经过专家座谈会、焦点访谈、电话邮件等十多次征集意见和修改，最终形成《武汉共识：公关正能量宣言》，提出了中国阳光公关的理论，其理论构想是建立在"倡导真善美、传播正能量"的公关世界观基础之上的。

2020 年，因新冠疫情影响，导致世界经济发展趋势的不确定性、不稳定性日益凸显。为了在错综复杂的世界体系中站稳脚跟，实现如经济高质量发展等重大目标，党的十九届五中全会明确提出："加快构建以国内大循环为主体、国内国际双循环相互促进的新发展格局。""双循环"发展新格局是引领我国经济高质量发展的创新之举，是适应百年未有之大变局的必由之路，是实现中华民族伟大复兴的主动之策。

2022 年 4 月 10 日，《中共中央国务院关于加快建设全国统一大市场的意见》(简称《意见》)发布，提出加快建设全国统一大市场，是建设高标准市场体系、构建高水平社会主义市场经济体制的必然选择，也是构建新发展格局的基础支撑和内在要求。《意见》从全局和战略高度明确了我国建设全国统一大市场的总体要求、主要目标和重点任务，是"十四五"和今后一个时期建设全国统一大市场的行动纲领。当前，由于疫情和日益加剧的国际大国之间关系复杂化，美国对全球化主导权的不正当使用导致逆全球化发展，企业需认清目前的大形势，才能寻求更好的发展。

2022 年，在疫情肆虐全球、美西方国家百般阻挠全力打压中国的情况下，北京冬奥会成功举办。这次奥运会不仅成为一场体育盛会，也向世人呈现了一场文化盛宴；不仅提供了一个让全世界认同的体育竞技场，也成功展示了一个优秀民族文化的世界大舞台。本届冬奥会"中国风"的亮点刮遍场馆、赛场等各个角落，"国潮"从冬奥赛场飞向全世界，飞向千家万户，"中国式浪漫"无处不在，火遍全球。诸多企业也通过赞助等各种公关方式使其形象迅速得以提升。

根据 2022 年 6 月 7 日中国国际公共关系协会在北京发布的《中国公共关系业 2021 年度调查报告》显示，2021 年全行业营业规模约为 745.9 亿元人民币，年增长率为 8.3%。相较于 2020 年 3.1%的年增长率，公关市场有了较大的恢复性增长。2021 年度中国公共关系服务领域前 5 位的分别是汽车、IT(信息技术)、互联网、快速消费品、制造业。汽车行业依然占据整个市场份额超过 1/3，继续高居榜首，且比去年略有提高。IT(信息技术)、互联网、快速消费品排名不变，位于第 2~4 位。与 2020 年度相比，制造业对公共关系的需求有所增加，跃升到第 5 位。由此可见，中国制造业对品牌的意识正在不断提升。金融业从去年的第 5 位下降到第 6 位。娱乐、文化业、医疗保健业、旅游业、房地产业排名不变，分别位居第 7 至 10 位。报告同时发布了 2021 年度公关公司排行榜，包括 TOP 公司和最具成长性公司两个榜单，其中 TOP 公司 30 家，最具成长性公司 10 家。

报告指出 2021 年中国公共关系行业呈现显著特点。其一，2021 年，面对持续的全球新冠疫情，中国公共关系市场开始恢复性增长。其二，受疫情持续和反复的影响，TOP 公司线上业务占比继续扩大。其三，汽车、IT(信息技术)、互联网继续占据公共关系市场前 3 位，快速消费品排名不变，位居第 4 位。其四，短视频营销成为公关行业新的重要服务手段。其五，人力成本不断增加给行业带来较大运营压力。

报告还指出了中国公共关系行业面临的挑战与机遇：公共关系行业分化趋势明显；线上服务是大势所趋；当前背景下的国家形象传播，已成为一个崭新课题；资金问题依然是公关公司发展过程中面临的挑战。

为了更加积极地推动中国公共关系行业的可持续和健康发展，必须继续推进公共关系行业的专业化、规范化；继续加大力度，提升行业的社会影响力，改变社会对公共关系行业的负面认知；继续与政府相关部门沟通，让政府更加重视公共关系的作用，并使行业获得应有的地位；继续推进公共关系活动中的业务整合和资本运作，推动更多的国内优秀公关公司做强做精；鼓励它们在通过创新模式、兼并收购等手段发展壮大的同时，承担更多的行业责任和社会责任；继续推动公关传播的现代化，随着移动互联网时代的到来，应更加重视新兴媒体的运用。

本 章 小 结

公共关系作为一门独立的学科出现，成为一个行业、一项职业，这是 20 世纪初的事情。美国是现代意义上公共关系的发源地。艾维·李是现代公共关系的奠基人，而伯内斯对公共关系科学化、规范化作出了巨大贡献。第二次世界大战结束以后，公共关系事业在欧美资本主义国家得到了飞速发展，成为一个新兴的、充满活力的行业，在市场经济中发挥了重要的作用。公共关系学的研究对象是社会机构的公共关系及其发展变化规律，具体而言是研究社会组织、公众和传播沟通的发展变化规律。

公共关系不仅为组织的生存和发展创造了良好的外部环境和内部条件，而且渗透到了社会生活的每个方面，对社会产生了积极影响，另外，还能使公共关系从业人员观念不断更新，素质逐渐提高。

我国公共关系活动在 20 世纪二三十年代就出现了，主要是在经济比较发达的沿海大城市，例如上海、天津、青岛、宁波、广州等城市。20 世纪 80 年代，我国实行改革开放政策，现代公共关系开始进入我国，而且是从南到北，从沿海到内地，从经济特区到其他地区迅速推进。到 20 世纪末，我国的公共关系事业得到了长足发展，成为一个日益规范、充满发展潜力、市场经济不可或缺的行业。越来越多的企事业单位、政府机关日益重视公共关系工作，使公共关系事业的发展空间越来越大。随着新媒体时代的来临，公共关系将面临新的机遇和挑战，需要进一步调整和适应，从而推动公共关系的持续发展。

复习思考题

1. 怎么理解公共关系的含义？
2. 什么是公共关系的构成要素？
3. 公共关系有哪些显著特征？
4. 公共关系对社会组织、个人和社会的作用分别有哪些？
5. 我国公共关系经历了哪些阶段？每个阶段有哪些特征？

第二章 公共关系机构与公共关系从业人员

本章导读

组织要开展公共关系活动,就必须具有公共关系组织机构,必须依靠公共关系人员。公关机构是开展公关工作、实现公关职能和公关目标的组织保证。公关人员是开展公关活动的主体,肩负着帮助组织决策、沟通组织与内外公众的联系,以及树立组织形象的特殊使命,因而被誉为组织形象的"设计师"。

学习目标

通过对本章内容的学习,一方面,能够了解公共关系职能部门的性质、地位、模式和特点,了解专业公共关系公司的类型、经营范围和服务特点;另一方面,可以了解公关人员的日常业务、素质要求、培养方法等问题,从而把握公共关系行为主体的特征。

第一节 公共关系机构

公共关系机构是指设置在组织内部的专门负责处理公共关系工作的一个职能部门。公共关系机构是专门执行公关任务、实现公关功能的行为主体,是公共关系工作的专业职能机构,属于社会咨询机构或组织的职能部门。

近几年,随着我国社会主义市场经济的稳步发展,公共关系职业化特点越来越明显,公共关系机构也越来越健全。根据公共关系实践的历史与现状,目前,专门从事公共关系工作的组织机构分为三种类型,即公共关系部、公共关系公司和公共关系社团。

一、公共关系部

公共关系部(简称公关部)是社会组织为了实现组织目标,贯彻公共关系思想,由专业公关人员组成的以塑造形象、协调关系为任务的专门机构。它与组织内部的人事、财务、计划、业务、技术等部门一样,是组织的重要职能部门。公共关系部的组建,是由组织自身状况和公众特点,以及组织与公众之间联系的状况所决定的。公共关系部是有效开展公共关系工作的组织保证,旨在筑起组织与公众之间感情的桥梁和沟通渠道,以便组织在公众中树立良好的形象。

(一)公关关系部在组织中的性质、地位和作用

1. 公共关系部的性质

由于公共关系的职能是传播性、沟通性的,即统筹管理组织有关传播沟通的业务,因此其职能目标和业务内容完全不同于其他职能部门。

2. 公共关系部的地位

从管理作用上看，公共关系部在组织总体中扮演着一种"边缘""中介"的角色。即处于决策部门与其他专业职能部门之间、组织与外部环境之间，担负着建立联系、沟通信息、咨询建议、辅助服务、策划组织、协调行动等责任。

1) 公共关系部在组织内部管理中的地位

从系统论的观点来看组织的管理结构，公共关系部门作为其中的一个子系统，它的位置介于管理子系统与其他非管理子系统之间。公共关系部介于高层决策中心与各个执行部门之间，介于各管理、执行部门与基层人员之间。

2) 公共关系部在企业外部经营中的地位

公共关系部介于组织与公众之间，对外代表组织，对内代表公众，通过传播活动保持组织与公众之间的双向沟通。

3. 公共关系部的作用

1) 公共关系部能促进企业战略的实现

企业要确立其战略，就必须对战略环境进行分析，前提就是要对此进行调查和研究，而这恰恰就是公共关系部应负的责任。同时，公共关系部通过良好的内部公关，能增强企业职工的群体意识，提高企业职工的士气，为战略的实施营造良好的企业文化氛围。通过公共关系部的教育职能可以提高员工素质，教育引导企业内部的全体成员建立公关策划意识，使全体员工将公关意识融入日常的言行中，成为习惯和行为规范，这会直接影响到企业的形象和经济效益，最终促进企业战略的实现。

2) 公共关系部能为产品销售铺路架桥

在产品销售上，公共关系部的作用是：新产品投放市场时开展公关活动，使顾客在了解的基础上产生购买的欲望和行为；现有产品的销售也存在扩大市场的问题，扩大市场也离不开公关，它能够提升品牌知名度和关注度，树立良好的企业形象，建立良好的公共关系，促进企业的长期发展。

3) 公共关系部能为企业决策起参谋作用

公共关系部是资料储存中心，可以收集、储存和处理同企业密切相关的社会信息；公共关系部也是信息发布中心，它是企业的喉舌，对外信息就是由它来发布的。公关负责人隶属于企业决策者，可以及时反映外界的信息、提供咨询和建议，准确地向外界和职工传递决策者的信息和意图，有效贯彻落实企业的公共关系思想和决策。

(二)组织内部设置公关机构的基本模式和设置要求

1. 组织内部设置公关机构的四种基本模式

(1) 部门隶属型。即公关机构附属于组织的某个职能部门。

(2) 部门并列型。即公关机构与组织的其他职能部门平行排列，处于同一层次。与第一种类型相比，此种类型的公关机构在组织中地位比较高、权力比较大，其公关业务在组织中具有独立性和重要性。

(3) 高层领导直属型。即公共关系部处于整个组织系统中的第三个层次，但作为一个第三级机构，它并不隶属于某个二级机构，而是直属于组织的最高层领导，直接向最高决策层和管理层负责。这种类型综合了以上两种类型的特点。公共关系部具有较大的沟通权限,可以直接与最高行政领导沟通,并代表最高行政领导与其他部门沟通,直接参与决策。

(4) 公共关系委员会。即由组织的主管领导牵头,各职能部门负责人共同组织的公关工作协调委员会,统一指导和协调全局的公共关系活动,下设公共关系办公室,负责日常工作。

各类组织在具体设置公关工作机构时,必须根据自身的性质、特点、需要、规模等具体情况来综合考虑。

2. 设置公共关系部的基本要求

设立公共关系部的基本要求如下。

(1) 精简。无论从哪个角度设立公关部,都要符合投入较少的人力、物力、财力,完成较多、较好任务的要求。精简包括两项主要内容。一是人数不能过多,人员要精干。一般来说,公共关系部的人数不能超过组织内部各管理机构的平均人数。美国一家公关协会对企业公共关系部的平均人数进行了调查,按每年销售额来确定公共关系部的人员数量。例如,超过 10 亿美元的企业,公共关系部的人员平均数是 65 人;5 亿~10 亿美元的企业,是 20 人;2.5 亿~5 亿美元的企业,是 13 人;1 亿~2.5 亿美元的企业是 12 人;0.5 亿~1 亿美元的企业是 6 人;0.5 亿美元以下的企业,平均是 4 人。二是机构内部层次不能过多,要因事设职,因职设人,要责任明确,分工恰当。机构内部层次的减少,可促使信息流通加快,密切工作人员之间的关系,有利于交流思想,提高工作效率。

(2) 针对性。针对性是在组建公关机构时,要根据不同的组织、不同的性质、面对不同的社会公众来设置。这样能体现特色,有利于开展工作,产生实效,不能按照某种模式生搬硬套。

(3) 专业性。设置公共关系部要做到专业化、正规化。专业化是指该组织的人员受过专门的公关训练,有强烈的公关意识和公关能力。正规化是指组织上和工作内容上都要保持其正规化,公共关系部专门从事公关的计划组织工作,任务明确,不能把不涉及公关的事务性工作都交给公共关系部。

(4) 协调性。协调性就是要求在设置公共关系部时,要立足公关工作的协调性。设置公共关系部,首先,要使它与组织内部的各个部门相协调,并能起到协调各部门关系的作用。其次,公共关系部内部的层次结构和工作人员也应相互协调,以便充分发挥它本身的作用,要建立一条稳定的信息输出和反馈的通道。最后,在设置公共关系部时,还要对组织与社会各界的协调起积极作用。具备了这种多方面、多层次的整体协调条件,才能设置合理、有效的公共关系部。

(三)公共关系部的内部分工和工作内容

公共关系部的内部分工,一般可分为对内关系、对外关系和专业技术制作三个方面。

1. 对内关系

对内关系主要是处理组织内部的员工关系、部门关系、股东关系等。

2. 对外关系

对外关系主要是处理组织与政府、社区、媒介、顾客等之间的关系。

3. 专业技术制作

公共关系的许多方法有比较高的专业技术要求，可根据公共关系手段和技巧进行分工。

公共关系部的工作内容极为丰富，英国公关专家弗兰克·詹夫金斯(Frank Jefkens)将其归纳为 26 条，全面地概括了公共关系部在对内关系、对外关系以及专业技术制作三方面的职能。这 26 条正好可用 26 个英文字母来标列，故又称"公共关系的从 A 到 Z"。

A：写作并向报刊发布新闻、照片和特写，发布前编好报刊的名单。

B：组织记者招待会，接待参观访问。

C：向媒介提供信息。

D：为管理部门安排接待报刊、广播和电视记者的访问。

E：为摄影师作情况介绍，保存照片资料。

F：编辑出版供员工阅读的杂志或报纸，负责其他形式的内部通信，例如录像带、幻灯片和墙报等。

G：编辑、出版以经销商、用户、顾客为对象的对外刊物。

H：编写并提供各种资料，诸如培训资料、企业的历史年度报告、新员工须知，以及供学校用的教育招贴。

I：制作视听材料，例如纪录片、幻灯片、录像带，包括分发编目、放映以及维护工作。

J：组织有关展览会，提供陈列品，并提供交通工具。

K：创制并维护企业识别标志，诸如商标配色图案、专用印刷的风格以及车辆上的标志等。

L：主办有关公共关系活动。

M：组织参观工厂等活动，并提供各种方便。

N：参加董事会和生产、市场营销及其他主要负责人会议。

O：出席销售和经销商的会议。

P：代表企业出席行业性会议。

Q：负责同公共关系顾问联系。

R：培训公共关系员工。

S：进行意见调查或其他调研活动。

T：当广告工作也由公共关系部管理时，监管广告的发行与制作，也是其主要业务。

U：和政治家或公职人员联系。

V：当新厂房或办公楼落成举行开幕式时，接待来宾和新闻记者。

W：安排官员和国外人士来访和参观。

X：举办纪念活动，例如百年纪念或获奖纪念。

Y：从报纸、广播、电视或其他外界的报告中获得反馈信息，并进行组织整理。

Z：分析反馈，评估预定目标的实现结果。

以上从 A 到 Z，在现代网络社会已经远远不够了。现代公共关系工作，更多的是为企业进行网络宣传，使广大网民能够用最快捷的方式迅速了解企业。因此，企业网站、企业博客、企业公众号、短视频等制作，也是企业所期待的公共关系职能。

(四)公共关系部与其他部门的关系

在工作中,公共关系部与市场营销部、人力资源部和法律顾问处的联系尤为紧密。这些部门的工作在一定程度上互相融合并有所交叉。正因为如此,在某些情况下,公共关系部和市场营销部、人力资源部、法律顾问处之间会产生摩擦。

在一个组织中,市场营销部与公共关系部的职能最容易发生混淆,因为它们都是直接面向社会公众,并与其他一些社会组织发生联系。所以,有的组织干脆把公共关系部归入市场营销部门。事实上,市场营销部主要面向社会公众中的消费者公众,而公共关系部必须面对包括政府公众、媒介公众、社区公众、消费者公众等在内的所有目标公众,两个部门的工作虽有交叉之处,但并不相同,而在有些工作上则有必要加强合作。比如组织的产品广告宣传,一般是市场营销部的职责,但这一广告的设计和发布不仅仅在于推销产品,还关系到组织形象的传播和确立,这就需要公共关系部的加入,把广告的设计和发布纳入组织形象整合传播的范围统筹考虑。如果不能处理好这一关系,组织就无法以一种声音对外说话,组织形象也有可能因此而支离破碎。

从 20 世纪 60 年代初期开始,国外许多组织开始致力于人力资源开发,并纷纷设立了人力资源部,承担内部人力资源的配备和员工的培训、沟通工作,并与政府有关部门和其他一些社会组织保持某种联系。人力资源部的某些职能,和公共关系部有交叉之处,如果处理不当,也容易发生矛盾冲突。在这一点上,公共关系部应主动与人力资源部进行协调,明确各自的职责范围,商定在某些领域互相合作的方法,从而更好地开展组织内部公共关系工作。在国外,一些组织的公共关系部门与法律事务部门的矛盾存在已久。尤其当组织发生某种危机事件或诉讼纠纷时,法律事务部门一般都希望通过法律法规的途径予以解决。公共关系部门则希望尽可能减少负面影响,通过和方方面面关系的沟通、协调予以解决。两个部门都希望自己的部门能在事件的处理上发挥主要作用。其实这两种方法并不对立,关键在于从实际出发,选择最有利于组织形象建设的对策,同时加强两个部门之间的合作。即便有些事件的处理不得不诉诸法律,公共关系部门也应主动配合法律事务部门,在社会舆论的营造和各种关系的协调上予以支持,以减少公众对组织的误解,在保证公众利益的同时,合法地保护组织形象不受损害。

二、公共关系公司

公共关系公司由职业公共关系专家和各类公关专业人员组成,是专门为社会组织提供公共关系咨询或受理委托为客户开展公共关系活动的信息型、智力型、传播型的服务性机构。独立的公共关系机构或公共关系代理公司、公共关系事务所、公共关系咨询公司等,称"公共关系公司"(简称公关公司)为多。世界上最早的以公共关系公司名义出现的公司是 1920 年美国人 N. 艾尔创立的。最早最著名的公共关系公司是"现代公关之父"艾维·李创立的公关事务所。2011 年《公关周刊》(PR Week)选出全球十大公共关系公司,如表 2-1 所示。

1986 年,中国环球公共关系公司在北京成立,随后全国各地都纷纷涌现出许多家公共关系公司。随着资本加速进入公关传播行业,公关行业正在借助资本的力量做大做强,行业上市、兼并重组成为常态,也是大势所趋。中国国际公共关系协会(CIPRA)发布了 2018

年中国公关传播行业财富 50 强排行榜,以深入反映中国公关传播行业资本市场的发展现况和未来趋势。其中,前 10 强排行情况如表 2-2 所示。

表 2-1 全球十大公共关系公司

排 名	公司名称	成立时间
1	安可顾问	1984 年
2	博雅公关	1953 年
3	爱德曼国际公关	1952 年
4	福莱灵克公关	1959 年
5	伟达公关	1927 年
6	凯旋先驱	1980 年
7	奥美公关	1980 年
8	普乐普公关	1970 年
9	罗德公关	1948 年
10	万博宣伟	1993 年

表 2-2 2018 年中国公关传播行业财富前 10 强排行榜

排 名	公司名称	2018 年营收/百万元
1	蓝色光标	15 230.84
2	科达股份(爱创天杰)	9 432.29
3	华扬联众	8 216.44
4	联建光电(友拓公关)	3 952.37
5	华谊嘉信(迪思传媒)	3 503.27
6	联创互联(上海麟动)	2 767.57
7	宣亚国际	504.51
8	海天网联	464.47
9	灵狐科技	388.37
10	海天众意	354.03

(一)公共关系公司的类型

1. 按业务内容划分

按业务内容划分,公共关系公司分为三类:一是专项业务服务公司;二是专门业务服务公司;三是综合服务咨询公司。

2. 按经营方式划分

按经营方式划分,公共关系公司分为两类:一是合作型,这类公司是与广告公司等合作经营的公司;二是独立型,这类公司坚持自身经营的独特性,不论经营单项、专项、多项还是综合性业务,都不与广告公司或其他部门合作。

(二)公共关系公司的特点和组织机构

公共关系公司的特点表现是：公共关系公司不从属于任何社会组织，在产权上是独立的，体制上也是独立的，以办理社会上其他组织或个人委托的公关事务的收入作为本机构的经济来源，自负盈亏，经济上是独立的；它以是否有利于本机构的利益作为唯一的经营指导方针，在经营上是独立的。对于委托公共关系公司办理自己公关事务的组织，一旦他们与一家机构就委托办理其公关事务达成协议，这家公司就成了他们临时或长期的"公关顾问"。

从工作范围上看，公共关系公司有局限于一地的小公司，也有跨地区、跨国度的大公司。从业务内容上看，公共关系公司有承担单项业务的公司，也有承担多项业务的公司。从人员组成上看，公共关系公司有几个人的小型公司，也有几十人的中型公司，还有几百人的大型公司。

大中型公共关系公司一般由下述四个部门组成。

1. 行政部门

行政部门包括公司总经理、副总经理和一定数量的业务经理。他们的主要职责是行政领导，由业务经理对外接洽业务并具体组织、制定和实施客户服务的公共关系项目。

2. 审计部门

审计部门一般由业务经理人员、业务部门负责人及高级公共关系专家组成。职责是在公司承办的各项业务开始时或实施过程中，审查项目的可行性和监督其实施情况，并统一安排人力、物力、财力，及时为各个项目提供指导和咨询，保证项目按时保质完成。

3. 专业技术部门

专业技术部门主要接受并完成由规划审计部门分派的与本部门专业技术相关的任务。人员主要由一定数量的精通专业技术的公共关系职业专家组成。

4. 国际和地区部门

一些大型的国际公共关系公司可为客户提供国际公共关系服务，他们设有地区部门和国际部门，由这些部门来完成有关地区和国家的国际公共关系服务项目。

(三)公共关系公司的服务方式和经营方式

1. 服务方式

公共关系公司的业务涉及政治、经济、金融、传播、调查、咨询等。它提供公共咨询的服务主要通过以下两种方式进行。

1) 咨询性服务

咨询性服务是一种"软件服务"，他们在委托人要求咨询之后再根据委托人的情况提出方案。委托人可以就某项公关工作的程序问题、有关公众的背景调查、公关工作进程中的疑难问题等，向公共关系公司提出咨询，求得他们的指导和帮助。公共关系公司在与委托人达成协议后，将对委托人的公关活动予以指导、建议和监督，帮助委托人解决公关工作中的疑难问题。他们从公关的角度，为组织的管理决策提供依据。公共关系公司在提供这些咨询性服务时，相当于组织的外在智囊机构。

2) 技术性服务

技术性服务是一种"硬件服务"，主要包括两方面的内容：一是代理开展专门的公关实务活动。例如，为客户制作有关的电影、电视片及视听资料，为客户举办各种展览和赞助活动，为他们制定实施传播计划、设计广告宣传等，公共关系公司以自己的专业人员和专门设备为客户从事各项公关实务；二是为客户培训公关工作人员。公共关系公司提供技术性服务时，其作用类似于专业性的代理机构。因一些组织的公共关系部往往受各种条件的限制，不可能有齐备的技术设施和各种专长的公关人员，当他们要进行具体的公关专项活动时，总要委托公共关系公司来代理。

2. 经营方式

公共关系公司一般有以下三种经营方式。

1) 单独经营的综合服务

单独经营的综合服务公司，其规模一般较大，要求有雄厚的资金实力；需要两类专门人才，即擅长各类公关的专家和公关技术专家。

2) 单独经营的专项服务

单独经营的专项服务公司，其规模较前者要小得多，资金投入也有限，对专业人员的要求比较单一。

3) 与广告公司合作

与广告公司合作的公共关系公司出现于20世纪70年代末。主要原因是商业广告在工业发达国家的经济生活中一直占据着稳固的重要地位，新兴的公共关系公司是无法在业务水平和经营经验方面与老牌的广告公司匹敌的，再加上两种公司的性质有许多相同之处，因此出现了合营的趋势。

根据我国的实际情况，可以因地制宜，先走后两种经营方式的路，待时机成熟，力量雄厚后再朝单独经营的综合服务方面发展，这是比较适宜的经营战略。

(四)公共关系公司的主要业务

公共关系公司的主要业务，概括起来有两个方面，一是专门提供公共关系咨询，二是接受客户委托，为其开展公共关系工作。具体说来，公共关系公司的业务内容主要有以下几个方面。

(1) 为客户进行大型公共关系活动策划与新闻宣传。

(2) 为客户提供公共关系咨询服务，例如进行企业产品的形象调查、公共关系诊断、公共关系规划设计等。

(3) 为客户提供公众联络沟通服务，例如建立起与顾客、政府、社会、新闻界、教育界、金融界之间的联系。

(4) 为客户收集、汇编有关信息、情报和资料，例如，新闻剪报、市场信息、民意测验资料，以及各种政治、经济、金融、文化、科技等情报。

(5) 为客户策划新闻传播，包括为客户撰写新闻稿、选择新闻媒介、组织新闻发布会等。

(6) 为客户设计和制作公共关系广告，并作出广告预算，进行广告成本分析、广告效果检测和分析等。

(7) 协助客户推广产品，创造有利的市场条件。

(8) 为客户策划、组织大型会议，例如信息交流会、经验研讨会、产品展销会、公众对话会等。

(9) 为客户策划、组织各种专题公关活动，例如，剪彩仪式、周年庆典、联谊活动，以及与社区、文化、体育、慈善、福利等有关的大型公众活动。

(10) 为客户安排和组织主要的外交活动，例如组织贵宾和要员访问、参观、举行大型宴会活动等。

(11) 为客户设计、编制、印刷各种文字宣传资料、纪念品和介绍性书籍、公共关系杂志、宣传画册、宣传招贴、产品或服务介绍，以及代表客户的徽章、商标、招牌、纪念品等。

(12) 为客户制作影片、录像带、录音带等视听宣传材料。

(13) 为客户提供公共关系培训服务，包括主办公关人员、传播人员培训班等。

(14) 为客户建设企业形象网站，并帮助客户进行专业有效的网络传播等。

(五)公共关系公司的工作步骤

公共关系公司主要有以下几个工作步骤。

1. 签订合同或达成协议

由公司与客户签订正式合同或达成某项协议，明确承担的任务、公共关系活动的具体项目、预计取得的效果、完成的时间和各项收费标准。

2. 调查

系统地研究客户的基本情况及环境因素，例如客户在社会上的形象、与公众的关系、采取的策略措施所获得的效果、机构的性质、外界的影响和发展趋势等。

3. 计划

根据调查结果，研究和制定完整的、切实可行的公共关系活动计划，拟定具体活动项目，并从人力、物力、资金等几个方面做好预算。

4. 实施

采用一切可能的方法和技巧，利用适当的传播媒介和沟通方式，贯彻实施公共关系计划，收集、发布信息，协调各方面的关系。

5. 评估

检查为客户开展公共关系活动的实施效果，并及时进行计划调整，以适应条件和目标的变动。

三、公共关系社团

公共关系社团(简称公关社团)是由社会上从事公共关系工作和热爱公共关系事业的团

体与个人自发联合起来组建的非营利性、松散型的社会群众团体。它包括公共关系协会、学会、研究会、专业委员会、俱乐部、沙龙、联谊会等公共关系机构。我国最早的公共关系协会是 1986 年成立的上海公共关系协会。1987 年，全国性公关专业组织——中国公共关系协会(China Public Relations Association，CPRA)成立。它由公共关系领域相关的政府部门、机构、传媒、院校、企事业单位和专家、学者、行业从业人员自愿组成，是经民政部核准登记的具有全国性社会团体法人资格的非营利性社会组织。1991 年 4 月，以促进国内外公关界交流与协作为己任的中国国际公共关系协会(China International Public Relations Association，CIPRA)在北京成立。

(一)公共关系社团的类型

我国公共关系社团可以概括为以下几种类型。

1. 综合型社团

综合型社团主要是指不同地域范围的公关协会，例如中国国际公共关系协会、中国公共关系协会、各地方的公共关系协会等。这类社团大多数是自筹活动资金，也有的是民办官助。服务、指导、协调、监督是其主要职能。

2. 联谊型社团

联谊型社团的组织形式比较松散，一般无固定的活动方式，无严密的组织机构，无严格的会员规章条例。组织名称各不相同，例如公共关系联谊会、PR 同学会、公共关系沙龙等。它的主要作用是在成员之间沟通信息，联络感情，以建立良好的人际关系。

3. 学术型社团

学术型社团主要包括公共关系学会、研究会、研究所等学术团体。它的主要工作是举办各种理论研讨会、学术交流会，总结公关经验，研究公关发展动态和理论问题，预测公关的发展趋势，从而有效地对公关实践活动进行理论指导。

4. 行业型社团

行业型社团是一种行业型公共关系组织。由于各行业存在差异，其公关工作的特点也不尽相同。因此，公关活动和组织的行业化在国际上已经成为一种发展趋势。目前，我国一些部门、行业也成立了类似的组织。这类公关社团在组织上保证了公关事业在某一行业的深入发展，是一种很有潜力、大有发展前途的公关社团组织形式。

5. 媒介型社团

媒介型社团是通过创办报纸、刊物等传播媒介，并以此为依托而组建起来的。这类公关社团直接利用媒介探讨公关理论、交流公关经验、普及公关知识、传播公关信息、树立公关形象。

(二)公共关系社团的工作内容

公共关系社团所从事的工作，主要包括以下内容。

1. 联络会员

公共关系社团既要与自己的会员建立经常性的联系,又要与其他公共关系社团建立横向联系,形成网络系统,建立广泛的合作关系。组织各级公关组织和公关工作者,开展学术经验交流,研究公关理论与实践,推动公关事业的发展。

2. 制定规范

制定、宣传公共关系从业人员职业道德和行为准则,并检查执行情况是公共关系社团的一项基础性工作,也是衡量公共关系社团正规化的重要标准。世界各国的公共关系社团都非常重视会员的职业道德行为。

3. 咨询服务

公共关系社团的重要工作内容就是为社会提供良好的咨询服务,为社会组织排忧解难,以推动整个社会经济的健康发展。

4. 人才培训

对专业人才的培训是公关社团的一项经常性工作。通过培训可以提高公关人员的职业素质与专业水平。有的公关社团本身就是一所培训学校。

5. 普及公关知识

向社会推广、普及公关知识,树立公众的公关意识,是公共关系社团的一项主要工作。公共关系社团有义务向公众宣传和介绍公关基本知识,并为社团成员和公众提供公关技巧和管理方面深造的机会,以推动整个社会公关事业的发展。

6. 编辑出版公关读物

编辑出版公关读物,是公共关系社团的一项工作内容。公共关系方面的报刊、书籍的编辑出版,是宣传公关知识的重要手段。在我国主要有《公共关系》杂志、《公共关系导报》等,目前我国公共关系报刊已达数十种。

7. 建设公共关系网站,以提升全民公共关系意识和能力

现在许多公共关系社团都有自己的公共关系网站,它是网络时代传播公共关系知识、提升全民公共关系能力、树立社会组织公共关系意识的最重要的平台。例如,中国公共关系行业平台、中国公关网、公共关系网、我爱公关网,以及中国公关协会网和各地的公关协会网。

(三)公共关系社团的发展趋势

随着社会主义市场经济的发展,生产的社会化和社会分工的细化,客观上要求公共关系社团在组织建设、服务项目等方面有一个较大的转变,以适应市场经济的发展和深化改革、扩大开放形势的需要。

1. 公共关系社团的地域局限性向社团的协同性转化

公共关系事业的发展要求公共关系社团必须突破地域的界限,在更广阔的天地里发挥

自身的作用。一次大型研讨会的组织与召开,一套公共关系丛书的编辑与出版,一项大型公共关系活动的推出,都需要公共关系社团联合起来,联合才能形成规模,节能才能产出效益,才有竞争力。公共关系社团在保持自身组织独立运行的同时,应走联合发展之路。

2. 公共关系社团工作职能由单一性向多元化发展

社会的发展要求公共关系社团把工作职能、服务项目向改革的各个方面、开放的各个领域拓展,向发展市场经济的各种活动渗透,使咨询服务、教育培训、策划活动、编辑出版、理论研讨、对外交流等职能得以充分发挥,从而进一步增强公共关系社团的生命力。

3. 公共关系社团从社会事业型向服务经营型转化

公共关系社团本身虽不是营利性组织,但在讲求社会效益的同时,也要讲求一定的经济效益。公共关系社团有了一定的经济效益,有利于增加社会效益。在优质服务的指导思想下,开展有偿服务,是公共关系社团发展的必然趋势。

四、公共关系公司与公共关系部各自的优势和劣势比较

对专业公共关系公司和组织的公共关系部这两类公关机构的优劣作一番综合的比较分析,这有利于人们在实际的公关实践中有意识地扬长避短,从而最大限度地发挥它们的互补作用。从把握组织存在问题的客观性来看,专业公共关系公司旁观者清,看问题容易客观公正。而组织内部的公共关系部则常常会由于"身在此山中",而"不识庐山真面目",有时还难免由于某种压力或出于某种目的而患得患失,违心地逢迎某种观点,从而造成观察问题或处理问题的主观偏见。

从服务的专业水平看,专业公共关系公司拥有一批具有各种专门知识、经验较为丰富且配备比较合理的专业人员;与一般组织自身的公共关系部相比,具有明显的人才优势。因此,公共关系公司可提供较为全面的服务,在公关调研、公关策划、公众事务、新闻宣传、美术设计、文字声像资料制作上都有较高的专业水平。在处理危机、应付复杂局面、解决舆论问题等方面,也比一般组织的公共关系部实力强、办法多。

从与社会的联系看,专业公共关系公司的经营是以整个社会为舞台。它受聘于众多的客户,面对各种各样的公众,同社会的各个方面都有着广泛的联系。因此,它有比较全面的信息资源、较广泛的社会通信网络,这样能获取准确的信息,视野开阔。相比较而言,公共关系公司考虑问题更全面、更长远,在社会联系方面也有自己的优势。而组织自身的公共关系部则对本行业、本组织的公众了解更为深入,对本行业、本组织的现状和所面临的问题感受比处在外来者地位的公共关系公司更为深切。

从意见受重视的程度来看,专业公共关系公司由于有比较丰富的经验和一些成功的业绩,有一定的知名度和权威性,加上"外来的和尚好念经"的心理定式,其提出的意见和方案,比较容易为组织的决策层所重视和接受。相比之下,组织自身的公共关系部平时所提的各种意见和建议,则往往不受重视。

从灵活性来看,专业公共关系公司只是组织管理的依托力量,咨询也不能代替管理决策。对于专业公共关系公司提出的意见和建议,采纳还是不采纳,采纳多少,都不会成为负担,不会影响组织内部士气或人事关系。例如,遇意外事件,需要投入大量人力时,也

不用组织临时抽调人员而造成某些部门的人员紧缺。从这一点上说,组织聘请专业公共关系公司来为自己服务,往往能获得较大的灵活性。

从服务的及时性来看,组织自身的公共关系部门在紧急情况下可以作出快速的决策和反应,平时也能不断地与其他管理部门咨询协商各种问题,有利于组织公关工作的持续和稳定。外聘的公共关系公司在这方面就比较差。特别是中小城市的社会组织聘请位于中心大城市的大公共关系公司全权代理公关业务,这一弱点就更为明显。

从员工的参与感来看,组织内部的公共关系人员本身就是组织的一分子,是团队的一员,容易得到团队其他成员的支持和信任。因此,组织内部的公共关系部组织的活动容易激发员工的参与感,有利于培养员工的公关意识。而外聘的公共关系公司专家作为"外人",则容易受到组织内部员工某种排外情绪的抵制,给他们前期工作带来一定的障碍。

从费用开支来看,中小社会组织如果建立比较齐全的公共关系部门,独自承担本组织的所有公关事务,其实并不经济合算。特别是开展较大的公关活动,所需的东西样样要添置,更易造成浪费。反之,大型社会组织把所有的公关事务都委托给专业公共关系公司去做,同样也未必合算。大型社会组织的大部分公关工作均可以由自己的公共关系部去策划和实施,唯有一些专业性、技术性要求较高的业务,不妨委托专业公共关系公司去代理或协助解决,这样有利于组织公关管理水平的提高,符合组织发展的长远利益,同时也能为组织节省一定的开支。

第二节 公共关系从业人员

目前,美国几乎所有初具规模的企业或公司都有专门人员和专门机构从事公共关系工作。此外,还有数千家各种类型的专业公司进行包括政治、经济、金融、新闻、文化、军事等业务的公关职业活动。1997年11月15日,中国公共关系职业审定委员会在北京成立,其主要工作就是对公关职业的名称、定义、工作描述、技能标准及鉴定进行规范。经讨论研究,该委员会将公关职业定义为专门从事组织机构信息传播、关系协调、形象管理、咨询策划实施的实务工作人员,其名称为公关员和高级公关员。

公关从业人员既是公共关系活动的设计者,又是公共关系活动的组织者。公关工作的推进既会受到组织负责人态度的影响,也会受到组织所处客观环境的制约,但最根本的方面还在于公关从业人员的素质与能力。公关人员应具备较好的心理素质,有良好的知识结构和实用的能力技巧,并且要具备很好的职业道德,这样才能成为一名合格的公关人员。

一、公共关系从业人员的素质

素质是人们平素所表现出来的气质、风格、修养、学识等方面的基本品格,是一种以人的生理条件为基础,在社会生活中逐渐发育成熟的心理特征。

公共关系从业人员的素质,指的是具有公共关系职业特点的现代人全面发展的品格特征,例如现代人的思维方式、现代人的思想观念、现代人的知识结构、现代人的形象意识及现代人的价值取向等。这些素质可以概括为以下几个方面。

(一)公共关系从业人员的公关意识

公关意识是将公共关系基本原理、基本原则内化为内在的习惯和行为规范的现代意识。它是现代化经营管理和行政管理的思想和原则。它源于实践,又指导着公共关系实践活动。公共关系意识是公共关系从业人员必须具备的基本素质。它包含以下内容。

1. 整体意识和形象意识

整体意识和形象意识是对公共关系主体的认识。首先要有整体意识,这是最起码的要求,整体意识要求主体的成员要时时想到整体的部分,想到整体利益、整体形象,能够在整体利益和个体利益发生矛盾时顾全整体利益。

形象意识是同整体意识结合在一起的良好形象,是组织的无形资产。只有具备形象意识的人,才能深刻认识到知名度和美誉度对自己组织生存和发展的价值。

整体意识和形象意识作为公共关系意识中主体认识的一部分,实质上是公共关系的主体意识。整体意识解决主体意识中"主体为谁"的问题,形象意识解决主体意识中"主体目标"的问题。

2. 社会意识和公众意识

社会意识和公众意识是对公共关系客体的认识。社会意识是对组织外部环境的认识。社会组织总是在一定的环境中运行,这个环境会给组织的生存和发展提供契机,也会给组织带来种种不利因素。实际上,社会组织与它所处的环境是一种互动关系,社会环境影响社会组织,社会组织也会对社会环境产生影响。由此,社会环境也是公共关系的客体。社会意识是对公共关系客体的认识,自然包括对环境的认识。社会意识主要包括对环境四个方面内容的认识:①要关注社会热点;②要研究和遵守国家的政策法律;③要尊重国民的道德价值观念;④要去发现社会的潜在市场要求。社会意识强的社会组织能够发现和把握更多机遇,防止和减少失误,为组织的发展创造良好条件。

公众意识是公共关系主体对其公众的认识。公众意识的强弱主要从四个方面来区分:①有没有与公众广结善缘的强烈愿望;②有没有对组织面临的公众有清晰的认识;③有没有与现实公众保持和发展关系的连续行动;④有没有同公众求同存异的心理准备。良好的公共关系状态来自对组织所面临的公众的认识。只有公众意识强,视公众为组织生存和发展的生命线,组织的公共关系行为才会有明晰的工作对象,才会有自觉的公共关系行为。

3. 开放意识和互利意识

开放意识和互利意识是对公共关系主客体关系的认识。改革开放的形势,使公共关系在我国得以生存和发展,只有外部开放的条件,而没有内部的开放要求,想发展良好的公共关系也是行不通的。开放意识既包括向外"放"的意识,也包括向内"引"的意识。向外"放"就是利用一切机会把组织的真实状况、组织的目标、组织的产品和服务、组织的形象等推向社会公众,让公众知晓。向内"引"就是想尽一切办法把社会和公众的注意力吸引到组织中来。让社会和公众支持组织的发展,让组织知晓社会的反映。总之,开放意识是对公共关系主客体联系与沟通方面的认识。

互利意识是指公共关系主客体利益方面的认识。从公众方面认识,它处在公共关系客体相对被动的一方,没有与某个社会组织团体搞好公共关系的强烈愿望,倾向于看得见、摸得着的利益，它不可能舍弃直接利益去寻求间接利益，放弃眼前利益去寻求长远利益。就一般公众而言只具有自利意识，而不具有互利意识。而公共关系主体，存在的目的就是要主动影响客体，必须满足客体要求，给公众以实际利益。那么，应如何处理互利关系？作为公共关系主体的社会组织在公共关系活动中寻求的利益主要是名誉方面的利益，树立良好形象，扩大知名度和美誉度，争取公众的信任和支持等。这些都不是直接获得物质方面的利益，而是在获得一种好名声，好名声自然会带来物质利益。所以，同公众相比，公共关系主体更着重于寻求长远利益、精神方面利益。公共关系主客体利益可以在互补中获得平衡：给公众以直接利益而获得组织的间接利益，给公众以眼前利益而获得组织的长远利益，给公众以物质利益(有时也包括精神方面的利益)而获得组织的良好声誉。总之，公共关系主体的自身利益是在满足公众利益的前提下实现的。

4. 传播意识和服务意识

传播意识和服务意识是对公共关系过程的认识。公共关系的过程是主体主动影响客体的过程，这一过程主要是通过传播和服务来进行的。其中，服务又是传播的一种特殊形式。

传播意识是基于在对公共关系主体和客体两个基本要素及其相互关系正确认识之上的。为了树立组织的良好形象，社会组织需要在开放条件下不懈地向社会和公众进行传播，传播组织一切值得传播的信息。有了传播意识，社会组织就会利用一切机会进行自我宣传，而且会引导社会公众为组织作宣传。

服务意识是一种无声的传播，任何社会组织在服务意识的指导下，它都会处处为公众利益着想，利用和创造条件为公众服务，努力满足公众的各方需求。服务意识应体现在公共关系的全过程。

5. 危机意识和成就意识

危机意识和成就意识是对公共关系动力的认识。危机意识是对组织的形象和社会公众关系能否保持良好沟通的忧患意识。公共关系危机的产生是多种多样的，所以危机是防不胜防的。有了危机意识，就能防患于未然，在危机将要出现时闻风而动，争取公众的谅解。从大量的公共关系案例来看，恰当地处理危机事件可使坏事变成好事，给组织带来转机，这些无疑可以成为塑造组织良好形象的动力。

危机意识着眼于防止危机和及时处理危机，还是比较被动的。社会组织积极的动力认识应是成就意识，即开拓创新、打开新局面意识。成就意识强烈，不会满足于现状，就会不断追求，向新的目标进军，争取更快、更大的进步。

危机意识和成就意识来源于社会组织的公众需求，正是这种需求信息源源不断地推动着社会组织的良性发展，维系和净化着公共关系主体。

公共关系意识的五个方面互相关联，构成了一个完整体系，成为公共关系人员素质的核心。

(二)公共关系人员的心理素质

公共关系专业人员由于职业的需要，还应具备以下特定的心理素质。

1. 追求卓越的心理

公共关系工作要求不断创新，所从事的公共关系工作要与众不同。因此必然会耗费大量的心力，如果没有追求卓越的心理素质，得过且过的人是不能做好公共关系工作的。

2. 自信的心理

俗话说："自知者明，自信者强"。充满自信的人敢于面对挑战，敢于追求卓越，敢于胜人、超越。不自信的形象是卑微、平庸的。卢梭曾说，自信心对于事业简直是奇迹，有了它，你的才智将取之不尽，用之不竭。一个没有自信的人，无论他有多大的才能，也不会有成功的机会。当然，自信不是盲目自负，而是建立在周密调查、全面掌控情况的基础上的。

3. 热情的心理

公关工作是一种需要满腔热情去投入的工作。由其行业特点所决定，没有时限、范围的规定和固定的服务对象，需要公关工作者全身心地投入。没有热情，对人对事提不起兴趣的人做不好公关工作，再者，热情能激发智慧的火花，产生想象力和创造力。从业者真正具备了这种热情的心理，才会充满激情，才能使服务工作常做常新，才能使自己和从事的事业不断发展。

4. 开放的心理

开放的心理素质包含：①思想解放，不保守，善于接受新事物、新知识、新的思维方式和生活方式；②心胸开阔，宽容大度，善于求同存异，化敌为友，寻求共识。

5. 处变不惊的心理

公共关系面对的是日新月异的社会环境和企业环境，面对变化是常有的事情，如果没有灵活的个性和处变不惊的性格，就不可能在面对变化的人与事时，沉稳镇静，心平气和地解决问题，并能够在变化的情况下，激发出更好的创意。

(三)公共关系人员的知识结构

公共关系工作是一项涉及面广、综合性、应用性极强的工作。因此，对公共关系人员知识结构要求做到合理、实用。一般来说，应该具备以下三个方面的知识系统。

1. 公共关系的基本理论知识和实务知识

1) 公共关系的基本理论知识

公共关系的基本理论知识包括公共关系的基本概念、基本原则、主要职能、构成要素；有关社会组织、公众和传播的概念和类型；不同类型的公共关系工作机构的构建情况和工作内容；公共关系工作的基本规律等。这些知识利于从理论上指导公共关系行为，使公共关系人员懂得相关行为发生的原因。

2) 公共关系的基本实务知识

公共关系的基本实务知识包括公共关系调研；公共关系活动策划；公共关系活动评估；公众分析及与新闻媒体打交道；社交礼仪等。虽然公共关系是一种实务性很强的工作，但是它又必须依赖于公共关系理论的指导。因此，掌握公共关系的理论知识和实务知识，是公共关系人员开展公共关系工作的前提条件和必备条件，同时，也有利于提高公共关系的实效。

2. 与公共关系密切相关的知识

公共关系是一门新兴的边缘学科,具有多种学科交叉的特点。与公共关系最密切、交叉最深的有三类学科,即管理学科,包括管理学、市场营销学等;传播学科,包括传播学、新闻学、广告学等;行为学科,包括社会学、心理学、社会心理学等。

这些学科为公共关系学提供了新的理论基础和视野,有助于丰富、深化、开拓公共关系学科。公共关系作为一种管理职能,处理的是企业内外人与人之间的关系,属于行政、经营管理范畴,所以公共关系人员要掌握管理学类各学科的知识。公共关系工作常用的技术绝大部分是传播技术,因而,公共关系人员必须了解及掌握传播学的知识。公共关系工作的主要对象是人,公共关系要研究处在社会中的人的心理、态度和行为,因而,这就需要公共关系人员了解社会学和心理学的知识等。

3. 有关组织的知识和开展特定公共关系工作所需的专业知识

公共关系工作总是为一定的组织服务的,所以公共关系人员要了解为之服务的组织情况。它包括组织的性质、特点、任务、目的和目标;组织的历史、目前环境、竞争对手、员工情况和未来的发展前景等。只有了解了组织的全面情况之后,公共关系人员才能制定出有针对性的、符合客观实际的、可行的计划和措施,公共关系的工作才会有特色、有成效。

公共关系人员每次的活动总是有它特定的内容,例如广告活动、谈判活动所需的专业知识是不一样的。即便是在同一个类型中,所需的专业知识也是不一样的。例如,组织产品的内销、外销工作,尽管工作性质都是销售,但是需要掌握的市场知识却有很大差别。所以,公共关系人员在掌握了有关组织知识的同时,还应掌握特定公共关系工作所需的专业知识。尽管公共关系人员应该知识广博、多才多艺,但这里的知识广博是对组织的公共关系人员的整体要求,而不是对每个个体的要求。

值得注意的是,以上三个方面的知识系统不是并列的,而是有层次差别的。第一个方面是公共关系知识体系的核心层,第二个方面是中间层,第三个方面是外围层。另外,公共关系人员的知识结构不应该是一种静态、封闭的结构,而应是动态、开放的结构,应该能够随时吸收新的知识,在实践中学习,再去丰富实践,使自身得到不断发展与提高。

(四)公共关系人员的能力素质

能力通常指完成一定活动的本领。由于公共关系活动是多方面的,因此公共关系专业人员必须具备多种多样的能力,具有多才多艺的本领。

1. 组织才能

公共关系活动有一部分是专题活动。专题活动一般都有一定的规模,需要进行大量的组织工作。例如,召开新闻发布会,事先要落实时间、地点、经费、工作人员、议程、应邀代表、内容,以及意外情况的处理等。没有组织能力,要进行这样的活动,是不可想象的。

2. 交际才能

公共关系工作在某种意义上可以说是一种交际艺术,公共关系要在社会组织与公众之间架起沟通的桥梁,就离不开交际。因此,公共关系人员的交际能力是必不可少的。一般说来，性格外向的人比较适宜从事公共关系工作，不善交际的内向性格的人不宜做公共关系专业人员。

3. 写作才能

公共关系大量的工作都离不开写作，例如编写宣传材料、撰写讲演稿和新闻公报、筹划广告语言等。所以，尽管公共关系专业人员不必是"倚马之才"，但起码应有一定的文字功底。西方有些社会组织把"擅长写作"作为对公共关系专业人员的第一要求，其重要性由此可见一斑。

4. 语言才能

语言传播是公共关系实务活动的重要内容和其他传播实务活动的辅助手段，因此，公共关系专业人员如果不具备较强的语言能力，简直是不可思议的事情。

5. 创造才能

公共关系专业人员需要向社会组织领导层提供信息，也要向社会公众发布信息，他不可能把公众的信息原封不动地传递给组织领导层，也不可能把组织信息毫无变化地传递给公众。这两种传播都需要一定的创造性，因此公共关系专业人员必须富有想象力和创造力，要有强烈的主体意识和主观能动性，这样他的工作才能影响组织领导层和感染公众。此外，公共关系专业人员还应有控制自己情绪和行为、适当修饰外表等本领。

(五)公共关系人员的风度、仪表

公共关系人员的风度、仪表一定要优雅得体，因为风度、仪表不仅表现出公共关系人员自身的气质和魅力，也能显示出他所代表的组织形象。

人的风度是心理素质和修养的外在体现，是在社交活动中的一切言行举止的概称。有一种偏见，认为只有天生丽质的人才具有美好的风度。其实不然，相貌平平的人也完全可以风度翩翩。完美的风度应该是内在气质与外表美的结合，如果两者不能同时具备的话，那么内在美要胜于外表美。外表美是短暂的，只有内在美才是永久的。公共关系人员在社交活动中的风度、仪表应包括以下几个方面。

1. 饱满的精神状态

情绪饱满，神采奕奕，常常能激发公众与之交往的动机和热情，容易营造融洽的交往氛围。相反，如果公共关系人员萎靡不振，就会使别人兴趣索然，不能取得较好的公共关系效果。另外，饱满的精神状态本身就是对别人的一种尊重、礼貌，表明对交往对象感兴趣，这就能够刺激交往对象与自己产生某种共鸣，从而为交往活动的成功奠定基础。

2. 文雅得当的言辞谈吐

公共关系人员具有的广博学识和娴熟的社交能力，能使他们在交往中言辞得当，言之有物，谈吐高雅，而不是孤陋寡闻、浅薄粗俗，并在不同的场合，有不同的言辞、谈吐。例如，在正式隆重场合，谈吐斯文，彬彬有礼；亲朋好友的邂逅、相聚，言谈朴实、随和等。但不论在什么场合，文雅得当的言辞谈吐应是公共关系人员的主要风格，并力争做到寓庄于谐，寓谐于庄，轻松自如，水到渠成，从而让人感到同你交谈是一种享受，并愿意和你交谈。

3. 诚恳的待人态度

诚恳的待人态度包括对人热情、诚实、一视同仁。不管是外宾、上级领导还是普通顾客和消费者，不管是关系亲密的还是陌生的，都应该热情相迎、坦诚相待，不能有高下、亲疏之分。同时，言辞要坦率、诚恳，观点要褒贬分明，态度要谦逊和蔼；不能矫揉造作、虚情假意、见风使舵。否则，不仅不利于公共关系交往，而且还有损于组织形象。

4. 洒脱的仪表礼节

恰到好处地修饰自己的仪表能体现出一定的知识素养。优雅的服饰、潇洒的装束，能显示出内在的气质和品格，能弥补自身的缺陷，能增强感染力和魅力。很难想象一个连自身仪表都修饰不好的人，怎么能管理好一个企业或一个组织，怎么能成功地开展公共关系活动。在公共关系活动中，除了注意仪表外，更重要的还应具备得体的礼仪、礼节。洒脱的仪表和得体的礼仪、礼节，往往会使交往对象得到精神的感染，产生亲切感，体会到动人的气质和友好的诚意，从而为公共关系活动的成功开展创造条件。

5. 适当的表情动作

表情动作被称为表情语言和体态语言。在公共关系语言传播中，除了有声语言以外，表情动作也能发挥相当重要的作用。神态、表情、动作是沟通思想感情的非言语交往手段，也是社交风度的具体体现。表情动作的传达媒介是人的五官，五官可以传达出各种各样、丰富多彩的信号，例如眉开眼笑、手足无措、恭敬有礼、坚定自信、蔑视嫌恶、无可奈何等。公共关系人员恰当使用动作表情，可强调突出语言的表达效果，渲染谈话气氛，调动人的思维。但应注意做到自然大方、合理得当。

(六)公共关系人员的职业道德

早在 1923 年，爱德华·伯内斯在他的第一本公关专著中就提出了公关从业人员的职业道德问题。在众多公关组织制定的职业准则中，国际公共关系协会的《国际公共关系道德准则》的影响力最大。很多国家的公关组织都采用该准则，或以此为范例做些变动，以适应自己国家的需要。

2003 年 6 月，我国国家职业资格工作委员会公关专业委员会在劳动和社会保障部职业技能鉴定中心的指导下，组织专家对《公关员国家职业标准》进行了修订。修订后新的职业标准中规定了公关人员的职业道德，具体内容如下。

(1) 奉公守法，遵守公德。
(2) 敬业爱岗，忠于职责。
(3) 坚持原则，处事公正。
(4) 求真务实，高效勤奋。
(5) 顾全大局，严守机密。
(6) 维护信誉，诚实有信。
(7) 服务公众，贡献社会。
(8) 精研业务，锐意创新。

二、公共关系人员的培养

据有关资料统计,美国当今最为热门的 25 个行业中,公共关系占了 8 个。随着世界经济的发展,社会对公共关系专业人员的需求必然会呈增长趋势。公共关系在我国兴起的时间虽然不长,但发展迅猛。由于目前我国现有公关队伍中的多数成员未受过专门的公关教育和培训,因此其素质和能力适应不了公关工作的需要。要进一步发展我国的公关事业,推动公共关系队伍的健康成长,就必须开展多种形式的公共关系教育和培训活动,使有志于公共关系事业的从业者有条件受到严格系统的教育和培训。

(一)公共关系人员培养的原则

1. 科学理论知识与思想品德教育相结合

对公共关系人员的教育,既要注意讲授公共关系理论知识和相关学科的知识,对基本的概念、定理、规律、原则等必须保证其科学性,又要注意传授科学、严谨的思维方法,帮助学员掌握各门学科的基本特点,这是公共关系人员从事公共关系工作的理论基础和知识基础;既要注意引导学员用正确、科学的世界观和方法论观察和评论事物,又要注意进行思想政治和道德品质方面的教育,以帮助学员把握正确的人生方向,获得工作的持久动力。在这两方面中,科学理论知识是基础,思想品德是保证,忽视或偏废任何一方都会影响公共关系人才的质量。特别是后者,对那些工作涉及面广、交际活动繁多、工作性质特殊的公共关系人员来说,更是十分必要的。

2. 理论学习与实践锻炼相结合

公共关系理论是在前人长期的实践中总结概括出来的,学员可以从教材中学习,不必也不可能事事都经过亲身实践,但学习公共关系理论要注意在实践中理解、丰富和深化,并在实践中提高解决实际问题的能力。纸上谈兵、脱离实际是难以学好公共关系理论的。因此对公共关系人员的教育,在注意传授理论知识的同时,更要注意实践环节,注重培养他们在实践中灵活运用理论知识的能力。

3. 较深的专业知识和较广的综合知识相结合

我国高校应加强专业课程的设置,突出公共关系专业的特点,以培养出高质量、有特点的公共关系专业人才。但公共关系学科的发展趋势,是自然科学、社会科学、人文科学的互相结合、互相渗透,以及各门学科的高度结合。这就要求现代的公共关系人才,既要有较深的专业知识,又要具有广博的综合知识。现代公共关系教育,既要注意专业知识的讲授,又要注意综合知识的介绍。

(二)公共关系人员培养的方式

改革开放的需求推动我国公共关系迅速向前发展,公共关系的发展方向是职业化的,职业化的公共关系需要大量的公共关系专业人员,因此培养公共关系专业人员是我国教育事业的一项迫切任务。就我国目前的现状来看,公共关系知识的教育和公共关系专业人员的培养还处于起步阶段。一些高等院校开设了公共关系课程,个别院校还设置了公共关系学专业，一些地区也举办了公共关系讲习班。但这还远远不能满足我国公共关系发展的需要，因此今后对公共关系专业人员的培养应运用各种方式"多管齐下"，具体可以从以下几个方面来开展公共关系教育。

1. 通才式公共关系人员培养与专才式公共关系人员培养相结合

通才式的公共关系人员要求知识面广，有较全面的智力基础、能力结构和适宜的性格气质。他们能够在工作中独当一面地处理各种问题，能够担任公共关系实务工作的组织者和指挥者。专才式的公共关系人员精通于某一方面的公共关系技术，例如新闻写作、演讲宣传、广告设计、市场调查、美工摄影和编辑制作等。此类人员也是公共关系实务活动所不可或缺的。在专才教育的同时，全面提升他们的综合能力，有利于今后在工作中发现通才式的管理类人才。

2. 系统教育与单科培训相结合

通才式人员的培养，一般要求进行系统的教育，这包括公共关系理论的学习、公共关系实务的培训，以及与公共关系密切相关的其他学科知识的教学。这种教育一般是在高等院校公共关系专业中完成的，因此有条件的院校都应设置公共关系专业，起码应当开设公共关系课程，利用高校多种学科教育的优势来培养公共关系通才。专才式人员一般不必进行系统的公共关系教育，他们通过单科培训就可以从事公共关系专项技术的工作。单科培训的内容包括：只教授公共关系知识，或者只教授一项或多项与公共关系有关的知识，或者进行单项技能训练(如仅训练摄影制作技术)。

3. 教育单位办班、用人单位办班和联合办班三者相结合

教育单位办班有学科基础比较好的优势，特别是综合性高校，与公共关系学比较接近的系科或专业拥有较为雄厚的师资力量，因此其长处是学科比较齐全、图书比较丰富、理论水准较高。用人单位办班的最大好处是可以结合本行业业务的实际，同时也可有选择地请各种专家和高校教师来讲课。联合办班即教育单位和用人单位共同办班，它兼有两者办班的优势，但一般说来，这两种优势都比较难以充分发挥。公共关系专业人员可以根据自己的实际需要，选择参加其中一种或两种学习班进行学习。此外，还应把短期办班与长期专门学习、面授与函授等方式结合起来，以适合各种人员培养的需要。

目前，在欧美国家，公共关系的大专课程已得到逐步完善，这些课程包括一般公共关系学、公共关系实务、社会心理学、工商管理学、经济学、政治学、大众传播学、新闻学、社会学、人类学、法律学、国际贸易学、外国语言学、逻辑学、语义学、哲学、广告学、舆论学、市场学、销售学、财政学、会计学、统计学、数学、民意测验、劳工关系以及摄影、美工、新闻写作等学科。有的大专院校还开设了研究生课程。这些都可以作为我国公共关系教育的参考，我国的公共关系必须大力发展，公共关系学会大有用武之地，公共关系教育也必定大有可为。

(三) 公关人员素质测定

根据前面讲的公共关系人员素质的有关内容，下面列举有关项目，供企业招聘公共关系人员时参考，也可以作为公共关系人员或有志于公共关系工作的人自测之用。下列各项

中，除最后一项为 1 分外，其余各项均为 1.5 分，满分为 100 分。对每个小题的回答，肯定的得分，否定的不得分(被测试者在答题时应该实事求是，不可弄虚作假)。得分在 60 分以下的不适合做公共关系工作；得分在 70 分以上者可以把公共关系工作做得较好；得分在 90 分以上者可以充当公共关系专家。

1. 品德方面的测试题

    (1) 为人是否公道正派？
    (2) 说话办事是否诚实可靠？
    (3) 是否有明辨是非的能力？
    (4) 做事是否有良好的责任感和道德感？
    (5) 能否以大局利益为重？
    (6) 是否相信人性本善说？
    (7) 是否对他人有信任感？
    (8) 是否有同情心、关心他人并赢得同事的信任？
    (9) 能否遵守诺言？
    (10) 是否谦虚、严谨？
    (11) 是否有高尚的情操？

2. 性格方面的测试题

    (12) 是否性格温和、和颜悦色？
    (13) 是否有幽默感？
    (14) 待人接物是否从容不迫、大方有度？
    (15) 能否往来于大庭广众之间而不胆怯？
    (16) 是否自信、乐观？
    (17) 是否有韧性、耐性？
    (18) 是否有决心和毅力面对困难和挫折？
    (19) 做事是否果断？
    (20) 思维是否敏捷？
    (21) 是否健谈且有吸引力？
    (22) 仪表是否动人？

3. 知识方面的测试题

    (23) 是否大学毕业？
    (24) 是否经过公共关系学方面的专门学习与训练？
    (25) 是否掌握了经济学方面的基础知识？
    (26) 是否掌握了社会学方面的基础知识？
    (27) 是否掌握了经营和管理学方面的基础知识？
    (28) 是否掌握了市场营销学方面的基础知识？
    (29) 是否了解传播学方面的基础知识？
    (30) 是否对心理学感兴趣？

(31) 是否受过哲学和逻辑学的思维训练？

4．思维方面的测试题

(32) 观察问题是否细心？

(33) 对问题反应是否敏捷？

(34) 分析问题是否深刻？

(35) 是否善于思考、勤于分析？

(36) 是否在不同的环境中都能发现问题？

(37) 遇事是否冷静？

5．能力方面的测试题

(38) 是否有制订计划和方案的能力？

(39) 能否合理地分授职权？

(40) 能否用人所长、调动下属的积极性？

(41) 能否组织好会议和活动？

(42) 能否协调不同性格的人一同工作？

(43) 能否与各种不同性格的人打交道或共事？

(44) 是否能适应不同的环境？

(45) 口头表达是否清楚、伶俐？

(46) 是否有通过谈吐摆脱各种局面的能力？

(47) 能否撰写新闻稿件和其他有关文稿？

(48) 是否能恰当使用"动作语言"和"体态语言"？

(49) 是否能总体估量组织内外的各种关系？

(50) 对不同意见是否有分析概括能力？

(51) 是否有解决各种偶发事件的能力？

(52) 做事是否富有想象力和创造力？

(53) 能否尽快恳切地承认自己的错误并坦然接受惩罚？

6．其他方面的测试题

(54) 是否有较强的上进心和进取精神？

(55) 是否有较强的自学能力？

(56) 每天是否读书看报？

(57) 是否善于处理尴尬的局面？

(58) 对人对事是否有好奇心并保持浓厚的兴趣？

(59) 能否当一个好听众，欣赏别人的谈话？

(60) 能否做好每一件小事？

(61) 有无与新闻界打交道的经验？

(62) 是否有广告、推销方面的经验？

(63) 是否有社会交际和社会活动经验？

(64) 是否了解舆论调查和民意调查的方法？

(65) 是否有谈判经验？
(66) 是否掌握与公共关系日常工作有关的某些技术？
(67) 是否有奉献精神？

本 章 小 结

本章介绍了公共关系机构和公共关系从业人员的各种理论。

公共关系机构是组织开展公关活动的组织保障，公关人员是开展公关活动的主体。组织内部公共关系机构是组织的一个重要管理部门，在组织中处于全局性的地位。它发挥着决策参谋部、情报信息部、外交部的作用。公共关系公司已经成为蓬勃发展的新兴行业。国外许多企业不仅内部设置有公共关系机构，而且还常聘请公共关系公司作为顾问，把技术性强、难度高的公关问题委托给公共关系公司解决，力争使公关活动更有效。组织内部的公共关系机构主要负责日常公关事务的处理。卓有成效的公共关系活动要求公共关系人员有较高的素质，理想的公共关系人员的素质是由多种能力体现出来的。

复习思考题

1. 什么是公共关系部？它与公共关系公司有何区别？
2. 试述公共关系公司的服务方式和经营方式。
3. 简述公共关系社团活动的主要内容。
4. 公共关系人员需要具备什么样的心理素质和能力素质？
5. 何谓公关意识？结合自身实际，谈谈如何提高公关意识。

第三章 公共关系战略与策略

本章导读

战略是方向性的把握，而策略则是具体的动作。企业战略是企业决策的基础，是企业谋求生存的有效方法。企业战略是竞争中的营销计谋，它的规划涵盖了整个企业，它以企业的全系统为控制对象。

随着社会的发展，公共关系在企业的发展策略的执行过程中，扮演着越来越重要的角色。企业如果正确把握公共关系的方向和技巧，就能为企业带来显著的经济效益和社会效益。所以，公共关系策略在企业战略中的作用举足轻重。

本章将要讨论的是公共关系的战略与策略问题，即公共关系如何通过与所有利益相关者的沟通影响企业的经营战略与策略。

学习目标

通过本章的学习掌握公共关系的基本战略与策略，分清战略与策略的特征，并掌握全球化时代执行公共关系策略的技巧。

第一节 公共关系战略

一、战略的内涵

"战略"的意思是将军的才能或军队的运动，但是战略成为一门高级艺术最初是在中国。《孙子兵法》就是一部关于战略的经典巨著。然而，企业战略学在中国却出现得较晚。一般认为，第一个提出企业战略的人是哈佛工商业史学家艾尔弗雷德·钱德勒(Alfred D. Chandler,Jr)。他在《战略与结构》一书中为战略作出了初步定义："战略是一个企业基本长期目的和目标的确定，以及为实现这一目标所需要采取的行动路线和资源配置。"钱德勒的战略概念是非常合理的。这是因为它体现了战略的三大要素，即设定目标、分配资源、找出实现目标的方法。后来的战略学者和战略学派很大一部分是在钱德勒的基础上发展形成的。之后，企业战略迅速风靡全球。

战略是确定企业长远发展目标，是指出企业实现长远目标的策略和途径。战略确定的目标，必须与企业的宗旨和使命相吻合。从企业经营管理的角度看，战略是一种思想，一种思维方法，也是一种分析工具和一种较长远和整体的计划规划。战略对于企业的价值，就如同一个人的思想、智慧对于一个人的价值，没有思想、智慧的人不可能创造出太大的经济价值和社会价值。

例如，IBM、西屋电气、时代华纳、美国运通、通用电气，他们都已经举世闻名，都在各个市场上展开竞争，并且在过去都享受了超出行业正常水平的利润。但在 1983—1993 年，这些公司却几乎不能维持各自的价值。例如 IBM 和西屋电气这样古老的工业巨头，公司价值在这个时期甚至有所下降。为什么呢？原因并不是管理技能较差，而是公司战略的失败。他们都不能制定出一项有效应付不断变化的竞争环境的战略，或者不能制定出一项有效利用自己拥有的广阔业务范围的潜在利益的战略。因此，公司对制定清楚明确的独一无二的战略需求就变得更加迫切。

> **【案例3-1】联合利华的"本土化"战略**
>
> 　　联合利华公司是世界上最大的跨国公司之一。公司成立于1929年。目前，联合利华公司在全世界拥有500多家分公司。早在1932年，联合利华就在上海开办了第一家工厂——上海制皂厂，生产"日光"牌香皂。为了达到"本土化"的目的，联合利华公司针对中国市场酝酿了一系列重大的战略举措，以多种形式优先发展"中华牙膏"等中国家喻户晓的民族品牌，大大提高公众与联合利华的亲近感；同时开展对中国政府的公共关系活动，争取作为第一批外资控股公司上市。
>
> 　　联合利华所处的食品及日用工业品行业，并不属于中国政府希望优先注入外资的行业。从这个意义上讲，与中国政府的沟通就显得十分必要。中国政府公开表示允许外资控股公司上市，在条件成熟的情况下，联合利华争取作为第一批外资控股公司上市。为了达到以上目的，联合利华开展了一系列的政府公关工作。
>
> 　　(1) 在北京人民大会堂河北厅举行新闻发布会。联合利华两位总裁及来自北京多家新闻单位的众多记者出席了新闻发布会。会议期间，两位总裁透露了联合利华在中国进一步发展的设想并回答了记者感兴趣的问题。另外，安排在上海举行了同样内容的新闻发布会，会议上着重强调联合利华将总部迁往上海的理由，从而获得上海人民的认同感。
>
> 　　(2) 两位总裁在天安门前与中国少年儿童共同品尝"和路雪"，同时邀请在京主要新闻单位的摄影记者到现场采访。天安门具有非同一般的象征意义，安排联合利华两位总裁以这种轻松、独特的方式"亮相"，巧妙地表达了联合利华对中国的友好与亲近，预示着联合利华在华实施"本土化"战略的强烈愿望。
>
> 　　(3) 支持中国公益事业，举办了捐助贫困大学生仪式，引起了新闻界的关注，同时产生了良好的社会影响，获得新华社、人民日报、光明日报、科技日报等中央级媒介均以较大的篇幅对活动进行了报道。同时，天安门广场图片专稿、CCTV专访等特色新闻活动的实施也为整体的新闻宣传活动增色不少。
>
> (资料来源：根据联合利华官网2018年相关资料整理)

二、战略的价值

对于企业甚至个人来讲，战略并非可有可无。战略对于企业的健康发展的重要价值，如下所述。

1. 明确企业目标

战略能明确企业将来应该实现的目标。清晰、可实现的目标是增强企业全体员工信心，鼓舞企业全体员工斗志，激发企业全体员工工作热情的重要工具。远大而可实现的目标是企业推进事业发展的加速器。

2. 指出实现企业目标的方法

战略不仅能指明方向和目标，还能明确实现目标的正确方法。正确的方法包括策略、思路、措施，是高速度、高效率实现企业目标的重要保证。战略作为一种思想方法和思维方式，能够极大地拓宽企业的视野，提高企业总揽全局、把握未来的能力。

3. 使企业各部门更加协调一致

战略不仅能够确定企业具体的业务发展计划，更重要的是，通过制定和实施战略，企业所有员工还得以深刻理解企业作为一个集体，各部门各员工的工作都必须紧紧围绕着公司的战略来进行，所有员工的工作都必须为实现战略目标而服务。因此，战略更能使企业全体员工领会到企业是一个完整的大系统，要更好、更快地实现目标，企业各部门各员工必须认真履行自己的职责，与企业的其他成员紧密配合、协调一致。

4. 帮助企业更好地整合资源

战略还能帮助企业更好地整合和利用资源。由于战略明确了企业较长时期内的发展方向，理清了企业的业务结构，设定了企业较长时期内应该实现的目标，从而有利于企业根据战略需要前瞻性地组织和配置企业有限的资源，使资源用到最需要和最恰当的地方，最终使同样多的资源发挥出更大的作用，以增强企业的综合竞争能力。

5. 使企业更好地赢得市场竞争

战略还能帮助企业更好地获取市场竞争的胜利。由于战略的整体性和前瞻性，更由于战略的制定会充分考虑到行业状况和业内竞争对手的竞争态势，在战略计划中又制定出了针对对手的竞争战略性措施，从而更有利于企业在与对手的市场竞争中获得竞争优势。

三、公共关系战略的含义

随着现代科技的突飞猛进，社会组织与公众之间的关系、人与人之间的关系，越来越受到全人类的高度重视。过去，有些社会组织仅把公共关系当作战术来运用，而现在已逐步提升到战略的高度上来研究了。良好的人际关系，是一种难得的可开发资源，也是一种营造出来的生存与发展的环境。公共关系的基本属性、职能和在当代社会经济、政治、科技、文化、社会发展中的重要作用，决定了公共关系在社会实践中具有重要的战略地位。充分运用公共关系学为社会组织主体服务，是业界内外都关心的课题。因此，对于这个问题的深入分析和研究，对企业具有战略性的重大决策价值。

1. 公共关系战略是组织战略的组成部分

公共关系战略是组织战略的一个组成部分，为实现组织的总体战略服务。在制定公共关系战略时，应正确处理局部与整体、眼前与长远的关系，如果偏离组织战略或背离组织战略另搞一套，将导致组织战略的失败，给组织带来消极影响或损失。

2. 公共关系战略必须与组织其他战略协调一致

公共关系战略必须与组织的市场、人事、财务、投资等战略平行协调。有些决策从公共关系角度来看是可行的，但从组织总体看，条件还不成熟，就应缓行。相反，有些决策组织总体上急需，虽然公共关系活动有困难，但公共关系活动应克服困难，配合组织总体行动。

3. 公共关系战略必须具有自己鲜明的专业特点

公共关系战略是组织战略系统的一个有机组成部分，但它有与组织整体战略或组织其他战略不同的专业特点。公共关系战略在服从组织整体战略，保持与组织其他战略协调一致的同时，应发挥公共关系战略的优势，能动地为组织整体战略和其他战略服务，发挥公共关系活动的作用。

四、公共关系战略的特点

1. 抽象性

公共关系战略内容往往是对带全局性的、重大的或决定全局的公共关系活动的谋划，主要从宏观上确定公共关系的方向、目标、重点、步骤等。相对于公共关系策略来说，公共关系战略要抽象得多，它往往表现为纲要性的文件。

2. 指导性

公共关系战略可从宏观上、方向上确定公共关系活动的目标、重点和步骤，这就要求组织在制定公共关系战略时，必须调查研究，使之能成为公共关系策略策划的科学指导。

3. 先行性和桥梁性

公共关系战略着眼未来，充分考虑在相当长的时期内组织公共关系的目标和方向，它在公共关系策略制定前就已形成。公共关系战略作为组织战略的一部分，以组织整体战略为指导，形成并服从于组织整体战略，连接着组织整体战略与公共关系策略。

4. 相对稳定性

公共关系战略中的目标、重点、步骤等不能随意更改，一经确立，就应保持其相对的稳定性，以保证公共关系策略和其他公共关系活动都围绕一个或几个中心目标来进行。

五、公共关系战略运行要素

要进行公共关系的战略运行，首先要改善和改造我们自己的观念和思想，强化和构筑四个方面的要素，以改变行为方式、思维方式。

(一)形象意识

从公共关系学来说，社会组织的内在气质与外观形象的结合才构成了组织的社会形象。组织的公共关系包括与政府、员工、社区、消费者、同行业等各个方面的关系。其实，不仅仅企业领导代表企业形象，每位员工都面临本企业形象代言人的问题。树立好一个企业的社会形象，是这个企业生存与发展的基础。对于这个形象化问题，首先要培训自己的员工都要增强这个意识。应该从全方位强化这方面的管理。同时，不断地保持和改善同现实环境中诸多因素的关系。因为，要在社会树立一个好的形象，得到更多的美誉度，不是一朝一夕的事，也不是一个人的事。要努力把社会组织管理打造成一个统一的整体，形成属于自己的文化和精神。所以要从战略的角度研究这个形象问题。

(二)品质意识

企业是人格化的组织，消费者相信一个企业就跟相信一个人一样。一个人的品质就是指他个人在一系列的行为中所表现出来的比较稳定的一贯的特点和倾向，更是一定的社会道德原则和规范在个人思想和行为中的体现。企业的品格，能够反映出企业产品的品位。企业员工的思想品质决定产品的档次。品质意识是作为公共关系战略运作需要培育的基石。有了良好的品质意识，公共关系才会上一个台阶。

(三)风险意识

在充满竞争风险的现代社会，企业要生存和发展就必须时刻保持自己的活力。风险意识，消除了人们懒惰的本性，也激活了人们向上的潜能，这是一种进步，更是企业生存与发展的需要。不敢主动承受风险，就会错过机会，导致被未知的风险吞噬。这是当今人们都认可的思想认识。把危机意识作为驱动力量，防患于未然，才是最聪明的做法。做公共关系工作的人员，如果没有风险意识，就不可能把化解企业危机的工作变成主动出击的行为，更不会提前做好各方面的公共关系工作，也不可能提升和强化应对和处理企业危机的能力。

【案例3-2】《三体》与企业生存法则：我消灭你，与你无关

有一部国产科幻小说，名字叫作《三体》，讲的是外星人如何毁灭人类的故事，里面有句话——"我消灭你，与你无关"。《三体》这本书中有一个非常重要的情节就是文明之间的竞争，揭示了人类世界前进和发展的基本规律。如果把它扩展来看，其实它与商业领域中的企业竞争类似。

1. 生存与毁灭

书中提到的宇宙社会学基本公理：①生存是文明的第一需要；②文明不断增长和扩张，但宇宙中的物质总量基本保持不变。

微观到企业层面来看：①生存是企业的第一需要；②企业不断增长和扩张，但是市场需求就那么多，消费者口袋里面的钱就那么多。

之前有则新闻，说是尼康退出中国。现在用尼康相机的人越来越少，用佳能相机的人比较多，所以很多人认为尼康是被同行打败的。可是实际呢，尼康也毫无顾忌地说出了退出中国的真相：智能手机普及。

曾经风靡一时的柯达胶卷，因为数码相机的普及，宣布了破产，打败它们的正是尼康这种数码相机。30年来，用户的喜好从胶卷转到了数码相机，又转到了智能手机。这种转变，尼康等通过技术升级躲过了第一次危机，但是第二次升级并没有成功，而是败给了大立光和舜宇光学这样的公司。而大立光和舜宇光学，从来都不是相机公司。

科技的加速发展导致了商业形态的剧烈变革，任何成功者的丰碑转眼间可能就成了墓志铭，曾经的尼康能做到紧跟市场弯道超车，抗过了第一次技术迭代，然而在新时代的变革中，曾经的颠覆者不可避免地成为被颠覆者。这也就是为什么企业家都强调增长，只是各自增长的路线不同。在恒定的天花板之下，全力以赴地消灭竞争对手就是对对手最大的尊重。以前由于信息、地理、文化等因素，整个市场可以被切割成多个局部市场，但是在互联网时代，所有的竞争，归根结底还是回到流量的博弈。发展，或者被消灭，在互联网的世界里，绝大部分企业的生命被压缩、折叠了。

2. 黑暗森林法则

《三体》中的黑暗森林法则：在宇宙中，一旦发现其他文明存在，就选择立刻毁掉这种文明。

基于这种黑暗森林法则，现在的互联网创业公司基本上已经不存在任何模式创新，模式创新是最好复制的。在高度信息对称的当下，一旦模式确立，资本涌入，在极大的泡沫推动下，就能用最快的速度打完行业清洗战。所谓的模式优势，所谓的领先优势，在资本推动这门大炮面前，一文不值。例如一上来直接低毛利运作，让竞争者即使看到了，也没心思冲进去。

更可怕的是，在现在的互联网生态里，几个神兽级的大哥，手里都捏着"核弹"，形成恐怖平衡，一时间也不会互相大打出手一起毁灭。但是在这种生态里，但凡出现一颗稍微耀眼一点儿的行星，立马就有四五把猎枪抵在它的头上。这就是迅速摆在他们面前的生死题，已经许久没见到能在夹缝中崛起的行星，不同的可能只是选择站在哪一边，以及什么时候选的问题。

3. 降维打击

《三体》中还有一个名词，就是"降维打击"。降维打击，对被打击对象来说，是最强的打击，也是丝毫没有还手机会的一种打击。对于很多行业龙头企业来讲，多年积累的领先优势，如果竞争对手用传统的路径，基本不可能颠覆他们的领先地位，在这个传统的维度里，行业的格局是极度稳定的。

打败百度的不会是另外一个百度(如360)，打败淘宝的不会是另外一个淘宝(如唯品会)，打败微信的不会是另外一个微信(如陌陌)。因为在同样的世界中，先来者有自己的优势，加上现在每个能创出一番事业的人，都不会比别人笨。一旦格局形成，想要改变格局的最好方式就是降维打击。

在这个跨界竞争的时代，你永远也无法想象下个竞争对手，你也很难猜到新兴的某种行业正在打败传统的某种行业。我们唯一能做的，就是保持一个足够开阔的视野。每当有新鲜事物发生、新兴行业兴起的时候，多去发散思考一下，说不定就能将想到的某些点串联成线，就能比别人早一点看到未来，早一点抓住机遇。

(资料来源：根据百家号相关资料整理)

(四)中心意识

对于从事公共关系的人员来讲，必须树立中心意识，关键要增强自己的责任感、使命感。只要有了中心意识，就会更多地拥有了主动和自信，也就不会再有依赖性，定会全力去创新工作。提升"中心意识"，对于生产企业来说，事实上的突破并不在于对消费者要求的响应，而在于预先替他们考虑了什么、创新了什么，这才是中心意识的重要之处。

总之，战术仅是进行战斗的原则和方法，而战略则是统筹全局的思想观念。公共关系的战略运作,就是要统一思想、统一意识,从大局着眼,从细微处着手,有计划、有目标地做前瞻性和有前途的工作。

六、公共关系的战略核心——CS战略

(一)CS战略的起源与发展

在理性消费时代,物质不很充裕,消费者首先着眼于产品是否经久耐用,较多考虑的是质量、功能与价格三大因素,评判产品用的是"好与坏"的标准。20世纪80年代中期以来,西方绝大多数行业已处于买方市场之下,企业产品多由核心产品(由基本功能等因素组成)、有形产品(由质量、包装、品牌、特色、款式等组成)和附加产品(由提供信贷、交货及时、安装使用方便及售后服务等组成)共三大层次构成,因此现代工业社会中系统的服务正占据越来越重要的地位,而产品的核心部分却降到次要地位。这意味着社会开始进入感性消费时代,物质比较充裕,收入与产品价格比有所提高,价廉物美不再是顾客考虑的重点。相反,现代消费者比较重视产品的设计、品牌及使用性能,正如美国著名管理学家李维特指出:"新的竞争不在于工厂里制造出来的产品税,而在于能否给产品加上包装、服务、广告、咨询、融资、送货、保管或顾客认为有价值的其他东西。"进入感性消费时代后,消费者往往更关注产品能否给自己的生活带来活力、充实、舒适和美感,他们要求得到的不仅仅是产品的功能和品牌,而是与产品有关的系统服务,因此消费者评判产品用的是"满意与不满意"的标准。如果不能使顾客满意,即使是"好商品"也会卖不出去。因此,企业要用产品具有的魅力和一切为顾客着想的体贴去感动顾客。正如一位汽车销售商所说:"当顾客的汽车出毛病时,你也应当为他难过。"

CS(Customer Satisfaction,顾客满意)战略是一位美国心理学家于1986年所提出的。当年,一家美国市场调查公司以CS理论为指导公布了顾客对汽车满意程度的排行榜,1989年瑞典据此建立了CSI(Customer Satisfaction Index,顾客满意指标)。后来,日本丰田、日产两大汽车公司分别引入CS战略,拉开日本CS战略的序幕。JR东日本铁道公司、日立公司、高岛屋百货公司等很多企业先后成为本行业CS战略的先锋和旗帜。1991年,美国营销学会召开了第一次CS会议,讨论如何以CS营销战略来应付竞争日益激烈的市场变化。自此以后,CS在全球发达国家流行开来。进入20世纪90年代后,CS理论和方法在发达国家不断发展和完善,受到了管理界的广泛重视。1996年,当CS战略在发达国家盛行10年的时候,中国企业开始把目光转向CS这种经营战略新手段。

(二)CS战略的含义

CS是以顾客满意为核心、以信息技术为基础而发展起来的一种现代企业管理的观念和手段。顾客满意战略应紧密围绕顾客需求这一中心开展整个企业的经营活动。CS的基本指导思想是:将顾客需求作为企业进行产品开发或者服务设计的源头,在产品功能设计、价格设定、分销促销环节建立以及完善售后服务系统等方面以顾客需求为导向,最大限度地使顾客感到满意。其目的是提高顾客对企业的总体满意程度,营造适合企业生存发展的良好内外部环境。这里的"顾客"是一个相对广义的概念,它不仅指企业产品销售和服务的对象,而且指企业整个经营活动中不可缺少的合作伙伴。

(三)CS 战略的内容

CS 作为一项企业的科学发展经营战略，有着一整套科学理论和完整的操作程序及严格的满意标准。企业引入 CS 战略，就是依照顾客满意内容作为追求的具体目标，通过 CS 调查和对消费者的心理分析，逐步建立五个方面的完整系统。五方面完整系统主要包括以下内容。

1. 理念满意系统

理念满意是企业经营理念带给内外顾客的满足状态，理念满意系统(Mind Satisfaction，MS)包括经营宗旨、经营方针、经营哲学、企业顾客观、企业质量观、企业服务观、企业人才观、企业创新观。

从 CS 角度设定和概括企业理念，必须体现以下基本点。

(1) 企业最基本的价值观。
(2) 企业希望成为什么样的企业以及社会对其努力如何期望和评价。
(3) 企业经营如何反映顾客的价值观。
(4) 每一个人在企业理念中的定位是什么。

2. 行为满意系统

行为满意系统(Behavior Satisfaction，BS)包括以下几个方面的内容。

(1) 建立以顾客为中心相应的企业组织。要求对顾客的需求和意见具有快速反应机制，营造鼓励创新的组织氛围，组织内部保持上下沟通的顺畅。
(2) 充分重视顾客的意见。据美国的一项调查，成功的技术革新和民用新产品中有 60%～80%来自用户的建议。
(3) 建立一整套规范企业行为的规程和制度，包括人事管理规程、生产管理规程、财务管理规程、事务管理规程四项内容。

3. 视听满意系统

顾客的认可、认同和接受是影响顾客对企业满意程度的重要因素。在 CS 战略理论里，将企业识别系统的视听识别系统称为视听满意系统(Visual Satisfaction，VS)，除了强调企业的直观化、简单化和快速化外，更强调顾客的认可、认同和接受，强调各视听要素要让顾客满意。视听满意系统包括企业名称满意、企业标志满意、企业标准字满意、企业标准色满意、公司歌曲满意、视觉整合满意等。

4. 产品满意系统

产品满意系统(Product Satisfaction，PS)是 CS 战略的核心组成部分。如果企业不能为顾客提供满意的产品，就不可能求得顾客的满意。因此，企业要实现"顾客需求导向"，就要站在顾客的立场上研究和设计产品，尽可能地把顾客的"不满意"从产品本身去除，并顺应顾客的需求趋势，预先在产品本身上创造顾客的满意。

5. 服务满意系统

服务满意系统(Service Satisfaction，SS)是 CS 战略的重要组成部分。随着顾客购买能力的增强和需求趋向的变化及科技进步，服务因素日益成为国际市场竞争中除了产品质量和价格以外的新焦点。美国波士顿的福鲁姆咨询公司在调查中发现，顾客从这一家公司转向与之竞争的另一家公司的原因，10 人中有 7 人是因为服务问题。美国马萨诸塞州沃尔瑟姆市一家销售咨询公司组织证实，公司服务质量每提高 1%，销售额即增加 1%；同时调查显示，服务人员每怠慢一位顾客，就会影响 40 个潜在顾客。因此，树立顾客第一的观念、实现服务满意就成了企业争取顾客、求得生存、发展和壮大的关键。

当然，CS 战略与其他事物一样，也有其自身的缺陷。

第一，CS 战略存在一定程度的内在矛盾。企业作为一个独立的经济实体，不可能没有自己的利益，也不可能不为实现自己的利益而努力。CS 战略要求企业把顾客满意作为战略目的，不免引起外界的怀疑——企业有多少诚意？

第二，产生企业的无差别化。CS 战略建立的前提之一是各企业之间在产品上几乎无差别，只提供给顾客舒适、便利、愉快等所谓心的满足感和充实感。那么，企业会不会由此去处处逢迎、一味讨好顾客，使企业的个性丧失殆尽，当所有的企业都几乎同一个面孔时，乏味之感就难免要产生了。

第三，容易将发展战略与销售战略混淆。CS 战略从根本上应说成企业发展战略。这来自对企业与顾客关系的正确认知。然而有的企业骨子里有实现自身利益的真正动机，把 CS 战略视为销售战略。只有顾客满意了，企业产品才能扩大销路，自己才能更多地获利，因此企业视顾客为"摇钱树"，企业谋求与顾客建立互相利用的关系。

认识到 CS 的缺陷，并不影响我们对 CS 战略的运用。应该说，CS 战略具有更为进步和实用的价值，应当想方设法更充分有效地利用其优点，应在建立以顾客为中心营销文化的基础上，以 CS 为基本策略，同时吸收有效的经营理念和传播手段，以适应企业发展的战略升级。

第二节　公共关系策略

在现代社会中，公共关系与市场行为是紧密结合在一起的，公共关系策略日益成为企业市场行为的主流。实践证明，有效地开展公共关系活动，能为企业带来显著的经济效益和社会效益。所以，公共关系策略在企业战略中的作用举足轻重。

【案例 3-3】2018 年世界杯蒙牛与华帝的传播策略

2017 年 12 月，蒙牛与国际足联(FIFA)在北京国家会议中心联合宣布，蒙牛正式成为 2018 年世界杯全球官方赞助商。2018 年 3 月，蒙牛宣布梅西担任首席品牌要强官，4 月官方平台发布梅西"天生要强"主题。至此，蒙牛完成赞助 FIFA、签约梅西、世界杯广告品牌发声的营销戏法，正式启动以"自然力量，天生要强"为主题的世界杯推广活动。

如何借助世界杯及球星热点，使蒙牛品牌更好地获得品销双赢效果，在世界杯期间密集发声，传播蒙牛"自然力量，天生要强"的品牌主张，是蒙牛面临的巨大挑战。

在世界杯期间，伴随着赛事的展开，签约球星梅西在赛场上可谓一波三折。蒙牛抓住大赛局势变动的契机，契合梅西在世界杯三场比赛中的表现这一"神预言"，无缝对接"天生要强"等话题制造社会化内容话题，为蒙牛品牌包装一批传播内容，在众多的品牌声音中发出最大的声量，获得消费者的好感，在社会化媒体获得了超乎想象的传播效果，并在世界杯众多的品牌营销战中脱颖而出。特别是人民日报和新华社等众多权威媒体平台自主使用"要强"体，"要强"成为年度励志话题。

世界杯落幕、法国队时隔20年再度夺冠，华帝成为此次世界杯借势营销最大的赢家。2018年5月30日，华帝发布公告，如果法国队在2018年的俄罗斯世界杯中夺冠，那么华帝将对在2018年6月1日0时至2018年6月30日22时期间购买了"夺冠套餐"的消费者进行退全款的活动。"法国队夺冠，华帝退全款""董事长签字背书""夺冠"与"退全款"的关键词组合，也直接点燃了球迷和消费者两个群体。

此次华帝世界杯推广对市场最大的撬动点，在于抓准了互联网环境下的中国消费者的心态，用最直接的方式将世界杯、市场、品牌三个维度的诉求绑定在了一起，成功引发从围观到市场营销，再到品牌知名度的提升。华帝用实力和魄力，成就了一场热点营销的经典案例。

第一次传播，华帝公布营销方案后在各路媒体和自媒体上形成了广泛传播，频频刷屏。第二次传播，法国队夺冠，华帝也成为热点话题。第三次传播，华帝的退款事宜成为各路媒体跟踪的热点，华帝的退款事宜在计划内，他们不会错过树立"值得信赖"品牌形象的良机。

经营上"对冲风险"，传播上"借势营销"。华帝的这次营销活动取得了非常大的成功。此前华帝已经在自己公告中宣称：营销活动期间的销售情况，线上加线下总共是10亿元左右，其中需要退款的金额约为7900万元。而总部只需要承担2900万元，其余部分由经销商承担。华帝名副其实成为最大的赢家。

此次活动，华帝股份无论是品牌营销还是产品研发，抑或是渠道拓展，都取得了不错的进步，但是华帝的这次营销，依然带了"赌"的性质。如果华帝没有选择法国队，而是选择了阿根廷队或者德国队，也就没有后续的造势了。华帝之所以如此大胆地进行选择，背后是传统企业在寻求转型的迫切尝试，也是塑造企业品牌的一个奇招。

(资料来源：根据蔡元恒2018年7月18日的文章改编)

一、公共关系策略的内涵和作用

企业为获得公众信赖、加深顾客印象而用非付费方式进行的一系列促销活动的总称，称为公共关系策略。塑造形象是公共关系策略的最终目标，也是公共关系策略的重要职能。公共关系策略作用具体表现在以下三个方面。

1. 可以帮助企业制定正确的营销战略

在帮助企业确立营销目标的同时，既要考虑企业利益，又要顾及消费者需求；既着眼企业利益，也注重社会效益，还要兼顾企业的暂时利益与长远利益。例如，牺牲消费者利益，出售假冒伪劣产品，企业不会有前途。相反，为了维护产品的质量和企业良好信誉，有些企业不惜以高昂代价，或通过投资社区、造福社区、关心社会发展等形式来增进企业自身的利益等，却能更好地实现企业的营销目标。公共关系策略正是以全局的高度、长远的角度和整体的立足点来帮助企业确定正确的经营目标和发展方向的。

2. 可以帮助企业明确科学的营销谋略

运用公共关系策略主要通过收集信息、分析市场行情帮助企业在市场竞争中更科学地利用天时、地利、人和等因素,扬长避短,出其不意,尤其是全面、准确地了解把握消费者的心理、需求及其变化趋势,使企业有的放矢地进行经营谋划。

3. 可以帮助企业运用科学可行的方式促进营销目标的实现

科学可行的方式包括两个方面:一方面为实现营销目标,在运用公共关系策略塑造企业形象、沟通信息、协调关系、提供服务等方面所做的种种具体努力和贡献;另一方面是指具体营销活动中公共关系策略手段、技巧的运用等。

二、经典公共关系策略

公共关系策略和企业发展有着密切的联系,在实际工作中如何具体运用十分重要。企业要根据自身的实际情况,有选择地运用以下公共关系策略。

(一)建设型公共关系策略

当企业度过了最初的规模扩张期进入市场份额均衡的平稳发展时期,特别是面临跨国公司的竞争时,品牌的短板就会凸现出来。适时、适势的品牌再造成为企业焕发第二春的手段之一。但是,在品牌再造过程中,保留哪些舍弃哪些,是革新还是小变都需要有全局视野。否则,要么新瓶装旧酒没起到提升品牌形象的作用,要么伤筋动骨毁了品牌。

建设型公共关系是特指组织为开创新的局面而在公共关系方面所作出的努力。一般情况下,开展建设型公共关系活动的时机有企业开业前后的一段时间;更换厂名店名的时机;改变产品商标或包装的时机。特殊情况下,开展建设型公共关系活动的时机,例如主动向社会公众介绍情况;举办大型的公共关系活动;危机爆发之前;向社会征集企业名称、徽标;向社会招聘高级人才等。

【案例3-4】火山小视频:成就更具价值的新线"舞台"

移动互联网发展趋近成熟、一二线城市网民增长规模放缓之际,国内三四线城市开始成为商业增长的消费蓝海。这些城市正经历着消费升级,是消费的新前线,成为极具潜力的"新线城市"。新线市场作为一个新的流量价值风口,正为新时代营销带来诸多变革。

2019年1月17日,"2019引擎大会"在京举行。在下午的火山小视频专场,效果广告负责人徐宇杰分享了火山小视频新线市场的营销图景。火山小视频市场负责人李川带来了火山小视频平台价值解读,并现场发布火山小视频圈子、直播等产品升级。在此次商业化亮相中,火山小视频引领圈层人群价值导向,全面撬动新线市场增长价值,为商业增添了新的增长动力。

1. 5E支撑新线市场商业增长蓝海

火山小视频用户新线地域分布特征明显,三四线城市人群占比52.3%,超过一半。火山小视频商业化以来,很多行业知名品牌和火山小视频一起构建了新线市场的营销模式,在这个过程中,火山小视频沉淀了一些新线市场营销的经验和思考。效果广告负责人徐宇杰将这些市场洞察归纳出新线市场的五大现象的5E,即规模增长(expanse)、娱乐为先

(entertainment)、乐于互动(engagement)、圈层影响(elevation)和消费力强(expense)。

新线市场正处于规模增长期。根据 QuestMobile TRUTH 公开数据显示,三线以下城市网民占比正在快速提升,同时设备占有率仍有较大增长潜力。

新线市场流量对短视频和直播青睐更多,娱乐为先。根据 QuestMobile TRUTH 公开数据,在新线市场,短视频超过即时通信和在线阅读,成为新线人群最活跃的线上领域。而作为火山小视频产品的重要组成部分,新线城市在娱乐直播方面,活跃渗透率也远超一二线城市。

新线人群拥有充足的闲暇时间,具备高互动性。新线城市人群拥有更稳定的生活环境和人际关系,在认知层面和消费决策中,更容易受社交圈层的影响。2018 年,新线市场社交电商呈现爆发式增长,年增长率超过 439.2%,主要就是因为社交电商通过圈层关系引发的形式贴合新线人群易受圈层影响的特征。

新线市场正在经历消费升级,人群体现充足的消费力。根据 Trustdata 和 QuestMobile 公开数据,新线人群"双十一"活跃用户和计划买车用户占比都早已超越一二线城市人群。而随着移动互联网普惠更多人群,电商物流不断延伸,新线市场的消费能力还将进一步得到释放。

立足新线市场和"5E"洞察,火山小视频不断打磨针对新线市场的产品优化和用户体验,发展三大核心人群圈层,拉动高增长、强互动的商业新线增长。

2. 三大人群圈层聚焦,多元营销价值显现

在火山小视频,人群各自依托,共同构成了火山小视频特征鲜明的三大人群圈层,即以人群兴趣为依托的城镇休闲人群圈层、以生活消费为依托的中坚力量人群圈层和以行业垂直为依托的职业技能人群圈层。三大人群圈层以其不同的特性,共同支撑起火山圈子的营销价值。

火山平台上的城镇青年个性活跃,呈现极高的使用黏性,乐于互动。这部分人群在生活中拥有稳定社交,是生活中的意见领袖。

根据 QuestMobile 公开数据,火山平台上高消费意愿与能力人群占比 50.89%,超过一半。在观看直播的人群中,21%直播观看用户有过打赏行为,人群消费力较强。相对于价格,火山消费人群更关注品质。这部分中坚力量人群在生活中往往是圈层的消费风向标,对人群具有辐射影响作用。

火山平台同时聚集了各行各业的职业大咖,在垂直内容领域形成价值机遇。运动、美食、音乐、游戏、汽车、造型、手工艺等,他们不仅影响和聚集着本行业的广泛人群,还为火山多样化平台内容源源不断地输出优质原创力。

3. 玩转新线市场,破局营销下一站

通过数据驱动,火山平台高效链接新线市场用户,帮助品牌实现定向投放,打造火山精细渗透的高智流量体系。例如,在海澜之家的投放合作中,火山平台成功撬动新线人群的消费潜力。在争分夺秒的季节促销中,海澜之家在火山平台占据了黄金广告入口,通过开屏和信息流的广告投放,带来海量曝光,并结合用户不同关注点,准备素材,用不同角度文案吸引用户关注。最终火山平台为海澜之家带来电商引流 107.8 万人次,开屏广告点击率达 13.6%,素材平均点击率达到 10.47%。通过创新技术、营销产品和产品创新,火山打造适应新线人群"高互动"触媒习惯的互动营销。

基于圈层变化，火山平台开启用户达人社交新模式。火山达人圈层具有极强的影响力，目前火山平台头部达人超过5000，能够为品牌实现强大的效果转化。例如，吉利远景在2018年春节期间和火山联合打造的"点亮幸福回家路"活动中，邀请了四位达人分别从"幸福归途路、幸福来敲门、幸福年味秀、幸福不一样"四个角度创作生活化短视频，点燃用户的情感。配合硬广曝光和流量加热，投放首日实现了62万的曝光成绩，引发广泛的用户互动参与。

基于兴趣偏好，深化火山用户内容营销新体系。基于行业化和职业化垂直类内容深耕，打造一档以特色路线与达人为核心，衍生精品内容及创意征集互动的旅行类IP"志行中国"；基于线上线下的O2O联动，打造"火山市集"，展示达人风采，聚合多样互动，丰厚现金回馈火山亿万粉丝。此外，基于场景营销，联动用户新春生活场景打造爆点活动——春灿鸿运铺。

4. 火山产品升级，打造多样化平台

2019年，火山产品社群化推进，推出"火山圈子"。通过圈子功能，志同道合的人群将围绕兴趣聚集，或者组建自己的圈子，找到更多兴趣同伴。每个人都能在火山小视频平台的沃土找到自己的成长方式。

2019年，火山演进娱乐直播功能，直播版块升级。未来，火山直播将进行频道化精细管理，推出唱歌、脱口秀、游戏、电台、颜值等直播版块，以及"钻石主播"计划，意在鼓励表达，挖掘素质具有榜样作用的明星化主播。

2019年，围绕美食、舞蹈、旅行等垂直分类，火山平台将聚集更多高质量垂直分类内容。通过"千城美食猎人计划"等内容策划，通过线上线下结合、定制栏目、课程策划、UGC内容引导征集等方式深挖火山平台内容价值。此外，推出"短视频创新计划"。推出多样"职业猎人"探索城市中各类形形色色的神奇职业；"直播图鉴"则聚焦主播大咖背后的成功之路，在人生维度呈现不一样的主播"素颜"。

(资料来源：根据中国公关网的资料整理)

(二)维系型公共关系策略

维系型公共关系是指社会组织在稳定发展之际用来巩固良好形象的公共关系活动模式。其做法是通过各种渠道和采用各种方式持续不断地向社会公众传递组织的各种信息，使公众在不知不觉中成为组织的顺意公众。其目的是通过不间断的宣传和工作，维持企业在公众心目中的良好形象，例如宝洁公司的"希望工程"系列捐赠活动即属此类公共关系策略。

(三)进攻型公共关系策略

进攻型公共关系是指社会组织采取主动出击的方式来树立和维护良好形象的公共关系活动模式。当组织或企业的预定目标与所处环境发生冲突时，常采用这种公共关系活动及时调整决策和行为，积极主动地去改善环境，以减少或消除冲突的因素，并保证预定目标的实现。

(四)防御型公共关系策略

防御型公共关系是指社会组织为防止自身的公共关系失调而采取的一种公共关系活动方式，使用于企业与外部环境出现了不协调或与公众发生了某些摩擦苗头的时候。它的特点是：洞察一切，见微知著；居安思危，防患于未然；积极防御，加强疏导。

(五)矫正型公共关系策略

危机事件可以折射出不同公司的公共关系处理能力。如何处理突如其来的"危机"，直接影响着消费者对这些公司的信任度。矫正型公共关系是指社会组织在遇到问题与危机、组织形象受到损害时，为了挽回影响而开展的公共关系活动。其目的是转危为安，重新树立组织的良好形象。其出发点是站在受害者的角度去分析问题，以让受害者满意为目标去解决问题。其工作程序：及时发现问题；及时纠正错误；及时改善形象。例如，美国强生公司在遇到泰诺危机时，企业管理者和公共关系部的工作人员迅速行动，积极开展公共关系活动，在危机的化解中发挥了极为重要的作用。

【案例3-5】滴滴顺风车社会安全问题的危机公关分析

2018年5月，郑州一名空姐被滴滴顺风车司机杀害；时隔不到100天，浙江乐清一位女孩再次因顺风车遇害。两起凶案，两条人命，把滴滴从人人离不开的网约车龙头企业打入地狱。更多的滴滴司机强奸案、抢劫案，更是把滴滴变成了全民公敌。

致歉声明、百万悬赏、慰问家属、下架整改、创始人道歉，滴滴在几个月内几乎动用了一切手段，但依然挡不住网友的谩骂和吐槽，滴滴一度站在生死存亡的关头。

滴滴并不是当年第一个因为危机闹出人命的企业，例如"自如租房"，因为提供出租的房屋甲醛超标，闹出了"阿里员工白血病病逝，生前住自如"的危机，一度也被推上风口浪尖。回过头来看，"自如"所谓的危机公关，倒是和滴滴最初被骂的原因有些类似，表面功夫做足，但骨子里没有改变。

闹出人命的企业危机，不会止步于滴滴和自如。不夸张地说，任何行业任何企业都有这类隐藏的风险，如果真的不幸遇上了，除了道歉、整改，我们还能做什么？不如从源头反思一下企业文化，在资本和利益的诱惑下，企业的价值观被扭曲了吗？这个问题，已成为滴滴在解决危机中必须面对的主要问题，它所带来的损害，最坏的情况有可能是被取消经营许可，这是关乎企业生死的。

因此，对此事件的危机处置，必须将解决合规，建立对于"司机杀人"这类问题的责任界定与边界准则，为以后同类问题提供评判依据，优化企业乃至行业的有序健康发展的规则框架。实际上，在发生第一次顺风车司机杀人事件后，滴滴就该将这个问题提到最高的紧急重要度去对待，不解决这个问题，不仅滴滴，整个行业都无法从情绪占主导的舆论压力中解放出来。即使哪一天滴滴顺风车完成了整改、达到监管要求而重新上线，如果再发生司机杀人事件，还是难逃又一轮舆论讨伐，甚至依然会有更严峻的公关危机。

明确了核心点与危机损害的主要矛盾，危机公关的策略自然就是要沿着建立同类问题的责任界定与边界准则，开展利益相关方的一致性对话。当然，这个过程毫无疑问会极度艰难。

(资料来源：根据梅花网的资料整理)

(六)宣传型公共关系策略

宣传型公共关系是指运用大众传播媒介和内部沟通方式开展宣传工作，树立良好的企业形象的公共关系策略。主要做法是利用各种传播媒介和交流方式进行内外传播，让各类公众充分了解组织、支持组织，从而形成有利于组织发展的社会舆论，使组织获得更多的支持者和合作者，达到促进组织发展的目的。其特点是主导性强，时效性强，传播面广，推广组织形象速度快。

(七)交际型公共关系策略

交际型公共关系是在人际交往中，开展公共关系工作的又一种模式。其目的是通过人与人的直接接触，进行感情上的联络，为组织广结良缘，建立广泛的社会关系网络，形成有利于组织发展的人际环境。团体交往包括各式各样的招待会、座谈会、工作午餐、宴会、茶话会、舞会等，个人交往有交谈、拜访、祝贺、信件往来等。这种以人际交往为主的实用性公共关系策略具有直接性、灵活性，尤其是浓厚的人情味。因此，通过人际交往与公众保持联系的技巧变得十分重要，成为不少企业和企业家的成功之道，是公共关系活动中应用最多、极为有效的一种模式。例如，美国汽车商乔·吉拉德就是通过每月发送1.3万张贺卡来向顾客体现关心、慰问和尊重的，并从顾客的来函收集反馈信息，成为"汽车经销大王"。

(八)服务型公共关系策略

服务型公共关系是一种以提供优质服务为主要手段的公共关系活动模式。其目的是以实际行动来获取社会的了解和好评，建立企业的良好形象，所谓"公共关系就是百分之九十要靠自己做好"，其含义即在于此。服务型公共关系的特点是依靠本身实际行动做好工作，其特殊媒介是服务，而不是依靠宣传。所以，它基本上仍是人与人之间的直接传播形式。这种传播形式传播符号多种，人情味十足，反馈灵敏，调整迅速。

【案例3-6】海底捞的成功之道

海底捞餐饮股份有限公司成立于1994年，是一家以经营川味火锅为主、融汇各地火锅特色为一体的大型跨省直营餐饮品牌火锅店，创始人是张勇。

1994年，当时还在四川拖拉机厂作电焊工的张勇，利用业余时间，在四川简阳的一条马路边支起了四张桌子，开始了自己的麻辣烫生意。没有一点经验的他，只能用无微不至的服务感动顾客，虽然当时他的麻辣烫口味还谈不上多么"美味"，但顾客却总是一次又一次地光临这个叫"海底捞"的小店。

经过20年艰苦创业，不断进取，团结拼搏，海底捞逐步从一个不知名的小火锅店起步，发展成为今天拥有近2万名员工的企业，同时也拥有一批食品、饮食、营养、工程、仓储、管理方面专家和专业技术人员。现有117家直营店，四个大型现代化物流配送基地和一个底料生产基地(获得HACCP认证、QS认证和ISO 9001国际质量体系认证)。

对海底捞的成功，张勇并没有避讳谈到自己成功的秘诀，"做好火锅跟做好其他传统行业是一样的，没有什么秘密可言，它就是要把我们千百年来所提倡的诚实经营、优质服务落到实处"。

> 海底捞虽然是一家火锅店，它的核心业务却不是餐饮，而是服务。在海底捞，顾客能真正找到"上帝的感觉"，甚至会觉得"不好意思"。甚至有食客点评，"现在都是平等社会了，让人很不习惯。"但他们不得不承认，海底捞的服务已经征服了绝大多数的火锅爱好者，顾客会乐此不疲地将在海底捞的就餐经历和心情发布在网上，越来越多的人被吸引到海底捞，一种类似于"病毒传播"的效应就此显现。如果是在饭点，几乎每家海底捞都是一样的情形：等位区里人声鼎沸，等待的人数几乎与就餐的人数相同。这就是传说中的海底捞等位场景。等待，原本是一个痛苦的过程，海底捞却把这变成了一种愉悦：手持号码等待就餐的顾客一边观望屏幕上打出的座位信息，一边接过免费的水果、饮料、零食。如果是一大帮朋友在等待，服务员还会主动送上扑克牌、跳棋之类的桌面游戏供大家打发时间。或者趁等位的时间到餐厅上网区浏览网页，还可以来个免费的美甲、擦皮鞋。在将员工的主观能动性发挥到极致的情况下，"海底捞特色"日益丰富。
>
> 2018年5月17日，海底捞国际控股在港交所递交上市申请。9月11日，海底捞在香港召开新闻发布会，宣布其股份将于9月12日起在香港公开发售。9月19日，海底捞确定了最终发行价，每股17.8港元。

(资料来源：根据搜狐网的资料整理)

(九)社会型公共关系策略

社会型公共关系是组织利用举办各种社会性、公益性、赞助性的活动塑造良好组织形象的模式。这是一种战略性公共关系模式，着眼于公司的整体形象和长远利益。其目的是通过积极的社会活动，扩大组织的社会影响，提高其社会声誉，赢得公众的支持。它一般有两种形式：一是以赞助社会福利事业为中心开展活动；二是资助大众媒体举办各种公益活动等。从近期看，社会型公共关系活动往往不会给组织带来直接的经济效益，且会使组织付出额外的费用，但从长远来看，它却能为组织树立了较完美的社会形象，使公众对组织产生好感，为组织营造一种良好的发展环境。

(十)征询型公共关系策略

征询型公共关系是指以提供信息服务为主的公共关系模式。此模式通过采集信息、舆论调查、民意测验等工作，了解社会舆论及民意民情，为企业的经营管理决策提供依据，使企业的行为尽可能地与国家的总体利益、市场的发展趋势以及民情民意一致起来。其具体方式包括市场调查、产品调查、用户访问、开展咨询、处理投诉等。

三、全球化时代中国公共关系策略解析

1. 以信誉为核心的公众策略

公众策略是卓越公共关系的核心策略。虽然每个机构各有不同的公众，但是政府关系、媒介关系、社区关系、消费者关系、股东关系以及员工关系应被视为基本的、重点的公众关系。以信誉为核心的公众策略，对一个组织成功运用公共关系实现自己的传播管理目标是极为重要的。反之，以非道德的手段实施公共关系的策略，是无法建立良好形象的。

美国著名公共关系学者詹姆斯·格鲁尼格(James E. Grunig)提出的良好公共关系的五大特征，对于建立以信誉为核心的公众策略，具有重要的指导意义。①互相影响：组织管理层和公众都认为对彼此的决策有一定的影响力。②关系承诺：组织管理层和公众都意识到双方具有互相依存性，并愿意给对方与其他方建立关系一定的自主权。③双方满意：双方都认为这种关系对彼此有益。④彼此信任：各自都愿意授予对方一定的控制权，因为相信对方的行为是负责任的。⑤双赢目标：双方都能实现自己期望的目标，获得最大利益。

2. 参与决策策略

任何一个企业，与自己的公众保持相互信任的关系，是它成功经营的重要条件。现代管理重视公共关系，如同重视营销管理、财务管理、人力资源管理乃至企业战略管理等。公共关系的专业职能在管理过程中具有其独特的作用，是不可替代的。公共关系的新领域如议题管理、危机管理，具有克服组织生存环境中不确定因素的功能。但是，如果这些功能的应用仅仅停留在操作管理的层面，或是技术的层面，公共关系是难以完全发挥作用的。公共关系属于企业宏观管理的范畴。公共关系只有走进管理决策层，其战略意义才能充分体现。

3. 全球化策略的本土化执行

全球化策略的本土化执行，是企业界和传播业界达成共识的跨文化传播策略。这一策略同样适用于全球化时代的中国公共关系市场。关键是在实施全球化策略的时候要"大处着眼"，充分考虑到政治、经济、文化、发展水平、媒介关系、公众现状、公共关系标准等因素；实施本土化计划时要"小处着手"，包括制订一个适合本土执行的计划，充分运用本土的公共关系人力资源。全球化策略、本土化执行应成为全球化时代中国公共关系策略的基调。

4. 适宜本土文化的有效传播策略

要在一个文化传统源远流长的国度成功实施公共关系传播不是一件容易的事。文化影响人的行为，不同文化的社会规范是不同的，不同文化背景下公众的感知也是不一样的。在中国实施传播管理，既要了解、熟悉博大精深的中华文化，所谓入乡随俗、进入角色，又要掌握中华文化的特点和规律，将公共关系传播创造性地发挥，引起公众共鸣。要成功解决在中国的有效传播，有两条"捷径"可以选择：一是吸收对中国文化有深刻认识、有工作经验的人士加盟；二是选择对跨文化传播有深刻理解，或具有跨国实施传播管理经验的人士加盟。

【案例3-7】对内搞活看汉正街

四十年前，汉正街是改革开放的试验田和风向标，四十年后，汉正街正在向现代服务业发展示范区转型。2018年8月31日，《人民日报》第16版以《对内搞活看汉正街》为题，对汉正街四十年来的巨变进行了整版报道。

汉正街是"百年传奇"，一条不足400米长的汉正街，见证了500多年汉派商业发展史，这里历来是"导财运货，贸迁有无"的水陆商埠，市场上"万商云集，商品争流"。其面积虽仅有1.67平方公里，但却是改革开放的试验田和风向标。1979年年底，103位无业人员持证摆摊汉正街，他们的叫卖声，拉开我国城市商品流通体制的改革帷幕，也标志着个体私营经济重回中国经济舞台，成为全国规模最大、交易量也最大的"天下第一街"。

"对外开放看深圳，对内搞活看汉正街"，一时广为流传。1982年8月28日，《人民日报》发表社论《汉正街小商品市场的经验值得重视》，廓清了社会上的种种争议。"《人民日报》就开放一个市场发表社论，前所未有。"汉正街人至今津津乐道。

后来，随着市场的整体搬迁，影响力逐步慢慢下降。

如何使汉正街第一大道少走弯路，快速地学习、借鉴世界著名商业大街先进的经营管理经验，使汉正街第一大道快速成长并且与世界著名商业大街比肩、享誉全球？认真研究了法国巴黎香榭丽舍大街、美国纽约第五大道、英国伦敦牛津大街、东京银座等多处世界著名商业大街的特点与模式，确定美国纽约第五大道为首选潜在合作对象。纽约第五大道是全球顶级品牌的展示销售中心，是百货业态的先锋，比较其他商业大街，纽约第五大道可供汉正街第一大道学习借鉴的最多。

第五大道位于纽约的中心，始建于150年前。所有世界顶级的品牌都希望在第五大道展示。货品丰富、品牌齐全、高档优质成为纽约第五大道的特质，品牌的运作成为寸土寸金的第五大道的突出特点。

通过纽约驻京的商务渠道，没费太大的周折，一套汉正街第一大道的资料摆上了纽约第五大道管理协会CEO马克·凯姆斯利(Mark Kemsley)的案头。中国经济的迅速崛起引起了远在西半球的这个商业巨人的注意，让马克·凯姆斯利没有想到的是，中国的中部居然有这样一个潜力巨大的商业码头。美方第三天就迅速回应：建议双方互派代表考察接洽。

一个是全球顶级商品的展示窗口，一个是中国中部服装及小商品的集散地。两个差异巨大的街道将如何"结盟"？美方代表称，发源于1834年的纽约第五大道和拥有530年历史的汉正街一样，区位、交通、商脉、辐射力均极具优势，现在都需要进一步提升。例如，第五大道要从单纯面向富人的顶级品牌展示、零售，向日益庞大的中产阶层适度倾斜，并通过汉正街扩大在中国的市场；汉正街也需要通过第五大道展示和塑造全球品牌。

2005年9月9日，纽约第五大道首席执行官马克(Mark Kemsley)先生考察汉正街。第五大道和汉正街第一大道于2005年9月11日上午在武汉正式结盟，成为"友好街道"。

两条商业街结盟后，共同推动中美商业文化交流，相互推广商业街区成功经营经验及先进的商业运营模式。在武汉和纽约举办每年一次的全球商业街区高峰论坛，由纽约第五大道管理协会每年在纽约第五大道街区邀请、组织、承办、召开"中国汉正街文化周"。每年由汉正街第一大道在武汉组织、邀请、承办、召开"第五大道品牌展示周"。此举把汉正街第一大道推到了世界时装业的最前沿，搭起了让世界了解中国，让中国走向世界的桥梁。

《人民日报》的报道，从"盲侠神商"郑举选和"风流巨贾"王仁昌的经商故事，反映了第一代汉正街人在改革开放的浪潮中，敢为人先、艰苦奋斗的创业精神。又以王康、黄丽娟为代表的汉正街高学历"创二代"的互联网思维"买全球、卖全球"的故事，讲述经过一系列变革后，新时代汉正街的转型升级。

目前，汉正街通过互联网开拓网上销售渠道的商户已达6800家，约占商户总数的38%。求新思变的汉正街，借力武汉实施"百万大学生留汉创业就业计划"，又布下大棋局。原创化、品牌化、时尚化，这些昔日汉正街缺少的现代商贸元素，正在一一补齐。有

> 形的汉正街市场变小了，无形的汉正街仍在长大。汉正街作为"小商品批发市场"代名词的时代正在远去，但筚路蓝缕艰难创业、敢为人先的汉正街精神，正得到发扬光大。
>
> （资料来源：杨蔚，《长江日报》，2018年8月31日）

5. 适宜多样公众的整合传播策略

良好的传播，通常都是非常个性化的传播。现在我们面临的时代，有两个鲜明的特点：一是公众多样化；二是信息爆炸。在这样的环境下，传播管理面临前所未有的挑战。借助单一的传播手段，要想达到帮助企业将信息通畅送达目标公众的目的，在许多场合是困难的。所以学界提出"整合营销传播"的概念，以多元化的传播策略影响多样化的公众。从操作层面看，将广告、公共关系、大型活动或专题活动、销售推广、包装设计、企业形象识别系统(CIS)和直效营销等手段的一体化运用，形成整合营销传播。这些整合的元素不是简单拼凑在一起，而是相互配合的系统化组合。从观念层面看，整合营销传播的创新在于导入了多元化传播概念，传播不仅限于广告，整合营销传播的核心是面对市场的"立体传播"和"一体化传播"。这就要以营销策略为基础，拟定一个形成体系又各有侧重，同时相互协调的整体传播策略，在公众的心目中建立品牌形象的网络，这样才能真正进行有效的传播。

6. 选择资信良好的合作伙伴

在中国的公共关系市场，选择一个卓越的公共关系合作伙伴是非常重要的。事实上，中国公共关系市场的不规范，既有来自公共关系专业机构本身的缺陷，例如专业人员欠缺、专业经验不足、人才素质偏低等也有在推介业务时盗用其他公司的个案资料，还有有的公共关系机构承接了项目以后，采用"拆包"方式分包给其他公司实施，造成成本增加、工作水平参差不齐。因此，建议企业在选择合作伙伴时，特别要注意从"资质＋经验"的角度选择合作伙伴。资质是指公共关系专业机构的专业素质，包括人才的专业素质、实践个案的专业素质。经验是指专业人员的经验和专业机构的年资，尤其是专业机构的资历。在过去十年多的时间里，中国的公共关系市场经历了一个大浪淘沙的变化过程，能坚持下来经营的专业机构其成功经验应该是可以信赖的。

本 章 小 结

本章探讨了公共关系战略和相关策略的基础知识。企业战略是企业决策的基础，是企业谋求生存的有效方法。企业战略是竞争中的营销计谋，它的规划包含了整个企业，它以企业的全系统为控制对象。在现代社会中，公共关系与市场行为是紧密结合在一起的，公共关系策略也日益成为企业市场行为的主流。实践证明，有效地开展公共关系活动，能为企业带来显著的经济效益和社会效益。所以，公共关系策略在企业战略中的作用举足轻重。

复习思考题

1. 战略的内涵是什么？
2. 公共关系战略的特点是什么？
3. 公共关系战略运行四要素是什么？
4. CS 战略的内容是什么？

扫码阅读拓展案例

第四章　公共关系工作模块

本章导读

公共关系活动是指一个组织为营造良好的社会环境、争取公众舆论支持而采取的协调、传播、沟通活动，其目标是在公众心目中树立起良好的组织形象。公共关系活动是一项十分复杂的工作，它必须遵循一定的程序，采取科学的方法，进行周密的计划和严密的组织。因此，本章将公共关系活动的工作程序归纳为四大工作模块，即公共关系调查、公共关系策划、公共关系实施、公共关系评估。四大模块环环相扣，形成一套完整的、模块相互契合的工作流程，每个大流程也是下一个工作流程的起点，如图4-1所示。

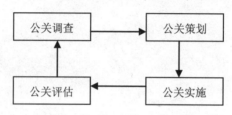

图 4-1　公共关系四大工作模块

学习目标

通过对本章内容的学习，掌握公共关系四步工作法，了解公共关系调查、公共关系策划、公共关系实施、公共关系评估的具体做法与程序。

第一节　公共关系调查

公共关系调查是公共关系程序的第一个步骤。随着市场经济的发展，公司之优胜劣汰的竞争，其成败往往取决于组织形象的好坏。公共关系调查作为一项公共关系活动的基本着眼点，也是针对组织形象现有不足，通过特定活动对组织形象进行弥补或改善。组织要通过公共关系活动设计、塑造、树立组织的良好形象，必须对组织在公众中的现有形象有准确的了解，必须能及时、有效、准确地获取组织外部信息，把握公众舆论。因此，公共关系人员必须了解和掌握公共关系调查研究和评估的理论和方法。

一、公共关系调查的内容

(一)组织形象内涵

在商品经济充分发展的社会里，企业组织之间的竞争已经主要不是产品和价格的竞争，而是组织形象的竞争。正如《美国周刊》有一篇文章这样写道，"在一个富足的社会里，人们都已不太斤斤计较价格；产品的相似之处又多于不同之处。因而，公司的形象就变得比产品和价格更为重要。"谁能在公众心目中树立起良好的形象,谁就能赢得更多的顾客,赢得更多的投资者,赢得社会各界的合作与支持。

组织形象是指社会公众心目中对企业、对一个组织综合认识后形成的全部认知、看法和综合评价。在现代社会中,一个组织的形象如何,会直接影响到组织的生存和发展。因此,树立良好的组织形象,是组织至关重要的任务。

组织形象虽是公众对组织的评价,但其内容却来源于客观事实,它是组织的客观行为在公众心目中的反映。因此要赢得公众的好感,组织首先必须从完善自己的政策和行为着手,再辅之以适度的宣传。例如,一家生产性组织要想获得公众的青睐,首先就要生产出符合公众需要的优质产品;其次要有热情周到的服务态度以及有利于社会的行为;最后再加上有效的公关宣传,它就易于被公众所接受了。

(二)组织形象的构成要素

组织总体形象的建立是受众多具体要素影响的。以企业为例,公共关系调查主要是针对以下几个方面进行的。

1. 企业治理

针对企业综合治理可以考虑从以下问题进行调查:是否有健全的现代企业管理制度及良好的法人治理结构;是否有严格的内部监控制度及危机预警体系;公司决策是否透明公开;是否规范经营并有严格的行业自律意识;是否遵守各种法律规章制度、信守商业道德。

2. 盈利能力

针对企业盈利能力,下面几个问题是需要调查清楚的:在所处行业是否处于领先竞争优势地位,产品市场竞争力是否强;是否有持续利润支撑,技术储备、产品研发、市场战略是否能保障企业有持续竞争力;现金流是否充足,偿债能力、资产运用能力是否强;有无不良财务记录,银行信用是否良好,至少连续三年未因财务状况与资金问题而使企业陷入经营困境等。

3. 品牌传播

对于企业品牌传播方面的问题也需要了解清楚,其主要包括以下几个方面:是否拥有知名产品或服务品牌并且市场占有率较高;是否有规范持续的品牌培育、市场推广、消费者沟通的策略与资金支持;品牌定位是否清晰、富有亲和力,传播方式是否有创新精神,无战略失误;是否拥有相对稳定、忠诚的消费者群体。

4. 企业社会责任

关于企业社会责任感方面,需要调研以下问题:是否尊重所有与企业发展利益相关者的权益,提供安全的产品和诚信的服务,尊重员工权益,保障生产安全,富有人文关怀;是否有良好的可持续发展战略,使用清洁能源、减少资源消耗与污染物排放,最大限度地降低自身生产对自然环境与社会公众造成的负面影响;是否热心公益事业,在企业良性发展的前提之下,持续回报社会。

5. 消费者关系

对于消费者关系，主要调查下面内容：是否提供安全的产品和诚信的服务，企业内部执行较外部标准更为严格的质量控制与服务标准规范；售后服务体系是否完备，顾客投诉及帮助请求反馈是否及时；隐患产品信息是否公示，缺陷及安全问题产品是否主动召回并建立顾客补偿机制；有无虚假宣传、欺诈消费的行为；有无重大消费投诉及危及公众安全的质量事故。

6. 员工关系

针对员工关系要调查的内容有：员工薪酬是否高于行业平均水平；是否有健全的员工福利、社会保障计划及工会组织；是否有严格的劳动保护、安全生产规范；公司内部就业机会是否均等无歧视，员工沟通渠道是否通畅，体现人文关怀，员工满意度是否高。

7. 投资者关系

投资者关系需要调研以下问题：是否以实现公司整体利益最大化和保护股东权益为大局，尊重股东权益，决策是否透明公开，信息披露是否充分，投资者利益保护是否完善，机会是否均等；投资者回报是否稳定，沟通机制是否畅通，上市公司中小投资者满意度是否高。

8. 危机管理

处理危机关系时首先要了解清楚以下问题才能有针对性地制定措施：是否有严格的内部监控制度及管理危机、法律风险预警体系，重大危机隐患是否能自我发现并及时消除；在重大企业危机管理事件发生时，是否能直面股东、投资者及媒体与公众，并在第一时间作出适当应对；是否能在较短时间内针对危机事件提出系统的解决方案，是否在最短的时间内彻底消除隐患与负面影响。

(三)组织形象的价值

1. 组织形象有助于判断无形资产价值

无形资产是组织资产的重要经济资源。美国可口可乐公司的老板曾说过：如果公司在一夜间被大火烧成灰烬，第二天各大银行就会主动上门来向公司贷款。因为公司还有价值360亿美元无形资产。可见，无形资产的作用、价值可以远远超过有形资产。自然灾害可以损毁有形资产，但对无形资产却无可奈何。

无形资产具有如此大的魅力是因为它代表组织在公众心目中的良好形象，组织形象的好坏决定了无形资产价值的高低。无形资产主要是靠组织形象作为表现形式的。组织形象的认知度越高、美誉度越好、和谐度越佳、定位越准，无形资产的价值就越大，增值率就越高。

【案例4-1】2018年最有价值品牌排行

全球最大广告传播集团WPP发布"2018年BrandZ全球最具价值品牌100强"榜单。谷歌蝉联全球最具价值品牌，苹果紧随其后，两大品牌的价值都超过了3000亿美元。中国腾讯和阿里巴巴进入了10强。100个品牌的总价值为4.4万亿美元，比2017年增长了

21%。

美国有 55 个品牌上榜，远远超过其他国家。中国有 15 个品牌上榜。其他国家上榜品牌数量依次为德国 8 个，法国和英国各 4 个，日本 3 个，澳大利亚、加拿大、西班牙各 2 个，印度、印度尼西亚、意大利、韩国和瑞典各 1 个。全球最有价值品牌 TOP10 依次为谷歌、苹果、亚马逊、微软、腾讯、脸书、维萨、麦当劳、阿里巴巴、美国电话电报公司。

同时 WPP 发布了"2018 年 BrandZ 最具价值中国品牌 100 强"。此次入选 100 家企业的总品牌价值高达 6839 亿美元，增幅创历史新高。其中，腾讯的品牌价值同比增速达到 25%，品牌价值增至 1322 亿美元，位居榜首，这也是腾讯连续四年蝉联"中国最具价值品牌"称号。阿里巴巴品牌价值同比增速达 53%，品牌价值达 886 亿美元，居于第二；中国移动品牌价值同比下降 15%，达 492 亿美元，排名第三。

品牌价值对外可以提高公司的声誉，对内可以激励员工的士气。通过品牌价值的评估，可直观考评一家企业每年的品牌管理成效。另外，据相关资料显示，中国品牌在海外市场的搜索指数虽然仍低于全球品牌，但该差距正在缩小。据谷歌搜索的索引数据显示，搜索量差距已经缩小了 29%。随着越来越多的中国企业积极开拓海外市场，打造强势品牌，进军"一带一路"等地区，中国品牌的实力在大幅提升，在全球竞争格局中的竞争力也会极大增强。

(资料来源：根据百度的相关资料整理)

2. 组织形象是生存发展的精神资源

组织形象能以精神资源作用于组织的生存发展。良好的组织形象有助于组织人才优势的发挥。要在激烈的市场竞争中取得优势，人才对组织来讲是关键。组织的竞争归根到底是人才的竞争，因此组织竞争力的根本源泉在于组织有高素质的员工。良好的组织形象对内可形成良好的、有助于人才一展身手的组织内部环境；对外可形成良好的组织外部经营环境，展现出长远而动人的发展前景，从而对人才产生极大的吸引力。良好的组织形象有助于组织人才优势的发挥。

3. 组织形象是外在扩张的市场铺垫

在现代社会中，公众对商品的购买，不仅是对产品功能和价格的选择，同时也是对组织精神、经营管理作风、服务水准的全面选择。组织形象优良与否，是公众选择的重要依据。良好的组织形象，会使公众对产品产生"信得过"的购买心理与勇气，使公众能够在纷乱繁杂、令人眼花缭乱的商品世界中培养起对组织、对产品的忠诚度，从而达到组织争夺更大的市场份额、进行组织扩张的目的。德国大众汽车公司通过在北美和欧洲进行的顾客调查发现，如果顾客的愿望在一家公司没有得到满足，那么他便会疏远该公司的产品。调查报告认为，一个厂家失去了顾客，只有 30%是由于产品质量或价格的原因，60%的顾客转向其他产品是由于服务或售后服务不好，使他们没有受到礼貌的接待。大多数消费者会对组织的服务进行评价，并且会一传十、十传百。这种口头传播的效力是十分惊人的。因此，树立良好的组织形象等于留住了顾客，也等于达到了组织扩张的目的。

4. 良好的组织形象有助于组织取得社会各界公众的支持

组织作为社会的一员，是生存在社会体系之中的，组织活动的开展，不可避免地要与环境进行密切的接触，与各种人和组织发生多方面的联系。比如，组织要从上游组织采购原材料，要从资金市场和金融机构等筹措资金，要有经销商推销其产品，还要求有一定的自然生态环境、良好的社会治安等，良好的组织形象可以为组织获得这些支持和帮助。

(四)组织形象的分类

组织形象可分为组织的理想形象和实际形象。理想形象是公共关系所要实现的目标，也是组织对自身的认识与反映。实际形象是组织外部对组织的真实、客观的看法，也是公共关系工作的出发点或起点。

1. 理想形象

理想形象是指一个组织自己所期望建立的社会形象，是一个组织公共关系工作的内在动力和基本方向。自我期望越高，组织的内聚力和发展的内在动力就越大。理想形象的确立应注意主观愿望和实际可能相结合，如果不切实际地过高期望，就会降低成功率，制约组织的发展。一般来讲，组织的理想形象应建立在对组织的各种要素和各种信息(如经营方针、管理政策、产品质量、市场占有率、潜在市场、新产品的开发能力等)充分了解和把握的基础之上。组织的自我期望形象包括以下两个方面。

(1) 组织决策层的公共关系目标要求。组织领导阶层作为组织的决策者和领导者，决定掌握着组织的总目标、发展战略方向、重大工作项目等，他们对公共关系目标的期望，往往代表了组织整体对公共关系目标的期望，因此对于公共关系目标的选择和建立具有决定性意义。因而，调查组织形象，首先必须详尽了解领导层对组织形象的期望。

(2) 组织内部员工的要求和评价。组织员工是组织赖以生存和发展的细胞，员工的工作态度、工作热情直接影响着组织的发展，而员工的工作态度和工作热情在很大程度上又来自员工对组织的全部看法和评价。公关人员要通过调查研究，了解员工对组织的批评、建议、希望、要求，并采取措施加以引导，从而激发员工的工作热情，培养员工对组织强烈的归属感和自豪感。

2. 实际形象

实际形象实质上是对社会公众的舆论调查，是组织真实地展现出来的为社会大众普遍认同的组织形象，也就是社会公众和社会舆论对组织实际状态和行为的认知和评价。组织的实际形象一般可以通过形象调查的方法测得。了解组织的实际形象就是了解社会公众对组织的普遍看法，以便组织有的放矢地开展形象策划、塑造工作。只有清楚地了解自己的实际形象，组织才能以此为起点，塑造理想中的公共关系目标。

(五)组织形象的评判依据

1. 知名度和美誉度

衡量组织形象优劣的标准有二，即知名度(社会公众对组织知道和了解的程度)和美誉度(社会公众对组织的信任和赞誉程度)。组织或企业在公众心目中的知名度和美誉度，是评价组织或企业形象的重要指标。国外公共关系采用知名度和美誉度来评价组织形象，这种方法比较成功。

知名度，表示社会公众对一个组织或企业知道和了解的程度，即

$$知名度=知晓人数÷被调查人数 \tag{4-1}$$

美誉度，表示社会公众对一个组织或企业有好感和赞许的程度，即

$$美誉度=称赞人数÷知晓人数 \tag{4-2}$$

例如，调查一家公司的形象，对 1000 名公众进行抽样调查，如果百分之百的人对此公司表示了解和知道，并且对它感兴趣和赞赏它，那么该公司的知名度和美誉度均为 100。如果在被调查的 1000 名公众中，只有 300 人知道和了解该公司，那么它的知名度则为 30%；知道这个公司的这 300 人中，如果仅有 60 人对该公司表示赞赏，占 300 人的 20%，那么这个公司的美誉度则为 20。

组织形象中，知名度是基础，美誉度是决定因素。

2. 组织形象地位四象限图

如图 4-2 所示，组织形象地位用图表示可分成四个象限。在 A 象限区，知名度和美誉度都相当高。在 B 象限区，知名度低，但美誉度比较高，这时公共关系工作的重点应放在提高知名度上，让社会上更多的人知道该组织的良好行为。在 C 象限区，知晓组织的人不多，而且仅有的知晓的人中，赞许的人也不多。这时公共关系的重点应是加强传播，把组织信息传递出去。在 D 象限区，知晓组织的人多，信任该组织的人并不很多，即高知名度低美誉度，是最糟糕的形象，也意味着组织形象臭名远扬，因此要进行危机公关，多做好事，以消除影响。

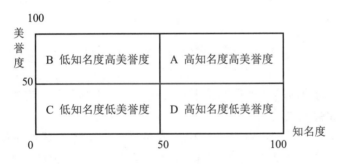

图 4-2　组织形象地位四象限图

组织形象象限图直观地显示了一个组织已享有的形象地位，可以帮助组织正确认识自己，发现问题，并寻求解决的方法；同时，也可为进一步选择设计、完善组织社会形象提供依据。

二、公共关系形象调查的方法

公共关系调查方法可分为直接调查法和间接调查法两大类型。直接调查法是指公共关系人员与公众面对面地沟通，直接了解情况，掌握信息。其中具体方法包括个人接触法、深度访问法和公众座谈会三种。直接调查法具有直接性、双向性、及时性和准确性的特点。但采取这些方法会增加调查成本，同时调查的范围也有一定的局限性。间接调查法是指公共关系人员不直接和公众接触，而是通过某些中间环节达到调查目的。其主要方法有媒介研究、民意测验和抽样调查等。

综合分析，本书认为，适宜的公共关系形象调查方法主要有以下几种方式。

(一)文献法

文献法是一种收集、保存、检索、分析资料的方法，分四步进行。

(1) 收集资料。通过各种媒介收集资料，剪裁、复制有关本组织的报道和文件。

(2) 建立文献分类检索系统。按资料的性质并根据一定的规则，对收集的资料进行分类，以便查找。

(3) 资料储存。对资料进行登记、编目、装订、归档。随着计算机的普及，它已成为储存资料的主要工具；计算机存储容量大、速度快，检索也更加方便。

(4) 资料分析。根据掌握的资料对调查对象进行客观分析。

(二)观察法

1. 观察法的内涵与方式

观察法是在自然条件下，有目的、有计划地观察客观对象，收集、分析事物感性资料的一种方法。观察法是研究性学习中最基本、最普遍的方法，是收集资料的基本途径，是其他研究方法的基础。

观察法的观察方式一般有两种：一种是观察者作为一个旁观者，冷静地观察现场所发生的各种情况；另一种是观察者作为一个参与者参与到现场的活动中，身临其境地进行观察。

2. 观察的内容

观察法因研究的专题不同，所观察的内容也略有不同，但下面几个方面总是不可缺少的。

(1) 情境。人物的活动、事件的发生都与情境有很大的关系，有些事件或活动恰好是在特定的情境下才会发生的。

(2) 人物。在各种各样的社会活动中，人是行为的主体，任何事件的发生都离不开人，所以对人物的观察是观察者最主要的工作。观察人物时，要注意他们的身份、年龄、性别、外表形象、人数、人与人之间的相互关系等。

(3) 行为。观察人物的各种行为活动，包括言语、表情、姿态、动作、动作过程，以及行动如何引起、行动的趋向、行动的目标、行动的性质、行动的内容细节等。

(4) 频率和持续期。即观察事件发生或人物及其动作重复出现的时间、频率、延续时间等。

3. 观察法的优点

观察法的优点主要体现在以下三个方面。

(1) 可以当时、当地观察到现象的发生，从而把握全盘现象，同时还可以注意到特殊的气氛和情境，这些是访问法无法得到的资料。

(2) 能够得到不愿作答或不便作答者的资料。在问卷调查中，经常会遇到一些不友善的合作者，或由于访问的问题过于敏感，受访者不愿意作答。观察法一般不会发生这种情况。

(3) 受观察者不知道自己在被观察，因而不会影响自己的行为，收集到的资料比较客观。

4. 观察法的缺点

观察法的缺点主要体现在以下几个方面。
(1) 想观察的事件、现象可遇不可求。
(2) 观察者难免带有自己的主观偏向，因而影响结果的客观性。
(3) 有些现象、行为不能直接观察。
(4) 观察结果难以量化统计。
(5) 观察法对观察者的业务水平要求比较高。

5. 运用观察法的要求

在运用观察法时，主要有以下三个方面的要求。
(1) 观察要有明确的目的性。
(2) 观察要真实地反映客观事物。
(3) 观察要掌握正确的方法，有良好的习惯。

(三)访谈法

1. 访谈法的定义

访谈就是研究性交谈，是以口头形式根据被询问者的答复收集客观的、不带偏见的事实材料，以准确地说明样本所要代表总体的一种方式。尤其是在研究比较复杂的问题时，访谈者需要向不同类型的人了解不同类型的问题。

2. 适用范围

访谈法收集信息资料是通过研究者与被调查对象面对面直接交谈方式实现的，具有较好的灵活性和适应性。访谈法广泛适用于教育调查、求职、咨询等，既有事实的调查，也有意见的征询，更多用于个性、个别化研究。

3. 访谈法的优缺点

访谈法是访谈者通过口头交谈的方式向公众了解情况的方法。这种方法的优点是灵活性强，获得的资料丰富，应用范围广；它不仅能适应较高层次的公众，同时也能适应不能读写的公众；它非常容易和方便可行，引导深入交谈可获得可靠、有效的资料；团体访谈，不仅节省时间，而且与会者可放松心情，作较周密的思考后回答问题，相互启发影响，有利于促进问题的深入。

访谈法的不足之处是调查费用较高，费时较长，样本小，需要较多的人力、物力和时间，应用上受到一定限制。另外，无法控制被访者的种种影响(如角色特点、表情态度、交往方式等)。所以，访谈法一般在调查对象较少的情况下采用，且常与问卷、测验等结合使用。

4. 访谈法的类型

访谈法可分为结构式和无结构式两类。结构式访谈是一种高度控制的访谈方式，访谈使用统一的问卷和表格，按统一的标准和方法选择调查对象，提问的方式与回答的记录方式等都是统一的。例如，你认为目前公司存在的主要问题是(只选一个答案)：①生产管理；②市场营销；③产品质量；④人才激励机制。

被访者只能在指定的范围内回答。结构式访问的结果便于量化，可做统计分析，但难以对问题进行全面深入的探讨。无结构式访问则相反，它不事先制定问卷，对提问的问题及方式、回答的记录方式等均无统一要求。访谈人员根据调查题目或粗线条的提纲，由访谈者和被访谈者就此题目自由交谈。例如，"你选择手机比较注重什么问题？"公众可以回答"价格""功能""外观""品牌"，也可回答"服务""质量"，被访者可以畅所欲言。

无结构式访谈弹性较大，可对问题做深入广泛研究，但结果难以量化。我国广泛采用的开座谈会的方法也是一种无结构式访谈。座谈会较其他访谈方式能获得更广泛的信息，而且通过互相启发、互相补充、互相核对、互相修正，能获得更完整、准确的资料。在举行座谈会时应注意限制人数，参加人员要具有代表性，要敢于发言，相互之间应有共同语言。

5. 访谈的技巧

(1) 谈话要遵循共同的标准程序，避免只凭主观印象，或谈话者和调查对象之间毫无目的、漫无边际的交谈。谈话的关键是要准备好谈话计划，包括关键问题的准确措辞以及对谈话对象所作回答的分类方法。也就是说，要事先做好相关准备：①谈话进行的方式；②提问的措辞及其说明；③必要时的备用方案；④规定对调查对象所作回答的记录和分类方法。

目前往往出现的问题是，访谈时总想跳过制订谈话计划这一步进入具体实施阶段，事先准备不充分，因而不能收到预期效果。一个不愿思考问题、不善于提出问题的人，在研究工作中是很难有成功希望的。

(2) 访谈前应尽可能收集有关被访者的材料，对其经历、个性、地位、职业、专长、兴趣等有所了解；要分析被访者能否提供有价值的材料；要考虑如何取得被访者的信任和合作。另外，在访谈时要掌握好发问的技术，善于洞察被访者的心理变化，善于随机应变，巧妙使用直接法(开门见山)、间接法等。

(3) 关于访谈所提问题，要简单明白，易于回答；提问的方式、用词的选择、问题的范围要适合被访者的知识水平和习惯；谈话内容要及时记录。

(4) 研究者要做好访谈过程中的心理调查。例如，为了给被访者留下良好的印象，要善于沟通，消除误会隔阂，建立互相信任融洽的合作关系。研究者还要注意自己的行为举止，其中关键是以诚相待、热情、谦虚、有礼貌。有时访谈的失败正是由于沟通不够。为防止被调查者出现反应效应，可先用非正式谈话沟通感情。

(5) 开好调查会，还要注意以下几点。①要选择好对象。参加调查会的人数不要太多，一般参加人数以 6～12 人为宜；参加成员要有代表性、典型性；参加者在学历、经验、家庭背景等各方面情况应尽可能相近。事先要了解一下与会者的个人情况，避免触及个人隐私而造成被动局面。②拟订好问题。问题设计要具体，如有可能，可事先发给每人发言讨论提纲，让他们事先做好准备，并约定好开会时间和地点。临开会前应追发一个通知。③要营造一种畅所欲言的气氛。座谈会要按计划进行，目的要明确，中心议题要集中。视具体情况，也可根据调查课题的需要临时提出提纲上没有的问题，让与会者作答。重要的是要营造一种畅所欲言的气氛。讨论中若发生争执，如果争执有利于课题的深入，支持争执下去；如果争执与结论无关，要及时引导到问题中心上来。主持人一般不参加争论，以免堵塞与会者的思路。主持人应以谦虚平等的态度，诙谐亲切的语言，争取与会者的合作。

(四) 问卷法

在公关调查中，人们常常采用问卷的形式进行资料的收集和整理工作。问卷是一份精心设计的问题表格，可用来测量公众的多种行为、态度和社会特征。

1. 定义

问卷调查是以书面提出问题的方式收集资料的一种研究方法。即研究者将所要研究的问题编制成问题表格，以邮寄方式、当面作答或者追踪访问方式填答，从而了解被访者对某一现象或问题的看法和意见，所以又称问题表格法。问卷法的运用关键在于编制问卷、选择被试者和结果分析。

2. 问卷类型及问题形式

问卷可分为开放式问卷、封闭式问卷和综合式问卷三种。开放式问卷，是指提出问题由被调查者自由回答。封闭式问卷，是指事先确定答题的选择范围及方式而不能自由回答的问卷。综合式问卷，是指以封闭式和开放式相结合的问卷。

(1) 封闭式问卷，是把问题的答案事先加以限制，只允许在问卷所限制的范围内进行挑选。

(2) 开放式问卷，问卷由自由作答的问题组成，是非固定应答题。这类问卷，提出问题，不列可能答案，由被试者自由陈述。就题型分析，可以是填空式的，也可以是问答式的。

(3) 综合式问卷的形式一般以封闭型为主，根据需要加上若干开放性问题。这也就是说，将研究者比较清楚、有把握的问题作为封闭性问题提出，而对那些调查者尚不十分明了的问题作为开放性问题放入，但数量不能过多。经调查，在积累一定材料基础上，问卷中的某些开放型问题就有可能转变为封闭型问题，这也是问题设计时常常使用的技巧。

3. 问卷设计

问卷设计是一项技术性很强的细致工作，它涉及心理、语言、修辞、逻辑学等方面的知识，必须注意语言使用和提问方式对调查的影响。具体来讲，应注意以下几方面的内容。

(1) 问题的语言要尽量简单，陈述要尽可能简短，概念要明确，不要使用模糊词句。例如"普通""一般""很多""较少"就是非准确概念。再如，"你经常看电影吗？"就不如"你一个月看几次电影？"这种提问准确。

(2) 问题不能带有倾向性。例如，"医生认为抽烟对人体有害，你的看法如何？"就是一个带有倾向性的问题，它容易使被调查者同样认为抽烟对人体有害。再如，"大多数人都喜欢某某产品，你是否也喜欢那种产品？"就容易诱导被调查者作出"喜欢"的回答。因此，在设计问题时要保持中立的提问方式，使用中性的语言。

（3）不要直接询问敏感性的问题。当问及某些个人隐私，例如收入情况、年龄大小、对顶头上司的看法等这样一些问题时，人们往往具有一种本能的自我防卫心理，如果直接提问，往往引起很高的拒答率。因此对这些问题最好采取间接询问的形式，并且语言要特别委婉。

（4）问卷的设计不宜过长，一般以被调查者20分钟内顺利完成为宜，最多不能超过30分钟。此外，可将简单易答、被调查者熟悉、容易产生兴趣的问题放在前面，将生疏、不易作答、容易产生顾虑的问题放在后面；了解基本情况的问题宜放在前面，而关于态度、意见、看法的问题宜放在后面；开放式问题应放在问卷的最后。

至此，问卷的编制工作完成，可以按计划发放问卷，进行正式调查。

三、选择调查对象的方式

公共关系调查中，选择调查对象的方式主要是抽样调查法。抽样调查分为两类，即概率抽样和非概率抽样。概率抽样是按照随机原则进行抽样，不加主观因素，组成总体的每个单位都有被抽中的概率(非零概率)，可以避免样本出现偏差，样本对总体有很强的代表性。非概率抽样是按主观意向进行的抽样(非随机的)，组成总体的很大部分单位没有被抽中的机会(零概率)，使调查很容易出现倾向性偏差。

现在被广泛应用的抽样调查是概率抽样。因此，现在的抽样调查是指概率抽样。抽样调查又称抽样推断，是一种重要的、科学的非全面调查方法。它根据调查的目的和任务要求，按照随机原则，从若干单位组成的事物总体中，抽取部分样本单位来进行调查、观察，用所得到的调查标志的数据来推断总体。抽样调查按抽样的组织形式划分，有以下几种主要方法。

(一)简单随机抽样

一般所说的随机抽样，就是指简单随机抽样，也叫纯随机抽样(SPS 抽样)，是从总体中不加任何分组、划类、排队等，完全随机地抽取调查单位。这种调查的特点是每个样本单位被抽中的概率相等，样本的每个单位完全独立，彼此之间无一定的关联性和排斥性。简单随机抽样是最基本的抽样方法，适用范围广，最能体现随机性原则且原理简单，是其他各种抽样形式的基础。通常只是在总体单位之间差异程度较小和数目较少时才采用这种方法。

简单随机抽样包括抽签法和随机数表法。

1. 抽签法

抽签法是把总体中的每个个体都编上号并做成签，充分混合后从中随机抽取一部分，由这部分签所对应的个体组成一个样本。

2. 随机数表法

随机数表是由一些任意的数毫无规律地排列而成的数表，但必须保证每个位置上的数是等概率出现的。例如 10 000 个数字的随机数表。其使用很方便，从表中任一位置开始，依次往下找到你所需要的随机数，以这些随机数为编号的个体即组成一个样本。在查找数字时有两点要注意：一是总体容量是几位数，就在开始那个位置找相应位数的数，如总体容量为 1000，可以在表中任一位置找一个三位数，并依次往下找；二是找到的数字超过总体的容量范围，可以不管这个数再往下找，比如总体容量为 500，而你从表中往下数的时候，见到了 678 这个数，那么可以不管它，再往下找直到找到一个等于 500 的数为止。

当然这两种方法都是针对有限总体的，在实际中的无限总体可以采用后面将要介绍的一些方法来抽样。

简单随机抽样从理论上说是最符合随机性原则的，但是这种方法在实际应用时，存在着一些不足。首先，对大总体进行编号是相当困难的。其次，由于完全采用随机抽样方式，实际抽取的那个样本可能不具备总体样本应该有的一些特性。例如，对某一地区的学生进行抽样，而学校有重点中学和一般中学之分，而且显然重点中学要少一些。因此按简单随机抽样得到的样本可能使重点中学与一般中学之间的比例失衡，甚至没有一个重点中学的学生被选中。对于这种本身有一定分类特性的总体，可以采用后面将要介绍的分层抽样方式。

另外，对于大总体在制签或查表时都是相当困难的。对于已有顺序编号的大总体，实际中常常采用等距抽样方式来简洁地实现。等距抽样也称系统抽样，它实际是在一个范围内按抽样比例(样本容量与总体容量之比)进行简单随机抽样，再将这个样本扩张到整个总体。例如，一个总体有 5000 个体，要求抽取 500 个体组成样本，即抽样比例为 10%，那么你可以先在 100 内按 10%的比例取样。比如得到 29、63、47、81、49、16、82、93、20、45 这 10 个数字，那么编号为 129、163、147、181、149、116、182、193、120、145，229、263、247、281、249、216、282、293、220、245……的数字都属于最终的样本。

(二)分层抽样

分层抽样也叫类型抽样(STR 抽样)，是将总体单位按其属性特征(如性别、年龄等)分成若干类型或层，然后在类型或层中采用简单随机抽样的办法抽取一个子样本，最后将这些子样本合起来构成总体的样本。这种抽样的特点是：由于通过划类分层，增大了各类型中单位间的共同性，容易抽出具有代表性的调查样本。该方法充分利用了总体的已有信息，因而是一种非常实用的抽样方法，适用于总体情况复杂、各单位之间差异较大、单位较多的情况。

对于一个总体如何分层、分多少层，要视具体情况而定。一个总的原则是，各层内个体在该特征上的差异要少，而层与层之间的差异要越大越好。比如说，对大学生可以按其学校是属于一流大学、重点大学、一般大学来分层。对于复杂问题还可以按几个分层标准来分层。例如，韦克斯勒儿童智力量表在制定常模时，就按年龄、性别、种族、地区、家长职业和城市农村等六个因素来分层，使得样本中各种搭配下的人数比例都与总体尽量接近。

分层抽样的具体实施，又可分成以下两种办法。

1. 等额抽样

这是一种根据各种类型或层次中的单位数目占总体单位数目的比例来抽取子样本的方法，即每一层次抽取相同数目的样本。

2. 等比抽样

有的层次在总体中的比例太小，其样本量就会非常少，此时采用等比抽样，主要是便于对不同层次的子总体进行专门研究或进行相互比较。如果要用样本资料推断总体时，就需要先对各层的数据资料进行加权处理，调整样本中各层的比例，使数据恢复到总体中各层实际的比例结构。

(三)分群抽样

分群抽样也称为两阶段抽样，先是将总体分成若干群，从中随机选出一些群，这是第一阶段抽样；再从被选出的群中进行随机抽样，这是第二阶段抽样。分群抽样中，抽样的单位不是单个的个体，而是成群的个体。它是从总体中随机抽取一些小的群体，然后由所抽出的若干个小群体内的所有元素构成调查的样本。对小群体的抽取可采用简单随机抽样、系统抽样和分层抽样的方法。

这里分群的原则正好和分层抽样中分层的原则相反，要求各群内个体之间的差异尽量大，而各个群之间就没多大的差异。例如，要进行一次全国范围内生活消费方面的调查，可以按大城市进行分群，显然各大城市内的居民千差万别，而各个城市之间则相差无几，因此不必选取所有的大城市，可以只从中选择一部分，然后再在这些城市中进行抽样。

在一次复杂的抽样设计中，往往可能将分层抽样和分群抽样反复应用，最终才能得到所要的样本。例如上面的例子中，要在一个大城市里选取一部分居民，也不是一件容易的事，这时可再分群或分层，直到便于抽样时为止。

分群抽样的优点是简便易行、节省费用，特别是在总体抽样难以确定的情况下非常适用；其缺点是样本分布比较集中、代表性相对较差。

分层抽样与分群抽样的区别主要表现在：分层抽样要求各子群体之间的差异较大，而子群体内部差异较小；分群抽样要求各子群体之间的差异较小，而子群体内部的差异性很大。换句话说，分层抽样是用代表不同子群体的子样本来代表总体中的群体分布；分群抽样是用子群体代表总体，再通过子群体内部样本的分布来反映总体样本的分布。

要对不同年龄段的群体进行抽样调查，分层抽样的分类结果如图 4-3 所示；分群抽样的分类结果如图 4-4 所示。

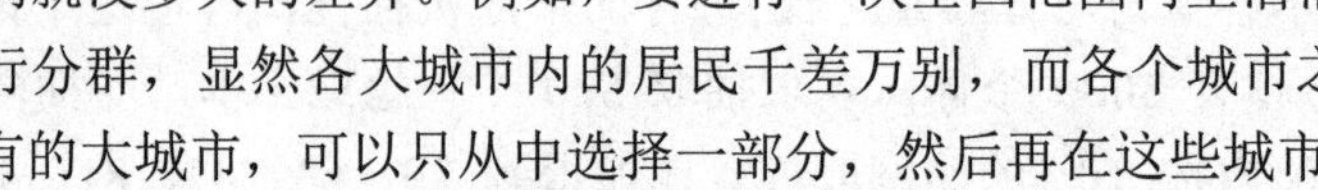

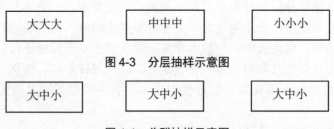

图 4-3 分层抽样示意图

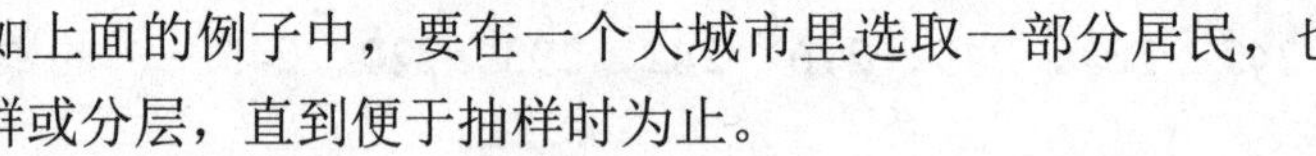

图 4-4 分群抽样示意图

四、实际形象的调查步骤

通过对组织形象地位的评估可得出组织形象的地位和现状,但对形成的原因无法了解。实际形象调查,即分析外部公众对组织的不同态度、看法和评价,从而找到塑造良好的组织形象所要解决的问题。

(一)组织形象量化统计表的设计

1. 确定组织形象内容要素

如表 4-1 所示,此处将组织形象内容要素确定为产品质量、管理效率、售后服务态度、业务水平、产品技术领先与否、参加公益活动积极性、公司知名度等 7 个因素。

表 4-1 组织形象量化统计表

正评价	非常	相当	稍微	一般	稍微	相当	非常	负评价
产品质量好								产品质量差
管理效率高								管理效率低
售后服务好								售后服务差
业务水平高								业务水平低
产品技术领先								产品技术落后
参加公益活动								逃避公益活动
公司知名度高								公司知名度低

2. 分为正、反两种态度

一般负面评价在右侧。

3. 对两种态度区分预期的强弱程度

语气强弱程度可以分为 5 档、7 档、9 档三种强弱程度。一般常见 7 档(见表 4-1),居中为"一般"。

(二)问卷发放与回收

问卷设计完成后,即可按照前文所述方式发放给选定公众,并通过一定渠道回收。

1. 问卷发放

一般可采用邮寄或当面发送的方式发放问卷。邮寄简便易行,但对被调查者的影响力最低,故而建议在信封里附上一封感谢信或者附上相关专家或有影响力人士的推荐信,并且要给被调查者附上寄回问卷用的空白信封和邮票。当面发送是最有效的问卷发送方式。当面发送、当场填写,有不明白的问题可以当场询问,由于有情感交流,易于取得被调查者的合作;但要注意防止在集体场合填写时相互干扰。

2. 问卷回收

对回收的问卷,应筛选出有效调查问卷作为统计对象,并统计有效问卷的回收率。

$$回收率 = 问卷回收数 \div 问卷发放数 \times 100\% \tag{4-3}$$

保持一个较高的问卷回答率，也是获得真实可靠资料的保证。一般来说，回收率如果仅有 30%左右，资料只能做参考；50%以上，可以采纳建议；当回收率达到 70%～75%以上时，方可作为研究结论的依据。因此，问卷的回收率一般不应少于 70%。如果有效问卷的回收率低于 70%，要再发一封信及问卷进行补充调查。另外，如有可能，可以做小范围内的跟踪调查或访谈调查，了解未回答问题那部分被调查的真实看法，以防止问卷结果分析的片面性。

影响问卷回收率的主要因素：回收问卷的有效程度；调查组织工作的严密程度；调查课题的吸引力；问卷填写的难易程度；问卷回收的可控制程度。据统计，邮寄问卷的回收率为 30%～60%，而当面发送问卷的回收率可达到 80%～90%，并且当面发送并回收，可以检查问卷是否有空填、漏填和明显的错误，以便及时更正，保证问卷较高的有效性。因此，要想提高问卷的回收率，必须设计出短小、精悍、有吸引力、填答容易的问卷，最好使用当面发送问卷的方法。

(三)问卷统计

将每档有效调查问卷人数加总后填入表 4-2 中相应位置即可。

表 4-2　组织形象量化统计表统计结果

正评价	非常	相当	稍微	一般	稍微	相当	非常	负评价
产品质量好		65	25	10				产品质量差
管理效率高		25		65	10			管理效率低
售后服务好				15	30	55		售后服务差
业务水平高					20	70	10	业务水平低
产品技术领先				10	20	60	10	产品技术落后
参加公益活动						10	90	逃避公益活动
公司知名度高					25	55	20	公司知名度低

五、理想形象调查的步骤

理想形象调查的步骤与实际形象调查的步骤相同，只不过调查对象有所区别而已。实际形象调查是针对组织外部公众进行的调查。理想形象调查是针对组织内部领导和员工进行的内部调查。具体步骤此处省略。

六、理想形象与实际形象的差距分析

1. 将"组织形象量化统计表"中语气程度相应数据化

每档间隔为 10，反面态度值为 0。0～10 表示非常差；10～20 表示相当差；20～30 表示稍微差；30～40 表示中间状态；40～50 表示稍微好；50～60 表示相当好；60～70 表示非常好，如表 4-3 所示。

表 4-3　组织形象量化统计表数据化

正评价	70 非常	60 相当	50 稍微	40 一般	30 稍微	20 相当	10 非常	0 负评价
产品质量好		65	25	10				产品质量差
管理效率高			25	65	10			管理效率低
售后服务好				15	30	55		售后服务差
业务水平高					20	70	10	业务水平低
产品技术领先				10	20	60	10	产品技术落后
参加公益活动						10	90	逃避公益活动
公司知名度高					25	55	20	公司知名度低

2. 根据"组织形象量化统计表"的调查统计结果

计算公众对每一调查项目评价的平均值，得出实际社会形象域。这里以 $\overline{X_i}$ 表示调查项目内容的平均值，以 N 表示调查总人数，以 i 表示形象要素个位，以 x_i 表示该档次评价人数，以 n_i 表示该档次中位数。其计算公式为

$$\overline{X_i} = \frac{\sum_{i=1}^{n} x_i \cdot n_i}{N} \tag{4-4}$$

根据式(4-4)，结合表 4-3 中的数据，可以求得

$$\overline{x_1} = \frac{65 \times 55 + 25 \times 45 + 10 \times 35}{100} = 50.5$$

$$\overline{x_2} = \frac{25 \times 45 + 65 \times 35 + 10 \times 25}{100} = 36.5$$

$$\overline{x_3} = \frac{15 \times 35 + 30 \times 25 + 55 \times 15}{100} = 20$$

$$\overline{x_4} = \frac{20 \times 25 + 70 \times 15 + 10 \times 5}{100} = 16$$

$$\overline{x_5} = \frac{10 \times 35 + 20 \times 25 + 60 \times 15 + 10 \times 5}{100} = 18$$

$$\overline{x_6} = \frac{10 \times 15 + 90 \times 5}{100} = 6$$

$$\overline{x_7} = \frac{25 \times 25 + 55 \times 15 + 20 \times 5}{100} = 15.5$$

3. 绘制实际形象示意图

将计算出的平均值，在表中用实线连接起来，即可求得量化结果，如表 4-4 所示。

4. 绘制理想形象示意图

绘制理想形象示意图也可采取这一方式。为表示区别，理想形象采用虚线表示。理想形象线一般偏左，原因在于组织自身对自己看法相对较好，趋于正面看法。

表4-4　绘制实际形象示意图

正评价	70 非常	60 相当	50 稍微	40 一般	30 稍微	20 相当	10 非常	0	负评价
产品质量好									产品质量差
管理效率高									管理效率低
售后服务好									售后服务差
业务水平高									业务水平低
产品技术领先									产品技术落后
参加公益活动									逃避公益活动
公司知名度高									公司知名度低

5. 寻找差距

实线与虚线中间部分即是组织自我看法(理想形象)和社会公众看法(实际形象)之间的差距，如表4-5所示。

表4-5　实际形象与理想形象差距示意图

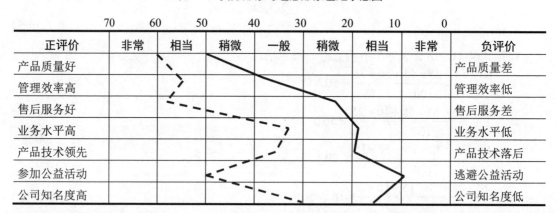

正评价	70 非常	60 相当	50 稍微	40 一般	30 稍微	20 相当	10 非常	0	负评价
产品质量好									产品质量差
管理效率高									管理效率低
售后服务好									售后服务差
业务水平高									业务水平低
产品技术领先									产品技术落后
参加公益活动									逃避公益活动
公司知名度高									公司知名度低

通过调查，可以发现本组织形象的缺陷，为以后的公共关系策划和实施奠定基础，以便于通过工作弥补形象。从表4-5中可以分析得出，本例中的差距主要集中在售后服务和参加公益活动两个因素上。如果组织采取促进型公共关系活动，就可以以优势形象(产品质量、业务水平)为着眼点进行公关活动，通过突出优势、掩盖劣势树立形象；如果组织采取弥补型公共关系活动，就可以以劣势形象(售后服务、参加公益活动态度)为着眼点进行公关活动，通过弥补劣势形象树立整体组织形象。

第二节　公共关系策划

公共关系策划是公共关系工作过程中的核心。策划的好坏，直接影响着公共关系的成功与否，也影响着组织的生存与发展。

公共关系策划的核心就是解决以下三个问题：一是如何寻求传播沟通的内容和公众易于接受的方式；二是如何提高传播沟通的效能；三是如何完善公关工作体系。

一、公共关系策划的特征与原则

(一)公共关系策划的特征

公共关系策划的特征主要表现在以下几个方面。

(1) 智谋性。策划在本质上是一种运用脑力的理性行为。人类的知识、智慧、谋略等都能在策划中得到充分运用和体现。

(2) 超前性。策划是设计未来所要采取的行动，相对行动来说具有超前性。

(3) 目标性。目标是公共关系策划的依据。公共关系策划必须围绕着社会组织在处理公共关系问题上所要实现的目标而展开。

(4) 创造性。在公共关系策划中，要求策划者运用创造性思维。创意、创新是策划的灵魂。

(5) 科学性。策划中要利用各种科学知识。信息的收集、整理、分析，都要按科学的方法进行。方案的提出，要自觉运用科学思维方法，符合科学规律。

(6) 指导性。策划必须为公共关系的实际工作提供指南与纲领。

(7) 计划性。策划工作的每一项具体的活动，都要在计划的安排下有序地进行。

(8) 针对性。每一项策划都不是盲目的，必须针对所要解决的具体问题和具体目标，其范围可大可小、内容可多可少。

(9) 灵活性。策划可以根据变化了的情况，对方式、方法、途径、战略、策略等作灵活的设计和选择。

(10) 有效性。策划可使人们的行动更加富有实效，成功的把握更大。一项行动的实施，有策划指导和无策划指导，其结果显然是不同的。

(二)公共关系策划的原则

公共关系策划的原则有以下几个。

1. 目标导向原则

目标导向原则是指组织的公共关系策划活动必须在一个明确目标的指引下完成。它一方面指出公共关系策划活动必须清楚此次策划究竟是为了解决什么问题以及问题的大小和难易程度；另一方面，它指的是公共关系策划的第一步骤和环节都必须紧扣组织的公共关系目标(知名度、美誉度)。

2. 利益驱动原则

公共关系策划必须事前弄清组织公共关系行为的深层次动机。利益是公共关系策划和公共关系行为的原动力。公共关系行为的每一分投入都必须考虑利益的产出。高明的公共关系策划，总是在利于公众的同时也利于自己。那种毫不考虑组织自身利益的公共关系策划方案是没有实际价值的。

3. 真诚求实原则

在策划全过程中，要尊重事实、尊重实践、尊重科学。在策划传播交流内容时，要注意信息的真实、准确，应考虑信息的质(信息真伪)、量(信息多少)和度(信息强弱)等问题，做到使信息尽量及时、准确、全面、客观地传递到公众及组织决策层耳中。

4. 灵活创新原则

灵活是指策划的思路必须跟上环境的千变万化，策划方案必须具有相当的弹性。创新是指在策划过程中要树立创新的观念。它要求创意要新颖，手法不落俗套，内容贴近公众，时机恰到好处，规模恰如其分。策划界的行话"创新是天才，跟随是庸才，重复是蠢才"是很有道理的。

5. 合理可行原则

公关策划在要求创新性的同时不能忽视可行性，即符合政府政策法规的要求，符合公共关系原则要求，并能与组织的经营实力和市场能力相适应。即要保证策划在未来的实施中的合理与可行，对风险性、经济性、合法性、可操作性等都要有全盘的考虑。

二、公共关系策划的步骤

(一)通过公共关系调查确定公关活动目标

确定目标是公共关系策划中的重要一步。公共关系目标是组织在一定时期内或通过某项活动所要实现的目标。每一项公共关系活动必须有具体目标。目标规定了公关活动要做什么，做到什么地步，要取得什么样的效果。公共关系目标是公共关系全部活动的核心，它是公共关系策划的依据，是公共关系工作的指南，是评价公共关系效果的标准，是提高公共关系工作效率的保障，也是公关人员努力的方向。没有目标或目标不明确，公共关系方案就无从谈起，必然影响计划的质量。

公共关系目标不是一个单项的指标，而应有一个目标体系。总目标下有很多分目标、项目目标和操作目标。长期目标要分成短期目标。总目标要分成项目目标、操作目标。宏观目标要分解成微观目标。整体形象目标要分成产品形象目标、职工形象目标、环境形象目标。公共关系方案制定所依据的目标越具体越好，具体可以按以下目标制定。

(1) 开辟新市场。新产品和服务推销之前，在新市场所在的公众中宣传企业，要让公众足够了解，提高知名度。

(2) 参加公益活动，并通过适当方式向公众宣传，增强公众对企业的了解和好感。

(3) 营造一个良好的消费环境，在公众中普及同本企业产品或服务有关的消费方式、生活方式。

(4) 处在竞争或危机时刻，通过一定适当的方式，争取公众谅解和支持。

(二)根据公关活动目标确定公关活动主题

公共关系活动主题是对公共关系活动内容的高度概括，它对整个公共关系活动起着指导作用。主题设计是否精彩恰当，对公共关系活动的成效影响很大。

公共关系活动主题的表现形式是多种多样的。它可以是一个口号，也可以是一句陈述、一个表白。公关活动的主题看似简单，实非易事。设计一个好的活动主题一般要考虑三个因素，即公共关系目标、信息特性和公众心理。

1. 与公共关系目标相符

公共关系活动主题必须与公共关系目标相一致，充分表现目标，应该是一句话就能点出活动的目的或表现活动的个性特色。

2. 表现公共关系活动主题的信息

首先，主题信息要简明扼要，词句切忌过长，难以记忆。否则，不仅不易宣传，还可能会令人厌烦或产生歧义。其次要独特新颖，有鲜明的个性，突出本次活动的特色，表述上也要有新意，词句要能打动人心，要使之具有强烈的感召力，切忌空泛和雷同。

3. 适应公众心理的需要

公共关系活动主题的设计还要适应公众心理的需要，主题要形象，既富有激情，又贴切朴素，使人感到有积极奋发的精神，同时，又觉得可信可亲。

(三)根据公关活动目标确定公众范围

确定与企业有关的公众实际是确定目标公众，即本次公共关系活动的对象。这是公共关系方案制定的基本任务。只有确定了目标公众，才能确定对哪些人实施公共关系方案。一个成功的公共关系方案必须考虑到互利的要求，必须明确目标公众的权利要求，将其作为方案制定的依据之一。确定目标公众权利要求，即在公众分类的基础上，对所有目标公众的权利要求进行评价、比较、选择。

(四)选择适当的传播方式

确定了公共关系的目标公众之后，要进一步确定选择何种媒介与他们沟通。组织应对相应的目标公众进行细致的分析，研究了解他们的期望和要求，并选取适当的沟通方式。

公共关系传播方式多种多样，不同的问题、不同的公众对象、不同的组织都有相应的公关传播方式，没有哪一种公关传播方式可以解决所有问题。究竟选择哪一种传播方式，要根据公关的目标、任务以及公关的对象分布、权利要求来确定。常见的公关传播方式在第三章已专门论述过，包括建设型公共关系活动、维系型公共关系活动、进攻型公共关系活动、防御型公共关系活动、矫正型公共关系活动、宣传型公共关系活动、交际型公共关系活动、服务型公共关系活动、社会型公共关系活动、征询型公共关系活动等。

在选择适当的传播方式时，具体来讲，要注意两个问题：第一，要及时掌握各类公众的要求；第二，根据不同对象来选择传播媒介。不同的对象适用于不同的传播媒介，要想使信息及时有效地传送给目标公众，获得较好的传播效果，就必须考虑目标公众的经济状况、受教育程度、职业习惯、生活方式以及他们通常接收信息的习惯，并根据这些情况选择适当的传播工具。比如，对经常加班的出租车司机最好采用广播；要引起儿童的兴趣，制作电视节目和卡通片效果最好；对文化较落后又没有电视的山区农民，则应采用有线广播和人际传播；对喜欢阅读思考的知识分子，应多采用报纸、杂志等传播媒介。

【案例 4-2】2018 年腾讯体育超级企鹅足球名人赛传播

执行时间：2018 年 4~6 月
企业名称：腾讯科技(北京)有限公司
品牌名称：腾讯体育
代理公司：北京锐易纵横文化传播有限公司

一、项目概述

2018 年超级企鹅足球名人赛是腾讯体育打造的专业性和观赏性兼具的顶级足球赛事。该赛事通过邀请曾在世界杯赛场上叱咤风云的国际球星、重组 2002 年世界杯中国队阵容等诸多动作加深与世界杯的关联，并邀请娱乐圈头号球星鹿某倾情加盟，旨在带领球迷在世界杯即将来临之际，追忆世界杯历史上的精彩片段和珍贵瞬间，让世界杯超越 32 天比赛的概念，成为一场大众娱乐盛宴。

本次超级企鹅足球名人赛在世界杯开赛 12 天前上演，在此之前近 3 个月的时间内，我们基于足球的情怀与记忆展开此次赛事的创意策划，以打通粉丝与球迷之间的联系，让鹿某粉丝和资深球迷一起狂欢，打通 2002 年旧时光与现在重温经典的足球记忆，打通球星与球迷在合同权益之外充分调动球星参与活动助力与球迷大众的情感连接为手段，使其精心策划的这场自制赛事提前点燃中国球迷的世界杯热情。

二、项目调研

1. 项目背景

世界杯前夕，腾讯体育以"体育+娱乐"的模式打造超级企鹅足球名人赛，聚集 15 位国际足球传奇、2002 年世界杯国足队组成庞大对决阵容，更邀请娱乐圈顶级话题人物兼足球迷鹿某加盟参战，旨在让广大球迷在世界杯之前能享受到一份美味开胃菜。

在预判体育迷、娱乐迷可能会有言语冲突和相互不理解的状况下，如何协调满足不同受众的多种挑剔需求，达成"为热爱加冕"的认可，成为需要探讨的必要课题。同时如何在各大品牌对世界杯营销虎视眈眈但还未来得及动作的前提下让自己率先出线，深化"为热爱加冕"的品牌主旨也成为必要课题之一。

2. 项目策划

1) 目标

(1) 通过企鹅名人赛打造腾讯体育与世界杯的强品牌关联。
(2) 为 2018 腾讯世界杯战役进行预热。
(3) 深化腾讯体育"为热爱加冕"的品牌概念。

2) 策略

基于情怀与梦想，对不同受众以其独特的情感点打动，用精神层面的共情促成球迷与球星、粉丝与明星的对话，打造全民关注事件。

3) 受众

球迷、泛球迷、粉丝、泛娱乐大众等。

4) 传播内容

(1) 打通明星与粉丝之间的联系，让明星粉丝与资深球迷一起狂欢。以鹿某为核心，策划"足球鹿"人设内容打动粉丝群体，快速拉升关注。

(2) 地铁大事件打造情感落点。赛场之外，虹口体育场地铁站中由 50 张 2002 年体坛周报版面组成的巨幅球星海报，上海太古汇超级企鹅足球博物馆，为用户构建了从线上到线下的全方位立体场景，让用户更深度地感受世界杯氛围。

(3) 头号球迷活动。联合内容及社区发起"头号球迷"活动，邀请球迷分享自己与球星的交集，球迷以表白偶像、模仿经典动作、穿经典球衣等形式向球星致敬。

三、项目执行

1. 借助鹿某官宣引燃传播

策划鹿某微博长文深情告白，其官方渠道转发引足球圈大 V 参与并向外围娱乐、大众渗透，为"足球鹿"人设建立做好预埋。

2. 铺垫预热——球星、阵容逐步曝光，先行刺激引起关注

1) 蓝队阵容曝光+单人炒作

官微首推"有生之年"阵容海报，让足球、球迷等大号陆续曝光这些情怀素材，以经典记忆冲动并引爆球迷圈层。

2) 米卢亲笔信带出红队阵容

米卢发布亲笔信，引发 2002 记忆并向新老国足发出邀请，唤起球迷们的世界杯记忆。多名 2002 老队员纷纷回应。体育、综合大 V 参与成就足球圈大事件，红队阵容顺势推出。

3. 储势续热：粉丝、球迷、球星，持续躁动带动情绪升级

"足球鹿"人设炒作+02 年情怀渲染引爆娱乐、大众情绪。

1) 球迷向混剪视频促成"足球鹿"实锤

各大饭吧、娱乐大号齐推混剪视频，引粉丝群体自发参与话题举证，形成饭圈大事件。鹿某官方渠道转评，"足球鹿"人设呼之欲出。

2) 鹿某 520 表白足球引爆饭圈及大众

鹿某发布 520 表白足球视频，引爆粉丝及大众。"鹿某足球梦"登顶话题榜单第一。"头号球迷"撬动球迷圈，充分调动情绪升级。

"头号球迷"活动产出大量球迷原创内容，对此进行精选混剪，官微推送调动粉丝积极性。发动各大球迷会接连推出大字报，赛前集结为偶像应援加油，在球迷圈中引起剧烈反响。

4. 赛场高潮：红蓝集结对阵实时情绪传递

1) 红蓝集结

不同阵营的球迷/粉丝会场外集结，不同战队的球星场内集结，官方微博刷屏推送各方集结合照，赛前制造紧张情绪引起期待。

2) 赛场实时营销

紧追赛事热点、周边亮点，以平面、视频海报等形式呈现。官微及足球、娱乐、文化、段子等各领域有影响力的意见领袖配合扩散，使内容快速触达受众，助力全民圆梦企鹅名人赛。

四、项目评估

1. 效果综述

全平台传播累计覆盖 4 亿+人群，五大话题累计 5 亿+阅读。

5次霸榜，#鹿某足球梦#话题登顶当日榜单第一，#先踢为敬#、#米卢亲笔信#等话题均进入榜单前三。

#鹿某米卢#、#鹿某贝克汉姆#、#鹿某追星#3个热搜接连进入当日热搜榜。

内文广告投放总曝光量12亿+，地铁投放曝光量160万+。

整体活动传播辐射球迷群体、粉丝群体及国外社交阵地，影响到贝克汉姆等知名球星，充分扩散在球星、海外圈层的认知度。

2. 现场效果

(1) 售票情况：粉丝、球迷现场热情守候，无一空座。

(2) 现场氛围：足球巨星与孩子们一起跳起空气足球舞；曼联球迷会和鹿某粉丝会为同一个热爱其乐融融；曼联、巴萨、AC米兰、国际米兰、中国龙之队等众多球迷会在同一个赛场上齐声呐喊……不因立场不同而有对立，只因同一个热爱而欢呼。

3. 受众反应

球迷方：梦幻阵容成真，巅峰老将回归，输赢不再是最重要的评判标准。对于深度球迷而言，圆梦超级企鹅足球名人赛成为莫大的幸福。

粉丝方：看足球偶像与自己的偶像踢挚爱的足球，粉丝们除了为之激动和兴奋，还有欣慰和更多前行的勇气。

4. 市场反应

在"体育+娱乐"的路数会导致受众目标不明确的质疑下，以体育为核心，利用娱乐的流量。在照顾到专业球迷对赛事有专业性、对抗性、观赏性要求的同时，也满足了娱乐粉丝和大众对于好玩、有看头的话题性需求。加上对世界杯热度的合理利用，使得商业赛事在娱乐化层面取得了成功。

五、项目亮点

(1) 在合同权益之外充分调动球星参与活动的积极性，助力与球迷、大众的情感连接。参赛球星主动网络分享，引其他国际知名球星互动。例如，内维尔在Instagram晒出与老队友吉格斯、昔日对手里瓦尔多的同队球衣照，并配文"活久见"，吸引贝克汉姆在评论区表示不可思议。

(2) 中国电影报道、中国新闻网等百余权威媒体自发参与进来，助力此次赛事推广达到全民皆知的盛况。

(资料来源：根据中国公共关系网2018年9月19日的相关资料整理)

(五) 编制预算

为落实公共关系计划，必须对费用作出评估，这是保证公共关系活动正常开展，考察公共关系活动效绩的有效方法。经费预算既是公共关系策划的"目标"，也是对实施经费开支的控制。策划中的精打细算，既可以给实施带来事前心中有数的方便，也使决策者认可策划方案成为可能。美国内布拉斯加大学著名传播学教授罗伯特·罗雷在《管理公共关系学——理论与实践》一书中指出："公共关系活动往往由于以下原因归于失败。第一，由于没有足够的经费，难以为继，关键时刻不得不下马。第二，因经费不足，只得削足适履，大幅度修改原计划。第三，活动耗资过大，得不偿失。"这是策划必须引以为戒的。

公共关系预算的构成包括人员预算、经费预算和时间预算等方面的具体内容。

1. 人员预算

人员预算就是对实现既定公共关系目标所需的人力资源投入、人才结构设置等进行预算。

2. 经费预算

为了在有限的投入内，获取最大的社会效益和经济效益，需要进行科学的公共关系预算。编制公关预算，首先要清楚地知道组织的承受能力，做到量体裁衣；其次监督经费的开支情况，评价公关活动的成效。公共关系活动的开支构成大体如下所述。

(1) 工资费用。工资费用包括公共关系部门人员以及所有参与人员的工资、补贴和奖金。

(2) 行政办公费用。行政办公费用包括办公用品费、电话费、房租费、水电费、公关报纸和杂志费、保险费等。

(3) 宣传广告费用。

(4) 设备材料费。设备材料费包括制作各种宣传品、纪念品、摄影设备、工艺美术器材、音响器材等的费用。

(5) 实际活动经费。实际活动经费包括调查研究，举办各种会议、各种专题活动，接待参观访问，召开新闻发布会，为公众提供各种教育、培训和服务所需的费用。

(6) 赞助费。赞助费包括赞助社会文化、教育、体育和各种福利事业或慈善事业等方面的费用。

(7) 其他各种意想不到的可能支出，如突发性事件等。

3. 时间预算

时间预算是对实现公共关系具体目标所需的时间进行预算，也就是为公共关系具体目标的实现制定一个时间进程表。公关计划时间表的确定，应和既定的目标系统相配合，按照目标管理的办法，从最终的总目标、项目目标、每一级目标所需的总时间、起止时间都应列表，形成一个系统的时间表，规定出各个时期的具体工作内容，以便公关人员按部就班地进行工作。对活动的起始时间，公关人员要独具匠心，抓住最有利的时机，以取得事半功倍的效果。

(六)审定方案，准备实施

公关策划必须经过分析评估、优化组合，最终形成书面报告，交给组织的领导决策层，以最终审定决断，准备实施。任何公关策划方案都必须经过本组织的审核和批准，使公关目标和组织的总目标一致，以便使组织的公关活动和其他部门的工作相协调，从而得到决策层和全体员工的积极配合支持。

策划报告能否得到决策层的认可，并最终组织实施，取决于三个因素。一是策划方案本身的质量，这是根本。二是策划报告的文字说明水准。三是决策者本身的决断水平。

决策者在进行决断时，一要尊重公关人员的意见，但不要受其左右；二要运用科学的思维方法，对策划方案和背景材料进行系统的科学分析；三要依靠自己的直觉，抛弃一切表象的纠缠，这种直觉在应急对策时尤其重要。

三、公共关系策划的技巧

公共关系策划的技巧主要靠在实践中积累获得。不过，在刚进行公关策划之时，一些前人曾有过的成功经验可帮助从业者更快地进入角色，站在更高的起点上迈上公关策划之路。

如果去询问一位从事公关策划工作多年的成功公关从业人员在公关策划方面有什么独家绝技，他一定会告诉你，没什么经验可谈。这话绝非搪塞之辞。

公关策划应遵循一定的程序，但它最大的特点是逼迫从业者不断创新。在公关策划领域中，这句话应被每一位策划人员奉为圭臬。所以，第一个说女人是鲜花的人是天才，第二个说这话的人是庸才，第三个说这话的人便是蠢才。正因为公关策划的这个特点，所以，想要找一个现成的模式让从业者可以在自己的公关策划工作中加以参照、模仿便成为一种多余。不过，虽然无法照搬，但对前人的经验加以总结，仍然可以学到不少值得借鉴的技巧和值得注意的一些经验。

四、公共关系策划的作用

公共关系策划的作用主要体现在以下几个方面。

1. 保证公共关系战略和实务运作的目的性

公共关系战略和实务运作，是为了实现公共关系目标和企业发展目标，离开这个目的，公共关系就失去了自身的意义。所以，为了保证公共关系目标和组织发展目标的顺利实现，组织的总体公共关系战略和具体的实务运作必须经过事先的周密策划。

2. 保证公共关系战略和实务运作的计划性

(1) 公共关系战略和各项实务运作所追求的目标应当是一致的，所以，公共关系必须有一个完整的实施计划。只有经过周密的公共关系策划，才能保证整个公共关系战略计划的统一性和完整性，保证每次具体实务运作都按照总体规划的要求，为实现预定的公共关系战略目标和企业发展目标服务。

(2) 公共关系目标的实现需要经过长时期的持续努力，只有经过周密的公共关系策划，才能保证公共关系的各项实务运作瞻前顾后、相互衔接，成为既在具体运作中具有独创性，又在总体战略上具有连续性的有计划、有步骤的公共关系工作。

(3) 公共关系的各项实务活动，都必须根据一定的时间、空间，以及主观、客观条件拟定切实可行的具体实施计划，这本身也是公共关系策划的重要组成部分。可见，只有周密、精心的公共关系策划，才能保证所有工作环节的运作按照预定的战略和目标顺利实施。

3. 保证公共关系战略和实务运作的有效性

公共关系必须成为有效的公共关系，必须使其在建树良好的组织形象并为组织发展争取最佳的经济效益和社会效益方面发挥显著的作用。这就要求公共关系人员善于根据不断变化的环境，着眼不断变动的公关需求，精心策划自己的公共关系战略和策略。这种策划越是深谋远虑、独具匠心，公共关系的成功率也就越高，也就越能保证公共关系目标和组织发展目标的顺利实现。

第三节　公共关系实施

公共关系实施是将公共关系策划变为实际行动的过程，主要是对自己计划的检验和修正的过程。

公共关系策划是公共关系工作过程的先导，而公共关系实施是整个公共关系活动的中心和关键环节。因为，策划是对未来行动的一种预见和设想，只有经过努力，将它转变为现实才有实际意义，否则，只是一纸空文。因此，公共关系实施将更为重要，它主要指的是通过选择正确的传媒进行信息传播。

一、公共关系实施的基本途径

关于公共关系实施的基本途径，各家论述各有不同，但一般都涉及人际传播、组织传播和大众传播等。现在国内的传播学论作大都对大众传播有所阐述，而对人际传播和组织传播的研究仅偶有涉及。本书认为，在公共关系工作中，三种传播方式各有特点，地位同等重要。

(一)人际传播

1. 人际传播的内涵

人际传播与大众传播是人类两种基本的传播方式。人际传播是发生在人与人之间的个人传播行为。具体来说，它是两个或两个以上的个人之间交流、传递、分享信息的关系。其表现形式有两种，一种是亲身传播，例如谈话、座谈会、新闻发布会、联谊会等；另一种是个体媒介传播，例如书信往来、电话联系等。

人际传播是社会传播的一个重要组成部分，也是人类传播活动中最古老、最基本的形式。它贯穿于人类社会产生与发展的始终，对个人和社会都具有重要的意义。人际传播的社会功能是多方面的，它是社会成员交流信息的重要渠道，是实现社会协作的重要纽带，也是传承社会文化的重要工具。对个人来说，人际传播也是完善和发展自我的重要途径。人际传播的状态是社会物质文明和精神文明的重要体现。

2. 人际传播的特点

人际传播是通过某种人际关系运转起来的传播方式，具有以下特点。

(1) 感官参与度高，传递和接收信息的渠道多。在直接性的人际传播活动中，由于是面对面的交往，人体全部感觉器官都可能参与进来，去接收信息和传递信息。传播者不仅可以使用语言，而且能够运用表情、眼神、动作等多种渠道或手段来传递信息。同样，受传者也可以通过多种渠道来接收信息，即使是间接性的人际传播活动，人体器官参与度也相对较高。

(2) 传播双向性强，反馈及时，互动频度高。在面对面的信息传播中，可以迅速获悉对方的信息反馈，随时修正传播的偏差。传播对象也会被打动，主动提供反馈意见。传播者与受传者不断相互交换角色，每一方都可以随时根据对方的反应把握自己的传播效果，并相应地修改、补充传播内容或改变传播方法。因此，人际传播是一种高质量的传播活动，尤其在说服和沟通感情方面，其效果要好于其他形式的传播。

(3) 信息传播的符号系统多。人际传播可以使用语言和大量的非语言符号，例如表情、姿势、语气、语调等。许多信息都是通过非语言符号获得的。在面对面的情况下，多种渠道和多种手段的配合会形成特殊的传播情境，这种特殊的情境会产生新的意义。例如，"你想怎么样"这句话如果写成文字，其意义是很单一的，但如果换成面对面的谈话，配以不同的语调和表情，它的意义就丰富多了。

(4) 与其他传播方式相比，人均传播的传播面窄，传播效率较低。

(二)组织传播

组织传播是通过一定的组织形式进行的传播活动。组织传播是指某个组织凭借组织系统的力量所进行的有领导、有秩序、有目的的信息传播活动。组织传播可分为组织内传播和组织外传播两类，如图4-5所示。

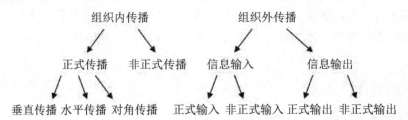

图4-5 组织传播分类示意图

组织内的社会化过程、行为控制过程、决策过程和冲突管理过程都是通过组织内部的信息传递来完成的。从理论上讲，组织内所有的成员都需要及时的信息输入和输出。组织外传播是指组织与其外部环境的信息交换过程。从信息流向看，组织外传播有信息输入和信息输出两种(事实上，输入和输出总是相伴而生)。信息输入是指组织从外部环境输入目标管理和决策应变所必需的信息。信息输出是指组织向外部环境和其他组织的信息输出。

组织内部也有大众传播和人际传播，前者如一些企业、学校内的报刊、广播，后者指组织内部人与人之间的自由传播，不能因为这类传播处于组织内部就混同于组织传播，因为这些传播并不凭借组织的系统强制力。但是，组织内部的大众传播和人际传播对于组织传播起着重要的辅助作用。一个出色的领导者、管理者应当非常善于运用那些不带强制性的传播方式，以营造组织内部的融洽气氛，使组织传播和组织运作更有效率、更见成效。

(三)大众传播

大众传播是现代社会最发达的传播形式，它是以大众媒体为基本载体，面向社会公众的传播方式，是专业性的信息传播组织和机构通过媒介向为数众多、范围广大、互不联系的社会公众传播信息的过程。大众传播媒介一般有报纸、杂志、广播、电视、书籍及电影等。大众传播的特征主要是覆盖面广、公众广泛，传播是针对较大数量的、异质的和匿名的受众；信息是公开传播的，传播效率高，传播是以同时到达大多数受众为目的；传播者一般是通过专门的传播机构，由职业传播者运作，但效果不如人际传播，感情色彩淡，信息反馈缓慢，反馈须经一定渠道(如信函、电话、网络等)。

大众传播是随着传播技术的发展于近代出现的。原始的信息传播主要是一对一的典型人际传播。到了书籍传播时代，出现了一对多的传播，这是大众传播的端倪。第一张廉价报纸《纽约太阳报》的问世，标志着真正的大众传播时代的到来。随着报纸、广播、电视等大众传媒的产生与发展，一对多的传播发展到极致，大众传播逐渐发展成为一种主要的传播方式。传统大众传播的载体主要是报纸、电视、广播、期刊等传统媒体。然而，随着互联网等以数字技术为基础的新媒体的迅速崛起，传媒环境开始发生了前所未有的巨大变化。可以看到，不仅新媒体建立在数字技术基础之上，传统媒体也开始广泛地应用数字技术；传统媒体的迅速发展和新媒体的兴起，使拥挤的媒介市场处于明显的过剩状态；受众不再处于被动的接受状态，他们开始苛刻地选择自己愿意接受的媒体。更重要的是，新技术创造的媒体互动功能使传播由单向转变为互动，受众不再是单纯的信息接收者，他们同时成为信息的提供者。对等传播已经成为现代传播的重要形式。

受众对传统媒体的接触时间也在减少，用于上网的时间已经超过了读报时间，并且还在呈现上升趋势。传统媒体的受众在向互联网、移动媒体、智能媒体转移；传统媒体在对于受众的吸引程度上正逐步让位于网络媒体。互联网的飞速发展使传统媒体遭遇到前所未有的压力。

二、不同传播方式的比较与发展趋势分析

(一)人际传播与大众传播的比较

在人际传播、组织传播、大众传播三种传播方式中，人际传播是人类社会中进行得最为频繁、传播的信息总量最多、传播的实际影响也可能是最大的传播方式。这是因为它具有最大的双向性和产生效果的即时性。

大众传播是机构传播，也是组织传播，而人际传播是个人传播。从理论上说，团体的传播要比个人的传播更加客观。因为团体的传播需要一致性，需要统一的意志，而个人的传播比较随意，没有纪律的约束，主观色彩比较浓厚。比如，在传播信息时，受众通常更相信媒体传播的新闻，而对个人传闻则半信半疑。这其中客观性起了很大的作用。

相对而言，大众传播的中间环节比人际传播少，所以，大众传播在传播信息中的失真程度也比人际传播小。同时，大众传播拥有强大的技术手段和硬件设施，能够保证大众传播的速度优于人际传播。在今天瞬息万变的世界上，信息传播的速度往往代表着媒介的客观公正性。

人际传播和大众传播各有优点，其主要体现在：人际传播有利于传播者和受传播者及时交流信息，缩短情感距离，但信息传播面小；大众传播则以传播面大、影响范围广、不受时间限制等见长。公关人员必须在深入、全面了解各种传播渠道特点的基础上，根据公共关系目标、对象、内容、经费等具体情况，选择适当的传播方式。当组织处于创建期时，要提高组织知名度，可采用大众传播媒介。当组织处于发展期时，要加强与政府和社会名流的沟通，可采用招待会、宴会等形式。当组织处于危机期时，要缓解组织与公众的

紧张关系，可以采用对话、座谈等形式。在情况特殊时，还可以将两种传播方式结合起来，取长补短，这样会获得更好的效果。

在对外传播中，大众传播和组织传播尽管有很大发展，但仍有局限性，所以必须把人际传播放在一个重要的位置上。在机器媒介系统时期，广播和电视的普及使大众传播得到极大发展，非群体化的传播被群体化的传播所取代。随着传媒技术的发展，尤其是手机、电脑和互联网的发展，人际传播有了更大的发展，群体化的传播相对削弱，人类重新迎来非群体化传播时代。人际传播与大众传播呈现出融合互动的趋势，人际传播大众化，大众传播人际化。与大众传播相比，人际传播具有直接性、互动性、亲和力强等优势，人际传播可以弥补大众传播的不足。尽管在传播信息的覆盖面等方面，大众传播具有独特的优势，但是人际传播在互动性等方面有自己的长处。大众传播基本上是一种由媒体向大众的"单向传播"，是一种"点对众"的传播。在"沙漏式"传播模式下，大众传播基本上是一种"自上而下"的传播。人际传播是天然的"双向传播"，传播的双方具有平等的地位，是一种"平行传播"，因而具有天然的亲和力。大众传播主要传递基本信息，而人际传播的劝服能力更强，大众传媒依赖于受众的接收才能发挥效用。在传播学四大先驱之一的拉扎斯菲尔德(Paul Lazarsfeld)提出的"二级传播"模式中，大众传媒对社会公众的影响，要通过"舆论领袖"这一中介。舆论领袖是活跃在人际传播网络中，经常为他人提供信息、观点或建议并对他们施加个人影响力的人物。舆论领袖作为媒介信息和影响的中继与过滤环节，对大众传播效果产生重要影响。在"二级传播"模式中，从大众传媒到舆论领袖是第一级传播，从舆论领袖到社会公众是第二级传播。"二级传播"论强调的是第二级传播，即人际传播的重要意义。威尔伯·L.施拉姆(Wilbur Lang Schramm)进一步看到了人际传播的多层次性，他认为在一个舆论领袖之上和之下可能还有多个舆论领袖，大众传播的信息可以通过人际关系的多次传播。这种传播模式被称为"N级传播"。因此，传播的信息成为人们口碑相传的东西，是大众传播取得良好传播效果的重要标志。大众传媒对人际传播的运用，不仅表现在制作手段和节目样式上，更重要的是它要树立一种新的传播理念，真正体现以人为本，将人际传播的相关原则贯穿于大众传媒活动的始终，更好地发挥大众传媒的社会功能。

(二)组织传播与大众传播的比较

组织传播和大众传播都是一定的组织所从事的信息传播活动，但是两者是有根本性区别的。其区别并不在于组织与传播者的关系，而在于传播者与受众的关系。

1. 传播对象是特定还是不特定

大众传媒的受传者称"受众"，是不特定的人群。而组织传播的受传者大多是特定的。多数组织传播的对象是固有的，大至组织面对的特定公众，小至组织内的成员。

2. 传播走向是双向还是单向

大众传播的信息走向是单向的、发散的，传播者只是通过媒介同受众发生间接联系，受众一般无法直接即时提问或发表异议，接受自由反馈也自由。大众传播有时没有反馈是因为根本没有接受，有时接受了也不一定有反馈，传播者难以得到受众及时、完整的反馈，除非主动进行系统的调查。而组织传播则应该是双向的，这是以组织传播固有的双向通道为基础的。组织传播有时必须有反馈，有时不一定有明确的反馈，但传播主体可以从受传者的行为来考察传播的效果。

组织传播和大众传播虽然有根本性区别，但这种区分并不是界限分明的，在许多场合，两者又可以相互渗透。大众传媒在一定程度上也可以发挥组织传播的作用。

三、选择传播媒介的原则

媒体即公共关系信息传播的载体。毫无疑问，对于大众媒体来说，对受众的影响程度是表现媒体传播力的重要指标，没有一定范围的覆盖，传播力自然会受到限制，注意力和影响力也要大打折扣。但是，收视率、阅读率、到达率并不是表现传播力的唯一指标，过分地强调收视率、阅读率、发行量就有可能忽视媒体的特征和目标受众，掉入单纯追求收视率、阅读率的陷阱之中。在媒体过剩的环境下，一种媒体想要覆盖所有的受众是不可能的，任何一种媒体都有自己特定的目标受众。

因此，受众的构成在很大程度上表现了传播媒介的指向，注意力和影响力也是建立在有效受众基础之上的。受众构成主要是受众的社会人口特征，以及生活形态和消费特征。现在，一般媒体普遍关注的是20~45岁、具有高等学历、较高收入的人群。这是因为在我国目前的社会状态下，这类人群的消费能力强、社会影响力大，被称为主流人群。从这里可以看到，媒体的传播不仅仅是量的问题，更重要的是质的问题，或者说是传播质量。不同定位的媒体对受众有不同的要求，例如女性类媒体、财经类媒体、娱乐类媒体等对受众的要求都不相同。但是，只要是真正有效覆盖目标受众，并产生了不可替代性，就具有了好的传播效果。

要想获得预期的传播效果，公共关系策划者必须知晓各种媒介，了解各种媒介各自的优缺点，并要善于通过巧妙组合的方式，获得优势互补的整合性传播效果。各种媒介各有所长、各有所短，只有恰当地选择传播媒介，才能取得较好的预期传播效果。在选择传播媒介时应遵循以下各项原则。

1. 根据公众对象的特征选择媒介的原则

要想使信息有效地传播给目标公众，就必须考虑目标公众的经济状况、受教育程度、职业目标、生活方式及他们通常接收信息的习惯，使所选择的媒介对目标人群适用。

比如，对农村妇女进行营养教育，采用函授和电视讲座，这种媒介的选择显然缺乏针对性；日用品企业进行形象与产品宣传，一般针对家庭主妇进行，家庭主妇普遍喜欢看电视连续剧，因此宜在电视剧中插播；如果是针对成功男士进行信息的发布，最适宜的媒介应是报纸、广告路牌、央视经济频道、互联网财经栏目，因为此类公众的共同特征是喜欢看报纸、经常出行、关心经济动态等。

2. 根据传播内容的特点选择媒介的原则

各种传播媒介都有自己的特点，在选择媒介时，应将信息内容的特点和各种传播媒介的优缺点结合起来考虑。例如，内容简单的，宜选用广播；内容复杂且需要深入研究的，宜选用印刷媒介；开张盛典应选用电视媒介和网络媒介；慈善义演宜选用电视转播的方式，调查问卷适宜在报纸上刊登或在街头派发。当然，只对本区有意义的信息则不选择全国性媒介；只对一小部分特定公众有意义的信息，专业报纸、杂志较为适宜。

3. 根据经济条件选择媒介的原则

从经济角度考虑媒介的选择，例如有没有足够经费和技术能力制作、发放材料或使用某种媒介。"量入为出"是总原则，争取以较少的开支取得最佳效果，精心选择是其重要的一环。在实际工作中，在考虑上述原则后，这一原则可能具有决定性的作用。

【案例4-3】红星美凯龙品牌整合传播

红星美凯龙自1986年创业以来，至今已成为中国家居行业的一线品牌。受地产调控和经济环境影响，近年来大型家居卖场经营惨淡的消息频见报端，家居行业正经历阴霾。在严峻的市场环境下，红星美凯龙等家居企业纷纷创新营销模式，试图开辟新的销售渠道。这也让红星美凯龙高层开始思考企业未来的走向。在这样的环境下，企业如何在市场竞争中赢得优势？处于行业领导地位的企业如何保持领先地位，继续领先？不断创新，释放潜能将成为竞争中决定胜负极其重要的因素。红星美凯龙只有多渠道的发展涉足电商，使线上线下结合，才能开拓多渠道销售。

一、市场洞察

(1) 如何利用有限的资源，找到各种渠道，更有效地将红星美凯龙传播到目标群体呢？

红星美凯龙锁定的目标消费群为高端商务、白领阶层，这一群体虽然有一些共性特征，但其行业分布极广，居住区域也并不集中，从观念上而言也更为重视个人隐私。要在红星美凯龙前期推广可使用资源有限的情况下，通过各种有效的途径，使目标消费群对红星美凯龙品牌和红星美凯龙产品有一个相对清晰的认识，是红星美凯龙要跨越的又一障碍。

(2) 家居行业竞争不规范，良莠不齐，鱼目混珠，导致消费者信任度不高。如何让消费者消除这种信任危机呢？

家具市场竞争激烈。有些家具公司为争夺更多客户，对客户作出一些不能兑现的承诺或者采用一些欺骗的手段赢取客户。在操作过程中与消费者产生纠纷，或在施工过程中偷工减料，施工完成后，客户满意度低。再加上一些装修游击队的不规范操作，对整个家具市场产生了极其恶劣的影响，一些正规公司深受其害。

如何建立行业规范，重建家具行业的诚信？以此来传播红星美凯龙品牌和经营理念，是红星美凯龙面临的第二个障碍。

(3) 面对诸多的有力竞争对手。红星美凯龙如何在保持经营理念的同时，又能突破竞争对手的强烈攻势，达到自己的营销目标呢？

家具市场现在是诸侯争雄的局面。欧亚达家具城、居然之家家具城、美克美家、好百年家具城等若干强手为争夺市场的份额，纷纷出高招。面对这种诸侯混争的局面，红星美凯龙应如何突破重围，取得家具高端市场的更多份额呢？

(4) 红星美凯龙如何找到一个整合传播点，来开展一系列的推广活动？

整合点是指在整合营销传播中，如何贯穿的一个中心点。此整合点应易记忆、易传播，概念清晰。红星美凯龙此前采取的一些推广方式中，往往是各司其政，缺乏系统性，不能有效地整合广告、公关、促销等各类资源进行传播，显得分散、凌乱。那么红星美凯龙如何才能整合原有资源来对红星美凯龙品牌形象进行传播推广呢？

从以上的分析来看，红星美凯龙要树立自己的形象，推广红星美凯龙的产品，将面临很多推广问题和障碍，如何解决？通过一个办法解决诸多问题是不可能的，"索象"项目组认为只有制定系统、系列且有针对性的策略，并根据策略采用相应的手段，才有可能将障碍一一排除。

二、红星美凯龙创新营销打造浪漫情调家居新时代

1. 市场竞争策略定位

1) 新上市产品市场战略定位通常方式

(1) 市场领导者战略。公司的相关产品在市场中占有最大的市场份额，它通常在价格变化、新产品引进创新、分销覆盖和促销强度上，对其他公司起着领导作用。

(2) 市场挑战者战略。在行业中占有第一、第二的位置，它可以攻击市场领先者和其他竞争者，以夺取更多的市场份额，提升自己，有可能取代领导者的地位。

(3) 市场追随者战略。它们在市场上采取跟随领导者的策略，在产品、命名、宣传等方面都和领导者极为相似，利用领导者的资源分割市场。

(4) 市场利基者战略。他们只注重小块市场，并把它做深做透，投入较少的资源，获取较大的利润，成为小块市场的领先者。

2) 红星美凯龙市场战略定位

目前家具市场为诸侯并立的状况，虽然有数家强势品牌，但仍然缺乏行业领导者。尤其集中力量来做高端细分市场的家具品牌更少。红星美凯龙挟多年的行业经验、有外国设计师加盟的强而有力的设计师队伍，以及丰富的外部资源、独特的产品个性和市场定位，巧妙整合各项资源后很有希望成为家具行业高端市场的领导者。况且同样作为行业中一个有力的竞争品牌，不进则退，不力争为行业领导者，就有可能被后来者居上淘汰。市场的竞争是残酷而现实的。

2. 品牌策略

1) 品牌策略的原则

(1) 大力提高品牌三度。

品牌知名度：以公关、广告、新闻炒作为主，大大提高产品的知名度。

品牌美誉度：将公共关系、企业建设、营销管理等融入商业活动中。

品牌忠诚度：以产品价格、服务、质量来满足消费者的利益与情感需求。

(2) 品牌金字塔。品牌的建立需要使所有接触点传达出的信息加以整合，让它们与整个品牌策略一致。

2) 品牌定位——只为少数人设计

(1) 只为少数人设计：更体现红星美凯龙坚持的精品路线。尊贵，在精而不在多。

(2) 只为少数人设计：明确地把红星美凯龙要服务的目标消费群从普通大众中区分出来。这一群体既拥有财富，又拥有高品质的生活追求。

(3) 只为少数人设计：把红星美凯龙品牌从行业中众多品牌区分出来，有力凸显红星美凯龙的品牌个性。

3) 目标消费群定位

(1) 年龄：35~45岁，以女性为主。

(2) 具有较高的学识文化,学历大多在本科以上。
(3) 家庭月平均收入很高,总资产应在 50 万元以上。
(4) 职业比较分散,有企业经营者、证券金融行业的高级白领等。
(5) 喜欢阅读报纸、时尚杂志,喜爱关注家居专业方面知识等。
(6) 个性描述:讲究生活品位。既理性实在,又具有一定的理想主义色彩;生活态度从容,为人细腻、精致、成熟;装修的过程意味着对她的生活的一次整理,所以对装修的要求更能体现自己的理想,以图体现自己的审美情趣。

4) 推广口号和品牌推广策略

推广口号:创造生活艺术。

红星美凯龙的品牌推广策略为"晓之以情,动之以理",从理性和情感两个角度来推广。

晓之以情:利用红星美凯龙的老客户来对红星美凯龙品牌进行传播。以红星美凯龙的老客户朋友的身份对其他红星美凯龙目标消费者施加影响。以情动人,能更加有效地体现红星美凯龙的诚信度。

动之以理:加大对红星美凯龙产品的推广。使目标消费群加深对红星美凯龙产品个性特点的认识。例如,提炼红星美凯龙近十年经典案例,进行包装推广,向目标消费者介绍,以事实增强消费者对红星美凯龙的认同感。

3. 传播策略

红星美凯龙推广传播的策略——整合营销传播。

1) 整合传播策略的要点

广告、公关、促销三位一体,整合公司所有资源,借助整体力量,迅速提高红星美凯龙知名度,以扩大市场。

2) 整合点:艺术之家,尊贵之家

(1) 艺术之家,体现红星美凯龙对家具品位的追求,以及消费者对生活、家的品质追求。

(2) 尊贵之家,红星美凯龙一直提倡精品服务意识。目的不仅给消费者营造一个尊贵的家,还要让消费者在装修过程中享受尊贵的感受。

"艺术之家,尊贵之家"不仅反映了红星美凯龙与客户互动交流,共同创造生活艺术的合作精神,也体现了红星美凯龙要精心打造的尊贵 VIP 服务形象。因此,"艺术之家,尊贵之家"从产品和服务两条线上与消费者产生互动和交流,将会成为红星美凯龙产品推广中的一个明亮记忆点和有力传播点。

3) 推广传播的措施

(1) 公关策略。寻找与艺术、家和消费者相关的热点、敏感话题,通过精心设计的公关事件,结合新闻媒体的炒作,引起广大社会公众的关注,迅速提高红星美凯龙品牌和产品的知名度。

(2) 广告策略。结合情感诉求、功能诉求,塑造典型的、鲜明的品牌形象,有针对性的资料信息投放点,以及通过一些软文性文章在专业杂志上刊摘。树立红星美凯龙在行业独特的形象定位,并将"高级家居咨询师在行动"等活动贯穿整个广告活动中。

(3) 促销策略。通过情感诉求和有意义的促销活动,与消费者形成良性互动,增加产品的附加值,使消费者获得心理认同。将红星美凯龙为客户装修的过程拍成影集、送装饰礼物、送生日祝福卡、祝贺客户乔迁之喜等作为红星美凯龙服务的一部分内容。

三、营销组合

1. 产品创新

1) 阐述

红星美凯龙在十多年的发展历程中凭借出色的工程质量和优秀的设计手法，设计出许多优秀的家居设计作品。但是一直以来，红星美凯龙并没有很好地将产品的这一优势资源加以整合来进行宣传和推广。因此，在红星美凯龙新的整合传播推广活动中，有必要认真总结其长期以来的优秀家居设计作品，将其整理为能全面代表红星美凯龙设计风格和设计水平的经典案例。

2) 具体应用

(1) 红星美凯龙的经典案例首先要用于自身的品牌建设中，使其成为品牌传播的一部分。

① 用于装饰红星美凯龙公司的门庭，使每一位踏入红星美凯龙公司的客户第一眼就能看到红星美凯龙公司的代表作品，留下直观的印象。

② 用于装饰红星美凯龙的设计施工现场，既起到美化环境作用，又可以作为红星美凯龙形象识别系统的一部分。

(2) 用于对外宣传推广活动中。

① 红星美凯龙的定期作品展示会或者在年会巡展时可作为活动的广告展示牌。

② 可用于作为高档楼盘社区内的红星美凯龙作品定点展示牌，长期接触到目标消费群。

③ 在各大高级购物场所或者高档写字楼内放置具有浓厚艺术气息的红星美凯龙家居设计的装饰画和悬挂POP广告，营造红星美凯龙品牌的艺术形象。

④ 把红星美凯龙精美的业务光碟夹杂在时尚杂志中和送出红星美凯龙精美的画册，消费者可以把它们作为值得收藏的艺术品，还可以更深入地了解红星美凯龙全方位的信息。

2. 渠道创新

1) 阐述

红星美凯龙目前所面临的问题之一是如何找到目标消费群，又如何吸引他们来获取红星美凯龙产品的诸多信息。如果仅仅依靠常规的报纸分类广告作为红星美凯龙产品传播推广的渠道显然是非常狭窄的，所以要不断挖掘多方面的宣传渠道。

2) 具体应用

(1) 红星美凯龙家居体验中心的人气宣传。通过红星美凯龙家居体验中心的建立，让老会员优先享受到尊贵服务的价值，感受快乐装修家居的生活理念，让他们成为良好的口碑传播者。并且鼓励老会员积极地宣传并推介新会员入会，为其提供一系列超值服务或送出有特色的小礼品。使其原先的无意传播变为有意的主动式传播。

(2) 赞助和行业相关的公益活动，并且积极组织和参与行业的学术交流活动。例如，赞助"尊贵之家，艺术之家"设计大赛，与香港设计师协会联合举办室内设计展览，或与国内知名的建筑设计师所，国内名牌大学的建筑系或设计系等学术顶级机构或人物搞联合活动。通过这些多主题的活动不断增加红星美凯龙在公众面前的曝光率。

(3) 红星美凯龙的定期展示会和年会巡展。在高档楼盘社区内或者是高档写字楼内举办红星美凯龙产品的定期展示会，扩大与目标消费群的接触面。在每年年底进行一次业绩总结与业界优秀单位共同开展红星美凯龙精品设计年会巡展，使年会巡展成为红星美凯龙在业界的标识性活动。

(4) 布幔广告和 POP 广告。在大型的高级百货商场内挂置红星美凯龙的布幔广告或者把红星美凯龙的优秀作品设计成美丽的家居装饰展示图片，使之成为商场的装饰画，一来可以带给消费者美的享受，二来可以潜移默化地对消费者施加品牌影响。

(5) 在相关的专业杂志上开辟红星美凯龙设计专栏。与行业内的设计师联合推出有关建筑或设计方面的议题，在专业杂志上推出红星美凯龙家具课题专栏，以此树立红星美凯龙的专业设计品牌形象。

(6) 以证言式的方法来宣传，在时尚杂志上开辟红星美凯龙评点专栏。通过艺术家们的现身说法来吸引消费者对家居装修的喜爱和关注，从而带动人们对红星美凯龙的品牌联想。

(7) 广播电台广告和展示台广告。考虑到红星美凯龙的目标消费群多为商务人士，很多公务时间和商旅、休闲时间是在车上或者在旅途中度过，因此有必要加大力度利用广播电台媒体来进行广告宣传。尤其在旅行社出游旺季，可在候机室、豪华大巴上设置红星美凯龙的展示台广告，吸引目标人群的注意力。

(8) 大数据运营全面领航，探路网络营销。索象为红星美凯龙将家居卖场打造成为线上选购支付，线下物流运送的"网上商城"模式，实现新的商业模式的转变，将传统的家居卖场嫁接互联网"大数据"平台，打造数字化智能网上商城，助推传统产业转型升级。红星美凯龙必将引领家居行业的电子商务发展趋势，一站式购齐的家居网购销售平台。

(9) 明星倾情演绎中国家居时尚营销。在红星美凯龙广告片中，让明星以时尚靓丽的形象出镜，用充满关爱的微笑诠释了红星美凯龙对时尚、温馨、品质家居生活的倡导。伴随着光影的切换，明星们所在的家庭环境，从简朴的 80 年代风格穿越到时尚美丽的现代风格，这样的情节象征了红星美凯龙多年来为中国家居生活带来的影响和改变。

四、项目战绩评估

(1) 索象为红星美凯龙进行精准的市场战略定位，立足红星美凯龙品牌现状，着眼长远，巧妙整合各项资源，锁定高端市场，为红星美凯龙成为高端家居行业领导者地位指明了方向。

(2) 索象为红星美凯龙量身定制的品牌策略，赋予红星美凯龙鲜明的品牌记号："创造生活艺术"，以晓之以情、动之以理的差异化品牌诉求助力红星美凯龙打造浪漫情调家居新时代。

(3) 整合多项媒体传播通道，实行广告、公关、促销三位一体的传播策略，借助整体力量，重拳出击，全面覆盖，迅速提高红星美凯龙的品牌知名度。

(4) 线下渠道活动的实施，注重互动性，旨在提高红星美凯龙在高端场所的曝光率，以此提高该品牌在目标消费群中的触达率，实现品牌与消费者的良性互动，提高品牌亲和力和消费者的忠诚度。

生活的新理念，也在消费者心目中树立起红星美凯龙充满年轻、活力、时尚的品牌形象，有助于红星美凯龙揽获大量 70 后和 80 后消费者的芳心。这部分人正是当下市场购买的中坚力量，因此，在一定程度上有助于红星美凯龙扩大市场份额，更有助于其在激烈的市场竞争中保持长青不衰的年轻品牌形象。

(资料来源：根据索象营销传播集团 2018 年 1 月 24 日的相关资料整理)

四、公共关系实施阶段应注意的问题

1. 如实地执行计划

一个公关计划从萌芽、产生，到研究、修改、成型，都需要经历一个过程，都有一定的科学性。因此，在执行公关计划时，一定要坚决，不能情况稍有变化，就动摇对计划的执行力度。

人们常说"计划赶不上变化"，就是形容战场上瞬息万变，所以，有时为了应对急剧变化的形势，要当机立断，临时改变计划，以应对变化的形势。这主要说的是战术上的改变。战略就是计划，战术就是机动。所以，具体细节的改变不能影响对战略的把握，这就是对计划执行过程的一种坚决。只有这样才能保证前期大量的工作不浪费，也才能保证工作的顺利展开，并取得预定的成绩。

2. 准备应对突然的变化

所有的计划都会面临变化的形势，这时只要执行计划的决策者能够正常应对，应该都不会从根本上改变计划的正确执行，并取得预定的成绩。最可怕的就是对形势不做变化的估计，盲目应对，从而给计划带来不应有的负面效果。

例如，最平常的房展会中的演出，在正常情况下，只要计划中安排的节目精彩，就能博得客户的欢迎，从而给公司取得好的公关效果，实现预定的目标。但有些露天的房展会，往往会受到天气的影响，从而使预定的公关活动在传播阶段大打折扣。这时其实只要应对得当，同样可以取得好的效果。例如，如果展会期间演出当中下雨了，是可以正常中断演出的，但能不能进一步，赶紧去找些雨伞，发放给现场的客户，是不是会取得意想不到的公关效果。这就是当事的计划执行者能不能采取好的应对方式，从而使公关效果锦上添花的关键。

相比之下，有些应对就显得比较苍白。例如，2008年在全国都在密切关注几十年不遇的雪灾时，中央电视台仍然如期举行了春节联欢晚会，为表示对雪灾的关切只是加了一个抗雪灾的朗诵节目。虽然这个创意很好，但力度明显不够。毕竟，中央电视台是一个国家级电视台，当人民正在严寒中与恶劣的天气搏斗时，他们更需要的是精神和物质上的双重支持，而不是一种所谓的感动的精神支持。相反，湖南电视台早早就宣布将春节联欢晚会改为慈善晚会。因为他们身处雪灾第一线，他们更能感受什么样的支持才是最需要的，而不仅仅是一些口号。在这场抗雪灾的公关活动中，中央电视台的应对无疑大打折扣。

第四节　公共关系评估

管理层最大的忧虑就是很难确定他们花在公关活动上的钱是否物有所值，这是因为公关活动的传播效果是最难以评估的。但是，不管怎样，还是很有必要找出一种可以有效评估公关绩效的方法。在操作中通常可以根据公众态度的转变来评估公关效果。

公共关系形象评估是公共关系工作程序的最后一步，是根据特定的标准，对公共关系策划、实施及效果进行衡量、评价和估计。在肯定成绩的同时，发现新的问题，及时修订计划，调整组织的公共关系目标、公共关系政策和公共关系行为，并以此作为下一次公共关系形象推广工作的起点，使组织的公共关系成为有计划、持续性的工作。

一、对公共关系活动实施效果的评估标准

美国著名的公共关系专家斯科特·卡特李普(Scatt Cutlip)和阿伦·森特(Arlen Senter)等在总结多年公共关系实践经验时，提出了以下公关活动效果的评估标准。

(1) 了解公关活动的公众数量。公关活动的目的之一就是要提高组织的知名度，加强目标公众对组织的了解与理解。

(2) 改变观点、态度的公众数量。组织的公关活动是否引起公众对组织的看法和态度的转变，支持组织的公众是否有所增加，增加了多少？

(3) 发生期望行为与重复期望行为的公众数量。衡量公关活动效果的最高层次在于是否引起期望的公众行为。在实施公共关系活动后，有多少公众按照导向采取或重复采取了组织期望的有利于组织的行为，从而实现组织的目标，达到事业的成功。这是衡量公关活动效果的重要标准。

二、公共关系评估的主要内容

公共关系评估的主要内容包括以下几个方面。
(1) 本项目是否有效？公共关系目标是否明确可行？
(2) 公共关系主题是否鲜明恰当？公共关系活动形式是否新颖？哪部分获得的效果最佳？哪部分效果最差？
(3) 公共关系活动的组织和实施状况。活动的实施是否严格按照策划书内容进行？
(4) 组织的社会形象是否得到提高？受众对工作的认可度是否令人满意？最重要的是，活动结束后，社区、消费者、管理层或广泛意义上的公众，是否像最初策划时所期望的那样，对组织的态度有所改观？

三、公共关系评估的过程

公共关系评估的过程如下所述。
(1) 重温公共关系目标，明确评估标准。公共关系目标是评估公共关系效果的标尺，根据这把尺子可检查公共关系目标是否实现。在评估时既不要抬高标准，也不要降低标准。

(2) 收集和分析资料信息，衡量公共关系工作绩效。公共关系人员可以运用调查研究的方法，收集关于公众的各项资料，然后进行分析比较，看哪些实现了原来的目标，哪些还没有实现，哪些甚至超过了预期的效果，原因何在？

(3) 将评估结果提供给组织的最高决策部门。负责评估工作的公共关系人员必须如实地将分析结果以正式报告的形式报告给决策部门以至企业的最高决策层。

(4) 纠正公共关系工作偏差，确定下一个工作过程。分析的结果，一方面可用于别的或将要制定的公共关系项目；另一方面可用于企业总目标、总任务的调整。

四、公共关系评估的方法

公共关系评估的方法如下所述。

1. 民意测验法

民意测验法是选择一定数量的调查对象，采用问卷、表格、访谈等方式，征求他们对一定问题的意见、态度、倾向，再加以分析、统计、说明，借以了解公共关系活动的效果。

2. 专家评估法

专家评估法是由各学科、各领域的专家会同公关人员组成专门评议组，对公关效果进行评估，接受质询，予以论证。

3. 观察法

观察法即公关评估者以当事人或旁观者的身份与其他公众一样参与各种公关活动，直接观察公众反应，借以观察、评估公共关系活动效果。

4. 访谈法

访谈法分为个别访谈和集体座谈。个别访谈的优点是谈话深入、受外界干扰小，缺点是费时费力。集体座谈省时间、信息来源广、涉及范围较大，但座谈者往往易受他人发言观点的心理影响。访谈法可通过对公众的直接访谈、分析，评估公关活动的效果。

5. 新闻分析法

新闻分析法主要通过观察、收集、分析新闻媒介对组织公共关系活动及其结果的报道情况，如分析报道的篇幅、持续的时间、版面的位置、内容的性质、权威性和影响力，以测评公关活动的效果。

6. 实验法

用前几种方法可了解公关活动是否产生了效果，但不能证明如果没有这些活动，这种效果就不能够产生。要解决这个问题，还需要使用实验法。例如，某企业为宣传其产品的正确使用方法，通过在电视台有计划地进行消费教育宣传，以便向目标公众展示如何按正确方式使用产品。如果企业要运用实验法来评估这一公关活动实施的效果，便可以分两组进行对比实验，一是评估接受了电视宣传的实验组，二是未接触电视宣传的对照组，对两组结果进行比较，便可得出评估结论。

7. 反馈直接统计法

反馈直接统计法是通过企业销售额和利润等数据的统计来描述公关绩效的一种方法。例如，知名度和美誉度低的企业，虽有优质的产品，但销路仍受到限制，一旦加强公关活动后，企业的销售额就会迅速上升，提高了经济效益，这时即可用一定时期的销售额、利润率来说明公关活动的效果。

五、公共关系活动评估报告

公共关系活动评估报告是提供给管理层的一种正式文本，它往往被送到最高管理层，作为领导层统筹管理和制定新决策的依据和参考，也可以提供给全体员工，以利于员工了解外界的评价，提高士气，改善行为。它的运用可以调整公共关系活动计划，使计划更趋于科学合理；对策划新的公共关系活动目标方案有直接的帮助；用于组织决策的改进，对组织走向市场、为公众所认同与合作方面有较大的决策参考价值。

评估报告中最重要的是说明"我们做得怎么样？为什么会这样？"它应当精确地描述整个公关活动的过程，简洁地概括活动所取得的效果及其存在的不足、今后的发展趋势，并提出相应的解决办法，为企业战略决策提供充分的信息依据。

1. 评估报告的内容

评估报告主要包括以下内容：
(1) 评估的目的及依据；
(2) 评估的范围；
(3) 评估的标准与方法；
(4) 评估过程；
(5) 评估对象的确定；
(6) 评估内容的分析及结论；
(7) 存在的问题及建议；
(8) 附件；
(9) 评估人员名单；
(10) 评估时间。

2. 评估报告的格式

评估报告的格式如下。
(1) 封面：其内容包括评估的题目、评估时间、评估人员名单、报告编号等。
(2) 评估人员分工。
(3) 目录。
(4) 前言：简要地介绍评估的主要内容。
(5) 正文：这是评估报告书中最主要、最核心的部分。其内容包括评估的原则、方法、范围、结论、存在的问题及建议等。
(6) 附件：对正文内容补充说明及相关证明材料。
(7) 后记。

六、基于评估的实施修正阶段

评估后第一时间得到消费者的反馈，可以进入公共关系活动的修正阶段。

1. 收集反馈信息

收集反馈信息的过程，也是一个自我检验的过程。任何一个计划在实施过程中都不可能百分之百地实现计划，肯定会有成绩，也会有问题。所以，成功地将信息收集上来，是修正阶段的第一要务。

收集反馈信息最重要的一条就是不能有好恶观。如果听到好消息就高兴，坏消息就沮丧，计划的执行者肯定就会报喜不报忧。那么，公关的效果就会大打折扣，甚至因此耽搁了公关下一阶段的任务。所以，如果计划的制订者能以良好的心态去看待一次公关活动，那么所得到的公关信息将一次比一次成功。由此可见，收集反馈信息具有很高的重要性。

2. 总结效果

只有收集到正确的第一手信息，才能保证效果的真实可信，并且为下一阶段的反馈奠定坚实的基础。但老板不必事必躬亲，依靠合理的制度来保障才是长期有效地收集信息的合理方法。有了正确的方法，效果总结就会好做得多。

总结效果的一个重要的方法就是一定要让计划的制订者群体参与。只有这样，才能保证总结的效果是合理的，并且能够得到迅速的修正和再反馈。

3. 计划的改进和反馈

评估后的计划改进，一旦得到完善的执行，那么计划的实施就会很完美和成功。所以，要想使公关计划得到完全的成功，没有实施过程中的改进和反馈，肯定是不完美的，也是经不起实践检验的。改进了的计划就会更加贴近实际，更富有弹性，也更有利于执行者的执行。这个过程最重要的方法就是要勇于实践，让事实来说话，就会获得好的实施结果。

因此，基于评估的实施修正阶段实际上变成了一个熟能生巧的过程。计划的改进和反馈就不是一个新问题，而变成了如何完美地实现计划的过程，并且取得比预期更加完美结果的过程。

本 章 小 结

公共关系工作的目标是在公众心目中树立起良好的组织形象。美国公关界权威人士卡特利普和森特等认为，不管是哪种形式的公共关系工作，自始至终都要遵循四个基本步骤，即组织形象的调查分析、公共关系的策划、组织活动的实施、组织效果的检测评价。基于此，本章将公共关系工作流程归结为四大模块，即公共关系调查、公共关系策划、公共关系实施、公共关系评估。首先在公关活动之前要进行调查，了解组织所处的形象地位。其次在掌握对称信息的基础上，进行公共关系策划，并选择合理的传播媒介进行传播。最后在活动结束后还要进行有针对性的分析和总结，并以此作为下一次公共关系推广工作的起点，即可以作为下一个活动的第一阶段——形象调查，从而形成一套完整的、模块相互契合的工作流程。

复习思考题

1. 公共关系的一般程序包括哪几个模块？它们之间的相互作用有哪些？
2. 公共关系调查的主要内容有哪些？主要采用什么调查方法？
3. 公共关系传播中媒介选择有哪些原则？
4. 如何评估公共关系活动的效果？
5. 一家日化公司生产的"福旺"洗衣粉计划打开农村市场，准备策划一次面向农村的公关活动。作为该公司的公关人员，请你撰写一份详细的策划书。内容包括以下几项。

(1) 调查本公司及公司产品在农村的知名度。

(2) 确定公共关系的目标，选择适当的公共关系传播方式，制订出详细的实施计划。

(3) 编制公共关系预算。

(4) 评估公共关系活动取得的效果。

6. 某企业形象公关调研，调研主题为：×企业形象调查与分析。

要求如下：

(1) 每班以4～5人为一组分成若干小组。

(2) 每个小组选择某行业的一家在规模、经营方式、实力、形象方面具有典型意义的企业为调研对象；所谓典型意义不意味着必须是大公司，只要具有特点、代表意义即可，例如某公司属盈利典型或亏损典型、成长典型或衰退典型等。

(3) 自行制订调研计划。

(4) 自行设计形象调查表。

(5) 撰写调研分析报告(2000～3000字)。

目的如下：

通过实地调研，初步掌握组织形象调研的方法，学会对调研资料的统计、分析并撰写组织形象调研报告。

扫码阅读拓展案例

第五章 公共关系沟通技巧

本章导读

沟通无处不在,但会沟通与不会沟通的结果却大相径庭,同时随着现代沟通方式和手段的日益增多,沟通所借助的载体不同,沟通的效果也大不相同。

在企业界中传递消息及彼此沟通,有以下的各种方式,就其沟通效果而言依次如下。

(1) 传单:不及格。传单几乎完全无效。在街头的一角分发,到街尾就被人丢掉了。

(2) 大量寄发的信函:D。发 1000 封信有 990 封都被丢掉,这实在不能称之为有效。而邮寄能有百分之一的回应,已经算是很不错的了。

(3) 广告:C。快!上次你看到的,还记得的好广告是什么?

(4) 新闻消息:C。读者多,可靠性高,但是很难由你控制。

(5) 小册子:C。用来建立企业形象,或促销给已经有意购买的人。

(6) 打字的信:C。标准的沟通方式。这样可以保护自我,其有效程度与信的长短成反比。

(7) 亲笔信函:B。对已经认识的人,会有亲切的味道。对不认识的人,效果如何很难说。

(8) 大型集会:B。这是有官僚作风的人的最爱。越搞不清自己要讨论什么,他们所邀请赴会的人越多。

(9) 大型集会的讨论:B。可以用来交代决定好的事宜,比较不适合用来做决议,而且这需要锲而不舍地跟进。

(10) 小组讨论:B。公司内部作决议时的一种可取的方式。三个人一个小组就好,更理想的是两个人。

(11) 打电话:A。打电话仅次于本人就在现场。下次决定要打电话或写信时记住这一点。

(12) 一对一的谈话:A。绝对是最好的沟通方式,并且效果胜过以上各种方式加起来的总和。

学习目标

通过对本章内容的学习,重点掌握公共关系沟通的概念、要素、分类等基本概念体系;掌握公共关系沟通的方式和技巧;掌握在公共关系沟通过程中存在的主要障碍,并在此基础上能根据可能存在的障碍找到合理的解决方法。

第一节 公共关系沟通概述

一、沟通与公共关系沟通

沟通是人与人之间思想和信息的交换,是将信息由一个人传递给另一个人,逐渐广泛传播的过程。一些著名的管理和营销大师都对沟通的作用进行了阐述。例如,卡耐基曾说:"沟通最高境界,说就说别人很愿意听,听要听别人很愿意说。"松下幸之助认为:"管理第一是沟通,第二是沟通,第三还是沟通。"美国著名的销售大师凯比特则说过:"每个人讲话的力量都是巨大的,他能把不可能变成可能,把不利变成有利。"

在沟通过程中,发送者要把他想表达的信息、思想和情感,通过语言等方式发送给接收者,当接收者接到信息、思想和情感以后,会提出一些问题给对方一个反馈,这就形成一个完整的双向沟通的过程。沟通的过程如图5-1所示。

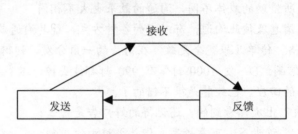

图 5-1　沟通的过程

在英文中,传播与沟通作为公共关系的基本要素,都用 communication 来表示,其基本含义就是指人类社会中信息的传递、接收、交流和分享的过程。在实际应用中,传播和沟通之间的关系非常密切,传播之中蕴藏着沟通,沟通之中包含着传播。但是,随着现代社会的发展,两者之间的差异也越来越明显,在含义上,传播主要表示信息由点到面的传递过程,相当于大众传播;而沟通主要是指个人之间或两方面交换意见的过程,相当于人际沟通。人们通过沟通,相互认知、相互吸引,并通过沟通影响别人和调节自己的行为。正是由于传播与沟通上意义的差异,因此在公共关系中的作用也表现出明显的不同。

公共关系沟通,是指社会组织与其他公众之间通过输出信息和反馈信息,实现双方彼此相互了解、信任,从而建立起协调关系的过程。

二、公共关系沟通的要素

公共关系沟通要起到应有的作用,必须具备以下一些基本沟通要素,即信息、发送者、编码、渠道、接收者、反馈和噪声。其中,信息、发送者、渠道和接收者是沟通的四个主要因素。

1. 信息

信息是沟通双方进行交流的思想和情感的内容。它是由发送者与接收者分享的思想和情感所组成的。所有的沟通信息都由语言和非语言两种符号组成,思想和情感只有在表现为符号时才得以沟通。

语言中每个词都是表示某种特定事物或思想的语言符号。例如,人们说"桌子"时,这时"桌子"就是一个代表某种物品的具体符号。

非语言符号是不用词语进行沟通的方式,如面部表情、手势、姿势、语调和外表等。像语言符号一样,可给非语言符号赋予特定的含义。例如,打哈欠意味着厌烦或疲倦;皱眉表明疑虑;不看别人的眼睛可能是隐瞒着什么东西等。像语言符号一样,非语言符号也有理解差异和民族、文化间的区别。

2. 发送者

发送者是信息的发送方，其主要任务是信息的收集、加工、传递和对反馈的反应。一般人通常认为发送者就是媒体，其实，发送者最核心的部分应该是社会组织，可能还有相关的公共关系咨询公司，他们按照组织的意图对信息进行组织，并将信息传递给媒体，媒体看似显性的发送者，实则只是喉舌。

3. 编码

编码是指将要传递的信息、想法或概念转变成适当的传递符号。符号就是指人们在沟通过程中用来代表某种事物或现象的社会客体，如言语、文字、图片、模型、身体姿势、表情动作等。在公共关系沟通中，主要编码是语言编码。由于编码是发送者把头脑中的概念转变为传递符号，因而在编码中出现编码错误，会影响沟通的效率。

4. 渠道

渠道是指信息传递和反馈的媒介物或通道。一则具体的信息可以通过不同的渠道发送，不同的信息渠道适用于传递不同的信息，渠道的选择要视具体情况由信息发送者决定。现代的沟通渠道丰富多彩，例如 QQ、微信等个人沟通渠道，也有互联网、电视、广播、报纸、杂志等大众传播通道。

5. 接收者

接收者是接收并解释信息的个人。由于受接收者自身技能、态度、知识及社会文化系统的限制，同一信息，不同接收者会有不同的理解，即使是同一个接收者在接收信息时的情绪状态或场合不同，他也会对信息作出不同的解释和反馈。在公共关系沟通中，接收者的主要任务是接收发送者的思想和情感，并及时把自己的思想和情感反馈给对方。

6. 反馈

反馈是接收者接收发送者所发出的信息，通过消化吸收后，再把自己相应的思想和情感反馈给发送者的过程。在沟通中反馈是非常重要的一环，因为反馈能让沟通者知道思想和感情是否按他们的计划方式沟通和分享。

7. 噪声

噪声是沟通过程中的干扰因素，是阻止理解和准确解释信息的障碍。噪声发生在发送者和接收者之间，它有三种形式，即外部噪声、内部噪声和语义噪声。

外部噪声来自环境，它会阻碍听到或理解信息。另外，外部噪声不一定全部来自声音。例如，你在阳光下站着与人讲话，阳光的照射使你感到不舒服也会分散你们的沟通注意力。

内部噪声发生在发送者与接收者的头脑中，影响正确的沟通，例如来源于信念和偏见的干扰可能会成为沟通的噪声。

语义噪声是由人们对词语在情感上的反应而引起的，它会干扰全部或部分信息，例如一些人不愿听冒犯自我尊严的词语。

三、公共关系沟通的分类

信息沟通的形式多种多样，按照不同的划分标准，可以将公共关系沟通划分为多种类型，下面主要介绍比较常见的沟通类型。

(一)按照沟通是否面对面划分

按照沟通是否面对面，可以将沟通划分为直接沟通和间接沟通。

1. 直接沟通

直接沟通是以语言和形体语言为媒介的面对面的沟通。例如，召开记者招待会、演讲、授课、做报告等，是公共关系的主要形式。

直接沟通的特点：谈话内容比较灵活；双方不仅可以自由交换意见，而且还可以运用一定的肢体语言、表情等增强沟通效果，同时可以进行反馈，以使交谈双方可以更好地理解谈话内容。但是，直接沟通容易受时间、地点和场合的限制。

2. 间接沟通

间接沟通是以文字或符号、信件、电子媒体(E-mail、MSN)等构成的复合媒介进行的非面对面的沟通。

间接沟通的特点：不受时间、地点和场合的限制，可以随时进行沟通，沟通风格比较正式，权威性较强，可以使沟通内容长时间保存。但是，间接沟通在沟通过程中不能很好地进行反馈，应变能力较差，而且缺乏亲近感。

(二)按照信息的流向划分

按照信息的流向，可以将沟通划分为单向沟通和双向沟通。

1. 单向沟通

单向沟通是指单向信息流动、无信息反馈的沟通方式。此时，沟通双方地位不变，一方发送信息，另一方接收，例如做报告和大型演讲。实际上，严格意义上的单向沟通是罕见的，接收者或多或少地有信息反馈。一般来说，单向沟通比较适合沟通内容易于理解、要求迅速传递的信息。

2. 双向沟通

双向沟通是指双向信息流动、有信息反馈的人际沟通。此时，信息发送者与接收者地位不断变换，沟通的信息反馈往复多次，例如交谈、协商、谈判等。双向沟通较之于单向沟通，对促进人际关系和加强双方紧密合作方面有更重要的作用。

由于双向沟通比单向沟通更准确，因此，适合沟通信息比较复杂、对内容理解准确程度要求高的信息。

(三)按沟通的组织程度划分

按沟通的组织程度，可以将沟通划分为正式沟通和非正式沟通。

1. 正式沟通

正式沟通是指在组织系统中，按照组织明文规定的渠道进行的信息传递与交流，例如传达指示、汇报工作、召开会议等。它分为上行沟通、下行沟通和平行沟通三种形式。

(1) 上行沟通。上行沟通是指下级人员以报告或建议等方式，向上级反映情况，让上级了解和掌握下级人员当前的想法和意见，从而使上级管理人员能迅速采取措施来解决或改善当前所面临的问题所采用的沟通方式。

(2) 下行沟通。下行沟通是依靠组织系统，由上级传至下级所采用的沟通方式，通常是由主管阶层传到执行阶层的员工。这种沟通使员工能够了解、赞同并支持管理阶层所做的决策，有助于管理阶层的决策和控制，并避免曲解和误传消息。

(3) 平行沟通。平行沟通是指平行阶层之间的沟通，例如高层管理人员之间的沟通、中层管理人员之间的沟通和基层管理人员之间的沟通。这种沟通方式弥补了其他沟通方式的不足，使各单位之间、各员工之间在工作上能密切配合，并增进友谊。

正式沟通的特点：沟通效果好，比较严肃，约束力强，易于保密，可以使信息沟通保持权威性。重要信息和文件的传达、组织的决策等，一般都采用这种方式。但是由于依靠组织系统层层传递，因此，这种沟通方式比较呆板，沟通速度慢，而且可能存在信息失真的现象。

2. 非正式沟通

非正式沟通是以个人身份进行正式沟通渠道以外的信息交流活动，例如私下交换意见、传播小道消息、议论某人某事等。现代管理很重视非正式沟通的研究，因为人们真实的思想和动机往往是在非正式的沟通中表露出来的。

非正式沟通的特点：沟通形式不受拘束，速度快，容易及时了解到正式沟通难以提供的"内幕新闻"。但是这种沟通内容不准确，而且还可能导致形成"小集体""小圈子"，从而影响组织内部的团结和组织外部的形象。

(四)按照语言的运用形式划分

按照语言的运用形式，可以将沟通划分为语言沟通和非语言沟通。

1. 语言沟通

语言沟通是指以语言符号形式为媒介的沟通行为。语言有口语和文字两种形式。通常情况下，语言沟通又可分为有声的语言沟通或称口头沟通(以口头讲话方式进行沟通，例如谈话、演讲、打电话等)和无声的语言沟通或称书面沟通(以书面语言方式传播，例如写信、发通知、讲课中的板书等)。

2. 非语言沟通

非语言沟通主要是指以形体语言或非语言符号为媒介的沟通行为，例如以表情、身体动作、衣着、外形、气质等作为工具进行沟通。声音是非言语沟通的一个重要方面，它能反映沟通者内在的感受。在求职面谈中，一个人如果表示他对这个职务很感兴趣，他将勤奋工作等。但是如果他的声调呆板、面部毫无表情，你就可以凭直觉感受到求职人的言不由衷。很少有人明确地了解自己声音给他人的感觉。

非语言沟通的特点是往往会泄露人们难以掩饰的内心世界。另外，非语言沟通往往只是在面对面的条件下使用。

四、公共关系沟通的特征及影响因素

(一)公共关系沟通的特征

公共关系沟通具有如下所述几种特征。

1. 双向互动性

沟通是人与人之间思想和信息的交换，双方互为主客体，将信息在两者之间进行相互交流和反馈的过程。公共关系沟通的双向互动性与沟通参与者的双重角色密切相关。在一个完整的沟通过程中，沟通参与者双方几乎同时扮演着信息发送者和接收者的双重角色。因此，尽管公共关系传播与沟通是共存的一个统一系统，但沟通是在传播的基础上，双方信息相互反馈的过程。

2. 利益协调性

沟通就是信息的交流，这种交流包括三种形式，即人—人沟通、人—机沟通、机—机沟通。在公共关系学中，人—人沟通是沟通的主要形式，其沟通主体包括两方面，即组织外部和组织内部公众。

组织内部成员之间的人际冲突会造成企业员工之间的关系紧张、互不信任、互不团结、内耗现象严重的后果，从而导致组织生产效率降低、凝聚力下降。因此，加强组织内部的沟通，可以了解员工的意见和建议、价值倾向和劳动绩效，及时发现组织内部存在的矛盾，寻找解决协调的办法。通过沟通，可以增强员工之间的相互了解，使上级能够消除与员工之间的误解，最终使组织内部关系得以改善、利益得以协调。

通过同组织外部的沟通，可以了解公众的意愿、态度，在沟通过程中，宣传组织的情况，扩大本组织的知名度，争取公众的理解和支持。同时通过与组织外部的沟通，可以消除外部公众对组织的误解，获得社会各界，例如政府、主管部门、新闻界等各方面的理解和支持，使组织资金等方面得到积极的鼓励和帮助，为本组织的发展营造有利的外部环境。

3. 深层理解性

沟通是在特定场合以及特定时间、地点、参与者等情景下进行的，因此，沟通容易引起双方思想、观念乃至行为深层次上的变化。双方能借助多种形式的符号系统相互施加影响，以达到各自的目的。这种影响常常是通过对方心理机制的作用来完成的。由于信息交流的双方是有意识的主体，同时扮演着信息发送者和接收者的双重角色，因此，这一过程不仅能够交换信息，也能够影响或改变对方的心理或行为，并进一步影响两者的关系。

同时，沟通双方在传递信息时诉诸情感，在情感上更容易产生共鸣，从而在公共关系沟通中，可以加深组织内部和组织外部的感情，形成一种凝聚力。

4. 社会普遍性

沟通具有社会普遍性，它存在于我们的日常生活和工作中，人们的所有活动几乎都与沟通有关，例如打电话、看电视和收听广播、听说、交谈等。通常情况下，一个人除去睡觉之外，必须花费 70%的时间在人际沟通方面；在这些沟通时间中，书写沟通占 9%，阅读沟通占 16%，口头沟通占 30%，其余 45%的时间则用在倾听上。

(二)影响公共关系沟通的因素

影响公共关系沟通的因素主要有以下几种。

1. 企业文化

组织沟通是企业最为常见的管理行为。同时，任何组织的沟通总是在一定背景下进行的，受到组织文化类型的影响。企业的行为文化直接决定着员工的行为特征、沟通方式、沟通风格，而企业的物质文化决定着企业的沟通技术状况、沟通媒介和沟通渠道。

2. 领导者作风

领导者作风也是影响公共关系沟通的重要因素。领导者作风主要包括领导者的领导才华、个人魅力、威信以及解决问题的方法等。

3. 物理因素与环境因素

(1) 物理因素。例如，噪音、光线不足或环境杂乱、缺乏隐私条件、空间距离和接触机会等。

(2) 周围环境。周围有其他人或缺乏能帮助沟通的条件(如模型、画册等)，因而无法进行有效沟通。

(3) 信息传导和表达方式。在选择口头、书面或形体等沟通方式时，传送者选择了错误的渠道和方式就容易导致沟通失效。比如，传递一则私人的信息，打个电话或登门造访就比书面的方式更恰当、更有效、更通情达理。另外，传送者说话太快、太慢或滥用术语，同样也会导致沟通失效。

(4) 信息传送环节。传送环节越多，误解的可能性就越大。一传十、十传百，简单的信息也可能会变得面目全非。因此，机构的大小及组织结构会影响到沟通的效率和准确性。

(5) 信息传递的方向。传送方向不同(上下：领导与群众。下上：群众与领导。平行：同事及朋友)导致沟通的控制程度不同，例如下级对上级存有畏惧心理，从而影响信息的正确理解。

4. 社会因素

社会因素，例如种族差异、文化背景、职业和社会阶层的不同等都会对信息沟通产生影响，会对语言、词汇有不同理解，甚至产生误解。

第二节 公共关系沟通中的语言艺术

语言艺术是指在语言运用上驾驭语言的技巧和技能。古人云："三寸之舌，强于百万之师。"语言艺术无论是对个人还是对社会组织，都有着十分重要的作用和意义。讲究语言艺术的根本点就在于选择最恰当的语言表达形式，以便更好地传情达意。

频繁的公关活动使得公关人员所面临的场合不尽相同，面对的对象更是多种多样。所以，在通常的语言运用上，不仅仅要有必要的语言程式、叙述规范，还应当掌握灵活的语言应对技巧和高超的语言艺术，从而使公关活动在交际实用基础上产生出含蓄隽永、耐人寻味的艺术效果，增强公关人员的个人魅力，并将自己的公关活动提升一个层次。通常情况下，公关活动中的语言艺术运用包括幽默法、委婉法和暗示法。

一、幽默法

幽默法是运用意味深长的诙谐语言传递信息的方法。它能以一种愉悦的方式让别人获得精神上的快感。语言要表达得幽默，最根本的方面在于超乎常规的语言表达方式。深沉的幽默，闪烁着智慧之光，是个人良好修养、丰富学识的折射。心理学家凯瑟琳说过："如果你能使一个人对你有好感，那么也就可能使你周围的每一个人甚至是全世界的人，都对你有好感。只要你不只是到处与人握手，而是以你的友善、机智、幽默去表达你的信息，那么，人与人之间的距离就会消失"。

具有幽默感的公关人员在实际的公关活动中最容易得到他人的好感并被接受，从而获得良好的沟通效果。稳重大方的气质、诙谐幽默的语言，会使人产生如沐春风、平易近人的良好印象。幽默语言的一个重要特征就是智。幽默是思想、学识、智慧和灵感在语言运用上的结晶，因而公关人员有必要不懈学习，全面提高自己的学识修养，以便沟通时出口成章、妙语连珠。

幽默法在公关交际中的作用主要体现在三个方面：一是在喜庆、欢乐的场合营造愉悦的环境气氛；二是当言语交际由于某种原因陷入僵持或难堪的境地时，恰当地运用幽默语言，可以有效地缓和及化解紧张气氛；三是有助于融洽人们的感情，缩短交际双方的心理距离。

公关实务中，常见的幽默技法有以下几种。

1. 诙谐而成幽默

对于庄重的场合，大多讨论的是严肃的问题，注重理性的思维模式。然而利用正常的方式言语无法达到目的时，就不妨采用一些非常理的手法，通过感性的手法缓和气氛，从而另辟蹊径，达到公关的目的。

1946年5月，远东国际军事法庭开庭审判日本战犯，10个国家的法官们为了排定座次，展开了一场激烈的争论。中国法官理应排在庭长左边的第二把交椅，但是由于当时中国国力不强，而被各强权国所否定。在这种情况下，中国法官梅汝璈首先正面阐明排座次应按日本投降时各受降国的签字顺序排列，这是唯一正确的原则立场。接着他微微一笑说："当然，如果各位同仁不赞成这一办法，我们不妨找个体重测量器来，然后以体重大小排座，体重者居中，体轻者居旁。"各国法官听了忍俊不禁全笑了。庭长说："你的建议很好，但它只适用于拳击比赛。"梅法官接着说："若不以受降国签字次序排座，那还是按体重排好。这样纵使我被排在末位也心安理得，并且可以以此对我的国家有所交代，一旦他们认为我坐在边上不合适，可以派一名比我胖的人来换我呀！"这回答引得法官们大笑起来。在举世瞩目的国际法庭上，法官们的座次按体重来排定，这岂不是天大的笑话。

这种诙谐的言语，以非常理的方式含蓄地讥讽、批评了不合理的排序方式。梅法官以诙谐、幽默的语言阐明中方的严正立场，获得了以正常方式得不到的成功效果。

2. 归谬而成幽默

在很多场合，公关人员为了营造良好的沟通氛围，在与对方主张和观点相左时就需要谨慎行事，尽可能地避免正面的冲突。此时就可以采取这种方法，不批驳对方的不合理观点或想法，而是以此为出发点，顺势推导，最后得到一个荒谬的结果，从而使对方不合理的观点不攻自破。

汉武帝晚年很希望自己长生不老。一天，他对东方朔说："相书上说，一个人鼻子下面的人中越长，寿命就越长；人中长一寸，能活一百岁。不知是真是假？"东方朔听了这话，知道汉武帝又在做长生不老之梦，于是脸上显出一丝讥讽的笑意。汉武帝见东方朔似有讥讽之意，于是面有不悦之色，问道："你怎么敢笑话我？"东方朔恭敬地答道："我怎么敢笑话皇上呢？我是在笑彭祖的脸太难看了。"汉武帝问："你为什么笑彭祖呢？"东方朔说："据说彭祖活了八百岁，如果真像皇上说的一寸人中活一百岁，彭祖的人中就该有八寸长。那么，他的脸岂不是太难看了吗？"汉武帝听了也哈哈大笑起来。东方朔以幽默的语言，用嘲笑彭祖的方法来讽劝皇帝，整个批驳过程机智含蓄、幽默诙谐，令正欲发怒的皇帝也怒不起来了。

3. 曲解言语而成幽默

有时为了交际的需要而故意曲解言语，以诙谐、幽默的口吻，纵横捭阖、左右逢源。比如清代学者纪晓岚，幽默风趣，以出奇制胜的机智见长。传说有一次他夏日乘凉，脱了个赤膊。不料乾隆皇帝突然到来，他来不及迎候便躲了起来。过了好久，他以为皇帝已经走了，便私下低声问书童："老头子走了没有？"事实上乾隆皇帝正在一旁，还没有走，听到纪晓岚的话后便要求他解释"老头子"是什么意思。纪晓岚思忖片刻，从容答道："万岁为'老'，人首为'头'，子乃圣贤之尊称。"乾隆皇帝听了后笑了笑，便不再追究了。本来用"老头子"来称呼皇帝是大为不敬的，但纪晓岚能急中生智，以故意曲解的办法使自己得以解脱。公关人员在日常活动中肯定会遇上许多尴尬或不可控制的局面，这时便要学会审时度势、随机应变，以幽默或诙谐的语言化解一些不愉快的场面，这便是曲解言语而成幽默的效用。

4. 揶揄而成幽默

有时难以从正面阐明一个事理，可以借用一个形象的比喻来达到目的，获得异曲同工之妙。英国物理学家阿普顿(Edward Victor Appleton)荣获 1947 年度诺贝尔物理学奖。在一次学术演讲后的宴会上，他被邀请致谢辞。准备一篇恰如其分而又不落俗套的致谢辞很不容易。阿普顿以幽默的方法，借用一个笑话完成了任务："在古罗马时期，统治者常常让奴隶和猛兽决斗。有一次，一头狮子特别厉害，在决斗中已吃掉了 9 个奴隶。当狮子扑上来要吃最后一个奴隶时，那个奴隶在狮子耳边轻轻说了一句话，结果那头狮子没再吃他，而是垂头丧气地走开了。看决斗的人大为惊奇，于是奴隶主就问那个奴隶到底对狮子说了什么话，能使狮子饶了他的性命。那个奴隶说，我当时只对狮子说，你若吃了我，你就得致一篇宴会谢词。"

5. 避重就轻而成幽默

在言语交际中，有时为了避免对方逃脱责难，采用避重就轻、避实就虚、虚实相济、请君入瓮的策略，效果则更胜一筹。有一个笑话讲的就是这个道理。一个英国人，一个日本人，一个美国人，同去一家咖啡厅喝咖啡。入座后，服务员端来三杯咖啡，不知怎么回事，里面都有只苍蝇。这时，英国人不声不响地掏出钞票，压在杯子下，悄悄地离开了。日本人与服务员争辩起来，批评咖啡厅管理不善。美国人则一本正经地叫来服务员说："你应该把咖啡放在一起，苍蝇另外放在一处，客人要吃什么，自己来。"这个故事当然是虚构的，但却形象地反映出美国人特有的那种幽默感。事实上，在人际交往中，当双方发生矛盾时，只有那些缺少幽默感的人才会把事情弄得越来越僵，而幽默者却能使一切变得轻松而自然。作为一位公关人员，就应当学会在这样的场合或情境中进行适时的调节。

公关交际中的幽默方法还有很多，远不止上述几种，这里只是列举一些常见的主要方法。在使用幽默法时，也不要以为幽默是万能的，应当特别注意对象的特点，例如年龄、职业、文化背景等因素，更应当适应当时特殊的语境，不要为幽默而幽默，流于油腔滑调、低级趣味。只有恰如其分地运用幽默方法，才能获得良好的交际效果。

二、委婉法

委婉法是运用迂回曲折且含蓄的语言表达本意的方法。委婉在希腊语中是谈吐优雅的意思，它是通过一定的修辞手法，把原来令人不悦、粗俗或其他因语境限制不便直接说出来的事情，说得听上去比较文雅、含蓄、得体，让听者在比较舒坦的氛围中接收信息。

英国思想家培根说过："交谈时的含蓄与得体，比口若悬河更可贵。"在言谈中，有驾驭语言功力的人，会自如地运用多种表达方式。委婉含蓄比直截了当的表达效果更佳，但也更需要多动脑筋，它是一种语言修养，也是一个人智慧的表现。

在公关交际中，按照表达本意所需要的语言特点划分，委婉法一般可分为三种形式，即讳饰委婉法、借用委婉法和曲语委婉法。

1. 讳饰委婉法

"讳"即避讳，不直接说出来。"饰"表示粉饰，避免锋芒太露，凡事往好处着想。例如，一位外国客人在华旅游期间跳楼自杀，为了减少"自杀"二字过于直露而产生的负面影响，经再三推敲，警方最后在死亡报告书上用了"从高处自行坠落"这一委婉说法。用对死亡方式的客观描述来淡化死亡的原因，更容易让人接受。

2. 借用委婉法

借用委婉法就是利用类比、比喻、双关、典故、歇后语等方法或其他事物的特征来代替直接表态的方法。这种借用的方式主要将其同样的情况或场景与对方置换，使其面对同样的境遇而结束对话，以同样的逻辑推理使对方从中得出相同的结论而结束。

3. 曲语委婉法

曲语委婉法是指用含蓄的、意味深长的语言来表达观点的方法。该方法的主要特征是藏而不露、意味隽永。在公关交际中，免不了会遇到各类人物。其中有的人过于自信，总是固守自己的观点，听不进一点别人的意见。遇到这种情况，应避免正面交锋、冲突，而应该运用曲语委婉地达到自己的目的。曲语的方法有很多，例如舍近求远、以退为进、声东击西、先隐后现、避实就虚等。

三、暗示法

暗示法在公关活动中也是一种常用的方法。由于客观环境的需要，不适于用语言直接表达时，公关人员常常会通过行为或其他符号把自己的意图传递给对方，并引起反应。暗示法可以通过手势、表情等辅助语言的表达形式或特定的语境等手法来实现。

暗示法是公关语言中很有效的艺术。暗示的技巧有很多，常见的有以下几种。

1. 谐音暗示

谐音暗示是通过语音的相同、相似给出暗示。例如，明宪宗时，太监汪直弄权，气焰不可一世。他私兴大狱，无恶不作，手下的两名爪牙王越与陈越，分居文武要职，朋比为奸，弄得朝政日非，路人侧目，敢怒而不敢言，而宪宗犹蒙在鼓里。当时还有一位太监，名叫阿丑，其人多才多艺，言语诙谐，富正义感，很得宪宗喜爱。他经常在宫里演戏，是皇家红戏子。一日为宪宗演戏，他手持双斧，在舞台上耍了番功夫，然后唱起了霸腔："本英雄汪某是也，东拿西抢，横行天下，战无不胜，贪无不得，全靠这两个板斧，好不厉害也！左手一扬日月无光，右手一挥，人头落地，管他血流成河，本英雄正好中流击节，任他尸横遍野，我正好横槊赋诗。"他在台上如此耀武扬威，那扮演旁人的人，拍手叫好一番之后，插嘴问他："汪勇士，你说这双斧如何了不得？不得了？究竟这两个家伙叫什么名字？"阿丑唱答："两对活宝是冤家，杀人放火天不怕，朋比为奸谁敢问，横行霸道问你怕不怕！此家伙王钺陈钺是也！"宪宗虽然看得好笑，心里却明白了阿丑话中的暗示，很快便借机把汪直流放边疆，将其党羽一网打尽。这里，阿丑运用了谐音暗示，"钺"通"越"。

2. 语义双关暗示

语义双关暗示是明言此而实指彼形成暗示。例如，南宋奸臣张俊，贪财好色。由于他有权有势，谁也不敢惹他。一次宋高宗请大臣们喝酒，叫来一班艺人说笑取乐。其中一名艺人说他能透过铜钱的方孔，看出每个人是天上哪颗星宿的化身。大家争先恐后让他看，他一一说出这些人是什么星宿。轮到张俊了，艺人故意看了又看，然后装出很认真的样子说："真的看不出是什么星宿，只看见张老爷坐在钱眼里。"众人开始还不明白，后来忽然领悟了艺人的暗示，哄堂大笑起来。艺人表面上好像在实说，看见张老爷坐在钱眼里，其实是通过语义双关，暗示张俊的贪财。

3. 反意暗示

反意暗示是正话反说，或者故意调换相关顺序而成暗示。一位女演员倾慕于著名作家萧伯纳，对他说："如果我们结合，一定是世界上最完美的结合。将来我们生了孩子，他一定会有副像你那样聪明的头脑，同时又有一个像我这样俊俏的身段。"萧伯纳笑着回答说："可是如果孩子长得头脑像你，身段像我，岂不糟了。"这里，萧伯纳故意把对方假设的两种情况做了调换，从而暗示这位女演员的头脑过于简单。

4. 即景暗示

即景暗示就是根据交际的场景临时使用的问候语。也就是看见对方刚干完什么，或正在干什么，或将要干什么，就以什么为话题，这是一种最为便当的寒暄方式。例如，"打水呀！""上课了？""这么晚才吃饭呀？"。即景式的寒暄要特别注意时间场合。一些不雅、不便、不能问的事情不能作为寒暄的话题。

寒暄要讲究分寸、适可而止，特别是带有恭维的寒暄，使用时更要小心谨慎。恰到好处地运用寒暄，可以成为公关交际中的"润滑剂"，可以沟通感情，使这种应酬方式产生认同与亲和作用，使交际得以顺利进行。

第三节 公共关系沟通中的障碍

和谐、融洽的人际关系是现代企业经营成功的基本要素。英国管理学家诺斯克特·帕金森(Northcote Parkinson)认为，管理的主要任务并不是主持一些重要活动，而是处理好人与人之间的关系。如果没有人与人之间及时、准确和完整的沟通，就不可能实现有效的管理。因此，企业管理者必须充分认识人际关系沟通的重要性，不断创新和完善沟通方式，从而实现人际沟通与企业发展的良性循环。

但是，人们在沟通过程中，常常会受到某些干扰因素的影响，从而使沟通不能获得预期效果，这些干扰因素就被称为"沟通障碍"。正是由于沟通中存在的障碍影响了公共关系的效果。因此，有必要对障碍进行仔细分析，查清来源，努力克服障碍。

一、公共关系沟通的主要障碍

公共关系沟通的主要障碍有以下几种。

(一)人为障碍

人为障碍主要包括信息发送者的思想情感、表达能力和接收者的地位差别、理解能力、情感偏见等造成的障碍。

1. 信息发送者造成的障碍

沟通效果很大程度上取决于发送者的人格特征，例如思想情感、表达能力等。

(1) 思想与情感。沟通双方都是有思想、有感情、有心理活动的个体，如果他们的心理活动产生了一定的障碍，必然会影响沟通的效果。因此，信息发送者的思想状况会直接影响沟通效果。在对下属的信息沟通中，若管理者有自以为是、高人一等、唯我正确的思想，就很少能主动与下属沟通。当下属向上级发送信息时，如果有投其所好、自我表功的私心，也不会把实情向上级反映，从而导致主管无法正确了解下属的情况。这样就失去了有效沟通的基础。组织中的地位不同引起的心理差异和心理隔阂也会阻碍有效的沟通。

(2) 表达能力。人的沟通能力有相当大的差别，往往影响有效的情感沟通和信息沟通。沟通能力的差别，源于个人的知识水平和个人的秉性。沟通是要借助语言来实现的，语言包括书面语和口头语。主题不突出、观点不明确、结构不合理、语言不生动、文法不通的书面语和口齿不清、语无伦次、平铺直叙、词不达意的口头语，势必会使沟通效果大打折扣。

信息沟通是双方的，因此，沟通效果不仅取决于信息发送者，而且信息接收者的地位、理解能力、情感偏见等也会影响沟通效果。

2. 信息接收者造成的障碍

信息接收者的地位差别、理解能力、情感偏见等也会导致沟通效果不良。

(1) 地位差别(角色障碍)。地位是指一个人在群体中的相对级别。如果在信息沟通过程中，接收者与发送者的地位相差悬殊，接收者在沟通中会表现出担忧、恐惧等心理反应，就会影响其接收能力和沟通效果。

(2) 理解能力。如果发送者与接收者在知识和经验水平上相差甚远，接收者在接收信息时，会发生理解上的困难和沟通障碍。例如，对某一问题，发送者认为简单提示即可了解，而接收者却认为该问题并不简单，不加说明无法理解，就会使双方在理解上出现分歧。

(3) 情感偏见。由于存在某种偏见或人为的观念，往往会出现接收者的选择性感知，即对接收到的信息进行过滤、曲解或断章取义，接收者只接受对自己有利的那部分信息，对其他部分则视而不见、充耳不闻。同时，如果沟通双方相互不信任，也会使沟通效果不理想，甚至出现反面效果。

(二)沟通方式障碍

沟通方式障碍主要包括以下几个方面。

1. 语义障碍

(1) 词语引起的语义障碍。为避免词语引起的语义障碍，在沟通中要注意以下三个方面。一是词的多重含义。二是专业术语，即行话，行话有助于快速而准确的信息交流，但若接收者不知，发送者又不解释，简直无法沟通。三是词语的下意识联想。有时信息中的词语无意中会激起接收者的联想，从而引起接收者对信息理解的偏向或误解。

(2) 图像引起的语义障碍。除文字外，图像是第二种类型的沟通符号，例如利用图表、模型等进行沟通，因为它具有直观性和形象化的特点。但是图像也常会"骗人"，因为存在着视觉误差，同时人们还会对图像产生各种联想与理解。

(3) 身体语言引起的语义障碍。第三种沟通类型是非语言沟通。身体语言是非语言沟通的重要组成部分。身体语言是人们利用人与人之间各自形体的交互，以沟通彼此的意向。它分为表情语言、动作语言和体态语言三大部分。例如，拍手表示拥护、赞成，双手叉腰表示挑战、示威等。不同的姿态也能表达不同的语言。例如，交谈时，并排而坐表示气氛融洽，关系亲密；相对而坐，则表示气氛严肃。不同的人在解释身体语言时，存在着文化差异，因而也导致沟通上的障碍。

2. 沟通方式选择不当或方法使用不灵活造成障碍

沟通方式多种多样且各有优缺点，如果不根据组织目标进行选择，沟通就不可能畅通进行，从而造成沟通障碍。

(三)客观障碍

客观障碍常常与沟通的环境有关，主要包括沟通渠道不畅、距离障碍和时机不当。

1. 渠道不畅

由于种种干扰，常使沟通渠道受阻或不通畅，从而影响沟通的效果。通信工具落后就不便于随时交流和沟通，会影响信息沟通的效果。

2. 距离障碍

组织机构过于庞大、中间层次太多、信息链过长，会使信息传递不畅，影响沟通的效果。信息由最高层经过许多中间环节的传递才能到达基层，信息逐级传达，就会使信号逐级失真。同时社会文化背景不同、种族不同而形成的社会距离也会影响信息沟通。

3. 时机不当

有些沟通产生障碍，是由于沟通时机不当造成的。沟通时机包含沟通的时间、空间两个方面。在时间方面，如果接收者由于某种原因心情不好或正在从事某项重要而又急需完成的工作时，一般信息不容易引起他的注意，这时与他沟通效果会很差。在空间方面，选择沟通的场所不当，沟通的效果也会有很大的不同。对一个很要面子的下属来讲，上司当着众人批评他和私下与他交谈，并指出其缺点的效果是截然不同的。

二、公共关系沟通障碍的克服

由于组织在公共关系沟通中可能存在以上障碍，为了达到信息沟通的目的，必须采取一定的措施，尽可能地克服这些障碍，使沟通顺利进行。为了实现公共关系的顺利沟通，首先必须遵循以下公共关系的原则。

1. 遵循真诚、信任和尊重的原则

人与人之间最宝贵的就是真诚、信任和尊重，其桥梁就是沟通。公共关系沟通应该注意的一个原则就是要培养信任感，多了解和理解沟通对象。因为良好的沟通是建立在沟通双方相互信任、了解和理解的基础之上的。组织内部要注重培养上下级之间的信任感，使下属敢于表达自己的观点和想法，这样才能使上级更多地了解下属，才有利于组织内部的团结。

同时，人是有感情的，在沟通过程中，当事人之间所采取的不同态度也是沟通的一大障碍。因此，双方只有坦诚相待，才能消除彼此之间的隔阂，从而求得对方的合作，并达到沟通的目的。

2. 缩短信息传递链、拓宽沟通渠道、保证信息的双向沟通

信息传递链过长，会减慢流通速度并造成信息失真。因此，一方面，要减少组织机构重叠，拓宽信息渠道；另一方面，管理者应激发团队成员自下而上地沟通。例如，运用网络，允许下属提出问题，并得到高层领导者的解答。此外，在利用正式沟通渠道的同时，

还可以开辟非正式的沟通渠道。

在人际沟通过程中，双方之间的距离有一定的含义。一般来说，关系越密切，距离越近。人类学家 E. Hall 把人际距离分为亲密的、个人的、社会的和公众的四种。他认为，父母与子女之间、爱人之间、夫妻之间的距离是亲密距离，约 18 英寸(1 英寸=2.54 厘米，1 英尺=12 英寸)，可以感觉到对方的体温、气味、呼吸。个人距离是指朋友之间的距离，一般是 1.5~4 英尺。社会距离是认识的人之间的距离，一般是 4~12 英尺，多数交往发生在这个距离内。公众距离是指陌生人之间、上下级之间的距离，一般是 12~15 英尺。让领导者走出办公室，亲自和员工们交流信息，坦诚、开放、面对面地沟通会使员工觉得领导者理解自己的需要和关注，可以取得事半功倍的效果。

3. 选择恰当的沟通方式，提高沟通双方的表达能力

沟通的方式有很多，不同的方式表达出来的效果也是不同的。因此，要实现有效沟通，必须选择恰当的沟通方式。对于信息发送者来说，无论是口头交谈还是采用书面交流形式，都要力求准确地表达自己的意思。为此，要了解信息接收者的文化水平、经验和接收能力，根据对方的具体情况来确定自己表达的方式和用词等；选择准确的词汇、语气、标点符号；注意逻辑性和条理性，对重要的地方要加上强调性的说明，借助手势、动作、表情等来帮助思想和感情上的沟通，以加深对方的理解。

4. 选择合适的沟通时机

由于所处的环境、氛围会影响沟通的效果，所以信息交流要选择合适的时机。对于重要的信息，在办公室等正规的地方进行交谈，有助于双方集中注意力，从而增强沟通效果。而对于思想上或感情方面的沟通，则适于在比较随便、独处的场合下进行，这样便于双方消除隔阂。要选择双方情绪都比较冷静时进行沟通；当大家都理解，但感情上不愿意接受时，信息发送者身体力行可能是最好的沟通方式。

5. 注重双向沟通

管理者应把沟通看成一个持续的过程，建立高效的沟通机制，确保信息的双向沟通。这是因为信息接收者容易从自己的角度来理解信息而导致误解。因此，信息发送者要注重反馈，提倡双向沟通，请信息接收者重述所获得的信息或表达他们对信息的理解，从而检查信息传递的准确程度和偏差所在。为此，信息发送者要善于体察别人，鼓励他人不清楚就问，注意倾听反馈意见。

当组织营造出自由、高效的共同沟通环境氛围时，也就找到了一种有效的管理途径，对内实现了对全体员工最大潜力的挖掘，对外则完成了与公众环境和社会环境的良性对接。

本 章 小 结

本章主要介绍了公共关系沟通的概念、要素、分类等基本理论知识。为了使公共关系能够达到预期的最佳效果，在沟通过程中，要注意沟通的方式和技巧问题，以及沟通过程中可能存在的主要障碍及克服方法。

公共关系沟通是指社会组织与其他公众之间通过输出信息和反馈信息，实现双方彼此相互了解、信任，从而建立起协调关系的过程，不同于公共关系传播。它由信息、发送者、符号、渠道、接收者、反馈和噪声等基本沟通要素构成，按照不同的划分标准，可以将公共关系沟通划分为多种形式。

为了使公共关系活动能达到预期的最佳效果，在沟通过程中，一般应采用语言沟通和非语言沟通两种形式，不同形式的沟通适用于不同的场合。但是人们在沟通过程中，常常受到一些人为障碍、沟通方式障碍，以及客观障碍等干扰因素的影响，因此，必须对障碍进行仔细分析，努力克服。

复习思考题

1. 公共关系沟通和公共关系传播之间有何区别和联系？
2. 试分析公共关系沟通的基本类型。
3. 简述影响公共关系沟通的主要因素。
4. 公共关系沟通中干扰因素主要有哪些？如何克服这些干扰因素？

第六章　公共关系传播

本章导读

　　人类传播活动的历史，可以说从原始社会就开始了。在文字产生之前，原始人在劳动和生活中"咿咿呀呀"的呼喊和打手势，就是一种传播。人类发明了文字，互相需要说话交流思想，这也是一种传播。产生文字以后，人类把思想、经济、科学知识记录在甲骨、简、绵帛、纸张等载体上，流传给后世，这更是一种传播。现在，我们几乎生活在广播、电视、报纸、杂志、书籍的海洋中。我们听、看、说甚至想，都是在传播或被传播。从某种意义上甚至可以说，人类就是在传播活动中发展起来的。因此，西方传播学的奠基人美国的威尔伯·施拉姆(Wilbur Schramm)说："人类是会传播的动物。"

　　公共关系与传播的关系是十分密切的。公共关系的形成与发展，得力于传播学特别是大众传播学所提供的理论基础和实践知识，与大众媒介的进步是相辅相成的；公共关系的发展，对大众传播也起到了很大的促进作用，随着公共关系活动的开展，传播的作用会越来越突出。传播是公共关系工作的重要手段，是公共关系的基本要素。任何社会组织都必须运用传播这一手段与社会公众相互沟通、相互了解和相互适应，运用巧妙的信息传播去影响公众，引发公众行为。要做好公共关系工作，就必须了解信息传播的基本原理，掌握科学的信息传播方法和手段，使公共关系工作取得成功。

学习目标

　　通过对本章的学习，重点掌握传播的要素及种类；理解公共关系传播的原则、效果及其影响因素，以及主要的媒介；掌握公共关系传播的实施技巧。

第一节　传播的基本原理

一、传播的概念

　　传播通常是指人与人之间通过一定的符号进行的信息交流与分享。信息传播是伴随着人类的诞生、发展而发展的，是人类普遍存在的一种社会行为。在人类发展过程中，每时每刻都离不开相互传递信息、交流感情和往来活动，这就是传播。也就是说，世界上有了人类就有了传播。

　　传播是人类交流信息的一种社会行为，是人与人之间以及人与他所属的群体、组织和社会之间，借助语言文字或非语言文字的方式，直接或间接进行的信息传递、接收与反馈的行为的总称。传播就其表象而言，是信息由点面以及无限空间的扩散。传播与信息难以分离，信息是事物表现的一种普遍形式，它是物体本来属性的一种反映。人类采集和处理信息的目的是对信息的传递和扩散，是为了交流知识、意识和情感，若无信息的存在也就无传播可言。传播是以信息的存在为前提的，大千世界，信息无处不有、无时不在。一个姿势、一副表情、一种语气、一声语调、一条标语、一举手、一投足等，无不携带着信息，向人们进行着不同意义上的传播。传播随着人类社会的发展其内涵也在不断地延伸和扩展。

关于传播的概念，国内外对"传播"一词的解释不下 200 种，较有权威的也有六七种说法。1988 年我国出版的第一部《新闻学词典》(ISBN:9787213001094)将传播定义为："传播……是一种社会性传递信息的行为……是个人之间和集体之间以及集体与个人之间交换、传递新闻、事实、意见的信息过程。"简单地说，传播是人们制作、传播、接收、储存信息的过程。公共关系传播是指双方通过一定的媒介手段，使信息达到交换、融通、分享的一种过程或活动。

传播不等于交流。交流常常指个人之间或两方面交换意见、信息和情感。而传播则是指人与人之间、人与所属集团、组织和社会之间分享信息的进程。交流不局限于信息，而传播一般是专指信息的传播。传播与宣传也有着细微的差别。宣传隶属于传播的范围，它通常指通过信息的扩散，有秩序地组织社会建立一种共同意识，创造一种以有利于宣传者以自己的方法看待社会的公众。而传播的主观意志远不如宣传那样突出。在传播手段和工具运用上较之宣传也要温和些。当然在公共关系中既存在着传播活动，又经常运用宣传武器来沟通和影响公众的意见，从而提高社会组织的知名度和声誉。在现代社会中对任何组织和个人来说，传播都是不可缺少的。传播是组织公共关系工作与公众之间进行沟通的工具，也是公共关系工作的桥梁和纽带。

二、传播的特性

传播具有以下几个方面的特性。

1. 社会性

传播是人类为维持社会生活而进行的一种社会行为。任何传播行为都不能脱离社会。同样，社会也离不开传播行为。公共关系正是现代社会组织同各界社会公众、社会环境进行信息交流的活动。

2. 普遍性

传播行为无处不在、无时不有，小至日常生活琐事，大至报道信息、宣传政策、传授知识、国际交往等，都需要进行传播。公共关系人员要运用不同的传播方式巧妙地传播信息。

3. 工具性

公共关系工作者可利用传播作为工具进行监测环境、适应环境而改造环境，利用传播原理、传播手段为社会组织服务。

4. 互动性

传播活动是在人与人之间进行的，是双向对称的、相互的行动。完全单向的传播是传统的传播，其传受双方不对等。与宣传相似，公共关系传播是科学的、双向的信息交流。

5. 符号性

信息的表现形式——符号，包括语言、文字、音响、图画、形象、表情、动作等。在传播过程中，传播的一方制作、传递符号；另一方接收、还原符号。公共关系人员应善于运用各种符号的特征来传递特定的信息。

6. 共享性

共享是传播的目的，传受双方共同分享信息内容，能与对方共享信息、立场、观念并建立共同性才是最有效的传播。公共关系就是希望通过科学、有效的双向信息交流，同公众与社会建立起相互了解和相互支持的关系。

三、传播的过程和要素

1. 传播的过程

公共关系的过程就是信息的传播、交流和沟通的过程。传播学关于传播过程的模式研究内容十分丰富，各种模式均力图勾画出传播活动中的主要因素、各因素之间的关系，以及这些关系所形成的过程。如果将复杂的传播过程加以简化，可以归纳成如图 6-1 所描述的模式。

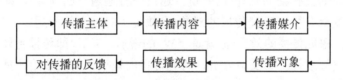

图 6-1　传播过程模式图

不能说这个模式很准确地反映了现实的传播过程，但它包括传播过程中最重要的因素，并揭示出传播要素之间最基本的顺序关系和因果关系："传播主体"(例如某公司公关部)制作出"传播的内容"(例如关于公司春节大酬宾的新闻稿)，提供给"传播的媒介"(例如报纸和电视台)发表，告知和影响了"传播的对象"(例如消费者)，引起了"传播的效果"(例如大大增加的顾客)，再"反馈"给"传播主体"。在这里，缺少任何一个要素，都会影响传播过程的完整性，使传播过程或者不能发生，或者通路受阻，或者达不到目的等。

2. 传播的要素

图 6-1 所列的传播模式是在美国著名的传播学者哈罗德·拉斯威尔(Harold Lasswell)所提出的 5W 模式的基础上稍加修改而成的。5W 模式是用一句话来表示的：Who says what in which channel to whom with what effects。意思是：谁，说了什么，通过何种通道，对谁说，带来什么效果，如图 6-2 所示。

图 6-2　5W 模式图

拉斯威尔通过 5W 模式列举出传播的五项要素，从而得出传播研究的五大领域，如

表 6-1 所示。

表 6-1　传播的五项要素和传播研究的五大领域

传播的要素	研究的领域
谁(who)	控制分析(control analysis)
说了什么(says what)	内容分析(content analysis)
通过何种通道(in which channel)	媒介分析(media analysis)
对谁(to whom)	阅听人分析(audience analysis)
产生了什么效果(with what effects)	效果分析(effect analysis)

前面列举的传播模式与 5W 模式基本上是一致的。只是增加了"反馈(Feedback)"一项。5W 模式忽略了"反馈",使该模式的走向成为单向的,而不是双向的。"双向交流""传务求通"这两层传播的含义就难以充分体现了。所以,在 5W 的基础上增加了"反馈"一项,以求接通这个模式,从而概括出传播过程的六大要素,即传播主体、传播内容、传播媒介、传播对象、传播效果和传播反馈。对这六大要素的分析,便构成现代传播学的主要内容:①控制分析,研究传播主体(也就是"谁"的问题),即信息的来源和制作者;②内容分析,研究传播的内容(也就是"说了什么"的问题),即信息内容的制作方式;③媒介分析,研究传播的媒介(也就是"通过何种通道"的问题),即媒介的类型、功能、特点等;④受众分析,研究传播的对象(也就是"对谁"的问题),即公众的分类分析等;⑤效果分析,研究传播的效果(也就是 5W 的最后一项),即传播主体对公众的意见、态度、行为的改变程度等;⑥反馈分析,研究传播的效果如何反馈给传播者,包括传播对象对传播主体的影响,以及这种影响对整个传播过程的调整(如信息内容的调整、传播渠道的调整等)。

四、传播的类型和方式

(一)传播的类型

传播的类型主要有以下几种。

1. 自身传播

自身传播是指个人受到外界信息刺激后,在头脑中进行的传播活动,也称人的内向交流或个人的自我沟通。例如个人的自言自语、自问自答、自我发泄、自我陶醉、自我斗争和沉思默想等。自身传播是个人内心的思想活动,是一切传播活动的基础。

2. 人际传播

人际传播是指人与人之间直接的信息沟通交流。人际传播有两种形式:一种是面对面的无媒介的沟通交流,另一种是通过媒介的非面对面的直接沟通与交流。这种传播的优点是交流充分、反馈及时、信息真实、容易达成共识;但也有其缺点,即传播范围小、速度慢。

3. 组织传播

组织传播即社会组织及其成员、社会组织及其所处环境之间的沟通交流。社会组织内部成员的关系通过交流达到和谐，社会组织与社会组织之间的关系、社会组织与其外部公众的关系，都必须通过传播沟通达到和谐一致，以利于社会组织健康发展。

社会组织传播的方式一般有下行传播、上行传播、平行传播、正式传播和非正式传播五种。下行传播是自上而下的沟通形式，是上级领导将政策、命令等传达给下级。上行传播是自下而上的沟通形式，是下层员工向上级领导反映情况、汇报工作和提出建议的正常渠道。平行传播是同级之间的沟通形式，是组织内外的同级机构或同级人员之间的横向沟通。正式传播是按行政体制和内部法定的程序所进行的传播，前三种传播大多属于正式传播，一般属于轴心化传播。非正式传播是指社会组织内部的自由传播。前面讲的传播中也存在自由传播，属于非轴心化传播。社会组织传播的手段是全方位的，视其性质和规模的大小，利用各种手段和媒介进行传播，也就是公共关系传播。

4. 小组传播

小组传播即 10 人左右的人群之间的直接信息交流。小组是在特定的文化背景下的组织，内部有特殊的沟通机制，成员间较为民主，意见反映比较充分，可以形成多向的沟通，感情交流充分，沟通程度深，对舆论的形成和控制具有重要作用。小组传播的优点是交流与反馈都较及时和充分，具有团体压力。

5. 群体传播

群体传播即少数人直接面对多数人的传播，例如专题报告演讲会、展览会、大型演出活动等。这种传播的优点是传播速度快、范围大、反馈及时，易于营造热烈的气氛和舆论以形成轰动性传播效果，是社会组织对内对外常用的一种有效传播手段。

6. 大众传播

大众传播即职业传播者通过报纸、电视、广播、杂志、书籍、电影等大众传播媒介，将大量复制的信息大规模地向社会公众传播。大众传播的信息源可以是社会组织也可以是个人，但媒介是一个社会组织机构。例如报纸、电台、电视台等，传者与受者是间接的交流，受众一般是为数众多、范围广泛且互不联系的公众；传播渠道一般是单向的，由媒介到受众，即使有反馈也是迟缓和有限的。大众传播是影响力巨大的信息传播，是公共关系工作中最常见、最现代化的传播类型。

以上几种传播类型是一种相互补充、相互渗透的关系，不能相互替代，它们在信息传播的数量、质量、速度、范围、效果上相互补充和渗透。在公共关系工作中，应根据实际需要选择不同的传播类型，有时也可综合运用各种传播类型，目的就是为了取得最佳的传播效果。

(二)传播的方式

传播的方式主要有以下几种。

1. 直接传播

直接传播是传播者不借助任何媒介直接向受众传递信息的传播方式。直接传播是应用最经常、普遍且最富有成效的传播方式。因为它具有传递信息速度快、信息不易走样、传递内容不受限制和反馈及时等优点，因此，面对面的群体传播、人际传播都采用这一传播方式。

2. 间接传播

间接传播是传播者通过媒介发送信息的传播方式。这可以大量复制、强化信息，是组织塑造形象、控制舆论、促销的重要手段，但它容易使信息中断和走样失真，而且反馈慢。

3. 循环传播

循环传播是传播者把信息传递给受传者，受传者又把这一信息反馈给传播者，传播者对信息修正后再进行往复的传播方式。这种传播方式的特点是受传者角色互换、强调反馈，社会生活中许多传播属于循环传播。这种传播方式有利于强化信息并使传播的信息保持完整。

4. 螺旋形传播

螺旋形传播是信息的传播经过一个传播循环后，不再回到它原来的起点，而是向更高层次发展的一种传播方式，能产生新的发现，形成新的见解，开始新的信息交流。

5. 多级传播

多级传播是信息的传播要经过几个层次，才能到达受传者那里。这种多层次的传播很容易失真走样，甚至传到最后受众那里的信息已面目全非了。

前面探讨了传播的概念、基本要素、过程模式和类型、方式等，从中可看到传播的重要性，可以说，没有传播就没有现代公共关系。

第二节 公共关系传播的原则及媒介

一、公共关系传播的原则

公共关系传播是一种有组织、有计划、有一定规模的信息交流活动，它是组织通过报纸、广播、电视等大众传播媒介，辅之以人际传播的手段，向其内部及外部公众传递有关组织各方面信息的过程。它的目的是沟通传播者与公众之间的信息联系，使组织在公众中树立良好的形象。公共关系传播这个定义至少包括三方面的内容：第一，公共关系传播的主体是组织，不是专门的信息传播机构；第二，公共关系传播的客体由两部分组成，一部分是组织内部公众，另一部分是组织外部公众；第三，公共关系传播以大众传播媒介作为主要手段，以人际传播作为辅助手段。

在组织进行公共关系传播时，应遵循以下原则。

(一)目的明确原则

公共关系传播是带有明确目的性的传播。这一点在著名的弗兰克·杰夫金斯的公共关系定义中也表述得很清楚："公共关系是组织为了达到与公众之间相互理解的特定目标，而有计划地采用的对内、对外传播方面的总和。"公共关系传播的总目标是树立、改善组织形象，形成有利的舆论环境，获得各界的支持。因此在很大程度上，公共关系传播是一种宣传，其最终目的是要人们改变或建立某种意识，它通过传播事实和观点，引导、影响人们思想认识的过程。

在总目标指导下，公共关系传播每一次具体活动、工作也要有具体的目的。如果目的不明确，随便组织传播活动，有时是花了钱没效果，有时反而会造成负效果。所以目的明确是公共关系传播工作的首要原则。

这种目的明确的传播在很多情况下，要求目标公众也要明确，这是传播目的中的重要内容。每组织一次传播活动，接收者是谁，以及他们的情况和兴趣，公共关系人员必须心中有数，才能有针对性地组织活动。这与大众传播一般化地估计受众及其特点是不同的。即使公共关系工作借助大众传播媒介进行传播，接收对象是模糊不清的，但公共关系人员仍应有明确的传播目标，以期引起目标对象的注意、关心。公共关系传播一定要避免盲目性、随意性。公共关系传播的一般性目的，根据传播效果四层次理论，可以分为以下四种。

1. 引起公众注意

在现实生活中，组织关注的焦点与公众所关心的问题往往是不一致的，公关传播的重要目的就是要使公众注意组织。在此基础上，才有可能使公众对组织产生认同、肯定的积极态度与行为。引起公众注意要靠传播内容及方式的特别、新鲜，或为公众所急需。

2. 激发公众兴趣

公关传播要充分利用传播的内容及方式使公众产生兴趣。成功激发公众兴趣的根本点在于了解公众兴趣所在，使公关传播的内容与方式同观众兴趣相结合。对公关人员来说，了解公众的兴趣、爱好以及他们的立场、观点，并据此组织自己的传播活动，是使公众对传播内容产生兴趣的首要条件。

3. 取得公众的肯定态度

公关传播不仅要引起公众注意并产生兴趣，而且要使之产生肯定、认可的态度，或者是努力实现社会公众由负态度向正态度的转变。由于态度是人们在社会生活中的经验长期积累形成的，它与主体的情感、信念、立场、需要有关，并常以利益与势力为转移。态度是人们心理活动的内在动力，它一经形成便具有相对稳定性。因此，传播要想改变公众的态度，就必须做长期、大量、深入细致的工作。而在大多数情况下，公关传播要从公众的利益出发，照顾公众的需要，适应他们的已有态度，非在必要时不要去做改变这些态度的努力。

4. 促进公众的支持行为

公众的支持行为就是让公众参与公关活动，购买宣传的产品，实施组织提倡的原则等，这是公关传播所能实现的最高目标。

(二)双向传播原则

双向传播原则是指传播双方互相传递、互相理解的信息互助原则。这一原则具体包含以下内容：一是传播必须由两个人以上进行；二是传播双方互为角色，任何一方都可传递信息，也可反馈信息；三是传播双方相互理解并有所交流。从表面上讲，双向传播原则并不太难理解，在生活中也不易被人忽视。但是在传播中则不尽然，有许多案例都说明双向传播原则在公关过程中被忽略了。因此，高度重视传播过程中的一些特殊的双向性原则是十分必要的。通常情况下，组织与公众的沟通应注意以下两个方面的内容。

1. 创造传播的共识区域

这里的共识区域是指信息接传各方在知识、经验、兴趣、爱好、文化传统等上有相近似之处。这些相近似之处就是人们可以交流的范围，如图6-3所示。

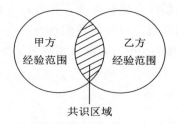

图6-3 传播的共识区域

一般来说，传播者与接收者的类似经验越多，沟通的语言就越多，信息分享的程度也越高。不少企业在实施传播活动中，都把企业的产品同企业与公众的共识区域相结合，从而形成彼此的有效传播。例如，小米手机为了获得良好的营销和服务效果，不仅利用小米社区与用户进行深入的互动，还加强了线下的互动以及良好的服务。通过线下与线上社区的互动相结合，不仅能加深对用户的了解，也能让用户对小米的服务有更近距离的体会，对产品有更直接的体验，实现良好的互动营销。通过以上案例，公关人员应明确：共同的经验范围是建立传播沟通的基础。

2. 具备反馈意识

公关传播追求有效沟通，传播者与接收者必须具备反馈意识。所谓反馈意识，一方面是指沟通双方在互相理解后要有反应，它包括信息反馈的主动、及时、对路和适量等；另一方面是指沟通双方应根据反馈来做自我调节，它实际是用结果(输出信息的实践结果)对原因的反作用来调节沟通，使沟通的双方轮流充当施控者与受控者，彼此都对对方的行为产生制约力。在实际操作中，组织在其创立时期、顺利发展及危机阶段都需要反馈意见。在此强调，在组织遇到无端指责及干扰时，更要重视反馈。

组织在其发展时期，会遇到许多意外情况，对此，组织一定要高度重视，不要以它们"纯属无稽之谈"而置之不理，那样只会对组织产生不利后果。例如，2018年10月20~21日，微信公众号"小声比比"连发文章爆料马蜂窝旅游网数据造假：马蜂窝官网自称的"2100万真实点评"，有1800万条点评是抄袭而来的，其中餐饮点评527万，酒店点评1221万，而制造这些抄袭数据的来自7454个抄袭账号。事件发生后，马蜂窝迟迟未发表官方声明来澄清事实。直到2018年10月22日马蜂窝才回应，控诉小声比比"严重不实""侵害信誉",却没有拿出任何证据。这种做法很快引起众多网友们的愤怒,马蜂窝陷于空前的信任危机,其公司估值也随之缩水 20 亿元。

(三)有效传播原则

有效传播原则是指通过传播活动要取得预期效果的原则。任何一种传播都可能存在有效、无效两种后果。公共关系传播追求的是有效传播,即通过传播使公众理解、喜爱、支持组织。公众是复杂的群体,他们对组织的了解、态度差别很大,所以对于传播活动,从设计时起就要充分考虑它对于公众可能产生的效果。要尽量争取使公众中的多数出现对组织从无知到知晓、从漠然到喜爱、从偏见到认同、从敌对到合作的转变。在实践中,影响与公众有效传播的因素有以下几个方面。

1. 信息的真实性与信息量的大小

对公众来说,虚假、空泛的内容丝毫不能引起他们的兴趣,更谈不上关注。另外,好的消息如果信息量不足或太小,那么公众就会放弃对其的关注而转向另一个热点。因而,适量传播与公众利益有关的内容是影响传播效果的首要因素。

2. 传播者的方式与态度

公关人员在传播过程中一定要谦虚、尊重别人,要"投公众之所好",设身处地为公众考虑,从公众角度讲话,这样才能取得好的效果。

3. 传播内容的制作技巧与传播渠道的畅通

前者多指文章的写作、节目的编制是否易于人们接受,后者是指传播过程是否顺畅。印刷质量差、版面不清、有错别字、图像模糊、时间安排不好等,都是传播渠道不畅的具体表现。

(四)传播的 7C 原则

传播的 7C 原则如下。

1. 可信赖性(credibility)

传播应该从彼此信任的气氛中开始。这种气氛应该由作为传播者的组织营造,这反映了其是否有真诚的、满足被传播者愿望的要求。被传播者应该相信传播者所传递的信息,并相信传播者在解决他们共同关心的问题上有足够的能力。

2. 一致性(context)

传播计划必须与组织的环境要求相一致,必须建立在对环境充分调查研究的基础上。

3. 内容(content)

信息的内容必须对公众有意义,必须与公众原有价值观念具有同质性,必须与公众所处的环境相关。

4. 明确性(clarity)

信息必须用简明的语言表述,所用词汇对传播者与被传播者来说都代表同一含义。复杂的内容要列出标题或采用分类的方法，使其明确与简化。信息需要传递的环节越多，就越应该简单、明确。一个组织对公众讲话的口径要保持一致，不能有多种口径。

5. 持续性与连贯性(continuity and consistency)

传播是一个没有终点的过程，要达到渗透目的必须对信息进行重复，但又必须在重复中不断补充新的内容，这一过程应该持续地进行下去。

6. 渠道(channels)

传播者应该利用现实社会生活中已经存在的信息传播渠道，这些渠道多是被传播者日常使用并习惯使用的。要建立新的渠道是很困难的。在信息传播过程中，不同的渠道在不同的阶段具有不同的影响。因此，应该有针对性地选用不同渠道，以达到向目标公众传递信息的目的。人们的社会地位及背景不同，对各种渠道都有自己的评价和认识，这一点传播者在选择渠道时应该牢记。

7. 被传播者的接收能力(capability of audience)

传播必须考虑被传播者的接收能力。当用来传播的材料对被传播者能力的要求越小，也就是传播信息量容易为被传播者接收时，传播成功的可能性才越大。被传播者的接收能力，主要包括接收信息的习惯、阅读能力与知识水平。

二、公共关系传播的媒介

公关工作是一种针对各类公众全方位的沟通、说服工作，因此，它需要利用一切媒介来达到传播目的。公关人员对各种媒介也应有一个清楚的认识。公关传播借助的媒介可以大体上分为两类：一类是大众传播媒介，在这类媒介中主要使用的是新闻媒介；另一类是以人际传播为主的各类媒介。

(一)大众传播媒介——新闻媒介

大众传播媒介主要有报纸、刊物、书籍、广播、电视、电影、互联网。其中，报纸、刊物、广播、电视是新闻媒介，与公关工作关系密切，可以进一步把它们分为印刷媒介与电子媒介。

1. 印刷媒介

印刷媒介是指将文字、图片等书面语言、符号印刷在纸张上以传播信息的大众传播媒介。印刷媒介的容量较大，可对信息做较为详尽、深入的报道。它易于保留、查找，便于读者选择阅读；它的价格比较便宜，读者可以通过一次性购买或一段时间的预购获得它们。但由于此类媒介的最终完成形式是印刷品，需要经过排版、印刷、递送(发售)等一系列操作过程，使得它们到达读者手中所需的时间较长，且每期之间都有一定的间隔时间，因此其时效性较差。另外，印刷媒介要求公众具有相当程度的文化水平，加之人迹罕至之处难以定期送达，因此相当一部分社会人口不能成为它的公众。

报纸与刊物都分为综合性与专业性两类。报纸主要以刊载新闻为主，刊物则只有一部分是新闻性的。

2. 电子媒介

电子媒介是使用电子技术，通过无线电波或导线发送声音、图像节目，公众要借助接收机接收的大众传播媒介。电子媒介有计算机、电影等多种形式。

电子媒介使用多样的符号来传播，有文字、声音、图像。声像符号具有形象性，形式变化多样，使电子媒介具有更强的纪实性、生动性与感染力，对公众没有文化水平的限制。电子媒介由于信道——电波的传播速度很快，以及发射手段的不断改进，因而传播迅速。

近二三十年来，电子媒介的社会地位不断提高，作用不断增强，受众越来越多。我国广播电视网建设的布局方针为"四级办广播，四级混合覆盖"。"四级"指的是国家、省、地、县。另外，全国很多大中型企业还办有有线台，在厂区范围内播出。

1) 广播

广播以声音作为传播的符号。声音有语言、音乐、音响三种形式。声音形式的不同组合可以构成多种多样、多姿多彩的节目，并具有较强的写实性与表现力。广播节目的制作播出较为简便、快捷，因而在新闻报道中，它是最迅速的传播媒介。它很容易与电话等其他媒介连接，与听者双向交流。广播的频道多(几百个)、容量大，它的语言节目可以对新闻、社会热门话题做系统、翔实的报道与深入的讨论；它的音乐、音响节目又具有纪实性、生动性与感染力。广播诉诸听觉的单通道传播可使听者注意力集中，并同时有较大的想象空间。广播节目的送达范围可超越国界，早已成为世界性媒介。广播的接收机已实现小型化，人们可随身携带，随时收听。广播电台既有播出新闻、教育、服务、娱乐等各类节目的综合台，也有只播出一类节目的专业台，例如新闻台、音乐台、教育台等。

2) 电视

电视使用各类视听符号进行传播，它可视听兼备，声画并茂，具有最强的写实性与表现力，是各类公众喜爱的媒介，因而它对社会生活的影响力也非常大。在各类新闻媒介都能使用的受众中，对电视的选择率最高，每日接触时间最长的也是电视。电视新闻具有最强的形象表现力，它真实、生动，可以速报，也可以深入分析新闻事件。电视的娱乐功能在新闻媒介中最强，这是它吸引受众的重要因素。目前电视与卫星结合，也成为超越地域、国界的媒介，作用大大提高。有线电视迅速发展，弥补了无线电视制作数量有限的缺陷，为电视发展开拓了广阔的空间。但是，电视制作播出的设备、技术都较为复杂，这在一定程度上影响了新闻报道的速度。它的符号与接收的特点也影响了它的深度；它的节目制作费用较高，节目的多少与一国一地的经济状况有密切关系。电视接收虽然没有文化的限制，但由于接收机价格较贵，而且需要电力保证，因而对贫困地区、家庭经济拮据的公众也有接收障碍。借助大众传播媒介进行公关传播，能迅速、广泛地提高组织的知名度，扩大社会影响。

3) 互联网

互联网的普及宣告了传播方式的革命，为现代公共关系提供了新的思维方式、策划思路和传播媒介。互联网作为一个新媒介，不仅是人类一种新的信息交流方式，而且是人类一种新的工作方式和生活方式，是一种全新的生活观念。互联网传播所具有的三大特点是传播内容的数字化、传播方式的多样化和传受关系的交互性。这使它适应了受众的这种多元化的需求，从向受众单纯传播新闻信息转向为受众提供全方位的信息服务。网络传播以其独特的传播优势不仅改变了以往的新闻和信息传播格局，而且为公众提供了一个前所未有的自由讨论公共事务、参与政治的活动空间。同时，社会价值多元化和媒介技术的发展，特别是网络传播技术的逐步成熟，进一步推动了受众群体的分化，使其向分众化、小众化方向发展，相应地，推进了个人传播的发展。互联网已经在我国获得了极高的地位，诸多类似新浪、网易、搜狐等综合门户网站，以及网络电子公告牌(BBS)、博客等的出现和普及，使得网络信息资源得到了极大的集成和有效的整合，实现了信息的迅速传播。

(二)人际传播媒介

人际传播虽然是人与人之间直接的信息交流，不需要各种中间环节，但方式方法也是多种多样的。有人认为人际传播是一种"无媒介传播"，这是不确切的。一次工作午餐、一场交际舞会，都是一种人际信息传播方式。在公共关系工作中，相当大量的公关活动是通过人际传播实现的。在人际传播中，公共关系人员应该根据工作的内容、对象和本组织的具体条件，选择适当的传播媒介。在公共关系人际传播中，除去直接交谈这一简单的形式外，常用的媒介主要有以下几种。

1. 电话

电话特别是移动电话目前已经普及每个家庭和个人，成为日常最重要的通信工具。使用电话的突出特点是快捷、省事、节约时间和经济。它的缺点是打电话的双方无法察言观色，信息反馈不全面。此外，在电话中讨论重要问题需要辅以必要的记录。尽管如此，电话在重大公共关系活动的准备阶段常扮演重要角色。在通知、预约面谈、前期业务交流等人际传播中，电话的使用频率也很高。

2. 网络即时通信工具

网络即时通信工具最初虽为聊天而生，但其作用早已超出了聊天的范畴。通过网络即时通信工具，可以知道亲友是否正在线上，与他们即时通信。即时通信比传送电子邮件所需时间更短，比拨电话更方便，而且允许两人或多人使用网络即时地传递文字信息、档案、语音与视频，它无疑是网络时代最方便的通信方式。

3. 会议

会议在组织传播中是一种重要的宣传媒介，可以分为面对面的会议和远程视频会议。会议都有中心内容和主题，所以信息集中，与会者可以得到综合的信息，并且交流和反馈都是双向、直接的。会议本身并不一定都是公共关系活动，但公共关系人员可以利用会议这种人际传播方式进行大量的工作，例如收集与会者及组织代表的各种情况，与重点对象建立了解和良好关系等。考虑到场地和经费，也可以选用远程视频会议作为媒介，让身处异地的人们实现"实时、可视、交互"，使人们犹如身临其境。

4. 展览

展览是一种自我宣传媒介，它的特点是针对性强、内容集中。由于实物、模型、图表、照片、幻灯、录音、录像等手段可以综合使用，因而事实性强，能吸引公众。展览中反馈及时，可以直接判断公众的态度和意见并及时进行自我调整，因而常能收到良好的效果。展览的形式多种多样，但一般都需要一定的制作周期和较多的经费，故不能大量使用。

> **【专栏 6-1】 举办展览会应注意的问题**
>
> (1) 确定参展单位、参展项目和展览会的类型。可以采取广告和给有可能参展的单位发邀请信的方法吸引单位参展。广告和邀请信要写清楚展览会的宗旨、展出项目类型、对参观者人数和类型的预测、展览会的要求和费用等。应给潜在的参展单位提供决策所需的资料。
>
> (2) 选择展览会的地点。在地点的选择上，首先考虑的是方便参观者，例如交通方便，易寻找等；其次，要考虑展览会地点周围的环境是否与展览会主题相得益彰；最后，要考虑辅助设施是否容易配备和安置等。
>
> (3) 培训工作人员。展览会工作人员的素质和展览技能的掌握，对整个展览效果会产生重要影响。必须对展览会工作人员，例如讲解员、服务员等进行良好的公关训练，并对每次展出的项目进行最基本的专业知识培训，以满足展览会的要求。
>
> (4) 成立专门对外发布新闻的机构。专门的机构要负责制定新闻发布的计划和组织实施计划，负责与新闻界联系的一切事务。
>
> (5) 准备展览会所需的各种辅助宣传材料。例如拍摄幻灯片和录像、制作各种小册子和目录等。
>
> (6) 准备展览会的辅助设备和相关服务。例如，设置处理对外贸易业务的部门、附设产品订购的接洽室，以及文书业务、邮政、检验、海关、交通运输、停车场等。在入口处应设置咨询台，贴出展览会平面图，作为参观者的指南。
>
> (7) 设计制作展览会徽标，备好展览会纪念品，提前印好入场券并分发出去，准备好售票的地点和窗口等。

5. 专题活动

专题活动也称"特别节目"。专题活动范围极广，是重要的人际传播媒介。

6. 馈赠纪念品

纪念品一般是通过各种专题活动散发的实物，例如书籍、画册、纪念章、工艺品等。纪念品作为一种人际传播中的宣传媒介，能起到宣传、介绍专题活动主办者的作用，它有利于密切人际关系和组织间的关系，增强彼此间的联系和感情。值得注意的是，目前社会上在一些公共关系活动中有一种滥收实物的风气，例如毛毯、衣料，甚至一些高档商品也都成了"纪念品"，名曰"实惠"，实为"庸俗"，这是一种不正常的现象。

纪念品首先应具有纪念性，它应和专题活动的主题相一致，这样才能使纪念品的受赠者产生一种荣誉和亲切感，从而去珍视它、爱惜它；其次，纪念品本身应具有保存价值，失去了保存价值，也就失去了纪念意义。

7. 赞助

赞助也是一种人际传播媒介。赞助不同于广播，赞助一般是赞助单位对一些公益性或大众性的活动提供某种财政或实物上的支持，以此来提高自己的知名度并增强社会影响力，例如体育比赛、文艺演出、书刊出版、办学、各种奖学金、科研项目等。赞助应选择最有利于扩大自己影响、社会效益显著的内容，同时也要考虑到赞助者本身的物力、财力情况，赞助是自愿的，摊派不是赞助，而是赞助的一种滥用。

> 【专栏 6-2】提供赞助的决策依据
>
> 　　组织所提供的赞助，或者是由组织主动选择赞助对象，或者是在接到请求时再作出反应，组织为提供某项赞助而进行决策时，主要应考虑以下几点。
> 　　(1) 此项赞助的社会效益。提供赞助时，应优先考虑社会效益，例如社会的救灾活动、对残疾人的福利赞助、希望工程的赞助等。
> 　　(2) 在考虑社会效益的前提下，也要考虑组织的经济效益，使二者能有机地结合在一起。
> 　　(3) 在选择赞助项目时，还要优先考虑与本组织有联系或关系的项目。例如，经营体育用品的企业可以优先考虑赞助体育活动或体育竞赛，汽车公司可以赞助赛车等。
> 　　(4) 本组织的财政状况。应考虑组织目前的财政状况能否负担得起赞助的款项等。
> 　　(5) 对于既无社会效益，又与本组织经济利益毫无关系的赞助请求，要敢于回绝。在当前我国经济生活中，拉赞助成风成灾，对这种不良行为应坚决抵制。
> 　　为此，组织的公关部门应把社会赞助活动作为搞好公关的一项重要任务。组织进行哪些方面的赞助，应进行认真的研究和分析，明确基本的赞助方向及重点，使组织和社会同时受益，防止各种与组织赞助方向相差太远的现象发生。

(三)组织自控媒介

　　自控媒介是其所有权、支配权、使用权均属于社会组织，由社会组织自主控制的一种传播媒介。自控媒介是公共关系传播的重要手段之一，它对塑造组织形象、增强组织内部凝聚力，都具有极其独特的作用。组织内部的宣传品、广播、橱窗、海报、标语牌、内部刊物、员工手册、墙报、企业网站、录像、幻灯等均属自控媒介。

1. 自控媒介的特点

　　自控媒介不同于其他媒介之处在于以下几方面。

1) 可控性强

　　由于自控媒介由组织自己掌握，所以，它能准确、直接地表达组织的意图和目的。而且，可以自主采用各种不同方式与方法来表现，在操作上是独立的。宣传成本也可以根据组织的经济状况加以调节。利用自控媒介传播可以做到让自己满意为止。

2) 媒介种类丰富

　　自控媒介种类繁多，组织内的公关人员可在完全自主的前提下，充分调动各种资源。例如文字、图片、印刷、电子技术、幻灯片、宣传栏、内部刊物、员工手册、录像等各具特色，可以充分利用其长处，采用不同组合，获得理想的效果。

3) 传播面有局限性

　　自控媒介与新闻媒介和广告媒介相比，其传播范围小，它对内辐射面只是企业内部，它的对外辐射面也主要是与组织有密切关系的公众。例如，旅游企业自控媒介涉及的只有旅行社、酒店和旅游景点接待的游客，以及与旅游企业有往来关系的其他公众。这一点是自控媒介不如大众传播媒介之处。

2. 组织自控媒介的类型

组织自控媒介包括以下几种类型。

1) 内部刊物

内部刊物是指以组织内部成员为读者对象,不向社会公开发行的刊物。组织内部刊物对实现有效沟通和协调员工关系起着重要的作用,它是内部公关的重要媒介。内部刊物具体有以下几种。

(1) 内部通信。内部通信主要传递组织内部政策、经营管理情况、各种动态、好人好事等,旨在与各成员交流信息,增进成员对组织的了解,激励员工做好本职工作。

(2) 专业性杂志。这种专门性刊物,主要刊登特写文章、专论,以业务方面内容为主,供组织内各专业人员阅读。其目的是加强业务人员的交流,互通信息,共同提高业务水平。

(3) 小报或简报。它们主要发表新闻、短篇文章、图片、组织的最新动态及通告等内容。其特点是周期短、反应快,常以周报、双周报、月报等形式出现。

(4) 销售简报。在企业内,为把握销售动态,销售经理与营销员之间常以销售简报的形式定期交流,一般一周一期。此外,销售简报还可以向企业其他部门及其有关成员分送,供其了解企业经营管理状况。

组织内部刊物,从形式上又可分为报纸类和杂志类两种,报纸又可根据实际情况采用电脑打字、油印、复印等形式。杂志通常采用活版印刷、平版印刷和照片凹版印刷,单色印刷或彩色印刷,例如广州白天鹅宾馆的《白天鹅之家》、花园酒店的《花园之声》都是很好的员工刊物。

2) 报告与手册

组织不仅可通过内部刊物传播信息,还可采用各种报告与手册媒介等与内部公众进行沟通。

组织的报告通常有年度报告、季度报告、调研报告、各种工作报告及通报等。通过各种报告,组织可向股东、管理职员及有关部门进行情况通报。报告是组织与股东、管理职员建立联系的重要媒介。它通常报道组织一定时期的工作进展情况、组织面临的问题、组织的发展前景等。

企业手册主要是有关企业经营理念、企业价值观、员工行为规范和企业各项制度的宣传教育类小册子。企业手册是规范员工行为、培养组织观念、增强员工归属感和凝聚力的有效工具。我国大多数企业都较重视员工手册的作用并制备了员工手册。

3) 对外宣传品和纪念品

这类媒介包括企业介绍、服务指南、服务索引、挂历、贺年卡、画册、宣传文集、海报、菜单、邮寄品(明信片、信封、信笺)等,以及宣传企业形象的其他纪念品。这类宣传品和纪念品,有些是提供给客人使用或留念的,有些可以免费送给与企业有联系的其他组织或个人。

这类宣传品和纪念品,不仅能传递企业信息,而且还能联络、沟通与公众的感情,公关效果很好。

4) 内部电子媒介

电子媒介包括闭路电视、广播、幻灯片、局域网、公司网站等。公关人员可通过它们创造性地将组织的信息传送给员工。通常,它们可用于以下几个方面。

(1) 录制组织的新闻。这比印刷媒介更快地到达内部成员那里。通常选在成员就餐、午休或其他方便的时间向员工播放。

(2) 录制组织人事信息资料、重要活动的场面等。

(3) 录制教育培训方面的磁带、幻灯片，用于对员工进行职业培训，例如服务方面、技能方面、推销技法等，特别是对酒店企业，这种需要是经常的。

此外，组织重要领导人物讲话，也常常被现场录制播放。

5) 公告类媒介

公告类媒介主要有组织的公约、公告栏、各种橱窗和告示牌等。虽然现代电子媒介削弱了许多媒介的功能，但公告类媒介的功能却盛行不衰，国际国内的大小企业，大多都依靠公告栏与自己的员工沟通。

公告栏一般安置在办公楼前、楼内、食堂、礼堂、广场、路边等。它们通常被用来发布通知、发布工会活动信息、先进人物光荣榜、简报和公约。公告媒介，无论何种内容，凡融进了公关创意后，都能成为与内部公众沟通的最佳渠道。

6) 企业网站

随着信息时代的到来，网站以其方便、快捷和低成本的优势正迅速被几乎所有有远见的企业所接受。企业网站也正在如同电话、传真一样成为企业宣传品牌、展示服务与产品乃至进行所有经营互动的平台和窗口。客户如果想了解某个企业的情况与产品，可先上网看一看。如果企业连网站都没有，人们就会先入为主地认为这个企业没有实力，即使这个企业其实挺不错。可见，网站对于一个企业已经具有某种象征性的意义。企业网站作为企业在互联网上进行形象宣传的平台，相当于企业的网络名片，不但对企业的形象是一种良好的宣传，还可以辅助企业的销售。企业网站制作时应注重浏览者的视觉体验，加强客户服务，完善网络业务，吸引潜在客户关注。

7) 组织标识

人们对事物的认识往往是从视觉形象开始的，总是从感性认识上升到理性认识。公众对一个组织及其形象的认识和记忆，凭借直观的符号和标志，更能获得良好的效果。对企业来说，更是如此。所以，企业应注意外在形象的设计，在公关宣传中向公众提供引人注目的组织名称、徽记、代表色、象征物等标志，以及物品包装、纪念品、人员着装的特色，给公众留下与众不同的印象。有差别与特色的视觉冲击，往往是引起注意的重要因素，有了注意才会有态度和行动。公共关系传播的目的就在于最终能改变公众对组织的态度，引起对组织有益的行为。所以，不可忽视视觉形象设计带来的公关效应。

三、公共关系传播媒介的选择

公共关系传播媒介的选择，要根据所传播的对象、内容和传播者本身的一些具体条件而定。这些具体条件包括需要的程度、目的、经济实力等。要想取得最好的传播效果，必须要科学地选择媒介，具体需要从以下三个方面来考虑。

1. 传播对象

1) 公众文化层次

受教育文化程度高低与媒介选择有密切关系，一般受教育程度较高者常选用印刷媒介进行阅读分析，获取信息。反之，受教育程度较低者常选用电子媒介渠道获取信息。

2) 公众年龄构架

一般而言，年龄大、水平较高者多选用印刷媒介。年龄小、水平较低者则喜欢使用电子媒介。

3) 公众生活规律、工作习惯

不同公众的生活规律、工作习惯都各有所不同，他们所接收信息的时间和采用的方式也不尽相同。生活不规律的公众无法在规定时间内利用电子媒介，这样印刷媒介就更适合于他们。

4) 公众经济状况

经济生活水平高者，有可能利用费用较高的媒介获取信息。经济生活水平低者，只能接触费用低廉的媒介。

2. 传播内容

1) 传播信息的难易程度

如果要传播的信息是较难理解的，需深入分析报道的，适用于印刷媒介。相反，传播信息简单，易理解的则应使用电子媒介。

2) 传播信息的价值大小

若信息有较大参考价值，必须保存，宜采用印刷媒介。相反，没有收藏价值，不需记录和保存的则应使用电子媒介。

3) 传播信息内容详细程度和趣味性

如果传播信息要求较详细但趣味性较小，宜用印刷媒介。如果需要声情并茂易引起兴趣的，则应通过电子媒介。

4) 传播信息内容的性质

一般来说，年龄大、水平高者愿意接收知识性、政治性、公共事业性较强的信息，应较多使用印刷媒介。年龄小、水平低者喜欢接收趣味性较强的信息，宜多使用电子媒介。

3. 经济因素

运用传播媒介传递信息需要支付一定的费用，费用水平与效果大小成正比。例如，电视费用最高，效果也最好，通常以秒计算；其他媒介效果差些，费用相对也较低。因此，公共关系人员在选择媒介时，必须考虑组织机构自身的经济负担能力，精打细算，充分利用现有的人力、物力和财力，以最少的费用争取最大的传播效果。

第三节　公共关系传播的效果

一、公共关系传播效果的理论

公共关系传播效果涉及范围很广，对传播效果的研究也相当复杂。传播的目的在于让信息影响受众，使受众产生反响和共鸣，最终采取行动。

1. 传播效果"枪弹论"

这一观点最初始于 20 世纪 20 年代，主要注重传播者的作用，忽视受众的作用。认为在大众传播过程中，大众传播具有神奇的力量，它可以把"各种各样的思想、感情、知识或动机从一个人的头脑里几乎不知不觉地灌输到另一个人的头脑里"，就像子弹射中靶子和将注射液注入人体那样迅速，神奇有效。这是早期大众传播学所谓的"枪弹论"。

1938 年 10 月 30 日，美国广播史上发生了一件空前绝后的事，似乎证实了传播的"枪弹论"。那天晚上，哥伦比亚广播公司播放了根据英国著名科幻小说家威尔斯的《星际大战》而改编的剧本《火星人进攻地球》。这个广播剧栩栩如生，虽然播送时间仅为 1 小时，而且在广播过程中不断说明这是演戏，但还是有成千上万的听众信以为真。听众给警局打电话，询问火星人向地球入侵，并先在美国东海岸着陆一事等。一时间，不少人奔走相告，收拾行李奔向西海岸，以躲避火星人的侵袭。

"枪弹论"观点一直持续到 20 世纪 40 年代才开始动摇，到 60 年代雷蒙德·鲍尔 (Raymond Bauer) 的《顽固的受传者》为止。传播效果的"枪弹论"已经被人们彻底抛弃了，代之而起的是"影响有限论"。

2. 传播效果"影响有限论"

随着理论与实践的发展，人们发现大众传播效果是有限的，其作用可大可小，因人、因事或因时、因地而异。

受众的"顽固性"，来源于个人性格和态度的千差万别。受众并不是被牵着鼻子走的或者是随风倒的芸芸众生，而是非常自信、非常主动并带有成见的。例如，日本报刊研究所曾对上层社会和普通百姓进行过民意测验，结果显示，一部分读者对报刊上的新闻很不相信，对报纸新闻完全信任的读者只占 44%左右。这说明受众在传播活动中并非是一个消极的接受对象，而是一个积极的能动的反应者，他们对传播者所传播的信息具有"选择性"。美国学者约瑟夫·克拉帕(Joseph Clapper)将其概括为"选择性接受""选择性理解""选择性记忆"。

传播效果的大小与受传者关系极大，只要认真研究受传者的情况，有针对性地选择传播内容、方式，采取有效的办法减少受传者的选择性因素干扰，就可以获得预期的传播效果。

二、公共关系传播效果的层次

各类传播者对受众都会产生一定的影响，这就是效果。但是效果并不都是等值的，它们有作用范围大小与作用程度深浅不同的区别。对于公共关系工作者来说，由于各类传播形式都要使用，所以更应该了解传播发生作用的不同层次。针对公共关系的目标和公关传播的目标评估，传播对于受众的影响可以达到四种程度，也就是四层次传播效果。

1. 信息层次

信息层次即将所要传递的信息传到受众处，使之完整、清晰地接收到，并且较少歧义、含混、缺漏，这是简单的传到、知晓层次，是任何传播行为首先应获得的传播效果层次。

2. 情感层次

情感层次是指传播者传出的信息从知晓进而触动受众情感，使受众在感情上与传播内容接近、认同，对这一传播活动感兴趣，从而与传播者接近。这是传播获得的较为理想的效果，但需要注意的是，情感有正负之分。只有正面情感才是传播者所需要的，负面情感例如反感、厌恶等，应予以避免。

3. 态度层次

态度层次是人对事物或现象认识的程度、情感表达和行为倾向的总和。它已从感性层次进入了理性层次，是在感性认识基础上经过分析判断、理性思维而产生的，一经形成就非常难以改变。传播如果能达到这一层次，对受众的影响就非常深入了。态度除有正负、肯定与否定之外，也不一定与情感有必然的同方向联系。有些人和事，人们在感性上同情，而在理智上则不赞成。

4. 行为层次

行为层次是传播效果的最高层次。它是指受众在感性、理性认识之后，行为发生改变，作出与传播者要求目标一致的行为，从而完成从知到行的认识、实践全过程，使传播者的目标不仅有了同情、肯定者，而且有了具体实施、执行者。实验研究证明，态度与行为的改变有着较密切的相关关系。

应该看到，随着效果层次的提高，受众由于各种原因而逐渐减少。同时，只有能达到较高的效果层次，才能使哪怕是初级效果得以较长时间的保持，否则受众会很快淡忘，一个传播行为也就以无效告终。几种传播效果不是直线相连、必然上升的，它们之间的相互影响是复杂的，关系是辩证的。

三、公共关系传播效果的评价

传播效果是指传播者所发出的信息对传播对象的影响和传播对象对传播内容的反应。传播效果的评价是指对传播对象影响的范围和程度进行分析与衡量。对传播效果的评价可采取两种方法来进行。

1. 传播前评价法

这种方法是在传播前进行的一种事先评价法。公关信息都有一个特定的目标。传播前可根据这个既定的传播目标进行直接评价，即邀请部分受传者对备好的几种传播方案(包括传播方式、媒体选择、传播内容、传播时间等)进行直接评价，比较哪一种传播方案与传播目标最为接近。各种传播方案的"形象差距"有多大，据此改进，最后确定实施最佳传播方案。

2. 传播后评价法

传播后评价法的做法有两种：一是收集反馈意见，检查传播对象的接收程度，以评价传播效果；二是认识程度测试，抽样调查传播对象，让他们回忆信息的中心内容，以测定传播对象对公共关系信息的认识程度，找出传播目标的形象与公众认识形象的差距，以此来评价传播效果。

传播效果在很大程度上受传播要素的影响制约,任何一个传播要素不能发挥正常功能,都会导致传播效果的失衡。因此,在评价传播效果时,应对传播诸要素的功能正常程度进行检测并作出综合性分析,以提高传播效果。

第四节 公共关系传播的障碍及技巧

一、公共关系传播过程中的障碍

公共关系传播是一个动态的复杂过程,从众多学者的论述中可以看出,从组织发出的信息含义和公众接收的信息含义的完全一致性是罕见的,其原因便是公共关系传播障碍的问题。

随着现代社会高科技的发展,人与人、群体与社会的关系,不仅是面对面、直接接触的关系,而且是通过媒介建立起来的间接关系。现代社会的信息传播越来越多地通过媒介及机械进行。因此,研究公共关系传播规律,分析公共关系传播障碍,既要考虑人与社会系统,也要考虑人与机械系统。

(一)人与机械系统的障碍

人与机械系统的障碍主要是指不能维持传播通道畅通无阻的因素。例如,印刷媒介中最常见的机械障碍是印刷质量不好,字迹模糊不清,色彩紊乱,或者纸张不好,装订有误等,不仅影响读者的阅读,还影响传播效果。电子媒介中最常见的障碍是广播电台与电台之间所使用的频率极为接近而产生干扰,造成听众收听的障碍。另外,电视台、发射台、接收天线的设备故障、高楼阻碍电波的传递等,都会导致电视影像不清、画面清晰度不够等现象,从而影响传播效果。个人对团体的面对面传播也会遇到机械障碍,例如演讲者使用的话筒发生障碍,或者杂音等都会使听众讨厌而影响传播效果。

(二)人与社会系统的障碍

人与社会系统的障碍主要是指个体之间不同的经验范围造成的。任何传播活动,传受双方必须在相同的经验范围内传播才会有效。双方的经验范围越大,传播效果越明显。美国传播学家威尔伯·施拉姆(Wilbur Schramm)指出:"参与传播关系的人,每一个人都带有充满一生的经验,用以解释别人给他的信息和决定如何反应。假如两个人要达到有效的传播,他们储存的经验必须有若干相同的地方。"

不同的经验范围所造成的公共关系传播障碍主要有以下几个方面。

1. 语言障碍

语言是由语音、词汇、语法等构成的符号体系。人类必须借助语言表情达意、协调关系。语言与思维是人类所独有的,是人类重要的沟通工具。语言出现障碍,会影响传播效果,所以语言障碍是重要的传播障碍。语言障碍表现在三个方面。首先是不同国家、民族的传播沟通会遇到语言障碍。如果不懂英文,就无法听懂英文演说。如果对英美国家的文化背景、生活习惯不熟悉，也很难掌握英美语言的文学特征，就像许多翻译作品一样，无法表达作者的意愿，就是因为使用的语言符号不同而造成的语音不同。其次是一个国家的同一民族因地区的不同而造成的语音不同，也会造成严重的传播障碍。生活中常有因语言不同而发生各种纠葛，造成严重后果。最后是同一国家、同一民族、同一地区的人的信息传播会遇到语义障碍。例如，一位公安人员在侦查专案过程中发现一个青年人有嫌疑，立刻向科长汇报，科长指示"可以带来审查一下"。于是，那位青年便被拷来了。审查结果证明被拷对象毫无问题。抓人容易放人难，这位公安人员请示科长如何处理，科长发火道："谁叫你把他拷来的？"公安人员回答："你说把他带来审查一下，又没说过不准拷来。"科长语塞。问题就出在"带来"这个词语语义含混不明，造成的语言障碍，影响了双向的沟通而造成的后果。另外，双关语、成语或典故等都会产生语义障碍。

2. 符号障碍

符号是指语言文字、表情、动作、图案等。对于符号意义的认知，是以学习积存为经验的；没有经验，对符号便无从理解。例如手势语、标志语等，除非曾经学习认知过这些符号，否则无从理解，即使大量传播，对公众而言也是无效传播。另外，由符号与本体之间的距离、对符号的概率性认识和推论也会产生错误。许多符号都是象征性、笼统性的，在数量、形状与质量上绝不完全相同于本体。任何符号都可能帮助我们了解外在世界的各种现象和事物，我们也常用符号来想象、推测、追寻，常会产生事实与推论的混淆。例如，日本的"东芝"电器，一般都认为是日本的电器，但实际上是别国代加工的，不是真正的日本货。世界是多变而复杂的，而符号是僵硬不变的，新事物、新发明、新学科、新理论、科学研究不断涌现，现代的符号难以完全代表世界的每一种新事物。而创造新符号，一时间又难以使人适应。所有这些都会造成传播障碍，影响传播效果。

3. 观念障碍

人在生存过程中，都要经过社会化过程，家庭、学校、职业、宗教等常给人传输根深蒂固的各种观念。如果传播内容与人们固有的观念相违背，就会造成各种误解、曲解或拒绝。韦尔伯·施拉姆在《大众传播与社会发展》一书中以巴尼一家为例，说明在一个经济落后、文化封闭的山区宣传生活方式新潮流是难以生效的。巴尼一家住在亚洲南部一个古老的国家里，文化生活继承了丰富的宗教、哲学、诗歌和艺术的遗产，但物质生活很贫乏。政府派出社团发展工作者，设法增加其农业生产，巴尼家两个读过书的年轻人很快接受了，他们回家同家长谈起政府的变革设想，他们说："这些人说，如果我们用这种方法耕种，我们的大米好换钱。"家长说："钱是麻烦的东西。"年轻人说："用这钱，你可以给母亲买一件新衣。"家长说："她有衣服了，买了新衣放哪里？"年轻人说："用这钱，我们可以把孩子们送进学校去。"家长问："那他们会不会离开我们到城里去？"家长的态度是严厉地拒绝接受政府的新耕种法。老式的、经过亲自试验的、就近的总是保险的，而新的、遥远的总是不可靠的。现代社会同样充斥着这种思想观念，故需要更多地沟通传播。

4. 心理障碍

心理障碍是指人的认知、情感、态度等心理因素对传播沟通造成的障碍。心理障碍有四种。第一是感情失控导致传播障碍。例如,感情冲动、心情压抑等情境对信息产生厌恶情绪,不愿交流。第二是迷信权威的心理会导致传播障碍。美国某校心理系对大学生做过一项实验:在开始讲课前,教授给学生们介绍一位客人。他说:"这位是约翰·斯密特先生,他是世界著名的化学家,我们特邀他来美国研究某些物质的物理和化学特性。"然后,这位斯密特先生用德语向学生说,他正在研究一种新发现的物质的性能,这种物质的扩散非常快,人们刚嗅到它的气味就会立刻消失了。他从皮包里拿出一个装有液体的小试管,说道:"我一打开试管,这种物质就会立即散发。这是一种无害气味,你们很容易嗅到。请大家一闻到气味就立即举起手来。"他打开试管后,从第一排到最后一排的学生立即都举起手来。事后,心理学教授宣布:"斯密特先生不是别人,他是德语教研室的一位教员。所谓具有强烈、无味性质的物质,不过是普通的蒸馏水而已。"实验证明,迷信权威往往会使人接收虚假信息,从而造成相反的后果。第三是不调和心理会造成传播障碍。许多人对于自己所拥有的经验、学识都有强烈的优越感,往往要排斥与自身的观念思想不相符合的传播内容,这样传播就会失败。第四是两极化心理也会造成传播障碍。人们评价或者判断某种事物,常会呈现非此即彼的心理倾向。例如不是成功就是失败,不是聪明便是愚笨,常会忽略中间性。然而事物往往是复杂、多层面的,因此,要多发掘事物的各个层面,认识、展现事物的多层面,才能减少传播障碍。

总之,公共关系传播过程中产生一定的障碍是不可避免的,传播障碍产生的原因是复杂的。从传播主体上讲,传播者、受传者会因自身经验、观念,以及对各种符号意义的理解局限造成传播障碍。从客体上说,环境因素、机械系统、符号实体等都会造成传播障碍。分析公共关系传播障碍,目的是尽可能地减少传播障碍,增强传播效果,获得最优传播效果。

二、有效的公共关系传播技巧

有效的公共关系传播技巧包括以下几种。

(一)善于利用传媒

从公共关系产生的历史看,是政府和企业的媒体公关造就了公共关系这个新职业。早在美国的"便士报运动"时期,美国的企业就开始利用媒体来宣传自己,利用传媒收集环境、市场和行业变化信息以及公众的需求信息,据此调整企业产品、服务和经营行为。世界第一个公共关系咨询公司是由曾任美国《纽约时报》记者的艾维·李在 1903 年建立的。这些都说明公共关系一开始便与新闻媒介结下了不解之缘。

对组织而言,与新闻媒介的关系是组织的一种极其重要而又特殊的公共关系。一方面,新闻媒介是组织实现公关的手段;另一方面,新闻媒介本身就是组织的重要公众。传播学认为,大众传播到达和影响公众的途径是分两步走的:首先是传播内容被"意见领袖"接纳;然后通过"意见领袖"传播出去。这里的"意见领袖"是指专家学者、社会名流、新闻记者等有影响力的重要人物。其中新闻记者的作用尤为重要,因为任何专家学者、社会名流的意见最终都必须由新闻记者通过新闻媒介传播出去,故领导人要善于利用新闻媒介。新闻媒介可以迅速、真实、大范围地在公众中树立、传播良好形象。因而善待记者就是公关人员要把握的一个重要原则。善于利用传媒包括以下内容。

1. 处理好企业与新闻媒介的关系

在西方国家，把新闻媒介比作独立于立法、司法、行政三权之外的第四种权力，记者被称为"无冕之王"。因此，保持与媒介的良好合作关系，以取得理解、支持，是企业塑造形象、沟通公众关系的重要条件。搞好媒介关系，一方面可以迅速提高企业知名度、扩大企业社会影响；另一方面，当企业面临危机时，能获得媒介的同情和支持，积极引导舆论，以正视听、重塑形象。

2. 新闻报道必须选择好事实

选择好事实，要求先对组织内部的各种事实进行筛选，抓住好的报道题目，往往就成功了一半。选择的标准是事物的新闻价值。新闻价值是指该事实自身所具有的重要性、新鲜性、接近性、及时性和趣味性。特别是要具有重要性、还有层次性的特点。即有的事实具有全国性的报道价值，有的有地方价值，有的只有本单位价值，公关人员要学会根据事实价值的大小选择不同级别的媒介。

3. 善于进行新闻策划

新闻策划本来是一个新闻学概念，其原意包括两种类型：一种是新闻事实发生后，新闻从业人员商量如何采访、如何提炼主题，如何划分段落，如何制作标题，如何美化版面等，这是对新闻报道的策划；另一种是新闻从业人员依据新闻报道的需要，遵循事物发展的一般规律，参与新闻报道赖以生存的新闻事件或活动之中，为新闻报道奠定基础，提供对象和素材。由此而写出来的报道都是策划新闻，或策划性新闻或策划的新闻。这里所指的新闻策划是特指公共关系人员对新闻事件或活动的策划，即由公共关系人员参与设计、促成新闻事件的发生并吸引媒体加以报道的行为，又称新闻事件策划或新闻本源策划。经过新闻策划而产生的策划新闻与"制造假新闻"完全不是一回事。

为了搞好新闻策划，必须正确认识新闻策划。

1) 新闻策划不是制造新闻

新闻是客观事物的反映，是对那些已经发生的、正在发生的，或将要发生的事实的报道。公共关系人员是事件的参与者、组织者甚至实施者，而记者是新闻的报道者，他们都不是新闻的制造者。如果承认公共关系人员与记者能够制造新闻，那么假新闻就可能满天飞，传媒就会失去它存在的价值。新闻策划不能与制造新闻混为一谈。

新闻策划是指在承认新闻是客观事物的反映这一前提下的策划。新闻策划是发挥公共关系人员的主观能动性和创造性思维的一种表现，按照公共关系规律与新闻规律办事，实现新闻资源的最佳组合和配置。

2) 有利于充分发掘事件的新闻价值

新闻策划可以说是多人的集体创作，它集中了集体的智慧，能够在不引人注目的新闻线索群中发掘"价值昂贵的珍宝"和"带着露珠的鲜花"。新闻策划能够极大地开拓和有效地利用企业的新闻资源。不仅可以敏锐地看到眼前发生的事实，而且可以敏锐地回忆过去发生的历史，可以科学地预测未来，找到过去、现在和未来之间的联系纽带。

(二)运用公共关系广告

广告作为传播信息的工具、指导消费的钥匙、扩大交往的桥梁、树立形象的手段，正引起愈来愈多社会组织的重视。随着市场竞争的日益激烈，企业不仅要通过广告推销自己的产品，还要通过广告在公众的心目中建立自己的良好形象和声誉。后者就是公共关系广告要达到的目的。

1. 公共关系广告概述

广告从字义来看就是"广而告知"，即向广大公众告知某件事。广告可分为一般性广告和公共关系广告两类。一般性广告主要有商品广告、文体活动广告、社会服务广告等。公共关系广告特指公共关系部门运用大众传播媒介为组织传播信息，推销组织形象的广告。公共关系广告与商品广告的区别主要表现在以下几个方面。

1) 宣传的内容不同

商品广告直接宣传产品形象，公共关系广告不直接宣传产品，而传播产品之外各种与公众有关的企业信息。商品广告推销具体产品，公共关系广告则推销企业整体形象。如果说商品广告的目的是要人们"买我的产品"，那么公共关系广告是要人们"喜爱我的企业"。因此，商业广告多传递有关产品品种、质量、性能、结构、售后服务、用户利益等内容；公共关系广告主要传播有关管理、技术与经济实力、职工福利、人才培养、企业经营理念及社会责任等内容。

2) 宣传的模式不同

一般商品广告的宣传模式遵循公众→产品→企业的路径。它先让公众认识企业的产品，通过产品再逐渐认识企业，它的重点是宣传产品。公共关系广告宣传按照公众→企业→产品的模式进行。它先着力于让公众了解企业的整体形象、风格特征，在感情上认同并喜爱企业，继而再接受企业的产品。

3) 宣传追求的直接目标不同

商品广告侧重于产品的直接促销，注重产品的近期市场占有率，产品销售额的上升。公共关系广告注重的是企业长久的市场效应，不是直接对产品促销，而是通过推销企业形象而达到推销企业产品的目的。简单地说，商品广告追求的是产品销售额直接的上升，而公共关系广告追求的是树立良好的企业形象，赢得消费者的好感。

4) 宣传的效果不同

商业广告的主题是宣传或推销商品或服务，商业色彩较浓。广告发出后，能较快地增加商品销售量与营业额，经济效益比较明显。公共关系广告的主题是传播组织的观念、实力、善意和企业整体形象等，商业色彩较淡，经济效益并不突出。但是社会效益好，能让公众记忆深刻，留下好印象，从而赢得理解和支持。例如，某药业公司的公益广告是"健康人生，温馨社会"。这里没有一字涉及产品，但它传递了公司对公众、对社会的爱心和承诺，使人感到亲切，让人对这家公司在感情上产生认同，这也就是公共关系广告的目的所在。

2. 公共关系广告的类型

公共关系广告的类型多种多样，归纳起来大致有以下几种。

1) 企业广告

企业广告主要是介绍企业各方面情况，使公众对企业的主要特征、自然状况、经济技术实力等有一个基本的了解，目的是树立良好的企业形象。一般包括以下两方面内容。

(1) 介绍企业的生产和技术状况。有的企业在广告中列举本公司的高级技术人员的优秀成果，这样做能给公众留下深刻印象，认为该公司人才济济，技术力量雄厚，其产品具有质量的可靠性。有时，公关广告也可以介绍企业的技术装备、产品的制造工艺、生产流程、质量检验方式等。通过这些介绍，使公众对企业产生信赖感从而达到营造购买气氛的目的。一些酒店在广告中也常展示其新设备、新服务项目、特色产品等，以刺激顾客消费。酒店大堂的小册子，就是这类宣传资料，目的在于让顾客更好地了解酒店，增强对其产品的信心。

(2) 宣传企业的价值观和经营理念。企业在新开张或举办某项纪念活动时，通常会做广告介绍自己的业务范围和经营方针，这对于树立企业形象当然是必要的，但往往容易导致一般化。所以精通管理艺术的企业，总是重视培养和宣传本企业的价值观和经营理念，并善于在广告中创造性地用一些口号来表达，使它成为一个基本的象征和基本的信念。对内产生凝聚力，对外产生感召力，使公司的形象通过它的口号(即公关广告)深入千家万户。例如，美国的麦克唐纳公司的"八字宗旨"(优质、服务、清洁、公平)就是如此。

2) 响应性广告

这类广告所要强调的是组织与社会生活的关联性，企业对社会重大事件的关切和自己对这一事件的态度。响应性广告主要表现有两种。

(1) 对政府的某项措施或者当前社会活动中的某个重大问题，以企业的名义表示响应，即表示支持或反对，表示企业对社会的关心、对政府的支持，表明企业愿意为社会整体利益作出自己的努力。例如一句"好空调，格力造"宣告了格力转型升级的信心和决心，也道出了国内家电业同行的心声——由"中国制造"向"中国创造"迈进。

(2) 祝贺性广告。某公司成立、周年纪念，以组织或同行的名义刊登广告致以热烈祝贺。这表示愿意携手合作，相互支持，共同繁荣，也可以表示正当竞争，相互促进。这类广告可收到广结良缘的效果。

此外，在节假日，向公众表示祝贺，特别是在一些特殊的节日。例如教师节、母亲节、儿童节等，向这些特殊的对象祝贺，也是响应性广告的一部分，同样会收到良好的效果。

3) 创意广告

创意广告主要是指以公司的名义率先发起某种社会活动，或者提倡某种有意义的新观念等，并以此为主题制作广告。这种广告是用一种新的方式引起公众的注意。因为它的主要特点是创新性和号召性，因此它具有领导视听的效果，能够在公众心目中留下强烈的印象。例如，旅行社号召同行抵制削价竞争，酒店业倡导微笑服务等，都能引起社会的广泛注意和好评，扩大自己的社会影响。

4) 解释性广告

解释性广告是当公众对企业、产品缺乏了解、存有误会时，企业通过解释性宣传，说明情况、澄清事实、消除误会。例如，深圳一家饮料公司推出一种食用蒸馏水。由于人们在观念上总认为蒸馏水不含矿物质，对人体益处不大，所以一时打不开市场。针对这种情况，公司进行解释性宣传，说明水中矿物质不能被人体吸收，人体所需矿物质可从食物中获得。而蒸馏水的优点是不含任何有害物质，能有效发挥水的功能，国外已普遍饮用。这样解释就消除了消费者的疑虑，从而接受此产品。

5) 歉意广告

歉意广告是当组织有某种过失或错误时，通过媒介向公众道歉，或以退为进，以谦逊的方式表示组织已获得的进展。尤其是当组织有某种过失或错误时，如果能及时纠正、整改，并通过媒介将实施措施及效果传播出去，不仅能得到公众的谅解，而且能获得更深的信任。特别是企业经营管理环节多，工作中难免有疏漏之处，重要的是要敢于向公众承认工作中的失败和错误之处，及时取得公众的谅解，这样才能维护或重建企业形象。

以上列举的只是一些常见的类型，公共关系广告应在实践中不断创新，应根据企业自身的特点采用各种适当形式，以达到树立企业形象的目的。

(三)进行良好的人际传播

人际传播是个体与个体之间的信息交流活动，包括面对面的直接传播和借助媒介的间接传播。在各种传播活动中，人际传播是最原始、最悠久的传播类型。在社会生活中，一个人不可能脱离他人而独立存在，总是要与他人进行人际传播。在现代社会中，人际关系状况已经成为影响人们事业成功的主要因素，特别是在企业实行团队管理，团队精神就是良好的人际传播和与人合作的精神。美国社会心理学家西奥多·舒尔茨(Theodore Schultz)认为，一般来讲人际传播有三种类型：一是谦让型，其特征是"朝向他人"，无论遇见何人，总是想到"他喜欢我吗？"；二是进取型，其特征是"对抗他人"，无论遇到何人，总是想知道该人力量的大小，或该人对自己有无用处；三是分离型，其特征是"疏离他人"，无论遇到何人，总是想保持一定的距离，以避免他人对自己的干扰。

人际关系是在人际传播的过程中形成和发展起来的，离开了人际传播行为，人际关系就不能建立和发展。事实上，任何性质、任何类型的人际关系的形成，都是人与人之间相互传播沟通的结果。人际关系的发展与恶化，也同样是相互交往的结果。传播沟通是一切人际关系传播赖以建立和发展的前提，是形成、发展人际关系的根本途径。

1. 人际关系的构成

人际关系主要是由认知、情感和行为三个因素组成的。认知是人际关系的前提条件，是在人与人的交往过程中，通过彼此相互感知、识别、理解而建立的关系。人际关系是对人的认知开始，彼此根本不认识、毫无所知，就不可能建立人际关系。人际关系的调节也是与认知分不开的。

情感是人际关系的主要调节因素，人际关系在心理上总是以彼此满意或不满意、喜爱或厌恶等情感状态为特征的。假如没有情感因素参与调节，其关系是不可想象的。情感因素是指与人的需要相联系的体验，对满足需要的事物产生积极的情绪体验，而对阻碍需要满足的事物则产生消极的情绪体验。

行为是人际关系的传播沟通手段，在人际关系中，无论是认知因素还是情感因素，都要通过行为表现出来的。行为是指言语、举止、作风、表情、手势等一切表现出的外部动作，它是建立和发展人际关系的传播沟通手段。

2. 人际冲突

人与人之间关系的好坏，取决于人与人之间冲突的多寡，冲突越少，人际传播越好，工作适应性也较佳。人际传播冲突的多少由个人的沟通方式、沟通技巧、人格特质，以及待人处世的态度而定。

有关人际冲突的分类，心理学家曾将其分为三种：一是双趋冲突；二是趋避冲突；三是双避冲突。人际间之所以发生冲突，通常是双方一起商讨事情或解决问题时，遇到下列三种情形：①其中一方的利益受到威胁；②其中一方的行动与决议遭到对方反对；③双方所持的意见无法获得一致的协定。但当处在冲突的情境或有人际冲突上的困扰时，可采取以下几个步骤与方式予以解决：意识到冲突的存在；有面对冲突的勇气与决心；双方进行沟通、交涉；找出问题的症结和冲突所在；想出解决的方法、步骤；付诸实施并检讨其有效性。

3. 进行良好的人际传播应注意的要点

1) 注意外表形象

追求美、欣赏美、塑造美是人的天性。美的外貌、风度能使人感到轻松愉快，使人在心理上构成一种精神的酬赏。公共关系人员的衣着外表、一言一行都代表着公司的形象，因此，公共关系人员在平时就应该注意自身的外表形象和言谈举止，以维护公司的良好形象。另外，良好的个人形象也是事业成功的一个有利条件。一个外表形象良好的人，往往比形象一般的人容易获得更多的机会。所以，公共关系人员应恰当地修饰自己的容貌，扬长避短，注意在不同场合下选择样式和色彩符合自己的服装，形成自己独特的气质和风度。

2) 积极主动交往

如果清高自傲、孤芳自赏，不能与人合作，缺乏团队精神，就容易让领导和同事对你产生看法，在工作中就很难得到别人积极主动的帮助与配合。所以，应该经常主动与同事和上下级之间进行沟通，与大家打成一片，主动关心和帮助别人。

3) 学会幽默健谈

幽默是人类智慧的最高境界。一个说话幽默风趣的人，当然比木讷呆板的人更受大家的欢迎。这种能力除了个别天赋之外，更多地可以通过平时多积累"充电"、广泛培养兴趣爱好来培养。具备了这种能力，在和各种类型的人进行交往时，就很容易寻找到共同感兴趣的话题，有利于拉近人与人之间的距离，搞好人与人之间的关系。

4) 运用语言艺术

"良言一句三冬暖，恶语伤人六月寒。"这句话告诉我们交往时要注意运用语言的艺术。语言艺术运用得好，就能优化人际交往。相反，如果不注意语言艺术，往往在无意间就会出口伤人，产生矛盾。运用语言艺术要求做到以下两点。

(1) 称呼得体。称呼反映出人们之间心理关系的密切程度。恰当得体的称呼，使人能获得一种心理满足，使对方感到亲切，交往便有了良好的心理气氛。称呼不得体，往往会引起对方的不快甚至愤怒，使交往受阻或中断。所以，在交往过程中，要根据对方的年龄、身份、职业等具体情况及交往的场合、双方关系的亲疏远近来决定对方的称呼。对长辈的称呼要尊敬，对同辈的称呼要亲切、友好，对关系密切的人可直呼其名，对不熟悉的人要用全称。

(2) 说话注意礼貌。要正确运用语言，表达清楚、生动、准确、有感染力、逻辑性强，少用土语和方言，切忌平平淡淡、滥用辞藻、含含糊糊、干巴枯燥。语音、语调、语速要恰当，要根据谈话的内容和场合，采取相应的语音、语调和语速。讲笑话要注意对象、场合、分寸，以免笑话讲得不得体，伤害他人的自尊心。每个人都希望别人赞美自己的优点，如果能够发掘对方的优点进行赞美，他会很乐意与你多交往，因此应该适度地称赞对方。语言艺术运用得好，就能吸引和抓住对方，从内容到形式适应对方的心理需要、知识经验、双方关系及交往场合，使交往关系密切起来。

5) 增强人际魅力

人际魅力是指在人际交往过程中形成的，个体对他人给予的积极和正面评价的倾向。每个人都有自己喜欢的人，并愿意与之交往。每个人也都有自己讨厌的人，不愿意和这些人交往。这种现象反映的实际上就是人际吸引。增强人际魅力通常需要从以下几方面努力。

(1) 努力建立良好的第一印象。怎样表现才能给人留下良好的第一印象呢？心理学家卡耐基在其著作《怎样赢得朋友，怎样影响别人》一书中总结出给人留下良好的第一印象的六种途径，即真诚地对别人感兴趣；微笑；多提别人的名字；做一个耐心的倾听者，鼓励别人谈他们自己；谈符合别人兴趣的话题；以真诚的方式让别人感到他很重要。

(2) 培养良好的个性特征。良好的个性特征对建立良好的人际传播关系有吸引作用，不良的个性特征对建立良好的人际传播关系有阻碍作用。生活中，大家都愿意与性格良好的人交往，没有人愿意与自私、虚伪、狡猾、性情粗暴、心胸狭隘的人打交道。因此，要不断形成良好的个性特征，要注意克服性格上的弱点。

(3) 加强交往，密切关系。心理学研究表明，人与人在空间距离上的接近，是促进人际吸引的重要因素，因为人与人在空间位置上越接近，彼此交往的频率就越高，越有助于相互了解、沟通情感、密切关系。即使两个人的人际传播比较紧张，通过交往，也有可能逐步消除猜疑、误会。反之，即使两人关系很好，但如果长期不交往，彼此了解减少，其关系也可能逐渐淡薄。与朋友保持适度的接触频率，才能使人际传播不至于淡化甚至消失。

6) 学会聆听

聆听是用心倾听，这是一种友好的表现，是一种涵养。暂时把个人的成见与欲望放在一边，尽可能地体会说话者的内心世界与感受，听者与说者的结合，双方更能相互了解并从中得到新的知识。著名的心理学家卡尔·罗杰斯(Carl Rogers)说，有时当他的病人不断地倾吐他内心深处的感觉时，他会突然发现病人的眼中充满泪水，好像在说："感谢上苍，终于有人愿意听我说了。"

人际传播学者认为"倾听"是维持人际传播关系的有效法宝，几乎所有的人都喜欢愿意听他讲话的人。所以，在沟通时，作为听者要少讲多听，不要打断对方的谈话，最好不要插话，要等别人讲完之后再发表自己的见解；要尽量表现出聆听的兴趣，听别人讲话时要正视对方，切忌小动作，以免对方认为你不耐烦；力求在对方的角色上设身处地考虑问题，对对方表示关心、理解和同情；不要轻易地与对方争论或妄加评论。

本 章 小 结

本章首先讲述了传播的基本原理，其次分别讲述了公共关系基本传播形式的含义、类型和特点，然后对公共关系传播效果进行分析，最后对如何有效地进行公共关系传播进行讨论。

传播就是人与人之间信息的传递与分享，包括自身传播、人际传播、组织传播、小组传播、群体传播和大众传播六种类型。

公共关系传播借助的媒介可以大体上分为两类：一类是大众传播媒介，在这类媒介中主要使用的是新闻媒介；另一类是以人际传播为主的各类媒介。

传播效果"枪弹论"这一观点主要注重传播者的作用，忽视受众的作用。传播效果"影响有限论"认为大众传播效果是有限的，其作用可大可小，因人、因事或因时、因地而异。

现代社会的信息传播越来越多地通过媒介及机械进行。因此，分析公共关系传播障碍，既要考虑人与社会系统，也要考虑人与机械系统。要获得有效的公共关系传播，就必须善于利用传媒、运用公共关系广告和进行良好的人际传播。

复习思考题

1. 什么是传播？它有哪些类型？
2. 简述公共关系传播的原则。
3. 说明各种大众传播媒介的优缺点。
4. 区分传播效果"枪弹论"和传播效果"影响有限论"这两种观点。
5. 分析公共关系传播过程中的障碍。
6. 通过哪些技巧能获得有效的公共关系传播？

第七章　公共关系专题活动

本章导读

随着电子信息技术和经济全球化的深入发展，电子商务在国际贸易中的地位和重要作用日益凸显，特别是在"跨境交易"与"电子商务"双引擎的拉动下，跨境电商风生水起，成为我国对外贸易的发展趋势。当今世界已经步入全球化时代，而跨境电商则是在世界市场范围内配置资源的重要载体，对提升我国全方位对外开放水平，进一步破除全球大市场障碍，推动无国界商业流通具有重要作用。尤其在"互联网+"时代背景下，如何让市场全方位了解跨境电商成为"互联网+外贸"时代企业占领市场的关键。

组织可通过策划公共关系活动，借助社会名流的知识和专长为组织的经营管理提供有益的意见咨询；借助社会名流的关系网络为企业广结善缘。借助社会名流的社会声望提高组织、活动的知名度，逐渐成为当前跨境电商组织的惯常路径。

学习目标

通过对本章的学习，重点掌握公共关系专题的类型，了解公共关系活动的基本程序，熟悉常见公共关系专题活动的组织方法。

第一节　公共关系专题活动概述

公共关系专题活动又称公共关系特殊事件，主要是指公关部门安排非日常事务类的专门活动已达到一定的传播目的的各类活动。公共关系专题活动一般包括记者招待会、展览会、赞助活动、各种公益活动、公共关系谈判等。

一、公共关系专题活动的工作性质

公共关系专题活动是社会组织围绕某一明确的目的，集中对公众施加影响，为增强公共关系活动效果而开展的活动，是一项操作性、应用性都很强的工作。由于公共关系专题活动具有耗资少、生动形象、容易把握、说服力强和见效快的特点，因此被社会组织广泛运用。

社会组织公共关系专题活动的开展，是运用最新的科学理论和科学方法，特别是管理科学与行为科学方面的知识，通过大众传播工作，对社会组织存在与发展的环境进行调查、分析、研究，探寻组织的发展之路，促进社会组织与公众之间的相互了解和沟通，树立良好的组织形象和信誉，最终推动社会组织目标的实现。

尽管公共关系专题活动类型丰富、形式多样、各有侧重，但社会组织开展公共关系活动的一个基本任务就是要利用有针对性的公共关系专题活动，把公众中存在的对社会组织发展的不利因素以及任何消极、冷漠、对抗的因素，化解、转变为有利于社会、有利于组织的积极、热心、融洽、合作的因素。

二、公共关系专题活动的工作对象

公共关系专题活动必须立足于为公众服务，把社会公众作为公共关系专题活动的工作对象，做好公众的引导工作，使公众理解、信任和支持社会组织作出的决策和工作计划。社会组织的存在与发展都离不开公众的支持，公共关系专题活动必须着眼于社会效益，开展一系列能够为公众带来实际利益，深受公众欢迎的公共关系专题活动，实现社会组织与公众在利益上的沟通与认同，使公众在内心深处真心实意地支持社会组织。

公众的舆论和态度在相当程度上决定着社会组织的前途与命运。协调好社会组织与公众之间的互动关系，使公众成为推动社会组织发展的积极力量，从而达到社会组织所强调的以开展公共关系专题活动来为组织创造发展的基本环境的目的。

三、公共关系专题活动的工作途径

公共关系专题活动往往是针对某些具体公众的，如果方法选用得当，也可能在其他公众中产生广泛的影响。例如，西安的民生园商场在十周年庆典时，不搞形式主义，而是别出心裁地开展公开向顾客征求意见的活动，对提意见多的人还有奖励。此事经媒体报道以后，在社会上产生了良好的反响。由于公共关系专题活动是经过精心策划的，所以常常以其新颖的形式在群众中引起轰动效应。一旦策划失误，必将在群众心目中留下不良印象。因此，举办公共关系专题活动一定要遵循有关规定，讲究技巧。

专题活动不是一般意义上的简单的实际操作，它必须借助大众传播媒介才能更好地实现自己的工作目标。如果离开大众传播媒介，公共关系专题活动就不可能取得良好的效果，因为公共关系专题活动的开展立足于满足公众的需要，要在尽可能的范围内改变公众的态度。提高社会组织的影响力，仅仅依靠人际传播和组织传播显然是不够的。而大量依靠大众传播媒介，充分利用电子、印刷媒介的扩散效应，就能向各类分布广泛的公众传递信息，从而取得公共关系专题活动的轰动效应。

由于大众传播媒介传播信息的速度和空间距离远远超出了人际传播的限制，同时，通过大众传播媒介传播的信息具有某种特殊的重要意义，其辐射力与影响力也远远超过人际传播，正是这些特征适应了社会组织开展公共关系专题活动追求轰动效应和规模效应的要求。公共关系专题活动的开展以大众传播媒介作为基本途径，反映出公共关系活动是一种体现传播功能的务实的工作。

四、公共关系专题活动的工作目标

作为公共关系活动的主体，社会组织有着自己的工作目标。其近期目标通常是根据社会组织的实际需要，经过短期的努力就能实现的，例如提高知名度、发布信息与公众沟通感情、协调与社区各方面的关系等。所有这些日常性的工作目标最终组合起来，就成为组织的终极目标，即树立社会组织的形象和信誉。对于现代社会中的任何组织来说，形象和信誉是组织存在和发展的根本动力，是组织的无形财富。

因此，任何一个想要有所作为、有所发展的社会组织，必须高度重视自身形象和信誉的树立。而树立形象和信誉的最佳途径，就是开展各种类型的公共关系专题活动。其核心动机就是为了树立起本组织的良好社会形象和信誉，提高本组织的内部凝聚力和外部亲和力，为实现组织的最终目标营造和谐的公众环境。

从以上分析中可以看出，社会组织开展的公共关系专题活动有自己客观存在的工作性质、工作对象、工作途径和工作目标。所以说，公共关系专题活动是一种特殊的务实的活动。

第二节　公共关系专题活动的要求和原则

公共关系专题活动，有自己的独特要求。只有满足这些要求，才能确保社会组织的公共关系目标的充分实现，提高公共关系专题活动的整合效益。

一、开展公共关系专题活动的要求

开展公共关系专题活动的要求主要有以下几个方面。

1. 实事求是，按客观规律办事

公共关系专题活动从本质上讲，是一种特殊的通过媒介传播、联络感情，改变公众对本组织的态度，促使公众产生对本组织有利的互动行为。因此，公共关系专题活动传播的信息要注意真实性，做到以事实说服人。

实事求是是开展公共关系专题活动的基本行为取向，如果社会组织在每次公共关系专题活动的开展中都能做到实事求是，那么这不仅能够更好地维护公众的利益，还能完善组织的社会形象，最终受益的还是社会组织自身。

2. 尊重科学，遵循人的行为规律

公共关系专题活动是一种特殊的旨在谋求与公众产生互动反应的管理实践过程，它涉及面广、对象多变、工作复杂。它既要求培养内部公众的归宿意识和团体协作精神，又要协调社会组织与外部公众和社会环境的相互关系，还要让公众心悦诚服地接受社会组织传播的信息和倡导的价值观念。行为科学就是研究人的思想过程和行为过程基本规律的新型管理科学，它所揭示的行为规律的一般原理对公共关系专题活动有一定的指导作用，它是开展公共关系专题活动不可忽略的科学前提。

3. 尊重公众，寻求利益共同点

社会组织的公共关系活动，其为公共利益和社会效益的工作宗旨与为本组织树立良好形象和信誉、提高本组织经济效益和社会效益的工作目标是有机统一的。没有为公众利益服务的组织行为，就不会有公众积极的互动反应。同样，公共关系专题活动如果不能为组织的存在和发展创造良好的公众条件，那么，公共关系专题活动终将会丧失原动力。在公共关系专题活动中，只要坚持统筹安排、兼顾两者利益的原则和方法，寻找公众和社会组织之间的利益共同点，就能形成社会组织与公众之间互利互惠的良好和谐的关系。

4. 严谨周密，树立程序意识

公共关系专题活动是一种程序性很强的工作，对其中任何一个环节的忽略，都可能影响公共关系专题的最终效益。只有做到严谨周密，树立强烈的公共关系专题活动的程序意识，注意公共关系专题活动过程的程序性和整体结构的完整性，才能既有利于实现公共关系专题活动的整合效益，又有利于树立组织的良好形象和信誉。

5. 创新求异，追求鲜明的特性

公共关系的活力在于创新、求新、求异、求特。公共关系专题活动在保证实施过程的程序性和整体结构的完整性的基础上求新求异，创造性地运用公共关系专题活动的技巧和技能，使公共关系专题活动具有鲜明的特性，以吸引公众的注意力，接受组织所传播的信息和倡导的价值观念，这是公共关系专题活动的生命力所在。

6. 立足长远效益，力戒急功近利的短期行为

公共关系专题活动不能急功近利，仅仅追逐眼前的利益，更不能囿于公共关系专题活动的一次性效益，缺乏长远目光的短期行为是无法吸引和说服公众的。急功近利的公共关系专题活动，不但反映了该社会组织没有社会责任感和义务感，只顾自身利益而损害公众利益，而且表明该社会组织缺乏科学的、长远的发展战略目标和组织管理无方。因此，要力戒公关活动中指导思想上的短期行为，立足长远效益，必要时应牺牲眼前利益，这是公共关系专题活动长远意识的基本要求。

二、开展公共关系专题活动的原则

为了提高公共关系专题活动的工作效果，使公共关系专题活动适应经济建设的需要，探索出科学而富有成效的公共关系专题活动的模式，在实际工作中必须遵循以下原则。

1. 科学性原则

吸引公众，争取公众的理解与支持，这是一门学问，它离不开科学的指导。科学性是开展公共关系专题活动的基本保障。以科学为指导就能提高公共关系专题活动的科学性。

2. 服务性原则

开展公共关系专题活动要善于从公众整体的互动关系上谋求符合组织发展需要的公共关系状态，要为整个社会的经济建设服务，为建立良好的社会经济环境作出自己应有的贡献。

3. 创新性原则

创新性就是在遵循科学规律的基础上不断探索，打破僵化的工作模式，积极创新，勇于创新，在求新、求异的进取中寻找开展公共关系专题活动的最佳方式。

4. 系统性原则

公共关系专题活动发展的一个基本趋势是系统性和连贯性，它强调以持续不断的努力和全方位的宣传来影响公众。在安排公共关系专题活动内容、制定公共关系活动方案时，要注意内容上的互补性和衬托性。

5. 艺术性原则

科学性是开展公共关系专题活动的基础，艺术性则集中体现了公共关系专题活动的技巧。在做到科学化的前提下，必须充分重视其艺术性的要求。注重使公共关系专题活动符合公众的审美心理，满足公众求美爱美的心理需求。

开展公共关系专题活动的要求和原则都是立足于我国的基本国情，从实际出发提出来的。社会组织只要努力贯彻和坚持这些要求和原则，在实践中提升发展公共关系专题活动的技巧，就能够为社会组织良好的公共关系状态，促进社会组织和整个社会的健康发展作出贡献。

第三节　公共关系专题活动的组织与实施

公共关系专题活动又称公共关系特殊事件，它有别于一般日常的公关活动，每次活动都有明确的主题，并以此为中心展开特殊的活动，往往需要综合运用各种传播沟通方式以强化传播效果。在每次活动中，展现在公众面前并与公众进行重点沟通的通常是某个组织或企业的某个方面。通过多场专题活动的多方面宣传的积累，公共关系专题活动将会产生广泛的社会影响，且成效显著。为了配合公共关系实务工作整体方案的实施，社会组织常常需要开展公共关系专题活动。

本节主要讨论几种常见的公共关系专题活动，即记者招待会、展览会、赞助活动、典礼与仪式、宴会、公共联谊活动。

一、记者招待会

记者招待会又称新闻发布会，是社会组织召集各新闻机构的记者，宣布有关本组织的重要信息，并回答记者提问的一种公共关系专题活动。它是本组织借助新闻媒介广泛传播信息的重要方式，特别是有些问题在非新闻发布会不能解释的情况下，通过与新闻记者的双向沟通，利用大众传播媒介传递真相、澄清事实，有利于企业挽回声誉，树立形象。

(一)记者招待会的特点

记者招待会作为公共关系的专题活动，具有以下几种特点。

(1) 在形式上比较正规、隆重，而且规格较高。作为社会组织，要召开记者招待会，宣传本组织。因此，组织人员一般都非常重视本组织的形象，在召开之前都要经过精心准备。

(2) 记者可根据自己感兴趣的方面或角度进行提问，从而可以更深入地挖掘新闻。

(3) 在深度和广度上都比其他新闻发布方式更具有优越性。除了记者可以挖掘有价值的新闻外，记者和组织可以用更多的时间进行沟通。

(4) 记者招待会对发言人和主持人的要求很高，必须机智、敏感、反应迅速、态度从容。

(5) 与一般公关活动相比，记者招待会耗费的成本较高。

因此，当社会组织在发展过程中遇到了问题时，例如有特别信息需要向社会公众公布、作出了一项重要决策或在新产品开发方面取得重大突破、有重大活动希望借此机会扩大影响或组织受到了公众的指责和不满、同其他社会组织发生了不可澄清的法律纠纷时，这就需要通过记者招待会来提高组织的知名度，取得公众的谅解和支持等。

(二)记者招待会的工作程序

1. 会前准备

记者招待会的会前准备工作非常重要，它关系到招待会能否成功举行、能否取得预期效果等。因此，在召开招待会之前要做好细心周密的准备工作。

(1) 确定招待会的中心议题。中心议题的提出往往根据本组织发生的事件和作出的决策来确定。例如，是宣布重大决策还是公布新信息、是就某一事件进行解释还是就某一事件的背景进行介绍等。

(2) 确定时间和地点。记者招待会的召开应该尽量避开重大社会活动的时间，以免使组织的招待会影响不大。此外，招待会的地点要选择交通便利的地方，同时，要尽量给记者创造一种便利的采访条件。

(3) 确定邀请对象。招待会邀请记者的范围应根据信息的重要程度和事情的影响范围而定。如果事件涉及全国，就邀请中央新闻单位的记者出席。如果事件影响只限于本地，就邀请当地新闻单位的记者。如果事件涉及较为专门的业务，就邀请专业性报刊和新闻单位内部从事专门报道的记者、编辑出席。同时考虑邀请面要广。

(4) 选定主持人和发言人。主持人和发言人是社会组织的形象代表，影响着记者对社会组织的印象。因此，选择主持人和发言人的要求较高，要有较高的文化修养和专业水平，反应灵敏、口齿伶俐。

(5) 准备会议所需材料及发言稿。围绕会议议题全面收集好有关资料，考虑记者可能提出的问题，必要时需要一些文字、图片、实物等辅助材料，同时还要准备好有关的宣传材料。

(6) 做好接待工作。

2. 制定会议议程

会议程序要安排得详细、紧凑，避免出现冷场和混乱局面。一般来说，一次记者招待会应包括以下程序，即签到、发资料、介绍会议内容、发言、回答记者提问、参观，以及其他工作。分别简述如下。

(1) 来宾签到及分发会议资料。
(2) 主持人宣布会议正式开始。
(3) 发言人讲话。
(4) 接受记者采访。答记者问时，应做到简明、准确、态度友好、语言机敏，既要对问题做到稳妥应答，又不能被记者"牵着走"。
(5) 主持人宣布会议结束。
(6) 安排其他活动。会后可以安排参观或举行茶话会、酒会等招待活动。

3. 会议效果检测

招待会结束后，可通过整理材料，及时收集新闻单位的反应，认真倾听部分与会者的反馈等，从而检测招待会的效果是否达到了预期目的。

如果报道的不正确或歪曲事实，应立即采取行动说明真相，向报道机构提出更正要求。如果批评报道是事实，应通过该报道机构向公众表示虚心接受并将采取实际行动来加以改进，以求取得公众的谅解，挽回组织声誉。

二、展览会

展览会是一种以实物、文字说明、图片、模型、幻灯、现场示范等综合运用各种媒体开展的传播活动，是一种常见的公共关系活动。由于展览会可同时集中多种行业的展品，展品琳琅满目，能唤起公众的好奇心，并且具有社交性和娱乐性，因此，它不仅能吸引公众的注意力和兴趣，为社会组织提供与公众之间直接的双向沟通，还可以了解公众对产品的意见和建议，而且也能起到对外宣传、树立产品及组织形象的作用。

(一)展览会的特点

展览会具有以下几个方面的特点。

1. 形象直观

由于展览会是以各种实物、图片、现场示范等形式向公众展示组织的展品，因此具有形象、生动、直观的特点，能给公众留下深刻的印象。

2. 双向沟通

展览会能够利用讲解人员、咨询、洽谈等形式，既让公众了解组织，同时也让组织能够直接地接近公众，了解公众对组织的意见和建议，并且能够及时地对公众意见进行反馈，因此展览会具有针对性，能够达到双向沟通的目的。

3. 综合传播

展览会作为一种综合性的大型公众活动，能够有效地吸引各类不同公众和新闻媒介的注意力，产生强烈的社会影响。同时，由于展览会展示的是多种行业的产品，为了获得良好的展览效果，各组织通常会应用多种媒介传播，具有很强的感染力和吸引力。

4. 新闻价值

展览会除了本身能进行自我宣传外，往往能够成为新闻媒体追踪的对象，成为新闻报道的题材，通过新闻媒介的报道和宣扬，展览会可以获得更大的新闻价值和收益。

(二)展览会的工作程序

展览会的工作程序如下。

1. 明确展览主题

由于展览会展品较多，内容复杂，因此，只有确定了展览主题，才能围绕主题进行展览和宣传，使参展的实物、照片、图表及文字说明能有机地融合在一起，使展览会获得预期效果。如果展览会主题思想不明确，就会造成展览会的结构混乱。

2. 指定展览主编

指定一名展览主编，由主编负责撰写展览脚本、构思整个展览会的结构、拟定展览会提纲、设计会标等工作。

3. 明确参展单位、参展项目

主办方可以采用广告和发邀请函的形式组织参展单位，为有可能参展的单位提供展览会的宗旨、展出项目造型、对参观人数和类型的预测，以及展览会的要求等基本资料。

4. 选择时间和地点

在参展时间上首先要考虑避开重大社会活动时间，否则，展览效果不甚明显。同时，还要考虑展览会的地点要选择在交通便利的地方。

5. 预计参观者范围、类型和数量

应对参观者类型和范围有大致的估计，以便确定展览的方式。同时，还要对参观者数量进行估计，以便展览会可根据参观者数量确定相应的接待人员。

6. 准备各种资料

公共关系人员事先要准备好展览会上所需的展品、资料、图片及宣传用的小册子、图片说明、产品技术资料、宣传单等资料，以免临时慌乱。

7. 公关活动安排

公共关系人员采用一些公关技巧，会使展览会办得更加生动活泼、别具一格。举行展览会开幕式时，应邀请有关知名人士出席，并为消费者签名。比如，书市开业时，请名人、作者当面签名售书，吸引更多的公众前往参观。展览厅最好的位置一般在一楼的入口附近，离入口位置越远，楼层越高，参观、购买的人数越少。展览位置较偏僻的组织应设法通过事前广告宣传、展台创意、制造事件等新奇事物来吸引客人。

一家小型工厂参加了一个展览会，其位置位于展览厅六楼的一个偏僻角落。第一天一直门庭冷落，于是，该企业仔细研究，重新提出了对策。第二天一大早，参观者一进入展览大楼，就发现一些塑料牌撒在地上，捡起来一看，上面写着"请到六楼右拐角小室，您会有意外的收获"。出于好奇，参观者纷纷跑到六楼右拐角的小室，只见室前有一张红纸黑字的海报，上面写着"凡捡到塑料牌者，可获得本地八折产品一件"。结果，捡到塑料牌的顾客都不肯错过八折的机会，纷纷购买自己中意的产品。没捡到塑料牌的顾客受从众心理影响，也纷纷跑去凑热闹。

8. 做好预算工作

举办展览会需要相当多的经费，例如场地租金、设计和布置费用、工作人员的费用、联络费、交通费、广告费、印刷费、保险费等。对这些费用要进行预算，要根据展览能获得的预期效果考虑花费的标准。

9. 效果测定

展览会效果是指在展览会上实施公共关系所带来的经济效益和社会效益。测定效果的

方法包括设立留言簿征求公众意见、召开座谈会、登门访问和发出问卷调查等。这样获得的实际效果对主办单位来说具有重要的参考价值。

三、赞助活动

社会组织作为社会的一员，不仅对组织内部负有经济责任，而且还要发挥其社会功能，担负社会责任。因此，赞助活动是社会组织树立社会责任感、提高组织知名度和美誉度，赢得社会认可的一种公共关系手段。

赞助活动是指社会组织无偿地为社会事业或社会活动提供资金或物质支持，以获得一定形象传播效益的公共关系专题活动。

有人说："企业的赞助是'醉翁之意不在酒'，是为企业博取名声。"但反向思考一下就会知道，如果有许多的企业都对社会通过赞助予以回报，对社会而言，绝对是一件好事，这样的企业难道不是越多越好吗？

(一)赞助活动的目的

赞助活动的目的主要有以下几个方面。

1. 扩大组织的知名度

通过赞助活动，不仅公众会对组织的名称、产品、商标、服务等有关组织的各种特征产生深刻印象，而且活动也会引起新闻媒体的关注。通过新闻媒体的宣传报道，可以扩大组织的影响力，获得无形的、极具说服力和影响力的广告效果，从而扩大组织的知名度。

2. 树立良好的组织形象

通过赞助活动，可以树立组织关心社会、乐于回报社会的良好形象，改变公众对营利性组织"唯利是图"的商人形象，为组织的生存和发展创造有利的外部条件。

3. 体现高度的社会责任感

通过支持某些社会慈善事业和社会公益活动，可以表明组织对社会具有高度的社会责任感，履行组织的社会责任，树立良好的公众形象，这也是现代企业常见的做法之一。

(二)赞助活动的类型

1. 赞助教育事业

教育事业是很多组织赞助的主要对象，因为教育事业可以为国家输送人才、为社会培养接班人。赞助教育事业主要是为学校提供图书、实验设备、建造实验室、设立奖学金、为教师提供科研基金、为学生提供各项活动经费等。通过这类赞助活动，不仅可以使教育事业获得发展的资金和设施，同时也可使组织的公共关系得以改善。

2. 赞助体育活动

体育活动是一项公众面广、影响面大、感染力强的活动，通过赞助体育活动，可以获得比较大的影响力，所以赞助体育活动是最常见的一种赞助活动。这种赞助活动一般是以捐赠、组建俱乐部、以组织名义举办体育赛事等形式出现。

3. 赞助各类文化活动

比如赞助电视节目，赞助电影、音乐会、展览会等文化活动，因为文化活动公众面比较宽，影响力比较大，对于提高组织知名度非常有利。

4. 赞助公益事业

这类活动最能体现组织对社会公众的关心，也最能获得公众的好评以及政府的关注。因此，通过捐款、捐物等形式向社会救济对象提供一定的赞助，是向社会承诺承担责任和义务的非常有效的手段。

(三)赞助活动的工作程序

赞助活动的工作程序如下。

1. 前期研究

赞助研究就是对赞助项目进行必要性和可行性研究。组织选择的赞助对象及赞助内容既可以由社会组织主动选择，也可以在接到请求后再作出反应。主动赞助可获得更好的信誉和投资效果，但后者更为常见。不论是主动赞助还是被动赞助，都需要对赞助对象的性质、社会背景、社会信誉等进行研究——分析赞助成本以及预测赞助的效益，看是否在本组织的承受范围之内。汶川大地震发生后，王石在主导万科的捐献行为时说过一句话："企业的捐献要量力而行，不能断了企业的资金链。"当时网民一片哗然，指责王石冷酷。其实，王石只是当时说的时机不对，但一个企业如果为了赞助活动使企业的资金链断裂，企业将无以为继，这种做法是不可取的。

2. 制订赞助计划

根据可行性分析结果、组织的赞助方向和政策，应制订出详尽的赞助计划。计划要围绕主题，明确界定组织的角色、预算费用、赞助形式、赞助实施的具体步骤等。社会各界要求企业的援助非常多，如果企业没有一个明确的赞助计划，就会随意赞助，并且因为拿不出有说服力的赞助计划，对于前来拉赞助的媒体和有关政府部门就不能有一个合理的说法，到时就会得罪媒体和相关的政府部门。

3. 审核和评定赞助项目

对每项赞助都应进行审核评定，确定赞助的具体方式、款项、时机等。社会上需要赞助的项目很多，但一个企业只能选择对企业的品牌美誉度提升有帮助的赞助活动，这样才能真正实现双赢。

4. 具体赞助实施

整个赞助活动要有专人负责，并在其实施过程中充分运用各种有效的公共关系手段和技巧，最大限度地扩大其社会影响。

5. 检测效果

对各项指标的完成状况及具体原因进行总结，找出计划目标与实际效果之间的差距，并写出书面报告，为以后的赞助研究提供有益的经验积累。

四、典礼与仪式

庆典活动是社会组织围绕自身重大事件、活动所开展的典礼、庆祝和仪式等。其形式多种多样，一般是在组织建立的周年纪念日；工程开工、奠基、工厂落成、商店开业、给员工或外界人士颁奖等时机所举行的公共关系专题活动。由于举办庆典活动凝聚着对组织诞生的喜悦和欢庆，同时，可以借机向社会宣传组织的存在与发展，为组织塑造良好的形象。因此，许多组织都非常重视这一活动。

典礼与仪式的策划要符合公共关系专题活动计划、宣传和细节处理的内容，同时也要同热烈、欢庆的典礼氛围相适应。一般情况下，在典礼、仪式开始时，要按照以下程序进行操作。

1. 准备工作

(1) 拟订出席名单，并根据名单填写并发送请柬。一般请柬提前 1～2 周发出，以便客人作出安排。在活动前三天再电话确认核实出席名单。

(2) 拟订程序表、布置场地。包括主持人的确定、重要来宾的介绍、致辞的安排、剪彩的安排等。会场音响、录像、照明等设备的布置要合理，会议环境要漂亮，会议的整个流程要符合规范礼仪。

(3) 接待工作安排。主要是礼仪小姐人数及服饰的确定。一般情况下，礼仪小姐应着礼服，其人数应比剪彩的领导多一人。为了保障典礼的顺利开展，典礼开始之前要调试音响、录像，以及其他设备的完好程度。

2. 典礼开始

(1) 主持人宣布典礼开始。正式场合应奏国歌或奏厂歌、校歌。

(2) 剪彩或授奖、签字等。一般庆典活动都要进行剪彩，这时应由礼仪小姐手托托盘，将彩带和剪刀放入托盘内，等待主持人进行简短致辞和宣布嘉宾进行剪彩。

(3) 宣读重要来宾名单。剪彩仪式正式开始后，主持人宣布剪彩人员的单位、职务、姓名等。

(4) 致辞。主宾分别致辞。致辞要本着言简意赅、热烈庄重的原则，切忌长篇大论、不着边际。

(5) 礼成并安排余兴节目。一般在典礼结束后，再安排一些节目以活跃气氛，例如歌舞节目、点放礼炮等营造喜庆气氛。

(6) 参观。仪式结束后，由相关人员引导客人参观组织内有代表性的建筑，以加深组织与外界的关系，让外界更深入地了解组织。

(7) 通过座谈或留言的形式广泛征求意见。

典礼、仪式完毕，可根据情况安排宴请。

典礼、仪式的形式可简单，但要烘托出热烈隆重、丰富多彩的氛围，给人留下强烈而又深刻的印象。

五、宴会

宴会是常见的公共关系活动之一,是为了表示欢迎、答谢、祝贺,或是为了联络感情等而设宴招待客人的一种方式。

(一)宴会的类型

宴会从不同的角度可以有不同的分类方法,一般情况下,可将宴会分为正式宴会、一般宴会和便宴三种。

1. 正式宴会

遇有贵客来访或者有重大庆典活动时可举办正式宴会,其规格较高、规模较大。正式宴会应由主持人先致祝酒辞,然后宾主才能就餐。祝酒辞可事先拟好,印发给各位参加者,也可以发表即席演说。主持人致祝酒辞之后,应请主要的客人致答谢辞。祝酒辞和答谢辞应简洁明了,切勿长篇大论。致辞末尾要彬彬有礼地提议为友谊或为某人某事"干杯",与会者均应立即响应,以使宴会的气氛融洽、和谐。

正式宴会的席位、桌次应事先排定,并在入席前通知每位出席者(有时也可标明在请柬上),现场由公关人员或服务人员引导。

2. 一般宴会

一般宴会的规格可高可低,人数、桌数不限,形式比正式宴会随便。为庆祝新产品试制成功时或为庆祝某合作项目签约时,都可以举行一般宴会。

3. 便宴

便宴又称为非正式宴会,形式简单、随便、亲切,可以不排座次,不做正式讲话,菜肴的道数可以酌情增减。招待合作者、小批客人来访、洽谈工作等都可举办便宴。

(二)宴会的组织程序

宴会的组织程序如下所述。

1. 明确宴会目的、对象和范围

宴会的目的有多种,可以是纪念、表彰,也可以是答谢,不同目的要求宴会的规格、形式以及参加的人员等都有所不同。因此,首先应确定设宴的目的。在明确的目的指导下,应充分考虑邀请参加宴会的代表及参加人数,既不要遗漏,也不要随便凑数,出席宴会的对象和范围应视宴会性质、主客身份对等而定;否则会使双方都感到不愉快,甚至感到自己未受到足够尊重而不欢而散。

2. 明确宴请时间、地点

宴请应选择在对主客双方都合适的时间,因此在确定宴请时间之前最好先征求主宾意见。同时,宴请地点也应有所考虑,例如宴请规格、费用、环境、特色等。一般比较隆重的宴会最好选择比较熟悉的地点,对其环境和服务等都应有所了解。

3. 发送请柬

不论哪种宴请都应发送请柬，这是礼貌问题。一般请柬应提前 1~2 周发出并写清时间、地点，以便客人提前作出相应安排。如果宴会中要安排座次，往往还要求被邀请人答复能否出席。

4. 选菜

选菜不应以主人的爱好为准，要根据来宾的年龄、地方、习惯、健康状况等考虑到来宾的口味，并且要考虑有无主宾的禁忌。

5. 安排席位

一般来说，正式宴请应该安排座次和座位，也可只安排部分客人的席位，其他人只排座次或自由入座。

安排座次的宴请，要提前在桌上放置座次牌，座次的安排以主桌位置为准，右高左低。排席位的主要依据是礼宾次序。有时主宾身份高于主人，为表示对主宾的尊重，可把主宾安排在主人的位置上，主人则坐在主宾的位置。

男宾和女宾的安排，按照我国习惯，按职务、身份进行排列。席位安排还要适当考虑某些特殊情况，例如身份相同、专业相同的宾客可以排在一起；也可将年龄相同者排在一起；意见有分歧者，有时为达到相互沟通、改善关系的目的，也可以安排他们在面对面的席位上就坐。

不论采取哪种形式进行排列，都要事先通知出席人，要做到心中有数，同时现场要有人进行引导。

6. 迎接客人

主人一般应在门口迎接客人。视宴会重要程度，还可有其他主要人员陪同主人排列成行迎客。宴会开始时，主人要时刻掌握进餐过程中的节奏，尤其是公关人员更应掌握一些技巧来维持一种轻松愉快、热情融洽的宴会气氛。

公关人员应察言观色，时刻注意客人的情况，以便在适当的时机敬酒、劝菜来活跃宴会气氛。在整个宴会过程中，公关人员应始终保持饱满的情绪，有说有笑，使活跃的气氛保持下去。

六、公共联谊活动

公共联谊活动是指为增进组织与公众之间的联系和友谊而筹办的一种交往、联欢的公共关系专题活动。例如社交晚会、联欢会、舞会及其他各种联谊活动。

一般来说，举办公共联谊活动的基本程序如下所述。

(1) 明确主题。联谊活动有多种形式，因此首先要确定联谊的主题是联络感情、沟通信息还是经济合作等，以便确定联谊对象和准备联谊工作。

(2) 确定联谊对象。联谊对象的选择要遵循互助互利的原则，要求双方都要有联谊的愿望与要求、联谊的条件和能力，以及联谊的内容等。

(3) 选择适当时机。联谊会的举行要选择适当时机，例如纪念日、节假日等举办。同时要选择交通比较便利的地方举行。

(4) 确定应邀对象，发出请柬。在联谊活动中可邀请主管领导、知名人士、新闻记者等参加，应提前发出请柬。

(5) 布置活动场地，并安排专人负责。

(6) 安排礼仪小姐，做好接待、导游和解释工作。

(7) 派专人进行录像、摄影等工作。

(8) 做好预算工作，提倡节俭作风。

由于社交联谊活动是一种直接表达感情的交往活动，其特有的友好、欢乐气氛最容易使社会组织与公众之间建立密切、融洽的关系，因而对协调社会组织与公众之间的关系具有明显的作用。

本 章 小 结

本章主要介绍了企业公共关系专题活动的众多类型及其运作方法和技巧，对记者招待会、展览会和典礼、赞助活动、宴会、公共关系联谊活动分别进行了介绍。

复习思考题

1. 什么是展览会？展览会的特点有哪些？有什么特别注意事项？
2. 赞助活动的特点及注意事项和原则有哪些？
3. 什么是记者招待会？它具有什么特点？举办记者招待会需要做哪些工作？
4. 试论述如何策划好一次宴会。

第八章　网络公共关系与绿色公共关系

本章导读

　　网络公关传播与绿色公共关系的内容相关性不大，把这两个看起来风马牛不相及的内容放在同一章里，似乎逻辑性有问题，但经过我们考量，这两部分都是当前社会公共关系工作的重点和热点，与社会组织的发展息息相关。同时，绿色公共关系的知识与理念大家都好理解，知识性传播的内容不多，单独成章必然使本教材内容太多，因此才把二者结合在一起。

　　网络时代的网络公共关系，是社会组织不得不重视的问题。5G 时代已经来临，网络传播的方式在大量创新和拓展，哪个组织善于运用网络传播，哪个组织就能更吸引公众的眼球。而绿色公共关系是社会关注的话题，如果做好了，完全可以给组织的形象加分。

学习目标

　　通过对本章内容的学习，重点掌握网络传播及网络公共关系的概念、内涵及其差别；掌握网络公共关系的运作技巧，同时也能了解绿色公共关系的内涵及意义。

第一节　网　络　传　播

一、网络传播的内涵

　　人类的信息传播迄今可分为五个阶段，即口头传播阶段、文字传播阶段、印刷传播阶段、电子传播阶段和网络传播阶段。前一个阶段向后一阶段的跃升无不以信息技术的革命性进步为前提。随着互联网的迅猛发展，网络传播也得到了飞速发展。网络传播作为一种全新的现代化传播方式，有着与传播媒体截然不同的新特征。网络传播给我们的时代提供了最快捷、便利的传播方式，使人们如虎添翼。网络传播是人类有史以来增长最快的传播手段。网络传播在中国的出现和对中国文明的意义，不亚于中国人发明纸张的意义。近几年来，互联网飞速发展，电子商务和电子政务更是与日俱增。设立组织自己的站点，推广站点，进行在线传播活动，向公众特别是用户介绍客户的情况，推销产品，展示良好组织形象，已成为组织网络传播活动的重要内容。网站被称为第四媒体，在线传播活动已被越来越多的组织所重视。而这些传播的发展都是以 Web 技术的发展为前提的。

　　Web 系统是人类迄今为止最伟大的发明之一，也是计算机对人类最深远影响的表现。人们同样地依赖技术进步，享受技术进步，但掌握、认识和理解技术进步的能力却各不相同。那么，如何看待 Web 及其技术发展呢？需求是技术进步的源泉，满足需求是人创新思维的动因。所以，需求推动了网络进化，人类的思维决定着网络进化的成败。

　　Web 1.0 即信息共享时期。虽然人们为了信息共享已经奋斗了很多年，但直到 Web 技术的出现并逐步完善至今，信息共享也还远未令人满意。但比起之前的其他技术，例如

FTP 等，自描述性赋予了 Web 系统强大的生命力，使得 Web 成为信息共享的第一设施。

Web 2.0 即信息共建时期。直到 Web 1.0 时代，信息也还都是单向的，由话语权集团发出。普通百姓只有听的份儿，而 Web 2.0 赋予了普通百姓一样的话语权，意识表达空前活跃，特别是在意识形态禁锢的社会里。如此必然导致网络信息的泛滥；陷阱病毒成灾，如今杀毒软件倒成了计算机第一应用了。垃圾信息遍野，如何找到适合于自己的信息，就成了网民的需要，因此搜索引擎崛起。但搜索引擎并不能杜绝陷阱病毒，也不能区分垃圾信息，更不能系统化 Web 信息，因此技术探索就成为必然。

Web 3.0 即知识传承时期。计算机是人类的意识外化，其每一点进步，都必然聚合了更多人的智慧。集聚人类智慧为人类共享，是计算机科学技术的内在本质。在 Web 3.0 时期，不仅要消灭陷阱病毒，剔除垃圾信息，更要有序化、系统化整个 Web 世界，以全 Web 资源为基础建设一座"Web 图书馆"，以此实现人类自身的"知识传承"。知识界系统产品，就是这样一个实现人类自身知识传承的 Web 3.0 系统。即时性是其主要特性，因此即时通信(IM)系统是知识界的技术平台。

Web 4.0 即知识分配时期。在 Web 3.0 时期，人类可以随心所欲地获取各种知识，当然这些知识都是先人们即时贡献出来的。这里的即时性，指的就是学堂里教师教学生的即时性。从 Web 3.0 开始，网络就具备了即时特性。但人们并不知道自己应该获取怎样的知识，即自己适合于学习哪些知识。比如一个 10 岁的孩子想在 20 岁的时候成为核物理学家，那么他应该怎样学习知识呢？这些问题就是 Web 4.0 的核心——知识分配系统所要解决的问题了。

Web 5.0 即语用网时期。说到语用网，才真正进入了笔者的研究领域。技术的发展虽然令人眼花缭乱，但其背后的本质却十分简单。现有的计算机技术都是图灵机模型，简单地讲，图灵机就是机械化、程序化，或者说算术，以数据和算符(算子)为二元的闭合理论体系。图灵机是研究和定义在数据集上的算子规律或法则的数学科学。在网络世界里，这个封闭系统都要联合起来，成为一个整体，所谓的整个网络成为一台计算机系统了。而这台计算机就不再是图灵机了，而是 Petri 网。早在 20 多年前，Petri 就说过，实现 Petri 网的计算机系统技术叫语用学。因此语用网才是这台计算机的技术基础。

Web 6.0 即物联网时期。Web 6.0 本质上不是单纯的互联网技术或衍生思想。而是物联网与互联网的初步结合，是一种全新的模式，它惠及广大网民。这里不要将物联网看成是互联网的附庸，它是与互联网等价的物理媒介，即将改变世界的新的物理模式。在 Web 6.0 时期每个人都拥有调动自己感官的无限权力，用自己的五官去重新发现世界，从而改变世界。

从 Web 技术的迅猛发展可以感受到我们所认知的世界的快速变化。2018 年 8 月 20 日，中国互联网络信息中心(CNNIC)发布第 42 次《中国互联网络发展状况统计报告》(以下简称《报告》)，《报告》显示，中国互联网发展变化主要体现在八个方面。①基础资源保有量稳中有升，资源应用保持增长态势，截至 2018 年 6 月，我国 IPv6 地址数量为 23555 块/32，半年增长 0.53%。同时，移动互联网接入流量和 APP 数量均在 2018 年上半年实现显著增长。②中国网民规模超过 8 亿人，互联网普惠化成果显著，互联网普及率为 57.7%。网民通过手机接入互联网的比例高达 98.3%，我国手机网民规模 7.88 亿人，互联网服务呈现智慧化和精细化特点。③互联网理财使用率提升明显，市场规范化有序化发展我国互联网理财使用率,由 2017 年年末的 16.7%提升至 2018 年 6 月的 21.0%,半年增长率达 30.9%。④电子商务与社交应用融合加深,移动支付使用率保持增长,截至 2018 年 6 月,我国网络购物用户和使用网上支付的用户占总体网民的比例均为 71.0%,网络购物与互联网支付已成为网民使用比例较高的应用,手机网民中使用移动支付的比例达 71.9%。⑤互联网娱乐健康发展,短视频应用迅速崛起,直播平台进入精细化运营阶段。⑥共享出行用户高速增长,市场资源得到进一步整合,用户规模较 2017 年年末分别增长了 11.0%、20.8%和 26.5%。⑦近六成网民使用在线政务服务,政府网站集约化进程加快,截至 2018 年 6 月,我国在线政务服务用户规模达到 4.70 亿人,占总体网民的 58.6%。各级政府不断提升地方政府信息公开化、服务线上化政府公共关系沟通与服务水平。⑧信息领域新兴技术取得重要进展,我国量子信息技术、天地通信、类脑计算、人工智能、超级计算机、以 5G 技术推进的工业互联网等信息新兴技术发展势头越来越好。

(一)网络传播概述

与传统媒介的传播活动相比,网络传播是指在网络空间中展开的信息传播活动。网络传播中的信息,是以数字形式储存在电子储存介质中,再通过互联网络快速传播的。网络传播具有全球性、互动性、超文本链接、数字化、即时性、网络化等特性。网络传播以计算机网络为媒介进行信息的传递、交流和利用,从而达到传播社会文化的目的。

网络传播具有人际传播的交互性,受众可以直接迅速地反馈信息,发表意见。此外,在网络传播中,受众接收信息时有很大的自由选择度,可以主动选取自己感兴趣的内容。同时,网络传播突破了人际传播一对一或一对多的局限,在总体上,是一种多对多的网状传播模式。

网络传播有三个基本的特点,即全球性、交互性、超文本链接方式。网络传播以全球海量信息为背景、以海量参与者为对象,参与者同时又是信息接收者与发布者,并随时可以对信息作出反馈,它的文本形成与阅读是在各种文本之间随意链接,并以文化程度不同而形成各种意义的超文本中完成的。

还有人认为,"网络传播"是近年来广泛出现于传播学中的一个新名词。它是相对于三大传播媒体即报纸、广播、电视而言的。网络传播是指以多媒体、网络化、数字化技术为核心的国际互联网络,是现代信息革命的产物。

张佰明在其著作《网络传播实务》一书中认为,所谓网络传播其实就是指通过计算机网络的人类信息(包括新闻、知识等信息)传播活动。网络传播中的信息,以数字形式存储在光、磁等存储介质上,通过计算机网络进行高速传播,并通过计算机或类似设备阅读使用。网络传播以计算机通信网络为基础,进行信息传递、交流和利用,从而达到其社会文化传播的目的。

湖畔大学教授梁宁说:2019 年是 5G 时代,更是中国营销的云时代。她认为:营销可分为三个维度,即认知、交易、关系。关系这个维度,在传统营销里,基本上是缺失的。传统营销重要的特性就是远程认知轰炸,远距离投放广告、做公共关系传播。在互联网上,关系和交易能力不再受空间的限制,所有崛起的电商独角兽其实都是在网络营销上进行了创新。所有的电商公司,都是网络营销公司。通过关系创新崛起的公司。比如粉丝关系:小米手机是中国粉丝经济的旗帜企业。社群关系:小红书只要把女生的美妆分享的社群做好，这是很了不起的体验。会员关系：现在一大堆，大家都在做会员，盒马鲜生就是"玩"会员。拼团关系：拼多多和贝店。拼团这件事是关系的刻度创新，因为拼多多是从微信社交关系中获得了企业发展的动力。师徒关系：云集。基于意见领袖与购物达人社交的精品电商平台。

除了这种纯线上关系的创新，对社交关系的洞察和利用也非常有意思。瑞幸咖啡的快速崛起堪称传奇，也有很多介绍成功经验的。我觉得有一句话非常犀利："咖啡是一种社交饮品"，瑞幸咖啡的场景都是开会，买一大堆小蓝杯，开会的人员一人一杯。我们发现瑞幸咖啡做了大量的买几送几这个行为，因为是社交饮品，买几送几一定消耗得掉，只为了自己喝，很难动不动囤一堆外卖咖啡券。

5G 时代会是革命性的新营销阵地、新的品牌传播阵地。公共关系作为市场营销和品牌动作的重要传播方式，如果不能有效地运用 5G 时代新的视觉听觉与图像营销，还是停留在文字语言传播时代，那么它就是一种落伍。在传统营销时代，营销主要是文科生做广告；在网络营销时代，营销主要是理科生做转化率。在云时代，最好的营销，既需要理科生的数据洞察能力，又需要文科生的讲故事感性表达能力，还需要一个有业界资源的公司持续跟进研究，获取最新的基础的规则与资源，不断提供最新案例与跨界合作的可能。

(二)网络传播的特征

网络传播具有以下几个方面的特征。

1. 传播的多媒体化

网络是以信息技术为基础的高速数据传递系统，只传递 0 和 1 的数字。这是由软件开发和管理的特点所决定的。在信息管理系统中，人们通常将客观存在的自然界和人类的活动中能被计算机处理的数据称为信息，将文字、图像、声音、视频等为基本媒体，有特定的载体，人们常称之为多种媒体。这些信息建立逻辑连接，借助计算机技术媒体定义为能够同时采集、处理、存储、传输和展示两个或两个以上不同类型信息媒体，这些信息媒体包括文字、声音、图形、图像、动画和活动影像等。多媒体化，就是采用多媒体技术，通过有线宽带网络和无线通信网络实现多终端发布的、具有良好交互特性和高速数据传输特性的图文、音频、视频、二维或三维动画形式的传播。

2. 传播的互动性

网络公众通过微博、微信、论坛、QQ 聊天室和网络调查等方式实现即时的信息交流和情感沟通。互动性的多种形式包括电子问卷、论坛内置的互动性、论坛公告牌、电子邮件等，有观看、浏览、使用、编程四个层次，其中编程是交互性最强的方式。

网络传播融合了大众传播(单向)和人际传播(双向)的信息传播特征，在总体上形成一种散布型网状传播结构。在这种传播结构中，任何一个网络都能够生产、发布信息，所有网络生产、发布的信息都能够以非线性方式流入网络中。网络传播将人际传播和大众传播融为一体。网络传播兼有人际传播与大众传播的优势，又突破了人际传播与大众传播的局限。

3. 网络传播的窄播性

窄播是根据公众细分理论提出来的有针对性的传播概念，相当于面向所有公众进行大范围传播的"广播"概念，它能更好地体现网络时代的公众需求。小众化传播是互联网传播的必然趋势，对于企业来说，这种更个性化的，甚至一对一的信息传播模式具有更大的价值。网络时代，企业可以向不同的消费者传递不同的信息，甚至可以同消费者进行一对一的交流与对话，这不仅大大提高了传播效率，也使企业发现和锁定最具潜力和价值的客户成为可能，同时，分众化(一对一)的传播也有助于增强客户的满足感和归属感。

网络传播的出现和发展，拓宽了传播的广度和深度，打破了以往人类多种信息传播形式的界限，它既可以实现面对面传播，又可以实现点对点传播。当信息面对多个上网用户传播时，网络传播可谓大众传播工具，而个别独立的上网用户之间的交流可谓点对点的人际传播。网络传播将人际传播和大众传播融为一体。这种全新的、特殊的传播方式使传统的大众传播理论面临挑战。

4. 信息的大容量

互联网络实现了在线资源共享，任何资料库内的信息资源只要联网，都有可能成为公众的共享资源。

5. 检索的便利性

用户利用搜索引擎或新闻站点等多种检索方式，可以快速获得自己所需的信息。

6. 媒体的综合性

网络综合了报纸、广播、电视等传统传播方式，将文字、图片、声音、图像、视频综合为一体，为公众提供全方位的信息。

7. 信息的再生性

网络中传播的信息可以复制或打印，转化为个人信息。

8. 传播的开放性

网络的开放性体现在传播对象的平等性和传播范围的广阔性上。

9. 传播的选择性

网络传播网站众多，内容丰富且分工精细，网民选择范围极为宽广，每位网民都可以自由选择适合的个性化网站。

10. 网络传播的不可控性

对于无边无际的网络世界而言，实实在在的社会控制几乎无法做到。由于网络传播容量的无限性及物质载体的无形性，仅从技术上来看，要想控制网络传播是不可能的。每天互联网上都会有成百上千的新网站出现，要想控制住每个网站对信息的传播完全是空想。国家无法对其进行审批登记，也无法用经济力量对其进行控制(建立一个网站的资金非常少)，甚至想要限制或禁止某些信息的传播都不可能完全做到。社会控制，对于网络来说，显得十分苍白无力。

正是由于这一特性，企业极易产生公共关系危机，如果企业没有良好的处理危机的能力，通过互联网的危机传播就会如"病毒"般迅速蔓延开来。以前的社会是"好事不出门，坏事传千里"，在互联网时代，好事、坏事的传播范围就不能以"千里"来计算了。

二、网络传播的原则和技巧

(一)网络传播的原则

关键点公共关系公司总裁游昌乔提出了传播的5B原则，可以作为网络传播的原则。

1. 结合点

公共关系传播是为品牌的长期打造服务的。公共关系传播的方向是否正确，从最根本上取决于是否符合品牌的个性。公共关系传播是否有效和有力，取决于有没有挖掘出品牌的核心内涵，有没有找到与品牌之间最牢固的结合点。否则，就会南辕北辙，达不到传播的目的，并造成对品牌的伤害。

2. 支撑点

品牌建设不是空中楼阁，做公共关系传播不是空穴来风，一切传播都必须有落地的措施予以支撑。

3. 亮点

如何才能事半功倍、四两拨千斤？答案就是必须具有能引起公众关注、媒体兴奋的亮点。例如，很多的电视节目主持人，都有自己的个性和亮点。

4. 沸点

水即使烧到99℃，如果没有加最后一把火让水烧到100℃，那么99℃的水也不是沸水。公共关系传播与此同理，一定要保证足够的传播量，才能获得预期的传播效果。

5. 保护点

在媒体多元化和"草根媒体"时代，公共关系传播在引起关注的同时，势必会引发一定的质疑。如何才能处变不惊、化危为机？凡事预则立，不预则废。要真正使舆论始终按照预定的方向进行引导，使一切尽在掌控之中，就必须在事前找到各个层面及各个环节的保护点，做好危机管理，为公共关系传播当好保镖，保驾护航。

(二)网络传播的技巧

网络传播的技巧有以下三个方面。

1. 关键字

企业进行公共关系活动时其主题的关键字要经常出现，在论坛文章的标题、内容、签名档或者博客文章的标题、标签、内容中也要经常提到活动，这样在每次发表文章或者跟帖中就都会有活动的身影，支持别人的同时也可以推广自己。其他搜索网站会抓取博客中的资讯、文章内容、标题，出现的次数越多，就越有机会被抓取到。

2. 图片和微视频传播

一定要让别人知道图片和微视频里是什么，一眼就可以看出其中传达的信息。互联网是一个图文并茂的媒体，并且随着网络技术的发展，4G 时代已经有大量的微视频传播，已经到来的 5G 时代，更会极大地加快视频传播的速度。视频传播以其生动、快速更会被众多的企业公共关系人员所青睐，公共关系传播已经突破文字和图片的限制，以更形象、动人的视频传播展现在公众面前。

微视频，又称视频分享类短片，是个体通过 PC(个人计算机)、手机、摄像头、DV(数码摄像机)、DC(数码相机)、MP4 等多种视频终端摄录、上传互联网进而播放共享的视频短片的统称。"短、快、精"、大众参与性、随时随地随意性是微视频的最大特点。专家预测，网络视频将成为中国未来两三年的热点，而微视频的出现，势必与传统影视内容充分互补，这不仅符合现代社会快节奏生活方式下的网络观看习惯和移动终端特色，也可满足娱乐爆炸、注意力稀缺时代消费者的自主参与感和注意力回报率的需求。可以预见，"微视频"带给大众的将是随时随地随意的视频享受，智能设备计算能力的提高已经使手机端拍摄、编辑和创造视频变成现实，而微博和脸书(Facebook)等社交产品也培养和激发了人们分享和交流的需求。因此，能够有机地将社交、移动和微视频三者联系起来的产品必将能在这个蓝海市场中取得惊人的成绩。

3. 让信息排名靠前

信息排名是按消息发布的先后顺序得来的，要靠前就要多次重复发布，还要掌握一些技巧。比如可以分时间段发，早上 9~10 点，下午 3~4 点，晚上下班时间，都可以发。产品不要一个时间段都发完，分三段，一次发几条。还有的业务员晚上 10 点以后发一次，因为对美国等国家来说，那时正是上班时间，有可能会看到你的信息。如果是常在计算机前的，可以每 10 分钟重发一次，就像是在竞价一样，但这种方式却是免费的。如果平时很忙，信息至少一周重发一次，不是很忙可以每天重发一次。所以，公共关系的信息传播者必须是勤劳的小蜜蜂，要时时耕耘在网络上。

第二节　网络公共关系

一、网络公共关系传播的内容

传统公共关系的发展需要新的平台。互联网具有个性化、互动性、信息共享化和资源无限性等传播优势。它集个人传播(如 QQ、ICQ 电子邮件)、组织传播(如 BBS、新闻组)和大众传播于一体，具备强大的整合性，并且网络媒体的运作目前正在逐渐规范、成熟，已拥有相当大的媒体影响力，互联网正在成为各界人士获取信息的主要通道。

随着网络媒体在公共关系传播中的影响力不断增强，如何有效地利用网络媒体的传播力，塑造组织尤其是企业的良好形象，促进企业产品、服务的销售，以及有效预防网络公共关系危机，已成为组织必须面对的一个重要话题，也是网络公共关系兴起的重要原因之一。

网络公关(PR on line)又叫线上公关或 e 公关，它利用互联网的高科技表达手段塑造企业形象，为现代公共关系提供了新的思维方式、策划思路和传播媒介。网络公共关系就是组织以互联网为手段，针对网络公众进行的公共关系活动，其传播媒体主要是互联网，客体是网络公众。网络公共关系活动的目的是维护和改善企业形象，提升品牌知名度，以获得更多商机。企业主体是网络公共关系主体的组成部分，但它不是唯一主体。包括政府在内的各种社会组织及个人，统称为网络化的社会组织。

同平面媒体、电视媒体的公共关系宣传一样，系统的网络公共关系操作同样不外乎解决"宣传什么、向谁宣传、在何处宣传"三个方面的问题，以便与整个市场推广的节奏和主题相呼应，从而收到最佳的网络宣传效果，而很多企业的网络公共关系不能获得理想的宣传效果，主要还是在这三个方面缺乏清晰的思路，影响网络公共关系操作的效果。

首先，日常公共关系传播的目标无非表现在两个层面：一是在公司层面，提升公司的知名度，塑造良好的企业形象；二是产品层面，宣传公司的产品特色、优势，促进公司产品的销售。作为公共关系传播的重要方式之一，网络公共关系的目的自然也不例外。因此，在实施每一个网络公共关系项目之前，要先清楚地知道当前网络公共关系传播的目的和重点，因为网络公共关系传播目的不同，在公共关系文章的表现形式、媒体的选择方式上就会有很大差别。例如，对于公司企业形象层面的宣传，多通过新闻稿、网络评论稿、网络专题等题材形式进行宣传，且一般会选择综合或专业的门户网站投放；对产品层次的宣传，通过产品体验软文、产品评测、产品导购等表现形式更容易奏效。

其次，在"向谁宣传"即公共关系的受众问题上。不同的目标受众，对网络公共关系传播的具体操作也会有不同的要求。一般来说，企业公共关系宣传的目标受众包括消费者、股东、合作伙伴、政府人士、新闻媒体人士等，而不同的目标受众对网络媒体的阅读习惯是很不一致的。为了有效地进行公共关系传播，网络公共关系对不同的受众应该选择合适的网络媒体进行投放，而不是简单地把希望传播的公共关系信息随意在网络媒体上投放宣传。

最后，对于"在何处宣传"即媒体选择这个问题上，不少企业的网络公共关系人员往往只看重新浪、搜狐等少数几个综合性的门户网站，认为本企业的新闻稿能在这几个网站上挂出来就万事大吉。事实上，要想收到最佳的网络公共关系传播效果，网络媒体的选择和沟通绝非如此简单。由于网络媒体的特殊性，很多时候完全可以有效利用这一媒体，以最少的成本和精力实现"逆向二次传播"，获得最大的传播效果。

通常网络媒体的原创内容比较少，以转载平面媒体报道为主。"逆向二次传播"实际上就是指传播从少部分平面媒体开始，到网络媒体的转载，通过网络的高强度传播力，把消息迅速放大，从而引发相关媒体的关注和跟踪，形成又一轮的平面媒体聚焦。

作为企业，同一个新闻题材发给很多平面媒体，可能会出现媒体不愿意刊登，还可能出现因为竞争激烈，一家发了媒体，而另外一家拒绝刊登的情况。这是不利于信息传播的。很多情况下，可以先选择平面媒体独家首发，然后大量转载。通过平面媒体和网络媒体的配合，利用平面媒体的攻心力和网络媒体的传播力，既扩大影响又节约成本。当然，根据不同的公共关系目的，在不同的营销阶段也要适时调整。从平面到网络再到平面的模式并不是一成不变的。

对于特殊事件和信息，可先实施网络公共关系，寻找最合适的关键信息，在恰当的网络媒体上发布。这也就是前面提到的根据不同公共关系目的，灵活选择第一次投放的媒体。报纸相对来说比较严肃，很多太新、太快，并且尚未最终核实的消息不容易刊登，所以互联网是最佳选择。通过专业的网站第一时间发布，随后日报根据网络开始新闻跟踪，一周后周报、周刊会刊登综合评述，月刊则会以不同的角度更有故事性地报道相关内容。其间网络又不断转载反馈，从而可实现传播的最大化，使新闻在一个时间段成为聚焦热点。

二、网络公共关系的渠道与形式

(一) 网络公共关系的渠道

网络公共关系总体上有两种渠道：一是建立、组织自身的网站；二是利用其他新闻服务商和媒体。组织拥有自己的网站，就等于拥有了一个具备很强自主性的宣传媒体。依靠这个媒体，组织可以通过网络发布组织信息、及时与其公众进行互动交流等，但组织的站点建设需要不断地维护、更新，添加能够吸引受众的新鲜内容，如此才能达到最初的建站目的。由于受众对事物的认知需要一个过程，在组织网站建立初期，组织可以在相关宣传媒介上(例如组织报纸、产品说明书、产品宣传活页等)推广组织网站。这一时期，组织的网络公关可以借助专业门户网站或影响大的综合性网站来进行，依靠这些网站的人气来提升组织的认知度，并且为组织的网站聚集人气。组织网站建成后，传统媒体和其他网站的辅助公关功能也是不可或缺的。

新媒体营销的渠道又称新媒体营销的平台，主要包括但不限于门户、搜索引擎、微博、SNS(社会网络)、博客(Blog)、播客、BBS、RSS(Really Simple Syndication，简易信息聚合)、维基百科(Wiki Pedia)、手机、移动设备、App、短视频等。博客、RSS会收集和组织定制的新闻，按照人们希望的格式、地点、时间和方式，直接传播到人们的计算机和手机上。网摘、SNS、P2P、即时信息(IM)等，也可为公共关系的传播提供更多的渠道与形式。

(二) 网络公共关系的形式

具体来说，网络公共关系主要有以下几种形式。

1. 发送新闻

通过在组织自身的网站、有影响力的门户网站或与传统媒体相结合发送新闻来实施网络公关。通过传统媒体发布新闻时，更应注意与新闻记者建立友好关系，其原则是开诚布公，成为其可信赖的有效信息来源，因为记者利用网络很容易查清组织公布的信息是否真实。

2. 论坛

论坛是网络上一种广泛应用的信息交流工具。不论是公开浏览方式还是管理严格的远程登录方式，对公共关系而言，论坛都具有特殊的传播沟通功能。首先是信息发布功能，组织和受众都可以通过论坛发布信息。其次是非实时讨论功能，组织可以将要发表的信息写成文章后，以比较条理和完整的方式发表在论坛相应的讨论区。最后是实时讨论功能，组织可与公众在"聊天区"进行实时交流，以拉近组织与公众之间的距离。

一则新闻在论坛的新闻库里可保留很长时间，选择在与组织相关的论坛上贴新闻，可能会带来长达几年的效益。

3.SNS

在互联网已经成为不可或缺的今天，人们更希望网络能对自己的工作、个人发展提供更加便捷、高效的支撑和帮助。因此，在 SNS 已经建立起的诚信平台上，其商务价值逐渐展现出来。严格地讲，国内 SNS 并非社会性网络服务(Social Networking Services)，而是社交网站(Social Network Sites)，例如人人网、开心网、QQ 平台等。

4. App 营销公关

App 营销公关是指使用应用程序营销。这里的 App 是 Application(应用程序)的缩写。App 营销是通过特制手机、社区、SNS 等平台上运行的应用程序来开展营销活动。App 营销是整个移动营销的核心内容，是品牌与用户之间形成消费关系的重要渠道，也是连接线上线下的天然枢纽。开发出一款成功的 App，既要符合自身品牌的定位和诉求，也要考虑受众的使用黏性。在品牌定位上，首先应确定品牌 App 的功能策略及体系策略。例如"全家 Family Mart"推出的 App，实现了产品信息、门店信息、卡路里测算、选餐机等多个功能。"单一功能展现品牌"，顾名思义，即一款 App 实现一个功能，或是推广品牌文化，或是发布品牌产品信息，或是一款小游戏，清晰明确。例如大白兔奶糖，它为了迎合受众，推出了一款可爱十足，以糖果造型为元素的游戏类 App，找到相同的糖果并使它们连成一排，就可以获得积分，深受小朋友的喜爱，给许多手机用户的孩子们带来了乐趣。

5. RSS 营销公关

RSS 营销公关是指借 RSS 阅读器来进行信息传播。常见的有 Google Reader，国内较知名的有抓虾、周伯通、鲜果、看天下阅读器。RSS 营销的特点决定了其比其他邮件列表营销具有更多的优势，是对邮件列表的替代和补充。

早在 2004 年年初亚马逊就将注意力转向了 RSS。今天打开亚马逊的网站，你会发现几乎所有种类的商品(图书、电子产品、音像制品、玩具、服装等)都已打包成相应的"RSS 频道"，向用户终端的阅读器定期发送。通过 RSS 这条新渠道，亚马逊每当有新商品上市，或新促销信息和新重大新闻时，都能快速、及时地将这些信息"推"向其用户，不仅给用户提供了方便，而且大大提高了这些信息的普及率、针对性和时效性，从而抓住了大量以前被白白浪费的商机和收入。

6. 维基百科营销公关

Wiki 在夏威夷语中是"快点快点"的意思。笼统地讲，Wiki 是一种群体协作的平台，任何登录它的用户都可以在上面发表、修改上面的内容。Wiki 的特点就是开放、平等、共享。目前国内百科业务做得比较成功的是互动百科、百度百科。有些企业有意把自己企业的方案、资料等放上去，让大家了解并学习，这也间接宣传了企业。

7. 电子邮件

个性化的电子邮件会增强人情味，实现一对一传播。有许多社会组织都通过邮件的方式进行市场营销产品宣传及售后跟踪服务，以满足广大顾客在信息爆炸时代对信息的独享需求。同时，电子邮件也可以用来传播企业的文化和品牌信息。

电子邮件营销公关在网络营销中的作用主要表现在：①企业品牌形象；②产品、服务推广；③在线顾客关系；④顾客服务；⑤网站推广；⑥资源合作；⑦在线市场调研；⑧收集信息，增强市场竞争力。

8. 网络社区

随着互联网的出现，在网站上常常会聚集一些来自某个地区、有地缘上的归属感和心理上认同感的公众，成员们把他们在现实生活中所遇到的人和事发表在网上供大家讨论，这样就很可能会引起共鸣。针对企业而言，网络社区主要是企业的客户或潜在客户经常光顾的论坛、圈子等。社区与媒体的一个最大的不同点是，社区相对开放和自由，是由广大网民共同参与形成的，因此成本更低。企业在进行网络社区传播时，可以选择点击率较大的社区，例如有名的阿里巴巴商人社区。

9. 微博

博客即"网络日志"。多数博客就相当于一份个人在线日记，使私人和企业都能在网络上轻松便捷地发布内容。通过使用 Six Apart、Google's Blogger 或新浪等公司提供的软件，人们可以迅速设立并运行自己的博客，开始与整个世界交谈。

10. 短视频

短视频即短片视频，它是指在各种新媒体平台上播放的、适合在移动状态和短时休闲状态下观看的、高频推送的视频内容，几秒到几分钟不等。内容融合了技能分享、幽默搞怪、时尚潮流、社会热点、街头采访、公益教育、广告创意、商业定制等主题。由于短视频内容较短，可以单独成片，也可以成为系列栏目，随着移动终端普及和网络的提速，短平快的大流量传播内容逐渐获得各大平台、粉丝和资本的青睐。随着智能手机的普及和移动互联网的快速发展，短视频被业界认为是互联网领域的风口，在迎来井喷期后，将进入更加专业化、规范化的发展轨道。"今日头条"凭借新闻客户端、短视频、知识付费产品等形成组合产品链，发展势头强劲。随着网红经济的出现，视频行业逐渐崛起一批优质原创内容制作者，微博、秒拍、快手、今日头条等纷纷入局短视频行业，募集了大批优秀的内容制作团队入驻。到了 2017 年，短视频行业竞争进入白热化阶段，内容制作者也偏向专业化运作。

现在已经进入流量争夺的关键时期，谁抓住的用户越多，谁就能够获得资本的关注。各大平台也在寻找优质的内容创作者，流量是一切平台的法宝。多平台的崛起也为企业新媒体的创作和发展提供了良好的空间，但是如何在营销中脱颖而出，也需要出奇制胜。比如抖音上很火的"答案茶"，就是利用新媒体能够传播炫酷好玩的特点，获得了爆发式增长，据说加盟商短期内就达到了几百家。这是传统行业从来都不敢想象的事情。新奇的创意、借助新媒体的营销，多渠道的分发，都能为企业的宣传和营销助力。

三、网络公共关系的优势

网络公共关系的优势是传统公共关系所不能比拟的，但其劣势也是传统营销方式所不具备的。不过，社会组织更看重其以下优势。

1. 可以把握第一时间，做到简便快速

社会组织一旦掌握了新的信息，就可以不受传统媒体版面的限制、信息内容的约束，将信息立即传递给公众。如果传递中掌握了传递信息的技巧，就能迅速传递到目标公众中，并受到传统媒体的关注。网络新闻媒体一般有两大类。一类是传统媒体上网，通过互联网发布媒体信息。其主要模式是将在传统媒体播放的节目进行数字化处理，转换成能在网上下载和浏览的格式，用户不用依靠传统渠道就可以直接通过互联网了解媒体报道的信息。另一类媒体是新兴的真正的网上媒体，他们没有传统媒体的依托。不管是哪一类媒体，互联网出现后，企业与新闻媒体的合作可以更加密切了，可以充分利用互联网的信息交互特点，更好地进行沟通。为了加强与媒体合作，企业可以通过互联网定期或不定期将企业的信息和有新闻价值的资料通过互联网直接发给媒体，与媒体保持紧密合作关系。企业也可以通过媒体的网站直接了解媒体关注的热点和报道重点，及时提供信息与媒体合作。

2. 可以不受篇幅限制

通过传统媒体发表信息，要受到媒体版面、栏目时间和宣传经费预算的限制等，但网络传播可以让人们各取所需。网络上保存了大量费用低廉的信息，只要内容不违反互联网传播信息的相关法律及道德规范，组织就可以大量地传播信息。当然在信息传播中，如何有效地利用导航工具以便目标公众能够在最快的时间里找到相关的内容，也是需要一定技巧的。

3. 可以节约成本

由于传统媒体运行成本高，所以信息传播的成本也会很高。但互联网媒体运行成本大大降低，所以许多企业选择互联网媒体传播信息、联系客户，以节约交易成本和传播成本。网络媒体充分发挥了其互动性强、时效性强、传播形式多样、受众广泛等优势。但如果先选择传统媒体做独家新闻，随后大量转载，通过传统媒体和网络媒体的配合，利用传统媒体的攻心力和网络媒体的传播力，就可以既扩大影响又节约成本。

4. 组织的信息接收者也可以成为组织的信息传递者

组织的网站往往有许多栏目设计，特别是站内留言，可以为目标公众提供及时交流的空间和机会。同时，有的网站还提供目标公众参考活动、提出建议的机会，欢迎公众设计及留言，甚至还可以改变网站结构。此外，目标公众可以把对组织的感受、评价都一一反馈到网站上来，如淘宝网，目标公众可从用户评价中了解并关注组织及其产品。

5. 个性化的信息传播交流方式

与传统媒体铺天盖地的传播方式不同，网络公共关系可以通过邮件、MSN、QQ 等方式与目标公众网上实时交流，兼顾目标公众的特殊需求。还可通过网络问卷、网络评价等方式，获取真正的第一手信息，并且成本较低，可以经常进行。通过一对一的网络公共关系交流方式，保留组织的长期客户。

【案例8-1】百度 2019 年春晚战报：互动 208 亿次，送出 9 亿元现金红包

百度作为央视 2019 年春晚独家网络互动平台，红包互动活动圆满落幕。春晚直播期

间，全球观众参与百度 App 红包互动活动次数达 208 亿次。春晚期间，百度共发出 1000万个 20.19 元红包以及若干手气红包，全球观众参与共同瓜分 9 亿元现金红包大奖。同往届类似，此次春晚红包互动分为四轮发放，主题依次为好运临门、心想事成、幸福团圆、梦想成真。四轮红包均在百度 App 上参与互动，数亿观众幸福抢红包背后，也展示了百度云领先的技术保障实力。作为首届人工智能春晚，百度将人工智能的元素带入到这场晚会中，与央视携手为观众带来了一次与人工智能亲密接触的视听盛宴。

(资料来源：根据飞象网 2019 年 2 月 25 日相关资料整理)

四、网络公共关系的新变化

李志军先生在他的《新传播时代公共关系的挑战与机遇》一文中提出，网络公共关系时代的公共关系传播面临着许多变化，社会组织应该根据这些变化来调整公共关系运作的战略与策略。其主要观点如下。

1. 公众的变化

2006 年年底，美国《时代周刊》评选出的 2006 年年度风云人物是 "YOU(互联网使用者)"。这表明伴随着网络技术的不断升级，所有能够接触到网络的人从某种意义上已不再是简单的看客或浏览者，他们开始或者已经成为网络中的主体，成为社会传播体系中把握主动权的人，公众语境开始体现强势。由此，传统的公共关系传播方式、传播思路，以及博弈的规则都在缓慢而有力地被改变、被颠覆。

(1) 这种变化来自公众的需求。组织会发现公众的需求越来越难以满足，越来越难以捉摸，让顾客满意似乎成为一个遥不可及的目标。目标受众的需求在增强，而满足度则在降低；以往单纯性的需求逐渐复杂化、多重化，从对产品、服务、事件本身的要求，渐渐发展到面向精神层面的满足，且这种延伸性还在不断加强，这在维权方面尤为突出。

(2) 利益相关人的构成呈扩散化趋势。利益相关人对于组织，特别是企业而言，必须是清晰界定的，因为维护并满足利益相关人的利益是组织运行的基本准则。以往这种界定比较一致且比较明确，但现在各种类型组织的利益相关人具备了比较明显的差异。同时，不同时期针对不同事件也存在不同利益相关人。而最为重要的提示则是利益相关人的构成正在呈现一种扩散化态势，其表现在组织面对突发事件花大力气解决的问题可能来自它从来没有意识到的、组织原有利益相关人范围之外的公众。

(3) 意见领袖的变化。意见领袖是推动传播、引导舆论、主导话语权的重要环节。在新媒体时代，意见领袖也正在发生变化。

首先，意见领袖的"江湖"在网络、在社区。社区不仅成为各大新闻媒体发掘新闻线索的重要途径，很多时候更成为信息发布的第一阵地。艾瑞数据的调查显示，现在网民停留在门户网站上的有效浏览时间只占其总上网时间的 19%，其余大量的时间都消磨在社区类网站上。据调查，现在的消费者开始发出自己的声音，亮出自己的主张。历经磨炼的消费者已经见多识广，而且网络科技、现代传媒的发展让他们可以更好地彼此沟通。他们以一个个社区、论坛为中心，捍卫自己的权益，诉说自己的不满，抨击甚至抵制他们认为做得不对的企业。

其次，意见领袖呈现出"无明显主体、无明显核心"的特征。在社区、圈子——为拥有共同兴趣爱好的人群开辟的互动地带里，信息由点到面，由分散到聚集，并不依靠信息发布者的名气、地位，而全部依赖事实本身的强大号召力。

2. 传播路径的变化

由于网络传播路径的变化，企业在品牌的传播和管理的过程中，遇到前所未有的挑战，很多传统传播手段已经不再适用，面临很多困难。

新闻发布等释放性的传播方式不能适应网络的互动特性。品牌发布的过程如果没有消费者的参与，可能就会变成企业的独角戏。首先，网络传播的可控性差。博客、播客、微视频等这些媒体形式让广大的消费者成为传播的主体，但同时，由于传播对象、传播内容、传播渠道的分散性，导致企业对这个过程的控制非常弱。其次，危机公共关系难度加大。在网上任何信息都有可能被传播，好的、坏的都有迅速扩大的可能性。当网络上出现一条企业的负面信息时，是疏还是堵？如何有效地预防危机？这些操作起来都具有很大的难度。最后，已有网络传播方式缺乏系统性。缺乏系统的操作体系，往往顾此失彼，难以组织有效的立体式网络公共关系战役，而无法与传统公共关系资源有效结合，是目前企业遇到的较突出问题。

5G 时代的到来、新传播时代的开启都意味着一次传播的革命。Web 系统是人类迄今最伟大的发明之一，也是计算机影响人类最深远的表现。从 Web 1.0 到 Web 6.0，人类的商务状态也发生了根本性的变化，商务的运作模式及传播模式都随之而发生了巨大的变化。

正如宝洁全球营销长史坦格(Jim Stengel)所说，现今消费者对于媒体的反应已不如以往，他们拥有决定何种方式及何时接收营销信息的权力，若过分依赖主流媒体，或没有探索新科技及接触点的品牌，将会与消费者失去联络。

3. 游戏规则的变化

从现在来看，三鹿品牌的倒掉催生了《食品安全法》，同时警告那些还没有受到死亡威胁的企业，"一定要流淌着道德的血液"。当时就有专家断言：随着我国人民生活质量的提高，食品类企业必将受到全新的监管。三鹿如同在白垩纪时期后立即消失的恐龙一样，倒在了一个新的规则之下——企业必须关注并坚决履行企业社会责任。

联合国第七任秘书长安南首次提出"企业社会责任"这一理念时，还仅仅是个建设性、方向性的意向。如果企业能够有意识地去履行社会责任，维护整个社会的可持续发展，哪怕是一点点，哪怕不是长期的，都是应该获得赞扬甚至是奖励的。但在今天，企业社会责任已经由奖励性指标转向了企业必须遵守的道德底线了，如果触碰它，也许就是灭顶之灾。

相对于国内企业，许多跨国公司从追求利益的本质出发，已经充分认识到了公司利益与公司环境。特别是公司的可持续发展能力与环境、社会的关系，不再是分离而是相互协调的关系，而且企业承担起必要的社会责任对企业的可持续发展只能是有百利而无一害。对于企业社会责任国际标准的评价，联合国全球契约办公室执行主任、全球契约峰会的主要策划人乔戈·凯尔作出了这样的结论："我们的调查研究显示，越重视社会责任的企业，未来发展的空间和速度也就越大。"

衡量一个企业社会责任的真正标准，并不在于它是否为社会变化的领导者，而是要看它是否有能力预见社会变化，并对变化作出适当回应。何时对于社会变化作出反应是企业的重要决策，而公共关系职能部门在这个问题上起着至关重要的作用。

4. 公共关系实践模式的变化

现在许多企业一再出现危机事件，危机过后颇受诟病的是它们的危机公共关系处理理念和手段，其背后的深层次原因在于公共关系实践模式的滞后。

1984年，格鲁尼格在与另一位学者合著的《公共关系管理》一书中首次概括了公共关系实践的四种模式，即新闻代理/宣传模式、公共信息模式、双向非对称模式、双向对称模式。《公共关系管理》一书的作者当时曾推测，目前的公共关系实践中，有50%的组织使用公共信息模式，有20%的组织使用双向对称模式，有15%的组织使用新闻代理和双向非对称模式。但具体的调查显示，大部分组织在公共关系实践中使用较多的还是新闻代理模式，但情况也视组织的性质和面对的公共关系问题而有所变化。

新闻代理模式的运用，通常是指在追求大众传媒对一个组织有力宣传的公共关系活动，且有时有某种欺瞒的方式。公共信息模式是组织内的公共关系人员利用大众传媒对外发布相对客观的信息，他们像控制组织内的通信、宣传册、邮递信件那样试图去控制媒介。

第三节　绿色公共关系

一、绿色公共关系的内涵

现代社会为了满足人们不同的物质生活需求，在不断地发展生产，提高劳动生产率的同时也给地球带来了巨大的压力。人类不断地向自然界索取，使森林锐减、土地沙漠化、大量物种数量急剧减少甚至迅速灭绝。人类和环境的冲突已经越来越严重，环境对人类的报复也引起了大量震惊全球的灾难。从20世纪70年代开始，一场以拯救地球、保护环境为主题的绿色革命被人类提上了议事日程，绿色食品、绿色产业、绿色消费等概念层出不穷，绿色公共关系的理念更是深入人心。

绿色公共关系也叫环境公共关系，是指社会组织以保护人类生存环境为目标，在可持续发展战略思想的指导下，从生产到营销的各个环节都体现环保、绿色的经营理念，并通过公共关系宣传出去，使组织具有强烈社会责任感的绿色形象展现在公众面前的一种发展战略。

绿色公共关系是树立企业及产品绿色形象的重要传播途径。在人们日益关注生存环境的今天，社会组织通过自身的努力，积极保护我们的地球，同时还可通过公关活动来宣传环境保护的意识，以提升组织的绿色形象。例如，通过绿色赞助活动、慈善活动等与媒体合作开展多样性的、与环保有关的、有价值的公关活动，以改变客户、企业成员、法律团体、一般性团体，以及企业内部人员对组织环保战略和理念的认知。

支付宝通过其微博在2018年6~7月间推出"绿色环保生活"的微博运营的主题。7月份，支付宝累计发布微博53条，围绕绿色环保主题，微博中高频出现的信息是刷支付宝坐公交。8月份，支付宝累计发布微博56条，主题继续承接7月份的绿色环保，除了乘公交外，支付宝还重点推广蚂蚁森林。通过支付宝用户的参与，不断地强化支付宝的绿色公关形象。

绿色环保不仅是企业的事，更是政府的事，在习近平总书记"我们既要金山银山，也要绿水青山，宁要绿水青山，不要金山银山"的指示下，各级政府部门加大了环保公关的力度。在 2018 年全国环境互联网会议上，揭晓了最终脱颖而出的十个创新案例名单。其中，张掖市生态环境监测网络管理平台构成"天眼"守护祁连山"天上看、空中探、地面查"，甘肃围绕祁连山生态破坏问题整改，将卫星遥感技术运用到了祁连山生态监测当中，构建起了守护"母亲山"的"天眼"。张掖市生态环境监测管理平台以卫星遥感为核心，以空中无人机巡查和地面监测为辅助，以一库八网三平台为主要建设内容。系统建成后，可以实现对自然保护区的常态监管、对生态环境监测数据的集成、对重点企业监控数据的在线传输，有效推进环境执法智慧化，加强生态环境质量变化预报预警能力，全面共享生态环境数据信息。通过这一案例，绿色公关已经深入人心。

二、绿色公共关系的意义

随着人类环保意识的不断增强，对绿色消费的要求也越来越高。在国际社会中，发达国家不断加大"绿色壁垒"的力度，从环保方面制止或限制某些产品的进口，甚至对已进入的国外商品提出诉讼，使外国企业在外贸出口中处于被动地位。开拓全球绿色消费市场，迫切需要进行绿色公关。我国海尔公司通过绿色公关，开发无公害、低能耗的绿色冰箱产品，成功地避开了欧美等发达国家的"绿色壁垒"，产品出口市场日益扩大。近年来，美国杜邦公司重新将企业发展定位在可持续发展与创造绿色科学奇迹上，全力向生物科技领域拓展。纵观世界知名企业，绿色公关已成为未来营销管理的重要内容。

企业绿色公关就是充分展示绿色经营思想、绿色产品开发及生产过程，例如绿色技术保证体系等，强化绿色消费与市场竞争理念，提高绿色科技水平，完善绿色经营，实现企业物质资源利用与效率最大化。

三、绿色公共关系的特点

绿色公共关系的特点主要表现在以下几个方面。

1. 综合性

绿色营销综合了市场营销、生态营销、社会营销和大市场营销观念的内容。市场营销观念的重点是满足消费者的需求，一切为了顾客"需求"是企业做好一切工作的最高准则；生态营销观念要求企业把市场要求和自身资源条件有机结合，企业发展要与周围的自然、社会、经济环境相协调。社会营销要求企业不仅要根据自身资源条件满足消费者需求，还要符合消费者及整个社会的眼前及长远需要，倡导符合社会长远利益，促进人类社会自身发展。大市场营销是在传统的市场营销四要素(即产品、价格、渠道、促销)基础上加上权力与公共关系，使企业能成功地进入特定市场，在策略上必须协调地利用经济、心理、政治和公共关系等手段，以取得国外或地方有关方面的合作和支持。绿色营销观念是多种营销观念的综合，它要求企业在满足顾客需要和保护生态环境的前提下取得利润，把三方利益协调起来，实现可持续发展。绿色营销观念以绿色公共关系策略为核心，以公共关系为主要手段传播组织的品牌形象。

2. 统一性

绿色公共关系强调社会效益与企业经济效益的统一。企业在制定产品策略和实施战略决策时，既要考虑到产品的经济效益，同时又必须考虑社会公众的长远利益与身心健康，这样产品才能在市场中站住脚。人类要寻求可持续发展就必须约束自己，尊重自然规律，实现经济、自然环境和生活质量三者之间的相互促进与协调。社会公众绿色意识的觉醒，使他们在购买产品时不仅会考虑对自己身心健康的影响，也会考虑对地球生态环境的影响。他们会谴责破坏生态环境的企业，拒绝接受有害于环境的产品、服务和消费方式。只有国家、企业和消费者三者同时牢牢树立绿色意识并付诸实施，绿色营销才能蓬勃发展。

3. 无差别性

绿色标准及标志呈现世界无差别性。绿色产品的标准尽管世界各国不尽相同，但都是要求产品在质量、生产、使用、处置等方面对生态环境和人体健康无损害，符合CIS企业识别形象系统的理念、行为及视觉需求。

4. 双向性

绿色公共关系不仅要求企业树立绿色观念、生产绿色产品、开发绿色产业，同时也要求广大消费者购买绿色产品，对有害产品进行自觉抵制，树立绿色观念。比如在许多国家，有许多消费者自觉不购买破坏环保的商品，并对一些破坏环境、生产劣质产品的企业进行抵制。

四、绿色公共关系的运用策略和技巧

1. 做好企业的绿色宣传

(1) 宣传绿色理念。企业应通过传媒向社会或目标公众传递企业的绿色理念，以及企业在"绿色"方面的业绩，增强公众对企业的信赖感。

(2) 宣传绿色形象。现代媒体是构成"信息化"时代的主要载体，企业要获取信息靠媒体，而公众要了解企业更要靠媒体。绿色形象宣传是通过媒体传递绿色企业和产品信息，从而激发消费者对产品的需求及购买行为。

2. 巧妙运用大众传媒

大众传播媒介具有公开、快速、科学色彩浓、娱乐价值高、社会权威性大、容易形成轰动效应等特点，能够使公众无可置疑地相信它所刊载、刊播的内容。因此，大众传媒宣传是企业公关宣传的首选媒介，例如利用电视、报纸、广播、因特网、宣传手册等进行宣传。在各种媒体中应重视对企业绿色经营理念和绿色消费概念的宣传。传播绿色语言、绿色生活风格和绿色心情等绿色信息，烘托强烈的绿色文化。

3. 参加各种绿色环保活动

企业应参与、组织各种与绿色和环保有关的事务与活动，例如绿色赞助活动、慈善活动等，扩大企业绿色形象的影响。在策划绿色公关活动时，首先，要注重主题鲜明和形式的生动活泼，根据公众的兴趣和娱乐心理，策划出符合其心理需求、无明显商业色彩、强调绿色观念的活动。其次，要选择恰当时机。公众闲暇时间、重大社会纪念日、新产品或新服务项目推出之际、企业组织荣获重大荣誉之际等，往往是企业发展过程中的关键时机，利用这些时机开展成功的公关活动容易引起公众的注意，形成公共关系的轰动效应，从而获得良好的公共关系效果。最后，活动要形成系列，企业可定期举办以"绿色"为中心、具有内在联系、开展时间稍长的公共关系活动，以形成公关活动的规模效应，产生良好的宣传效果。

本 章 小 结

本章对网络传播及网络公共关系的概念、内涵、技巧，以及绿色公共关系的概念、内涵、战略、技巧进行了研究和介绍。由于本章与最新发展起来的社会现状相关联，没有许多现成的研究成果和资料以资借鉴，同时，本章所涉及的相关知识与时俱进的速度太快，因此，要求学习者在学习完本章后要继续学习和研究相关的知识。

复习思考题

1. 网络传播与网络公共关系的概念是什么？
2. 网络传播与网络公共关系的联系有哪些？
3. 网络公共关系的策略技巧是什么？
4. 绿色公共关系的意义及其影响是什么？
5. 绿色公共关系的技巧有哪些？

扫码阅读拓展案例

第九章　大型公共关系活动

本章导读

前面已经介绍了公共关系专题活动，本书又特别撰写了大型公共关系活动一章，这是本书的一大特色。之所以要如此重视此章的内容，是因为无论是国家还是地方政府、有实力的企业，都会借助大型公共关系活动来造势以吸引公众的关注。这些年我们看到的世界各国的各种大型公共关系活动屡见不鲜、数不胜数，如世界各国承办奥运会、借 G20 峰会的杭州造势等。

学习目标

通过对本章内容的学习，重点掌握公共关系大型活动的概念、内涵，了解大型公共关系活动策划的思维技巧、方法、程序，了解一些典型的大型公共关系活动策划的运作方式。

第一节　大型公共关系活动概述

一、大型公共关系活动的定义和内涵

(一)大型公共关系活动的定义

大型公共关系活动，是指社会组织有计划地策划、组织、举办大型的能够吸引媒体与公众关注的社会热点新闻活动，以提高组织的知名度与美誉度，提升组织的良好形象。大型公共关系活动的举办者可以是政府组织，也可以是企业组织。如果是企业组织进行大型的公共关系活动，其终极目的是促进销售，所以，也被称为"事件营销"。

成功的大型公关活动能持续提高品牌的知名度、认知度、美誉度、忠诚度、顾客满意度，提升组织品牌形象，改变公众对组织的看法，累积无形资产，并能不同程度地促进销售。我国从 2008 年主办奥运会以来，无论是政府还是企业，都认识到了大型公关活动对组织在国际上提升形象的作用。由于受"公关第一，广告第二"思想的引导，以及各大媒体高居不下的巨额广告费的门槛，国内外企业更加重视公共关系的事件营销，我国的企业也掀起了一股事件营销热潮。例如，联想的 TOP 计划——与国际奥委会结盟，以期扩展国际市场；蒙牛借航天员上天而扬名；中国联通的"赢在中国"吸引了众多的白领阶层，并极大地提升了联通的品牌形象；阿里巴巴的集福活动到 2019 年春晚，也被百度所效仿，都产生了轰动效应。这些年对于网络大型营销活动阿里巴巴屡试不爽，还有杭州市通过 G20 等国际性的政治活动，大打城市公关牌，对杭州市的发展产生了积极的推进作用。

广告教父大卫·奥格威(David Ogilvy)说："阅读普通文章的读者数量是阅读普通广告的读者的 6 倍。"一位读者接受新闻的水平是接受一则广告的 6 倍。事件行销的高效率由此可见一斑。《定位》一书的作者之一，阿尔·里斯(AI Ries)在其《公关第一，广告第二》一书中公开提出了又一次轰动的理论："广告的衰落和公关的崛起。"

公关活动虽然付出的费用不菲，但与广告费相比其效果与成本还是占有很大优势的。例如，中央电视台新闻联播前的5秒广告费每次都不少于90000元人民币。而公共关系如果策划得好，或者借台唱戏，费用会少很多，但传播效果也会很好。

公关活动的策划与实施是企业策划部、公关公司、策划公司、广告公司在工作中常用的技术手段。很多组织都运作过公关活动策划，但没有目标、没有重点、不够严谨的公关活动策划屡见不鲜。有的公关活动策划由于策划欠周全或危机处理不力，导致活动最终失败、损失较大，甚至酿成事故，造成人员伤亡，最终受到法律制裁。

公关活动策划有常规的方法可供遵循，但也有不少技巧，"三分策划，七分实施"。而实施的关键应该就是前面所提到的公共关系四步工作法的应用，以及拉施威尔传播的5W模式和詹姆斯·凯瑞在20世纪70年代提出的传播"仪式观"和"传递观"的有效运用。

(二)大型公共关系活动的内涵

大型公共关系活动是一项有目的、有计划、有步骤地组织众多人参与的社会协调活动。它包括四个方面的内涵。

1. 大型公关活动要有鲜明的目的性

大型公关活动往往要耗费很多资源，包括人力、物力，恐怕要花数百万元的传播费用。大型公关活动都有很强的传播目的性，传播什么样的信息是举行大型公关活动前必须要明确的目标。例如，中国联通参与可可西里科考队的信息传播活动，为此耗费了大量的人力、物力，其目的就是要更正外界认为中国联通的信号不如中国移动好的一贯认知，告诉公众即使在可可西里这样的地区，联通的信号也能到达，联通的技术与设备已经不可小觑了。

2. 大型公关活动要有计划性

凡事都应有计划，大型公关活动更不例外，而且更要求有周密的计划。大型公关活动正是因为参与人数众多、场面大、影响面广，所以更需要精心计划。一是避免在活动中由于计划不周密而出差错，其交通、治安、防火物品和人员的损害等都应该考虑到；二是重要参与者的接待、记者的接待等，都不能有疏忽，否则就会使人感觉受到冷落。

3. 广泛的社会传播性

一场有影响力的大型公关活动会产生强烈的社会震撼和轰动效应，大众传播媒介都会介入宣传，使社会组织的知名度与美誉度都得以迅速提升。"注意力经济"时代许多社会组织常常进行大型公关活动的目的就是为了获得这种广泛的社会传播性。

4. 大型公关活动要有高投资性

大型公共关系活动的费用开支动辄以百万计算。例如，三星公司在2000年悉尼奥运会上，投入了4000万美元的赞助费后，也抛出了2亿美元在奥运项目中。2008年奥运会TOP的赞助费高达6500万美元，总共花在奥运项目的费用至少高达2亿美元。当然也有善于借助社会热点事件来造势的大型公共关系活动，只要花很少的钱就能达到广泛、快速传播的目的。

二、大型公共关系活动的策划原则

大型公共关系活动的策划由于是一个多人参与策划和多人执行的过程，所以每次策划都应该遵循以下几项原则，这样才能保证策划工作和执行工作的一致性。

1. 创新性原则

创新应该是大型公共关系活动的首要原则，没有创新的大型公关活动，会使目标公众感觉该组织没有创造力，人云亦云。同时，没有创新的活动也不可能吸引媒体与公众的高度关注，只有有个性、有特色的活动才能被人们津津乐道。因此，大型活动的策划者必须是经过创新思维培训的人，必须是关注社会热点和时尚的人，他们应该具备敏锐的眼光能发现社会中可以借助和利用的事件，用发散思维把它们与组织的公共关系形象传播结合起来，以此吸引媒体与公众的注意力。加入奥运TOP计划的英特尔在平昌冬奥会开幕式上，使用了1218架英特尔无人机组成奥运会五环标志，刷新了最多无人机在空中同时飞行的吉尼斯世界纪录，英特尔还为此次冬奥会提供了5G和VR直播技术支持。

2. 传播性原则

大型公共关系活动的一个目标就是新闻传播，所以任何活动在策划之初就应该以此为出发点，在策划时要多问：这次活动新闻媒体会感兴趣吗？会吸引多少媒体的报道呢？媒体会从什么样的角度进行报道呢？新闻的关键在于一个"新"字，不新就不能称其为新闻，所以新闻记者们在有限的版面和栏目时间选取的就是人们以前所没有涉猎的东西，这就给我们提出了一个大型活动策划的原则。即大型活动的传播性原则必须与其创新性原则相结合。也有一些组织有创新性的行为，但由于传播意识不强，即使活动做了，但并没有获得传播的效应。所以，一次优秀的大型公共关系活动的策划一定要有强烈的传播意识和对传播技巧的熟练掌握。

3. 成本性原则

许多大型公共关系活动都会耗费大量的人力、物力、财力，但大型公共关系活动也是可以省钱的。这就必须学会借台唱戏、借力使力、借势造势。大型公共关系活动策划的一个技巧是让媒体为组织做免费的宣传，或者至少是能省的成本尽量省。大型公共关系活动之所以能被现代社会的社会组织所青睐，是因为它有两个方面的原因，一是因为广告费太高，很多企业负担不起；二是其轰动性的社会传播效应。基于第一个原因，如果大型公共关系活动不能在投入产出方面比广告更节约成本，那么社会组织也终将不会采用和借助它。

> **【案例9-1】苹果推奥运特色表带抢三星风头**
>
> 非常在线2016年8月10日消息，三星作为第31届奥运会的主要赞助商，但没想到一分钱没花的苹果却成为最大的赢家，先是参加奥运会运动员免费为苹果打广告，苹果又打着奥运会的擦边球为苹果表(Apple Watch)打造了一系列特色表带，而且该表带在离主体育场10km的苹果商店(Apple Store)独家销售。
>
> 根据外媒报道，作为科技巨头的苹果在营销方面一向喜欢花小钱办大事。如果说参加

奥运会的运动员免费为其宣传仅是因为苹果自身强大的影响力，那么这一次推出奥运特色的表带绝对是有意为之，也传承了花小钱办大事的宗旨。由于苹果并不是奥运会的赞助商，所以不能直接使用与奥运有关的标志，不过苹果别出心裁地选择了 14 个参赛国家的代表颜色来打造苹果表的表带。其中带有巴西元素的尼龙表带在上市一周内就彻底卖光，不得不说苹果的这招真高。而三星豪掷几千万元为参加奥运会运动员赠送奥运限量版手机，想必看到竞争对手——苹果这个样子恐怕是要哭晕在厕所吧。不过三星方面对于苹果这样的做法，并没有发表评论。另外，大家可能不知道奥运会的顶级赞助商需要在四年的奥运周期内给国际奥委会上交 1 亿美元的费用，与三星花血本成为奥运会的赞助商相比，不得不说苹果这买卖做得真划算。

(资料来源：根据非常在线 2016-08-10 资料整理)

4. 社会责任性原则

大型公共关系活动本身就会被许多人认为是炒作，是"醉翁之意不在酒"，如果只是为了猎奇的心理，不管活动本身的社会效应如何，如果不能体现一个组织在自我宣传的过程中也能体现出来的一种社会责任感，不能达到组织目的与社会目的的双赢，就会使社会公众反感。我国的有些企业为了吸引媒体和公众的注意力，做"当街砸酒坛子"或"南京路上洒香水"等活动，被人称为"败家子"的行为，这就远不如蒙牛成为"神舟五号"的赞助商、壳牌(中国)的"美境行动"、可口可乐"关注人的命运转变"等公共关系活动所体现出社会组织的社会责任感。

5. 可行性原则

大型公关活动必须是可操作的，因此必须认真地考虑其操作的可行性。比如某超市开业庆典时策划的一小时一元购物活动，结果是使许多人由于贪图小便宜而拥挤，致使玻璃门被挤垮，许多人被踩踏受伤，这就是事先没有进行可行性分析的结果。还有的策划活动，由于违背了社会基本规范和道德准则，只是为了猎奇而进行，结果事与愿违。还有有的策划本身缺乏操作的条件或操作的价值和意义，从而使策划方案无法执行。

6. 科学性原则

大型公关活动策划是一项知识密集、技术密集、人才密集的活动，是多学科知识、思维与方法的组合，策划人员对创新学、传播学、社会学、社会心理学、管理学、广告学、市场营销学、法学等知识都要有充分的了解，对社会潮流、政治与社会热点、时尚等都应该十分关注与熟悉，从而策划出适应社会潮流的多姿多彩的社会活动。同时在策划中还应该借助当前最先进的传播手段和工具，比如现代策划人员如果不了解和熟悉互联网，不熟悉现代通信工具与设备，不了解声、光、电在现代活动中的巧妙运用，策划出来的活动就会黯淡无光。

7. 不冲突原则

大型公关活动的目的是为了吸引媒体的关注，因为媒体的版面和栏目时间有限，有时对一些重大的国内、国际事件，一般都会把有限的版面与栏目时间用于报道这些大事，所以公关人员应该学会掌握活动的时机，善于避开国内、国际重大事件。如果大型公关活动本身不具有与这些事件的相关性，就应该尽量避免与其撞车。

8. 周全性原则

因为大型公关活动给我们的成功或失败的机会只有一次，大型公关活动不是拍电影、电视，不能重来，每一次都是现场直播，一旦出现失误将无法弥补，因而绝不能掉以轻心。活动考虑得不周全，容易造成负面的影响，产生负面报道，负面的印象一旦形成，修复起来就很困难了。

9. 借势造势原则

借台唱戏、借鸡下蛋、借势造势，这是公共关系活动策划中重要的策划技巧。避开国内国际重大事件，是因为大型活动本身与这些重大事件无关，但优秀的策划者是善于借势的。例如，许多组织都在关注 NBA、奥运会、春节联欢晚会，借公益事业、热点事件、体育造势，已被策划界所熟悉。

第二节　大型公关活动的策划技巧

一、大型公关活动的策划思路

大型公关活动创新性方案的得出不是一件容易的事情，它需要策划人员艰苦的脑力劳动。但它不是无路可循地碰运气，而是有一些可供借鉴的方式、方法。

1. 詹姆斯·韦伯·扬的"五个阶段"创意法

一个创意的形成一般都要经历收集原始资料、用心去仔细检查资料、深思熟虑、休息放松后产生创意、耐心工作五个阶段。收集资料的过程是调研的过程，但收集来的资料必须经过认真的审核、对比、选择，才能成为策划的素材，然后就是艰苦的策划环节。大型的活动策划是众多人的智慧结晶，因此必须经过反复、深思熟虑的思考与讨论，才能产生优秀的方案。策划方案形成后，最重要的是对方案进行评估，然后就是认真地执行。

2. 亚瑟·科特勒的"二旧化一新法"

"二旧化一新法"即将两个原有的相当普遍的事物或者想法、问题、事件等放在一起，结果得到两个前所未有的新的组合。DHL 国际快递公司进入中国市场时，有一个十分著名的策划，"三月之谜"就是把企业的发展历史与谜语结合，在行业会议上进行猜谜有奖活动，结果其快递业务很快被业界所认同。

3. 头脑风暴法——智力策划法的核心

"头脑风暴法"的核心是进行高度自由的联想。这种技法一般是通过一种特殊的小型会议，使与会者毫无顾忌地发表见解，彼此激励，相互诱发，引起联想，借题发挥，导致连锁反应，产生众多的创造性设想。这种方法是最常用的创新思维方法，被策划界广泛使用。它可以产生思维碰撞，激发更多新的创意。

4. 特性列举法

特性列举法是美国内布拉斯加大学教授克劳福德创设的。这一技法既适用于个人也适用于集体。它采用的主要手段是，通过对发明对象的特性分析，一一列举其特性，由此引起各种联想，提出改进方案。特性列举法可分两步进行。第一步，选择一个目标比较明确的创造对象，列出此对象的特性。一般事物的特性包括三部分，即名词特性——全部、部分、材料、制造方法；形容词特性——性质、状态；动词特性——功能。第二步，从各种特性出发，通过提问或自问，启发广泛的联想，形成头脑风暴，产生众多的新设想，然后通过评价分析，找出经济效益高、美观实用的设想。比如 NBA 就可以从篮球出发，从球员、球衣、球鞋、球场、偶像等名词特性，从飞翔、弹跳、传播等动词特性，从出神入化、辉煌、耀眼等形容词特性来进行其整体市场策划，从而扩充策划的思考点。

5. 假想构成法

每个人都有过不少假想或幻想，而且人们过去的许多假想或幻想经过人的创造性劳动已有不少假想变成了现实。假想或幻想，其中就包含着创新和创造。由此可见，假想创造的是未来，是一种高级的创造。一是它是能促使人们从事创造活动的刺激力量和动力；二是它是一种用来摆脱人被习惯性思考所束缚的好方法。它能帮助人摆脱守旧的思考，开拓创新设想，寻找到解决问题的对策。美国原麻省理工学院 J.阿诺德教授发明了这种"假想构成法"。起初，阿诺德开发这一技法的目的是刺激学生，激发他们的创造性。阿诺德发现，学生们常常被日常的习惯性思考所困惑，解决问题时常常百思不得其解，于是他研究开发了这一方法，对学生进行训练。阿诺德设计这一方法的重要原则是一定要削弱学生所受周围环境的影响力，把他们从习惯思考中解放出来。

具体训练是这样的：首先引导学生进行一种假想活动，例如向学生提出，假如存在另一个星球，你又置身在这个星球上，这个星球与地球相比重力要强 11 倍，那里也有鸟一样的生物栖息等。总之，阿诺德从各种角度来构筑另一个世界的形象，让学生把这些条件作为现实存在的环境来进行认识，从而进行研究与设计。例如，设计一种供在这种星球上使用的汽车、生活用品、机械等。经过这样的训练，对于学生打破旧思想的禁锢非常有效，后来接受这一训练的大多数毕业生，作为设计技术者都获得了成功，有的还成为设想丰富的实业家。

"假想构成法"原先是专门为学生设计的，后来人们发现它在企业界也有广阔的使用领域，也能起到有效的作用，于是就开始把这一方法引进企业应用。例如，美国通用汽车公司就拿这一方法作为职工创造性开发培训的教材，从而大获其益。大型公关活动策划可以先提出策划假想，然后进行论证和评估。

【案例 9-2】抖音的网络推广怎么做？

抖音作为一款网络社交 App，通过短视频来分享生活，结交朋友，短时间内快速火爆，但企业能否用它来快速传播企业的形象与产品呢？如何运用它来快速认知企业呢？有了这个假想，许多企业就开始运用抖音的五个特点来作为其有效的传播模式。

一是红人策略。运用网络红人把企业的产品信息传递给消费者，他们使产品融入网络视频中激发消费者的消费欲望，拥有 10 万、100 万粉丝的网络红人的带货能力不容小觑。

二是信息流广告。让更多玩抖音的人不仅能看到品牌信息，还能精准地进行地区的筛选，这对于线下商户是有极大诱惑力的。当然，对线上品牌来说也是一条大量曝光的途径。三是抖音代运营。由专业的团队帮品牌创立并发布极具创意的视频，吸引更多粉丝的关注，企业无须花费更多的精力在抖音上，每天能看到自己的官方号不断涨粉。四是内容运营策略。抖音运用了今日头条的算法，让没有任何粉丝基础的新用户也能获得推荐，这一优势吸引了更多其他平台的网红资源，给抖音带来了更多的优质用户。五是明星效应。签约众多明星，使其纷纷转战抖音，热度迅速提升。

(资料来源：全球品牌网，小马识途，2019-03-04)

6. 检核表法

检核表法是根据需要解决的问题，或需要创造发明的对象，列出有关的问题，然后一个一个来核对讨论，从中获得解决问题的方法和发明创造的设想。检核表法几乎适用于任何类型、任何场合的创造活动，因此，又有"创造技法之母"之称。目前，有许多各具特色的检核表法，其中以奥斯本的检核表法最为著名。

奥斯本总结了麻省理工学院有关人士拟订的检核题目，主要列出以下问题。

(1) 引入。是否能够从其他领域、产品、方案中引入新的元素、新的材料、新的造型、新的原理、新的工艺、新的思路，以改进现有的方案或产品？

(2) 改变。改变形状、用途、颜色、运动、音响、气味、外观？能否进行其他改变？可以扩展吗？可以改变功能吗？

(3) 加大。添加什么？更长的时间？更多的次数？更有力？更高？更长？更厚？额外的价值？再加些原料？加倍？夸大？

(4) 缩小。从中减去什么？该不该使它更小？更密集？微型化？更低？更短？更轻？删除？简化？化整为零？怎样使它由高级变低级？可以放弃或舍去吗？可以涂改吗？

(5) 代替。可以换成其他什么人？什么东西？其他成分？其他原料？其他程序？其他能源？其他结构？其他地点？其他方法？

(6) 重新排列。成分互换？设计其他形式？其他顺序？改变步调？变换作息时间？

(7) 颠倒。正负互调？调换原因与结果的位置？考虑其反面？将它首尾颠倒？倒溯如何？角色颠倒？提出问题的另一面？

(8) 组合。混合？合成？合金？集锦？合奏？单元组合？目的组合？设想组合？

(9) 引出。可以将该产品或方案的原理、结构、材料、成分、思路等用于其他地方吗？

有了这么多思考问题的方向，对任何棘手的难题，都不怕找不到解决的办法。检核表法之所以能激发人的创造力，帮助人创造发明，原因是它能够帮助人突破旧的框架，引导人从各个方面去设想，使人进入新的创造领域。

奥斯本在他所创立的检核表法所罗列的九个方面的内容让人进行检核。但这九个方面并没穷尽可以引导人们产生新设想的内容。人们还可以根据自己的需要解决问题，建立起适合自己需要的检核表，丰富奥斯本的检核表，这都是可能的。在根据检核表的内容进行检核时，需要注意的是：一是要一条一条地去进行检核，不要有遗漏；二是要多检核几遍，这样效果会更好，或许能更准确地选择出所需要的改革、发明和创造的方面；三是在检核每一项内容时，要尽可能地发挥自己的想象力和创造力，这样就会产生出许多新的创造性设想。大型公关活动策划很多都是组合、改变的结果。例如，第 23 届奥运会就是由于把奥运会的所有项目都改变成产品，把拍卖的经营方式与企业的传播相结合，通过拍卖转播权、冠名权、赞助商资格等，所以才改变了奥运会的命运。

7. 焦点法

焦点法是美国 C.S.赫瓦德创立的一种方法，这一方法是指定一个项目，任选另一个项目。也就是说，本方法是就特定的项目寻求各种构思的方案。这一方法可使产生的设想更加具体化。比如以椅子为思考焦点，它是思考中的不变项。另一个项目是什么都行，例如常见的灯泡。将这两个项目联系起来，考虑设计以下各种椅子：玻璃制的椅子、薄的椅子、球形椅子、螺旋式插入组合椅子、电动椅子、遥控椅子等。

二、大型公关活动的策划技巧

大型公关活动的策划技巧主要有下述两种。

(1) 创造活动的"眼"。"眼"的概念是从文章的文眼、歌曲的歌眼中引申出来的。大型公关活动的策划同样需要创造这样一个非常精彩的"眼"，要有高潮，要把这个环节设计得更有传播性，这是大型活动创意的核心和关键。只有提炼一个鲜明的卖点，创造公关活动的"眼"并传播，才能把有关资源整合起来，从而实现活动目标。这里的卖点是公关活动环节设计中最精彩、最具传神的地方。公关活动策划需要创造这样一个非常精彩的高潮，要把这个高潮环节设计得更有唯一性、相关性、易于传播性。例如，2018 年 7 月山西省第十五届运动会开幕式，25 块空中移动升降屏幕的集体亮相，这是表演立体舞台效果打造的最大亮点，全国尚属首次。其充分应用数字化技术，利用升降屏解决视线阻挡问题，把平面的舞台表演立体呈现，形成地面、舞台、空中三维艺术呈现画面，打造出了一台国际一流水准的全景化演出。除了科技感、现代感、个性感十足的"灯光秀"外，现场的 400 多支音响也绝对震撼，立体声、环绕式，覆盖到场的每一位观众。开幕式舞美设计重点呈现山西特色，以写意的方式展现山西人文魅力和精神风貌。借助威亚系统，25 块彩幕随着演出内容在空中变换造型，与地面全景投影相得益彰，打造出一场历史积淀与科技创新交织融合，人文魅力与时代精神交相辉映的开幕式表演。

(2) 应该有一种比较能够表达主题的氛围设计，重视通过场地的设计、气氛的设计，把活动的主题氛围渲染出来，这是大型活动的造势。活动的场景应该紧密配合主题，每一次活动都有一个既定的主题。场景的布置、色彩的搭配、地形地物的借用以及现代声、光、电的有机组合，彩旗、气球、标语、鲜花、荧光灯等都是现代大型活动中必须注重的细节，中央电视台的"魅力城市""同一首歌"等栏目的大型活动舞台，广交会等大型展销会的展台、展位的布置，公众都能够通过视频感受到一个组织的真实能力，它们都是一个组织形象的外显。如果经费不够，又想做大型的公共关系活动，结果场景与氛围都显得拘束而寒碜，这样的活动不如不做。这点往往有很多人不太重视，他们只考虑某一个活动环节上的创意，而忽略了场地上的创意。

第三节 大型公共关系活动的程序

程序是大型公共关系活动的框架，任何一项活动都要求程序设计的完整性，要求它能够全面地实现活动的策划目标，表达活动的全部内容。大型公关活动除了要严格按照四步工作法的程序进行外，还应该有其重点而独特的工作内容。例如，活动应该高度地与主题保持一致，活动的主题要新颖，并且要尊重风俗习惯和宗教信仰；要有创新，但也要尊重一些传统的行为习惯。

一、立项

立项就是要把大型公关活动作为一个项目确定下来，这次活动要不要做？为什么做？活动的目标是否值得如此大动干戈？影响立项的因素很多：一是，组织是否需要做这一项目，它对组织的意义有多大；二是，是否有足够的经费来支持此项目的开展；三是，项目的前期价值与意义评估，组织的董事会或高层管理都会对耗费很大的人、财、物投资的项目进行事前评估，对资金的投入进行严格的控制和审议。大型公共关系活动的立项一般都由组织的高层经过慎重评估才能得以实行。

二、确立公共关系活动对象

做这项活动要把信息传递给谁？是消费者？投资者？经销商？媒体？还是政府？这些都是在策划之初就应该考虑的。只有这样，才能把有限的经费用在点子上，才能保证有效传播。

三、确立活动主题

主题是活动的诉求中心，一个简洁明了的主题有利于执行与参与者的理解，一个有个性的主题有利于媒体的传播。活动的主题不宜太长，一般以 10 个字以内为宜，而且要求使人朗朗上口，过目不忘。例如，联通的"赢在中国""奥运 TOP 计划"等，都十分简洁明了，它需要参与人员反复推敲而成。由此可见，活动的主题符合四个原则，即与目标一致；富于特色；目标公众易于接受；易于传播。

四、制定大型公关活动的实施方案

有了创意，还需要有一个全面指导的执行实施方案，因为大型的公共关系活动其参与者众多，光靠会议的口头安排不能保证活动的有序进行。一个完善、详细的实施方案要列出各项筹备工作的要求，列出工作计划的进度表，这样可以防止工作时计划被打乱。在了解工作目标后，还可以灵活地进行工作创新与改进。实施方案具体包括以下几个方面的内容。

(一)人员分工计划表

大型公关活动有时是组织的很多部门与社会各界倾力合作的结果，它往往会抽调很多临时工作人员帮忙，也需要政府、媒体等部门的人员参与。比如重要领导的参与并讲话，就得事先落实演讲稿；媒体的直播就得事先确定新闻直播车及相关人员及时到位；请礼仪公司搭建舞台，就得督促他们按时完工，这些都需要明确分工、专人负责、按时完成。

(二)工作进度表

大型活动的进度安排要求合理、紧凑，它可以用线性排列法或多线性排列法来安排。线性排列法是一件事做完再做另一件事的方法；多线性排列法是在每一个工作阶段都可以同时做几件事，这几件事同时完成后再做第二阶段事情的方法。一般来说，大型公关活动多采用多线性排列的方法来进行工作安排。因为时间紧、任务多，如果以线性排列法去安排工作，会导致工作效率低、时间耗费长。但多线性排列法更需要严格地按工作进度表来完成任务。否则，前一个环节的拖延会导致后续环节都无法按时进行。对多线性的工作安排，进行定期的监控、检查落实情况就显得尤为重要。

(三)财务开支计划

在大型公关活动的实施计划中，对经费的预算计划是十分必要的，编制预算是公关策划的基本工作能力。编制预算应该提高预算的准确度，同时要实事求是。大型活动的预算项目主要包括场地费用、道具费用、礼仪礼品费用、安保费用、传播费用、交通费用、餐饮费用、通信费用、印刷费用、劳务费用、应急费用、承办费用等。

(四)活动的应急计划

化危机为机遇，大型公关活动有一定的不可确定性，为了杜绝意外事件发生，公关人员在策划与实施的过程中要抱有强烈的危机意识，充分预测有可能发生的各种风险，并制定出相应的对策。只有排除所有风险，制定出策划方案才有实现的保障。大型公关活动中如果重要人员缺席应该如何应急？户外活动如遇下雨该怎么办？供电出现故障该怎么办？出现人为的骚乱怎么办？出现安全事故怎么办？这些都应该有事先的考虑与安排，以免事到临头出现恐慌与混乱。

(五)大型公关活动的执行

对于大型公关活动而言，有时是策划容易执行难，因为它环环相扣，一步失误会导致步步失误。执行力考验着公关人员和组织的真正管理能力。同时在现场直播时，如果出现了任何一个环节的失误，都会给公众留下组织管理能力差的印象。与其这样，还不如不做这次活动。活动的实施需要十分慎重的事前准备与训练。

(六)活动的传播计划

大型公关活动从某种意义上来说就是传播活动，其最终的目的就是为了实现对本组织的形象、产品、服务等的传播。公关活动因其组织利益与公众利益并重的特点，具有广泛的社会传播性，其本身就能吸引公众与媒体的参与，以活动为平台通过公众和大众传媒传播。在策划与实施公关活动时，应配备好的相应的会刊、通讯录、内刊、宣传资料等，实现传播资源整合,能提升公关活动的价值与效果。

因此,任何大型公关活动都必须制订完善的传播计划,以保证传播内容能够及时地到达目标公众。传播计划中应该包括传播内容、传播媒体、传播方式等,这些都应该有事先的规划。

大型公共关系活动传播应该如何操作呢?大型公关活动的新闻中心传播的策略性模式设计和传播的有力执行成为其沟通的制胜关键,从《世界经济学人周刊》中的《大型公关活动传播如何制胜》一文中可以了解到新闻传播的四大传播模式和新闻中心的工作流程。

1. 新闻传播的传播模式

1) 深度整合传播模式

以戛纳为代表的电影节拥有强大的传播班子和多样的传播载体。英法双语的电影节电视频道(The Festival Television Channel),在电影节期间播出关于影片放映、红地毯盛典、新闻发布会等各种节目;而电影节的日出版物《商报》(*The Quotidien*)则对每日的活动作精简的回顾;同时,电影节官方网站全年还提供相关信息,节日期间更是会提供各种文字、图片和视频资讯,并有每日重点栏目(Daily Highlights Column)进行当日集锦。戛纳电影节通过电视频道、官方网站和日发行印刷品组成的立体宣传航母,主动、积极地进行自身形象传播的同时同样可以优化外部渠道,Wi-Fi 区提供各种细心周全的媒体信息服务,俱乐部还给媒体一个休闲和交流的空间。如此一来,戛纳电影节内外渠道的双向进攻就达成了深度整合的传播效果。

2) 深度服务传播模式

以柏林为代表,包括东京、圣·塞巴斯蒂安等国际电影节立足于为媒体提供全方位硬件服务和传播的软件支持,对于媒体的传播表示信任,全力为媒体做好深入、细致的传播服务、素材的收集和提供等工作。

2006 年的柏林电影节媒体中心成功接待了来自 80 个国家的 3700 多个媒体从业人员,平面、网络、公关、摄影、电视、广播等媒体得到分类管理和服务。在柏林电影节,媒体中心即时发送统一、详尽的日程安排和活动介绍,设置专门的采访协调办公室、采访召集办公室等,安排了超过预期的采访容量,组织了大量的新闻发布会,给媒体提供了与评委、电影人、电影明星对话的机会。同时,电影节专设的电视广播媒体办公室提供大量的视频音频资料、电影花絮、胶片和视频剪辑,媒体写作间保证舒适的写作场地、稳定的网络接入,公告电子屏不断更新采访机会、新信息和信息解读等。

3) 深度议题传播模式

以多伦多电影节为代表,蒙特利尔、莫斯科等电影节也属于此类。在节日期间他们组织精英传播队伍给目标媒体量身定制高端议题并进行中低端的集中轰炸,同时电影节影像中心为媒体提供即时新闻信息和图片。

2006 年的多伦多艺术节前期,6 月 28 日、8 月 2 日和 8 月 23 日,新闻中心平均每天发布的新闻稿分别达到 16 篇、17 篇和 19 篇,内容包括评审团人事、提名悬念、规则设置的变化、节日赞助商、观众回馈、电影首次公演、专题活动、各种展览和访谈、历史性思考、纪录片、电影背后的灵感等。这使得电影节的传播队伍在丰富的同时又不乏深度的议题组织,很好地控制了传播方向和传播质量。对于议题的鲜明导向和积极要素,在活动的传播过程中，新闻中心通过主动设置传播议题，服务、沟通和经营媒体，形成了极有利于艺术节和城市传播的连锁效应。

4) 深度控制传播模式

在奥斯卡，电影节是一种良好的体验，衣着燕尾服(现场有"燕尾服租借场")和晚礼服的记者也成为节日形象的一部分。在这种情况下，公关部门致力于将外部传播力量通过规范纳入自身传播体系。

组委会要求记者参加任何一项奥斯卡年度活动都需要以个人名义提交申请。亲自到新闻中心报道后，记者持护照、本国身份证或驾驶执照，以及邀请函到相关人员处领取材料，然后现场拍摄数码照片并制作采访证。活动必须佩戴证件，并在进入任何一个区域前，都要接受工作人员检查，通过计算机核对采访证持有者的身份和权限。记者采访间分为摄影、文字和录播三种，每个获得奥斯卡主办方批准的媒体都在属于各自的采访间内指定座位，文字记者、采访间内的记者严禁在采访时使用照相机或摄像机，否则工作人员将一律没收。

2. 新闻中心的工作流程

打通渠道向目标受众进行拟订议程的传播，进而实现媒体接待、信息收集和加工、信息传递、沟通服务、媒体交流平台等各大功能。

(1) 在媒体接待层面，新闻中心需要确定地点、时间段设置、新闻中心打印、传真、影像制作、网络传输设备、媒体准入胸卡的制作等复杂烦琐的事宜。同时规范包括媒体邀请、报名方式、媒体现场准入制度、安检等程序，以及保证语言服务、媒体休息区、交流区等的人员培训和人力支持。

(2) 在信息收集和加工层面，新闻中心需要进行信息收集人员安排、图片影像获得、新闻合作方案拟定、新闻议题策划和议题加工队伍组建等复杂的程序化操作。

(3) 在信息传递层面，媒体数据库的建立、确定和沟通目标媒介、官方网站的确立、传输的公共邮箱的设立、信息传递人员安排、现场资料的摆放和及时更新、传播的监控、即时回馈和应对等，都是新闻中心要标准化的细节事项。

(4) 在沟通服务层面，新闻中心需要确保包括记者采访制度的确立、准入制度的确立、采访流程安排、联系人员安排、新闻发布资料准备、新闻发布会流程安排、服务人员安排、新闻发布会或者记者招待会的场地选择等各种具体执行工作的就位。

最后，在媒体交流平台功能的实现中，新闻中心应该主动安排和举办各种媒体座谈会、沙龙、Party 和小型论坛等，确保流程安排、嘉宾邀请、餐饮接待服务人员安排和会场布置等事项的到位。

(七)活动方案培训与预演

大型公关活动需要培训的原因主要有：一是在大型公关活动中，假如参与的工作人员不了解全局的策划意图，他们就不能为大型公关活动策略的实施提供建设性的劳动，因而需要对工作人员进行方案培训，只有知情才能出力；二是大型公关活动是组织形象建构与维护的过程，计划的有序落实才能体现组织的执行力，只有事前的积极培训，才能使每个参与者了解自己的合作与协调对象，出现问题才能及时通过沟通加以解决；三是大型公关活动是组织对外传播的窗口，参与活动者的形象与礼仪，都是公众了解组织的一个侧面，所以，应该对人员进行个人形象等培训，以体现组织员工的良好综合素质。

对工作人员进行培训后，应该组织一次预演。预演即日常所接触到的彩排，它是活动进行前的模拟训练。越是大型的活动，就越应该进行彩排。彩排分两种形式。一是代入模拟法，以一个替身代替相关不能到场的人进行相关的议程，并计算需要花费的时间。美国"9·11"一周年纪念活动，每个程序都精确到秒，不可能由布什事前亲自参加彩排，就是由别人代替进行的。二是程序模拟法，是让现场组织工作人员排演的方法。参加彩排的工作人员，是现场控制整个程序的工作人员。模拟彩排时，完成模拟整个工作流程，逐个程序地进行，可以在现场进行，也可以在会议室中以放电影的方式进行，通过描述的方法，在工作人员的脑海中采用想象程序的方式来进行预演，使现场工作人员熟悉整个程序并知晓自己在其中担负的任务。

(八)进行活动评估

大型公关活动评估的目标是否正确，卖点是否鲜明，经费投入是否合理，投入与产出是否成正比，公众资料收集是否全面，公众参与人数是否符合预期，媒体组合是否科学，公众与媒体关系是否更加巩固，社会资源是否增加，，制作的场景、舞台、宣传片等是否有很好的感官效果，现场的整体气氛、音响效果是否与活动的预期一致等，都应该进行评估，以利于本次工作的汇报和进行下次活动的参考。对大型公关活动的信息传播效果进行评估包括公众的影响人数、公众了解信息的情况、公众的态度转变情况、公众的行为改变情况四个部分。一般这种评估要进行事前评估与事后评估，对两次评估的效果进行对比才能得出结论。

大型公关活动的任务十分繁杂，在上述八个工作程序中，应该重点关注大型公关活动的经费预算计划的制订与评估、应急计划的制订与评估、传播计划的制订与评估、培训计划的制订与预演。

第四节 借势造势——大型公共关系活动的成功之道

活动营销也叫事件营销，是指企业整合自身的资源，通过借用社会关注热点，策划富有创意的活动或事件，使之成为大众关心的话题、议题，从而吸引媒体的报道与消费者的参与，达到提升企业形象以及销售产品的目的。事件营销的一般操作方法有"借势"和"造势"两种。借势，就是参与大众关注的焦点话题，将自己带入话题的中心，由此引起媒体和大众的关注。造势，就是企业通过自身策划富有创意的活动，引起媒体或者大众关注。借势造势是指借社会热点事件、社会时尚、社会名人、体育活动等，从而吸引目标公众与媒体关注并加以传播的过程。在现代社会"谁掌握了人心，谁最善于利用媒体，谁就能拥有未来"。一个组织孤立地去从事大型活动，会耗费大量的人力、物力、财力，但效果未必会很好。一些组织借助媒体和人心的力量来吸引消费者的注意力，却能起到"四两拨千斤"的作用。借势造势的方法主要有以下几个。

一、借热点事件造势

借热点事件造势，是指借媒体、公众都可能关注的热点事件，紧抓时代脉搏，巧妙嫁接社会热点，寻找策略共振，嫁接核心价值，提升现实销售，使组织乘顺风船，使组织的良好形象信息在短时间内迅速传播，从而使组织一夜成名的活动。要保持对社会政治、经济、科技、文化、教育、环保、法律等方方面面的职业敏感度，企业必须具有强烈的公民意识。这样才能抓住和制造出好的"行销事件"。

2018—2019 年，华为就借中美贸易战造势，以其创新能力不断地推出 5G 技术以及 P30 手机等，截至 2019 年 3 月月底华为已经获取国际上 40 份 5G 订单，成为中国人的自豪。

二、借社会时尚造势

社会时尚是人们的一种消费趋势，每年都会吸引人们的注意力。它也不是孤立地产生的，它是社会经济与文化推进的结果。比如奇瑞 QQ 将目标公众定位为收入不高，但有知识、有品位，追求社会时尚的年轻人。QQ 的目标客户群对新生事物感兴趣，富于想象力，张扬个性，思维活跃。"QQ"是网络语言"我找到了你"的意思，其上市促销活动主要是借助大型的公关活动。首先它借蜚声海内外的上海车展引发第一轮报道和传播；然后，通过网上价格竞猜，给消费者留下无尽的悬念，并引发一轮网上自发的"奇瑞 QQ 现象"的讨论；针对 QQ 目标公众年轻时尚的个性特点，推出了"奇瑞 QQ 网络 Flash 设计大赛""奇瑞 QQ 冬季暖心服务大行动""QQ 秀个性装饰大赛"等，每一项活动都吸引了众多的年轻人参与，更引起了媒体的关注与报道。

中国移动的"动感地带"、中国联通冠名的"赢在中国"节目都与时尚紧密结合，打造出一个个符合年轻人文化的现代组织及其产品形象。

三、借公益事业造势

河北省君乐宝公益基金会"牛奶的行走"大型公益捐赠活动，秉承"双手相托不负众望，共襄天下善举"的理念，发动身边的爱心人士支持公益事业，旨在改善贫困地区中小学生生活和教育条件，给贫困地区孩子们课间加一盒牛奶，帮助他们健康茁壮成长。"牛奶的行走"活动已成功举办三届，累计参与人数达到 7000 余人，筹集善款达到 320 余万元。2019 年 4 月 13 日，河北省君乐宝公益基金会"牛奶的行走"大型公益活动再次启动。这是一项徒步加筹款双项挑战活动。"牛奶的行走"活动不是春游，也不是赛事，是一项为贫困地区孩子而行走的公益徒步活动。活动要求参与者完成 10km、20km、30km、40km、50km 不等的徒步挑战。让每一位参与"牛奶的行走"活动的人，共享徒步加筹款的喜悦。

2018 年元旦前夕，猎豹移动启动以"有人等你'橙'车回家"为主题的 2019 橙色大巴公益活动，从北京出发，送过年回家没票的在京人员回家过年。作为一家成立 8 年的公司，这是猎豹移动第 7 年组织"橙色大巴"公益活动，截至目前已到达了 21 座城市，累计发车 120 趟，平安行驶了近 151 000km，为 6300 个家庭实现了春节团圆梦。猎豹移动多年来积极探索人工智能领域，与此同时，在公益之路上也一直不忘初心，努力用科技让生活更美好。

在借公益事业造势方面，可以考虑的公益事业有很多，例如对教育事业的赞助、对体育事业的赞助、对慈善事业的赞助、对福利事业的赞助、对社会弱势群体的赞助、对公共设施的赞助、对环保的赞助等，通过赞助活动，可以提升组织负责任的社会形象。

四、借议题造势

议题是指立法、政策、公共事务及容易引起公众关注与争议的问题。社会组织对这些话题进行确认、分析和评估，从而对此议题的发展趋势施加必要的影响，借助大众传媒进行传播，引起社会的广泛关注，甚至思考和讨论，从而达到吸引公众注意力的目的。

社会上总有许多人们关注的议题，例如奥运会议题、世博会议题、环保议题、全球变暖议题、反腐议题、资本市场的变化议题及品牌发展议题。这些议题之下又可以细化出众多的小议题，社会组织如果善于抓住这些议题做文章，就能够吸引目标公众与媒体的注意力。

在信息时代，社会公共议题的形成、发展和引导，往往是通过社会传播实现的，1968年美国传播学者 M. E. 麦库姆斯和 D. L. 肖针对总统大选期间的社会传播问题开展了一系列的实证研究工作。在这些研究工作的基础上，二人于 1972 年提出了传播学领域的一项经典假说——议题设置，其观点是：①大众媒介在一定程度上设置了公众生产和工作的议程，大众媒介关注的社会议题与公众关注的社会议题具有高度的相关性，大众媒介对某一议题越强调，公众的关注度就越高；②大众媒介越来越多地影响着社会发展的议题，大众媒介实施议程设置的过程，就是对社会环境进行改造的过程，传播学称之为"环境再造作业"；③大众媒介议程设置效果的形成，是一个持续、系统、循环的过程，是一个效果累积的过程。

随着社会的发展，这种议题的设置与创造方式，已经被许多社会组织，特别是企业所运用。很多企业或借助社会议题来造势，或者自己造个议题来吸引媒体。例如，海尔借社会公众都开始关注产品质量的话题，通过砸 76 台冰箱引起组织内外部的争议与讨论，树立了重质量的组织形象；海尔通过加强内部管理，创新了一个新的议题——OEC 管理模式，结果引起全国企业的参观学习；它们的"红地毯"运动，其实就是把售后服务概念化、议题化，从而吸引目标公众关注这个概念和议题，吸引媒体传播这个议题。

借重大危机事件造势，借竞争对手的弱势造势，借猎奇心理造势，借社会名人造势等，这些借势造势的事件无不体现了公关从业人员的智慧，并且在服务企业的同时，还能帮助企业提升知名度与美誉度。

本 章 小 结

本章重点介绍了大型公共关系活动的概念、内涵、策划原则、策划技巧、实施程序等，特别是对大型公共关系活动中的借势造势策划技巧进行了重点介绍，区别了大型公共关系活动与公共关系专题活动的差异，特别是对大型活动策划中的借热点事件造势、借社会时尚造势、借公益事业造势、借议题造势等技巧进行了论述；结合案例分析，也更加深入地介绍了大型公共关系传播和公共关系实施的特殊性。

复习思考题

1. 什么是大型公共关系活动？
2. 大型公共关系活动与公共关系活动、公共关系专题活动有什么区别？
3. 大型公共关系传播应该注意哪些技巧？

第十章 危机公共关系管理

本章导读

公共关系危机常常危害着现代组织的形象,甚至可能给企业带来灭顶之灾。对危机公共关系的有效实施与运用,能帮助社会组织预防公共关系危机的产生,帮助社会组织有效地解决已经出现的危机,使社会组织及时地转危为安。

学习目标

通过对本章内容的学习,了解危机公共关系对企业形象的影响,了解危机公共关系的概念、特征、成因、类别,掌握危机公共关系的原则和处理技巧,能策划危机事件的处理方案,及时化解组织公共关系危机。

第一节 危机公共关系概述

公共关系的成长史就是一部与危机解决相伴而生的历史,所以公共关系危机的解决能力,对于公共关系从业人员来说是至关重要的一种能力。特别是当今社会,社会危机、国家危机、企业危机、学校危机等,随处可以见到、随时可以听到,它已经成为政府、企业及其他社会组织不可忽视的一个工作组成部分。

作为置身危机旋涡中的企业,如何将自身利益、公众利益和传媒的公信力协调一致,在最短的时间内,以最恰当的渠道传播给公众真实、客观的信息,挽回企业品牌的信誉,将企业损失降至最低,甚至化被动为主动借势造势进一步宣传和塑造企业,是公关危机的原则。那么,面对突如其来的公关危机,企业该如何去公关?如何引导传播呢?

英特尔公司前总裁安迪·格鲁夫(Andy Grove)说:"优秀的企业安度危机,平庸的企业在危机中消亡,只有伟大的企业在危机中发展自己。"

一、与危机相关的几个概念

1. 危机

危机一般有两层含义:一是潜伏的祸根;二是指严重困难或生死成败的紧要关头,例如经济危机。它是指突如其来的、严重危害社会公众的生理和心理安全的事件,例如海啸、毒气泄漏、环境污染、矿难等。

2. 公共关系危机

公共关系危机是指危机严重地影响了组织正常的运作,对组织的公众形象造成重大损害的,具有较大公众影响的偶然事件,例如负面报道、质量事故、安全事故、公众投诉、竞争对手的恶意破坏等。

3. 危机公共关系

危机公共关系即发生危机时的公共关系管理活动，是指公共关系从业人员在危机意识或危机观念的指导下，依据危机管理计划，对发生的危机事件进行预测、监督、控制和协调处理的全过程。在危机发生后，快速地用危机管理手段，消除影响，减少危机给组织形象与公众心理带来的损害，引导危机时期的信息传播导向，寻求公众对组织的了解、理解与谅解，以重新树立和维持组织形象的管理活动和传播活动。

4. 危机管理计划

危机管理计划即组织为了预防危机的发生或在危机发生时尽可能减少损失而制订的较为全面、具体的关于危机事件预防、处理和控制的书面计划，包括危机管理的明确责任、运作方式和注意事项等。

英国危机公共关系专家迈克尔·里杰斯特(Michael Regester)指出："若一个组织不能就其发生的危机与公众进行合适的沟通，不能告诉社会它对灾难局面正在采取什么措施，不能很好地表现它对所发生事故的态度，这无疑将会给组织的信誉带来致命的损害，甚至有可能导致组织的灭亡。"

二、公共关系危机的特征

公共关系危机事件都具有以下共同特征。

(1) 不可预测性与复杂性。危机事件不可预测，来势凶猛，发展迅速，一旦发生危机，无论是处理危机还是协调危机、控制危机，都非常复杂，往往涉及比平时更多的人，投入更大量的钱财和物资。

(2) 偶发性与未知性。公共关系危机事件大多是突发性事件，在人们毫无察觉的情况下偶然发生，同时其发生又包含许多未知因素，例如地震、水灾、海啸等引发的危机。

(3) 强烈的社会影响性。公共关系危机涉及的公众面广，极易引起社会舆论的关注。危机的内容又往往会与公众有直接的关系，特别是当危机涉及人身安全时，更能引起公众关注，一经媒体报道，瞬间就会广泛传播。例如，2010年的美国墨西哥湾石油泄漏事件，在非常短的时期内成为国内外大小媒体广泛报道的焦点。

【案例10-1】多家公司遭遇危机

一、互联网独角兽优步因为性别问题和企业文化在公众舆论的旋涡中苦苦挣扎

2017年2月，优步(Uber)前工程师苏珊福勒公开指控在职场上遭受的性骚扰和歧视。这个事件也是硅谷科技公司气质和文化系列讨论的开始。因为性骚扰事件，优步面临着外界的极大关注。但是在一个要求迅速反应和提供未来预期的世界里，优步却花费了长达数月的时间进行调查，最终在6月解雇了20名员工。谷歌同样遭遇了此危机，却迅速解决了危机。危机传播公司咨询集团首席执行官安迪吉尔曼说，谷歌的反应迅速、果断和坚决，而优步是缓慢、轻视和不响应的。"谷歌很快就撤掉了这个创可贴，而优步则经历了缓慢的剥离，结果变得更加痛苦。"

二、面临传统媒体围剿的"今日头条"

"今日头条"在2014年6月刚拿到1亿美元的C轮融资,就陷入了传统媒体的版权围剿之中。2014年6月7日,拥有《广州日报》网络传播权的广州市交互式信息网络有限公司,起诉"今日头条"侵权。两天后,《新京报》发表针对"今日头条"的社论,并要求其停止链接跳转其网站的内容。6月24日,搜狐对"今日头条"提起诉讼,索赔1100万元。越来越多的传统媒体包括地方性媒体,也加入了这场版权之争。在这场纷争中,"今日头条"在表态中一再重申,它只是依靠数据挖掘与机器学习来为用户自动推荐信息的工具,像搜索引擎一样,并不存在侵权问题。创始人张一鸣也承认部分做法"有争议",并且表示,会尊重内容生产者的选择,包括考虑以传统的版权购买形式与之合作。今后,"今日头条"会为合作媒体提供工具以供经营内容页广告,或者参与"今日头条"广告联盟的收益分成。张一鸣在演讲中郑重表示:"我不是一个媒体人,我只是一个码农。"7月9日,"今日头条"以商业诋毁为由起诉搜狐。2014年6月18日,《广州日报》和"今日头条"和解。9月,国家版权局发话:"今日头条"构成侵权,但已积极整改,并主动全面与媒体洽谈使用作品的版权采购事宜。版权之争尘埃落定。在这起事件中,张一鸣以"我不是一个媒体人,我只是一个码农"作为自我认识,赢得了新媒体工作者、创业互联网公司、TMT行业评论人以及投资人的好感。"今日头条"的示弱令人同情,而这次退让也为他和传统媒体和解提供了条件。在对方咄咄逼人的攻势前,你的公司是弱者。是示强对抗,还是放低姿态、示弱退让都可以视情况而定。但是,最好由创始人发声,亲自把事情向大众解释清楚。

三、遭遇公关危机的玛氏

2018年3月,玛氏在澳大利亚遭遇了公关危机。玛氏旗下的系列狗粮遭到警方排查,原因是维多利亚州的9只警犬集体患上了巨食道症,其中一只病情过重被迫安乐死,而维多利亚州警方将关注点放在警犬平时吃的狗粮上。

玛氏在澳大利亚的发言人在第一时间发表声明:"我们已经对旗下狗粮进行了数百次测试,没有发现它和巨食道症之间有什么关联。但是出于安全考虑,我们自愿召回该品牌的狗粮,直到调查清楚为止。"短短的一份声明包含了三个内容。

第一,解释情况。声明产品与病症没有直接关系,并且强调这是经过数百次测验得到的结果,避免品牌形象的崩塌。

第二,提出解决方案。尽管产品与病症没有直接关系,但是从安全的角度出发,既然出现了问题,就需要一个解决方案,因此召回市面上的产品,给消费者一个交代。

第三,表达公司态度。表示愿意配合调查,最终给出结果。展示了公司的气度,也体现出公司不逃避、不掩饰、不隐瞒的态度。

由以上案例可知,对于企业来说,在运营过程中不可避免地会遇到企业危机,应对不当可能会对企业造成不可挽回的损失,而合理的处理,也许可以将一次危机转化为一次宣传品牌的机会。对于宠物行业的从业者来说,借鉴已有的经验,做好面临危机的应急方案,才会在危机到来时从容应对。

(资料来源:根据搜狐网2018年6月的资料整理)

(4) 对组织发展的危害性。公共关系危机如果处理不当,可能会使组织形象毁于一旦，引起广大公众对组织的强烈不满，甚至导致组织的破产。

(5) 普遍性。公共关系危机的发生带有普遍性，特别是近些年来海啸、环境污染、飓风、流行疾病、恐怖事件、食品安全等。有调查显示，美国 89%的企业领导人认为"危机就如同死亡和税收一样，是不可避免的。"

三、危机公共关系的类型

(一)公共关系危机的基本类型

公共关系危机从不同的角度划分，可分为自然危机与人为危机、一般危机与重大危机、组织内部危机与组织外部危机、结构性危机与突发性危机等基本类型。

1. 自然危机与人为危机

自然危机是指自然界由不可抗力引起的危机，例如地震、洪水、海啸、飓风、大雾等。人为危机是指由人的某种行为引起的危机。对一个组织来说，它可以是内部的管理决策和生产行为引起的危机，也可以是由外部的恶意破坏引起的危机，例如社会动乱、战争、恐怖活动等社会危机都属于人为危机。

2. 一般危机与重大危机

一般危机是指常见的公共关系纠纷，例如人事纠纷、消费者纠纷、同业纠纷、政府关系纠纷、社区关系纠纷等。这些纠纷一般只能算是基本的矛盾，不能算是真正意义上的危机，它只是一种信号、暗示、征兆，但纠纷如果处理不好，就会引发重大危机。重大危机主要是指组织的重大工伤事故、重大生产失误、火灾、突发性商业危机、重大劳资纠纷、产品或企业的信誉危机、股票交易有突发性大规模收购等。

3. 组织内部危机与组织外部危机

组织内部危机主要是发生在组织内部的公共关系危机，涉及的范围不大，损失主要由组织自己承担，责任的归咎对象是本组织的部分人员，较为容易处理。组织外部危机主要发生在组织外部，影响多数目标公众的利益，危害的涉及范围广，不可控因素多，较难处理。

4. 结构性危机与突发性危机

结构性危机是由于内外部结构矛盾的不合理而日积月累、潜移默化造成的。突发性危机是由特定因素引起的。不可预测的危机，既包括自然危机也包括人为危机。有些结构性危机会发生量变到质变的过程，从而产生突发性的危机。

(二)公共关系危机的典型类型与具体表现

1. 自然灾害引发的公共关系危机

德国再保险公司慕尼黑再保险集团 2019 年 1 月 8 日表示，全球 2018 年包括山火、飓风和海啸等天然灾害，总计造成 1600 亿美元财产损失，1.04 万人死亡。2018 年灾损数字虽远低于 2017 年的 3500 亿美元，但仍高于 30 年均值 1400 亿美元。2017 年因出现破纪录的飓风季，使得灾损飙升。因连续第二年出现破纪录的山火季，2018年美国蝉联天然灾害损失最惨重的国家。所幸2018年美国遭受暴风雨的破坏较轻，袭击美国的飓风威力远小于2017年。美国加州山火2018年合计造成240亿美元灾损，飓风"佛罗伦斯"（Florence）和"迈克尔"（Michael）在美国造成300亿美元财产损失。2018年最致命的天然灾害，是9月28日袭击印度尼西亚帕卢市(Palu)的海啸，共造成2100人死亡。但2018年全球天灾死亡人数，远低于过去30年的平均值5.3万人。

各国政府和社会组织在应对这些危机时的态度、能力、措施等，都会成为全社会关注的热点新闻。这种危机后如果公关不当，也会引起更大的信任与信誉危机。

2. 环境污染引发的危机

近年来，由于毒气、核泄漏、水污染、空气污染而引发的环保危机不断爆发。此类危机会给企业、政府甚至国家都带来重大的影响。例如，2018年11月25日，福建省泉州市政府召开新闻发布会，通报泉港碳九泄漏事件处置和事故调查最新情况。通报称，经调查组调查，泉港裂解碳九泄漏事故涉事企业安全生产隐患严重，泄漏事件发生时存在违规作业。发生泄漏事件后，企业要求中层以上员工统一口径，隐瞒泄漏数量，并恶意串通码头船只统一口径。最终，包含涉事企业东港石化公司法定代表人在内的7人被采取强制措施。

3. 生产安全引发的危机

重大的生产安全引发的危机，现在也越来越引起社会的关注，如煤矿塌陷、瓦斯爆炸、钢厂安全隐患引起的恶性生产安全事故，都会引起全社会的关注。例如，2018年7月30日，碧桂园港股盘前跌近4%。港股收盘时碧桂园大跌7.47%，至12.14港元，市值缩水212.66亿港元。同时，碧桂园2025年到期的美元债创三周来最大跌幅。碧桂园出现股债双杀主要与其近日公司发生的坍塌事故不无关联。相关资料显示，7月26日23时40分，受短时强降雨及瞬时大风影响，安徽六安碧桂园项目一处围墙和活动板房坍塌，造成人员伤亡，16人被送至医院，其中6人抢救无效死亡、1人伤情危急、2人伤势较重。

4. 产品与服务投诉引发的危机

产品与服务投诉引发的危机是由于产品或服务本身的缺陷，或夸大宣传、欺骗公众，或产品与服务本身含有未被当时的社会所了解的隐患，或跨国集团在处理劣质产品时没有对所有的目标公众一视同仁，有国别、宗教等歧视而引发的危机。当时也许只是一个小的顾客投诉，但如果处理不当，就会成为一个重大危机的开端。一位公关界资深人士曾指出，翻开可口可乐、麦当劳、杜邦、索尼等众多跨国大企业的危机公关历史，会发现在过去10年中其面对的公关危机数目，几乎相当于以前几十年的总和，而其中很多危机事件又往往是由单一的客户问题引爆的。另外，由于客户群体的信息获取能力大幅度上升，危机事件已经没有地域边界，比如发生在美国市场的产品问题会迅速影响中国市场的品牌形象。公众会将其诉诸公堂或告知媒体，媒体一旦介入，就会在社会上引起轩然大波。

5. 新闻负面报道引发的危机

媒体的报道有时可能会直接关系到危机公关的成败。因此，与媒体建立良好的关系，争取媒体客观的报道，将企业的想法传播出去是很重要的。

6. 恶意竞争引发的危机

由于市场竞争的日趋激烈,有许多企业慌不择路,会采取一些比较低级的竞争手段。2018年由于恶意竞争引发的危机当属长城与吉利互指被"黑公关"。不过好在双方后来都理智起来,最终在年度盛事广州车展前,吉利与长城举行会谈和解并发布联合声明,表示双方愿意消除误解、撤销相关诉讼,建立多层级沟通渠道和对话机制,共同行动,寻求合作发展机会。更妙的是,在长城高端品牌 WEY 上市两周年发布会上,包括吉利董事长李书福在内的国内多家自主汽车企业共同发来祝贺,这种情况不仅汽车行业没有过,在其他行业也属罕见。这表明一场原本行业内两家企业间的竞争甚至要闹到对簿公堂的危机,不仅成功化解,而且已经转变为行业力量的空前凝聚和团结向上。如果这个危机不消除,再闹下去有可能导致多输损害,轻则影响两家企业的声誉与业务发展,重则使整个中国汽车自主品牌陷入分裂,从长远看对消费者也是没有丝毫益处的。

7. 文化冲突引发的危机

"全球化经营,本土化运作"已经是一个为中外企业所认同的共识,许多企业也很注重本土化运作中的文化营销。但由于文化的本质差异,加上一些组织在进行市场推广时过于仓促地进行了一些不当传播,从而导致文化冲突危机。日本索尼公司音响产品在开拓泰国市场的时候,由于在相当长的时间内难以取得预计的效果,于是制作了这样的一个广告:如来佛祖闭着眼睛在半寐的状态下接受善男信女的膜拜;就在这个时候,渐渐地,如来突然动作起来,并四处寻找;声音也渐渐响了起来,随着优美的旋律,如来终于喜不自禁跳起了迪斯科,而一侧的索尼音响也赫然显现。我们姑且不论这个广告的优劣,但它的轰动效应却立竿见影。泰国是一个信仰佛教的国家,而索尼却冒昧地拿佛祖来为其产品做宣传,无疑是犯了众怒。于是,泰国责令索尼立即停止播放此广告,同时规定,在随后的一年里,索尼公司不得在泰国任何公众媒体刊登任何有关索尼的信息。在这次著名的"索尼广告风波"中,对于当初仍算是中小企业的索尼来说,无疑是犯了一个极为低级的错误。事实上,到现在也有相当多的中小企业老板在信息收集方面往往因为局限于公司的实力而无法更多地了解产品推广地的信息,而导致灭顶之灾。

【案例10-2】杜班嘉纳(D&G)事件

D&G 官方微博在 2018 年 11 月 17 日晚 6 点多,陆续播放了 3 段"起筷吃饭"的视频,视频中一位华裔模特在一个类似于中式餐馆的布景里用筷子吃意大利面。视频发布之后颇具争议,很多网友认为这些视频涉嫌"种族歧视"。该品牌创始人因为这段视频而与一名网友互怼的内容也被发布在网络上。其中的一段辱华言论引起中国网友愤怒,政府有关部门也出面强烈谴责。此后,D&G 在微博发表了以下声明:

D&G 的官方账号被盗,我们已经立即通过法律途径解决。我们为这些不实言论给中国和中国人民造成的影响和伤害道歉。我们对中国和中国文化始终一贯地热爱与尊重。

D&G 的公关失误存在多个方面,其主要的问题在于两点。一是没有规范和限制公司领导人的言语行为,让这位创始人随意发言,不顾企业形象和利益。二是用"被盗号"这种谎话来试图蒙骗公众,最终致使信任全无。

事件发生后,D&G 遭到电商的全体下架,据报道 D&G 门店也是门可罗雀。根据世界各地网友的爆料,从视频中也可以看到,目前不仅中国境内的一些 D&G 专卖店冷清,就连美国的 D&G 店面也几乎空无一人,甚至连该品牌的大本营意大利米兰的 D&G 店面却无人问津。D&G 并没有长效的危机处理预警机制,此后又在意大利卡布里岛拍摄了一组宣传片,宣传片发出之后又一次引起了争议,被指歧视穷人。

(资料来源:青瓜传媒,2018 年十大危机公关事件,2019 年 1 月 8 日,有变动)

8. 金融信誉引发的危机

由于金融信誉引发的最大危机当属美国的安然事件引发的股市危机,直接导致了安然公司的破产。2019 年 1 月 11 日,中国证监会新闻发言人高莉通报了 2018 年证监稽查二十起典型违法案例,例如金亚科技欺诈发行、长生生物信披违法违规、史上最大罚单北八道集团操纵市场案、曹磊编造传播虚假信息案等社会关注度较高案件在列。这些案例涉及五类违法行为,包括虚假陈述及中介机构未勤勉尽责案件、操纵市场、内幕交易及利用未公开信息交易、欺诈发行公司债券、编造传播证券期货虚假信息等。

9. 管理者能力素质危机

由于组织的管理者和员工的素质低下而引发的危机对于组织来说虽然不能造成灾变性的危机,但它的逐变性危害是不容忽视的。近年来,我国企业由于管理者的素质低下问题而引发的危机不在少数。南德集团的董事长银锟入狱、2010 年 1 月茅台酒总经理被双规等,都给组织的发展带来危机。

10. 形象危机

形象危机是指由于组织的形象受到损害而使公众对组织产生疑虑,从而降低公众对组织的信赖,改变自己的行为。例如,"高管黑洞"现象,基本是企业创始人与高管团队的重灾区,除了俞敏洪"女性堕落"言论,还有拼多多创始人黄峥的"山寨不等于假货"论、沃尔沃亚太总裁袁小林的"小三"比方,一言不慎,引发组织的形象危机。

11. 政策危机

政策危机是指由于政府的环保、医疗、食品卫生与安全、经济等政策的调整与改变,而给组织带来的危机。例如,康泰克的 PPA 事件、可口可乐等饮料在美国被禁止出售给中小学生等,这些都需要组织及时应对。

第二节 公共关系危机的发展阶段与处理程序

对公共关系危机全过程的了解,是制订公共关系计划,进行公共关系危机管理的前提,科学的公共关系预警系统、公共关系危机处理方案的建立,都应该建立在此基础之上。

一、公共关系危机的发展阶段

公共关系危机的发展阶段可分为危机的潜伏期、危机的初显期、危机的爆发期、危机的抢救期与危机的善后期。

1. 危机的潜伏期

危机的潜伏期可能会很长，也可能很短。任何危机的发生都是有原因的，而危机发生的原因有多种，或者是人事矛盾，或者是产品与服务纠纷，或者是安全隐患，或者是环保的措施不到位，或者是目前组织的管理模式陈旧，或者是竞争对手的敌对。无论是哪个方面的原因造成的，它都有一个或长或短的潜伏期。

2. 危机的初显期

危机发生的初期，组织和媒体以及公众对消息模糊不清，所能得到的信息或混乱或矛盾，而这样的信息会引起公众对组织的偏见或误解，有时还会引起敌视，以至无论是组织还是公众都来不及采取任何行动。

3. 危机的爆发期

社会公众和媒体介入程度越来越深，特别是媒体和相关社会组织的介入，会使组织处于舆论的风口浪尖，关于危机的现状会出现多个版本，公众开始口碑相传，街谈巷议，有时甚至使人产生恐慌心理。

4. 危机的抢救期

组织经过认真的研究，正式进入危机的抢救阶段。在此阶段组织的危机处理小组应建立信息中心，通过新闻渠道、政府渠道和目标领袖公众渠道正式向外公布组织的相关处理信息，使社会公众了解本组织的社会责任感和社会良知。

5. 危机的善后期

危机的善后期是组织安定人心，提出今后的预防措施，重返市场，恢复声誉，重建良好形象，消除危机的负面效应时期。这个时期也可以说是企业新的转折时期，运作得好可以借机重塑形象，给公众一种安全与信赖感。

二、公共关系危机的处理程序

从危机处理的成功案例中，可归纳出危机处理的基本程序，它们主要包括以下几个方面。

1. 成立危机事故处理组织

危机事故处理组织的主要成员必须是组织中最有权威的人士、最有战斗力的人士。因为一旦危机来临，动辄需要几十万元甚至数百万元资金的调度与组织内外人员的调配，它需要极高的支配权和话语权。

2. 深入现场，了解事实

组织的危机处理小组成员必须协同相关的专业人员深入现场进行事故原因的调查，亲临危机现场进行指挥抢救工作，查清危机事故的起因、发生的时间、人员的伤亡、财产的损失、市场的现状、媒体的反应、政府相关部门的态度等。

3. 维系形象，降低损失

危机来临后第一任务就是尽量不让其破坏组织的形象，因为形象一旦破坏，就会使组织再也没有翻身的机会。降低损失就是尽早尽快地解决危机，使危机不至于恶化到不可挽回的地步。同时对于损失的计算，必须要有科学的认识。约翰逊公司在处理泰莱诺尔事件时，收回了价值 1 亿美元的"泰莱诺尔"胶囊，就是为了减少损失，力争不在价值 12 亿美元的止痛药市场上被竞争对手挤走。

4. 积极应对，制定有效的危机处理原则

危机处理的原则有共性也有个性，每种和每次危机的情况不同，所以每次危机的处理原则和方法肯定有所不同，因此要确定每次危机处理的基本原则。是与消费者个别协商解决，还是协同政府相关权威部门解决，需不需要通知媒体，通知什么级别与层次的媒体等都是每次危机处理前需要遵循的原则。

5. 确定危机解决的策略

澄清事实，疏导误解，改善形象，迎合社会伦理道德，引导有利于组织的正确舆论，重建社会公众对组织的信赖与好感，这是危机解决的根本策略。但在这些共同策略之下，针对每次危机的特殊情况，也需要制定特殊的策略，这就需要组织的危机管理小组在危机处理之前为危机的处理指明方向。

6. 制定危机公共关系的主题

危机公关的主题要科学、简洁、明确，对内起到指导行动、凝聚人心的作用，对外起到统一口径、便于传播的作用。

7. 进行有效的人员分工

有的大型危机往往涉及面广，仅靠组织的危机处理小组和组织的公共关系人员的力量肯定是不够的。它需要组织的生产部门、市场部门、售后服务部门、后勤管理部门等全力以赴，按照组织的部署分头行动，并及时将分头行动的结果汇报上来，以便危机处理小组能够及时地告知新闻媒体和目标公众该危机处理的进程。

8. 专人联络新闻界

大型危机期间，组织是社会媒介与公众关注的焦点，很多媒体都会有专门的记者报道相关情况，那么在此期间，就应该引导媒体舆论导向，为媒体提供原始资料和新闻通稿，根据组织制订的危机传播计划进行有效的信息传播。

9. 妥善进行善后工作，重塑形象

善后工作做得好坏与否，也直接关系到组织的后续公众形象，反映了一个组织的社会

责任感，社会良知和人情味。善后工作包括赔偿、安慰、关怀等，所以切忌虎头蛇尾。

10. 收集资料，进行评估

收集资料，进行评估，即对危机处理的情况进行全面调查、评估，并将调查的结果告知董事会、股东、目标公众。这一环节主要是对危机的处理效果进行调查，包括事故的原因、事故的发展进程、对受害者及其亲属的安顿、相关政府的评价部门给事故所下的结论、媒体在危机期间的新闻报道情况、目标公众对危机处理过程中组织行动的反馈、竞争对手的反应及市场的启动情况等。

第三节 公共关系危机的处理原则

既然公共关系危机与组织的发展相伴相生，那么组织就应该学会预防危机、控制危机、解决危机，并在危机的处理过程中变危机为转机和生机。而要实现这样的危机处理目标，就必须掌握危机公共关系的处理原则。

一、危机处理的原则

公关界对于危机公关处理提出 5S 原则，即承担责任原则、真诚沟通原则、速度第一原则、系统运行原则、权威证实原则。这五个原则是危机处理时要思考的原则，但未必条条都要执行。同时，在现实中，社会组织往往在遇上意外性、聚焦性、破坏性和紧迫性的危机事件后，多数企业和机构都无法冷静面对，从而导致更大的信任危机。

5S 原则如果从以下角度来思考，也许会更人性化，更易于操作。

1. 尊重事实，坦诚相待

社会组织绝不能因为逃避事实而歪曲真相，在面对危机时最重要的是实事求是，坦诚地面对组织所需要承担的责任，采取公开透明的原则。在现代社会，媒体的追溯力很强，组织越是隐瞒就越容易引起媒体与公众的质疑，从而造成各种版本的猜测，甚至被少数媒体恶意炒作。

2. 迅速及时，勇于担当

处理公共关系危机的目的在于尽最大可能努力控制事态的恶化与蔓延，把损失降到最低，在最短的时间内重塑或挽回组织的形象与声誉。按照危机公关处理的"24 小时法则"，企业应在 24 小时内公布处理结果，如若不然，就会造成信息真空，让各种误会和猜测产生。现代媒体传播的速度迫使组织必须尽快掌握整个事件的具体情况，记者可能在几分钟内就能抵达现场，电子媒体随后就同步进行传播，这是对组织的危机快速反应能力的考验。同时危机出现时不能推诿责任，要给社会公众留下一个勇于担当的负责任形象，绝不能搪塞回避，应以冷静沉稳的态度镇静地处理危机。

3. 人道主义，消费者利益优先

保护消费者的利益不受损失，是危机管理的第一要义，对于消费者的物质利益与心理利益都不能轻视。因为在危机发展的过程中,舆论一般都会同情弱者,与弱者较真会给公众留下一种不人道的印象。

4. 分工协作,首抓传播

媒体被誉为与立法、司法和行政三权并列的"第四种权力"。"成也媒体,败也媒体"已经成为许多公共关系危机处理人员的共识,媒体作为一把"双刃剑"既可以成就组织,也可以毁掉组织。掌握正确运用媒体、引导媒体的技巧,可以帮助组织转危为安、化险为夷,把组织的损失减到最小,让组织能够更长久地发展。如果不善于运用媒体,就有可能使组织全军覆没,破产消亡。我国许多企业消亡的案例都充分说明了这一点,例如三株集团、秦池集团、巨人集团莫不如此。

5. 统一口径,形成文字

危机在处理的过程中,本身就容易引起猜疑,造成信息的混乱,如果此时组织内部有多个声音对外说话,由于每个人的语言风格、对同一事物的理解角度等不同,就可能造成外界的不同认知。这就是为什么危机来临时组织要以一个声音对外说话的原因。形成文字后的语言是经过组织集体讨论的,大家共同思考,字斟句酌,可以减少语言表达的随意性,以更严谨的方式传播组织的危机处理信息。由于给了记者们文字的依据,记者们就不再重新根据对外发言人的言论再次斟酌新闻表达的语言,而可以直截了当地根据组织的文字去组织新闻文字内容,减少了记者的臆测。真实、准确地传播,才能获得公众的真正信任,才能把握舆论的主动权。

二、危机公共关系资料的收集与提供

当危机事件发生后,公共关系从业人员要根据组织的相关要求,提供相应的资料。收集提供与危机相关的资料主要包括以下几个方面。

(1) 完整记录危机事件发生与发展的过程、阶段及其细节的资料。

(2) 危机事故的图片、音像资料。

(3) 与危机相关的个人在危机事故中的行为表现及相关言论的资料。

(4) 相关团体的反应,例如声明、援助、决定、行为、相关活动等。

(5) 新闻媒体对事故报道的信息,包括新闻、专访、特写、追踪报道,以及报社的评论等。

(6) 危机事故造成损失的相关数据、证据资料。

(7) 记录和收集保险部门、法律部门、政府部门发言人或代表的言论、决定等。

(8) 收集电话值班记录、日志等资料。

(9) 收集网络资料,例如 BBS 留言、QQ 聊天记录、QQ 空间评论、博客、微信等,特别是网络传言等。

(10) 收集与事故有关的其他证据或实物、产品资料,包括原设计图纸、产品使用说明书、产品包装材料等。

(11) 紧急通讯录,即能够提供需要立即联系的有关部门的电话号码、联系人名单,以及相关信息。

(12) 企业的背景资料，包括企业历史渊源、发展阶段、成绩、机构设置、员工素质、技术力量、海外发展情况，企业的有关决定、政策、制度等背景资料。

(13) 相关的客户档案资料，重要人物或社会名流对企业的指示、态度、言论等。

(14) 企业在社区内开展公益活动的情况与成绩等。

第四节　制订危机管理计划

危机管理计划是特定组织在处理危机事件之前，经过组织危机管理小组拟定的全面、具体的关于危机事件预防、处理和控制的书面计划。危机管理计划是危机管理的指导方针。

危机管理计划可分为三大类。一类是危机应急计划。危机应急计划是组织在全面分析预测的基础上，针对出现概率较大的危机事件而制定的有关工作程序、施救办法、应对策略措施等的书面计划。它的制定需要危机处理的相关人员有足够的经验，能有效地把可能出现的危机进行全面分析、预测，并就危机出现后的对策进行讨论、确认，然后形成书面的指导意见。另一类是危机传播计划。危机传播计划是社会组织在出现各种突发事件影响重大，涉及面广，会严重地使组织的形象受损，同时容易引起社会公众极大误解时，通过传播沟通手段来传递相关信息，使公众对问题的真相有一个正确认知的传播沟通计划。其侧重点是危机事故发生后的新闻传播和信息控制。危机传播是危机管理的主要且重要环节，它是社会组织控制或减少不利于组织的消息、传闻、报道的快速扩散，争取社会公众的同情、支持，为社会组织解决危机争取一个宽松的舆论环境。还有一类是危机的善后计划。危机公共关系的目标有两个，首先是转危为安，它使组织在危机中能够尽快地恢复生存和发展的常态，重新建立与目标公众的良性互动；另一个重要目标是化危为机。美国著名公关学者奥古斯丁认为："发现、培育以便收获这个潜在的成功机会正是危机公关的精髓。"

一、建立危机管理小组

1. 危机管理小组的设置

危机管理小组的成员是兼职的，它必须由组织的最高领导者负责牵头，以保证危机处理时能调动组织各方的力量。在危机的处理过程中，企业高层领导人的及时露面，对缓和危机也起着不小的作用，特别在危机尚未恶化之前，作用尤其明显。例如，1999年在比利时发生的可口可乐中毒事件的危机公关过程中，可口可乐公司派出了以行政总裁华莱士为首的公关团队来应对危机局面。在新闻发布活动中，高层人物的出面会增强媒体和公众对于企业负责任态度的好感，同时易于及早在危机尚未恶化的情况下作出表态承诺，改变事态发展方向。对于企业来说，高层管理人物的出面，可使危机公关传播的效应更加卓著，对危机处理进程起着关键的推动作用。危机管理小组的规模应该根据组织的规模和业务范围来确定人数，其他人员是组织各部门的主管，最好有危机处理经验的专家参与。应该有指定的危机处理的办公地点，同时办公地点应该设两处，以防其中一个地点在危机中被损毁时，另一处可以及时发挥作用。办公地点的现代化办公设施要齐备，保证危机来临时能及时与外界联系。

2. 危机管理小组的联络

危机管理小组的成员必须保证在危机发生时都能及时联系到，所以必须登记他们的多种联系方式，包括家庭电话、移动电话、电子邮件，甚至与他们联系密切的亲属的联系方式都需要准备，并且要求该小组成员一旦联系方式更改，必须告知危机管理部门其最快速的联系方式。

3. 编制危机处理手册

危机处理手册要发给危机管理成员保存，每位成员发放多份，要求保存在小组成员便于迅速取阅的地方。此手册中应包括组织的历史发展、生产现状、产品与市场结构、组织形象状态等资料，同时各种主要媒介的通讯录、危机管理小组成员通讯录、危机小组成员的分工等都应该明确。

4. 危机管理小组的分工及协作

根据危机计划的多种方案，制定出各个成员之间的责权范围，明确各成员间的联络路径与工作程序。

二、危机计划制订的原则

危机计划制订的原则如下所述。

1. 研究性原则

未经专业化的研究而制订的危机管理计划，往往顾此失彼，漏洞百出。在危机管理计划的制订过程中，负责制订和实施危机管理的人员应该充分了解企业内部及外部的信息，并及时充分地沟通。同时应和相关利害关系(如政府部门、行业协会以及紧急服务部门等)各方加强联系。企业如果没有系统地收集制订危机管理计划的信息，就会在制订危机管理计划时顾此失彼、漏洞百出。一定要事先请教从事过危机管理的专家，即使不能请这些专家参与，最少在计划制订出来后，要请专家进行审核，而不能由一些人凭想象，想当然地制订计划。

2. 灵活性原则

危机环境千变万化，如果计划过于僵化，就不能关注随时变化的危机环境，导致运用时的教条化。危机管理计划必须保证其灵活性、通用性和前瞻性。由于企业所处的环境瞬息万变，加之危机发生时的情形充满未知，不要把重点放在细节上，从而确保企业在遭遇没有预知的紧急状况时，能够在遵循总体原则的前提下，采取针对性的策略和方法。

3. 成本化原则

很多危机管理投入都很大，那么就更应该考虑成本，考虑投入产出的原则。危机处理可以给组织的发展带来转机，但如果危机处理时不考虑人、财、物的资源合理预算与运用，就会把组织带入更大的财务危机中。

4. 具体化原则

危机管理计划必须是具体、可以操作的，必须保持系统性、全面性和连续性，应明确所涉及组织及人员的权利和责任，对人员进行有效配置，做到事事有人管、人人能管事，从而使企业全体成员在危机来临时都能够迅速找到自己的位置，发挥主观能动性。如果危机管理计划体系混乱，相关人员就会反应迟钝、迷茫无助或混乱不堪。应有标准的报告流程和清晰的业务流程，从而确保信息及时、充分的沟通以及危机反应计划能迅速、有效地实施。

三、危机管理计划的内容

危机管理计划书就结构而言，要具备三个方面的内容，即概述、正文和附录。

1. 概述部分

概述部分包括封面；董事长或总经理签署的保证该计划顺利实施的命令；本计划的发放层次与发放范围；关于本计划制订与实施的相关制度，例如保密制度、定期更新制度以及本计划实施的时机与条件等。

2. 正文部分

正文部分包括危机管理的目标和任务；危机管理的原则与定位；危机管理的沟通原则；建立危机管理小组，对各成员的权利和职责进行描述和界定；危机的培训和演习方案；危机的替补方案；危机处理时的外部成员，例如危机管理专家、政府相关官员、媒体相关人员等；危机的指挥、沟通与合作程序；危机管理的财物资源准备；危机管理小组的日常运转和费用；危机管理设备的购买、维护和储备的费用以及危机管理计划实施的费用及其管理；法律和金融上的准备，紧急状态下在法律和金融方面的求助程序；危机的识别与分析；危机的预警与控制；危机的应变指挥程序；恢复和发展计划；危机管理的评估。

3. 附录部分

罗伯特·希斯把附录部分称为 PACE 清单：P 指 preparation，即准备；A 指 action，即行动；C 指 contact，即联络；E 指 equipment，即装备。这部分又可分为四块，即流程图、应用性表单、内部联络表、外部联络表。

四、危机公共关系的预警

危机管理计划中十分重要的一个环节是建立危机预警系统。危机预警系统的建立可以使组织防患于未然。即使在不可控的危机来临时，组织也可以疏导社会舆论，使事态向有利于组织良好形象的方向发展。危机管理的关键在于预防，在于捕捉先机。而危机预警系统建立的具体表现形式是危机预警方案。其具体内容如下所述。

1. 由谁建立、改进和维护危机预警体系

建立、改进和维护预警体系，都必须有专人负责，建立危机信息汇报的原则和程序。

2. 如何界定危机信息

对企业的薄弱环节及内外部危机诱因进行列举，对危机发生的概率、严重性进行分析和评估。危机预警小组的成员应该将危机的各种信息集中起来进行评估。危机会由于组织的种类、状况、规模、发展程度的不同而各异，将危机信息进行分类、整理、评估，从而判断组织危机发生的概率与等级，确定应对的标准。通常组织应该建立舆论监测或反馈系统来捕捉信息。

3. 针对各种潜在危机制定策略

危机来临时，有时组织的财务部门、生产部门、人事部门、市场营销部门都必须全程介入。人员如何召集，由谁召集？如何进行分工合作？比如，何人联络安全保障部门、何人联络媒体、何人对外发言等都应该明确。应该启用危机预警系统中的何种方案？界定不同的危机应变方式和危机管理人员的应变职责，确定危机的传播应急方案，以便减少损失和消除负面影响。

4. 确立危机管理的求助程序

当危机来临时，必须向社会各界寻求帮助，例如交通部门、医院、政府相关部门、上级主管部门、有业务往来的组织、消费者团体、组织所在社区等，都可能是组织的求助对象。传播学开创者霍夫兰从大量的实证调查中发现，信源的可信度越高，其说服效果越强。反之，越弱。尽管不能忽视休眠效果的存在，但在危机发生时，公众是渴求权威信息的，等到人们静下心来仔细思索整个事情的处理过程时，或许危机已经过去；即使危机仍未消除，但来自权威的声音至少可以安抚很大一部分人的情绪，为其他方案的实施争取到短时间的稳定局面。因此，寻找相关产业权威人士和权威部门的支持，并及时发布他们所持的对本企业有利的观点或检测报告，也是进行危机公关时不可缺少的一环。

5. 危机预演

例如，消防队员为了在火灾来临时能够迅速作出反应，经常通过演练来提高自己的反应速度和能力。这既可以检验危机管理计划是否科学合理，又可以提升组织内外部的协同作战能力，还可以通过演练不断地修正危机管理计划的不足之处。

五、危机处理过程中的新闻发布

危机公关的传播原则应该是迅速而准确，这就存在两种时间选择，即危机发生的第一时间和危机真相大白的时候。如果组织不接触媒体，媒体也会以种种理由推测，国内不少危机风波的升级正是没有及时控制不利信息传播的结果。

危机一旦发生，媒体往往最为敏感，同时媒体也是组织可以借助的一个传播平台。把握好媒体，可以控制事件向谣言四起的状态发展，借助媒体可以做好信息的主动控制工作。一般而言，大型危机来临时，企业会组织新闻发布会，由训练有素的新闻发言人回答记者的提问。新闻发布会的时间应该在 30～45 分钟，并且要做好新闻发布的准备工作，例如准备好组织的发展资料，与危机相关的图片、模型、表格等资料；危机调查的进展；危机处理的阶段性结果；对危机处理的责任承诺等。同时要准备好新闻记者所需要的新闻信息的快速传输工具，例如电脑、电话、传真机等。

媒体选择是企业媒体危机公关的另一个决定成败的细节问题，视事件大小及危机的严重程度，媒体选择也有不同的思路。国际大型企业的抗危机能力一般比国内企业要强，即使危机出现，处理也显得游刃有余。2018年1月11日，内蒙古自治区凉城县公安局因广州医生谭秦东一篇标题为《中国神酒"鸿茅药酒"，来自天堂的毒药》的文章，以涉嫌损害公司信誉、商品声誉罪，将其从广州的家中带走，次日谭秦东被刑事拘留。2018年4月13日，成都商报旗下红星新闻首次对此事进行了报道。之后陆续有媒体跟进此事，人民日报、光明网、新京报、团结湖参考、健康时报、侠客岛等多家媒体发表评论，指出"鸿茅药酒跨省抓人的底气何在？"在微博和微信上人们纷纷质疑。再之后，除却此次跨省抓捕是否合适以外，各界媒体针对鸿茅药酒的虚假广告、不良反应、非处方药资质、发家史等发表质疑。鸿茅药酒以秀肌肉的方式应对质疑者，把自己送到媒体的聚光灯之下，结果却照出自己的斑斑劣迹。整个事件随着人们关注度逐步下降，事件也慢慢偃旗息鼓。2018年12月月初，内蒙古鸿茅药酒股份有限公司赫然出现在"内蒙古自治区优秀民营企业拟表彰名单"中，再次受到媒体质疑，在之后的正式名单中被除名。

六、危机后期的恢复和发展

很多社会组织已经意识到，危机的背后是转机，所以必须做好危机的善后工作，使组织在危机应对的后期无论是形象还是市场都能得以迅速恢复与发展。在危机管理计划中应该有危机后期组织恢复与发展计划，计划中要考虑以下问题。

(1) 危机带来哪些长期影响？如何消除影响？
(2) 如何恢复正常的组织运营程序和经营活动？
(3) 如何重塑组织的良好形象？
(4) 如何选择可信度高的信源，特别是权威媒体和权威公众信源，尽快消除公众的信任危机？
(5) 如何统一员工思想，使员工能与组织同舟共济、共渡难关、共同发展？
(6) 如何引导媒体传播组织信息，特别是网络传播正面与积极的信息，让债权人、股东、供应商和经销商队伍及目标公众都相信组织能重整旗鼓。

本 章 小 结

本章重点介绍了与危机公共关系相关的几个概念，公共关系危机的成因、公共关系危机的类型、公共关系危机的发展过程与处理程序、公共关系危机的处理原则、公共关系危机的处理方法与技巧等，特别是重点介绍了公共关系危机处理中的预警系统的建立与管理计划的安排，这些方法和措施可以使组织面临危机时处变不惊。

复习思考题

1. 一次完整的危机公共关系活动应该包括哪些具体的程序?
2. 公共关系危机中的传播技巧有哪些?
3. 用危机处理的 5S 原则,分析一起当前发生的社会组织的危机事件。

扫码阅读拓展案例

第十一章　CIS 战略

本章导读

在当前的市场竞争中，企业形象的塑造至关重要，它已成为推动企业发展的一种动力。实施 CIS 战略的目的就在于进一步增强这一动力，使企业通过完整的系统创意将企业的经营观念、企业的个性，通过动态和静态的传播方式，引起大家的注意，树立良好的形象，使广大消费者产生对企业及其产品的信赖和好感的心理效应，这就是 CIS 战略的根本任务。

CIS 战略最早起源于第一次世界大战前的德国 AEG 公司。他们在系列电器产品上采用了彼得·贝汉斯所设计的商标，使这一商标此后成为该企业统一视觉形象的 CIS 雏形。1933—1934 年，由英国工业协会会长弗兰克·毕克负责规划的伦敦地铁，在设计方式与识别上也称得上是世界经典之作。第二次世界大战以后，欧美各大企业纷纷导入 CIS。1947 年，意大利事务器械所奥力维提开始聘请专家来设计标准字。1951 年，美国国家广播公司 NBC 在各媒体广泛运用由高登设计的巨眼标志。而可口可乐醒目的红色与波动的条纹所构成的"COCA-COLA"标志为它树立起风行全球的品牌形象。1970 年，日本东洋工业马自达汽车第一个在日本运用 CIS，之后，大荣百货、伊士丹百货、麒麟啤酒、亚瑟士体育用品等企业纷纷仿效。而美津浓体育用品、富士软片、华歌尔内衣等，委托美国著名的蓝德设计顾问公司设计的 CIS 新形象，更是后来者居上。20 世纪 70 年代，中国台湾开始萌发 CIS。1985 年以后，在中国的公共关系正向纵深方向发展的过程中，CIS 战略也悄然而至，并由广东神州燃气具联合实业公司最早导入。1993 年以后，中国各地企业开始对 CIS 战略有了全面的认识和理解，已在国内为广大企业所接受并成为发展潮流，涌现出海尔、长虹、康佳、格力、科龙、健力宝等众多国内著名品牌，成为振兴民族经济的杰出代表。

(资料来源：须知网，2015 年 4 月 21 日)

学习目标

通过对本章内容的学习掌握 CIS 战略，了解 CIS 战略的内涵及组成，弄清导入 CIS 的实施程序，并认识 CIS 战略的几大误区。

第一节　CIS 战略的基本内涵

随着市场经济的发展，企业的生存环境发生了很大变化，竞争已经从单一产品的价格竞争、质量竞争、品牌竞争，逐步演变为目前的企业综合形象竞争。CIS 作为近年在国际上出现的一种新型现代企业管理理论与发展战略，具有前瞻性、有效性及系统性的特征，是现代企业管理发展中的一场革命，已被许多著名企业导入与应用，并在日趋激烈的商战中显示出了巨大威力。

一、CIS 战略的定义

CIS 又简称 CI，直译为企业识别系统，意译为"企业形象统一战略"。CIS 是英文 Corporate Identity System 的缩写，字面意思是"团体的同一性或个性"。corporate 的名词形式是 corporation，意思是社团、公司、企业等；identity 有三层含义：一是证明、识别；二是同一性、一致性；三是恒定性、持久性。identity 的用法源于美国社会心理学界提出的"社会身份"概念。这个概念的核心内容是：根据个人所具有的不同社会群体成员的资格而作出的自我确定。由社会群体决定的个体身份又反映了个体的人格特征、身体特点和人际风格。从英文的原意来看，其识别主体 corporate 可以是各种类型的社会组织，但由于在当代市场经济的形势下，企业对形象识别工作最为重视，开展得比较充分，所以社会上习惯将其称为企业 CI，一般译为"企业或组织识别"更为准确。system 是系统之意。CIS 的主要内容是指企业通过自己的创造、发展、传播，建立一个使社会公众认识并认同的识别系统。它在本质上就是企业的自我同一性和同质化，企业必须认真进行一番清醒的自我认知，才能在社会上树立良好形象。

CIS 的定义可表述为：将企业、机构的经营理念与精神文化，透过整体的识别系统，传达给社会公众，促使社会公众对组织体产生一致的认同感和价值观的一整套识别系统。

二、CIS 战略的构成要素

以企业统一识别系统为核心的 CIS 战略，其基本内容从总体上看主要由以下三大部分构成，即理念识别(Mind Identity，MI)；行为识别(Behavior Identity，BI)；视觉识别(Visual Identity，VI)。其中，理念识别处于主宰和支配的地位，是整个形象识别的关键，而行动识别和视觉识别则是理念识别的延展和推广。

(一)企业理念识别系统

企业理念是公司的基本精神，它决定着企业的产品(定位、包装、价格)、营销、广告、企业与消费者、政府的关系，企业的效益及企业的基本形象。企业的最高决定都以企业理念为准绳。

企业理念识别系统是企业文化在意识形态领域中的再现，是指企业经营过程中实际形成的经营理念、经营信条、经营战略、企业使命、企业目标、企业精神、企业哲学、企业文化、企业性格和座右铭的一体化。

企业经营理念包括企业的经营宗旨、经营方向、企业价值观和企业精神等。经营宗旨是指企业的经营目的。企业的经营宗旨一经确定，实际上也就界定了企业发展的基本思路。企业的经营方向包括事业领域和经营方针两个方面。事业领域是指企业的经营范围，经营方针则反映的是企业运行的基本原则。企业价值观是指企业对经营(例如质量、服务、人才)、对竞争、对社会等问题所形成的基本看法和观点，它对企业的经营活动具有决定性的影响。企业的经营理念是无形的东西，但是却体现在企业的一切有形的东西身上。

企业理念就像一个人的灵魂，它支配着企业活动的各个方面。一个企业如果没有正确的经营理念，那么无论它花费多大的工夫、投入多少人财物，都不会获得成功；优秀的企业皆因有优秀的企业理念。优秀的企业理念能够使企业在社会上树立起独特、良好的形象。例如，一提起 Q、S、C、V，人们马上会想到麦当劳公司，想起麦当劳那香脆可口的薯条、快捷友善的服务，想起麦当劳清洁而又温暖的环境以及那物有所值、物超其值的种种食物。当一个快餐公司的标志成为大众快乐和食欲的象征时，形象就是力量。

(二)企业行为识别系统

企业行为识别系统是指企业在实际经营活动中所具有的操作规范、协调机制和管理方式的一体化。其英文表述为 Behavior Identity (BI)。企业行为识别系统是企业理念在员工行为中的外化和表现，它是一种动态的识别形式，具体可以从两个方面来理解：一是企业内部系统，包括各项规章制度、内部环境的营造、生产管理、员工教育、行为规范、服务态度、行为准则、生活福利、工作环境、公害对策等；二是企业外部系统，包括市场调研、产品开发、公共关系活动、广告活动、促销活动、公益性文化性活动等。

企业行为识别系统是企业所有工作者行为表现的综合，企业制度对所有员工的要求及各项生产经营活动的规范等，是企业的运作模式，其结果是使企业行为高度一致化，其作用在于升华企业理念、强化视觉识别，从而展现出具体、生动、动态的企业形象。

(三)企业视觉识别系统

企业视觉识别系统是指企业全部可见事物所传递的视觉信息的一体化。其英文表述为 Visual Identity (VI)。企业视觉识别系统包括基本要素和应用要素两大部分。基本要素包括企业的名称、品牌标志、品牌标准字体、企业标准色、象征图案、宣传口号、专用歌曲等，应用要素包括产品、包装、办公用品(如名片、信封、信纸等)、室内环境、陈列展示、建筑物、交通工具、员工制服等，即基本要素使用的领域。基本要素是应用要素的基准和依据，因此对名称、标志、标准字、标准色等都有严格的使用规定，以保持统一的视觉传达符号出现在企业内外的各种传播媒体上，保持企业形象的同一性。

VI 的传播与感染力量最为具体，是 CIS 中项目最多、层面最广、效果最直接的传递信息的形式。通过 VI，能够充分地表现企业的基本精神及个性，使社会大众通过 VI 的要素一目了然地掌握企业所要传达的基本信息，达到识别的目的。

从根本上说，企业视觉识别系统主要包括以下四个核心层内容。

1. 商标——产品的标识

商标是将某种商品或服务标明是某具体个人或企业所生产或提供的商品或服务的显著标志。从广义上讲，商标通过对商标注册人加以奖励，使其获得承认和经济效益，而对全世界的积极进取精神起到促进作用。商标保护还可阻止诸如假冒者之类的不正当竞争者用相似的区别性标记来推销低劣或不同产品或服务的行为。这一制度能使有技能、有进取心的企业在尽可能公平的条件下进行商品和服务的生产与销售，从而促进国际贸易的发展。

2. 品名——品牌的名称

品牌需要进行商标设计，绝大多数商标中包含品牌名称，并且这一比例将越来越大。如果没有品牌名称就不可能诞生这些商标。在品牌建设的各项活动中，品牌名称的地位是至关重要的，例如产品包装、品牌策略、广告词、广告语、品牌推广、品牌经营、公关宣传都必须在确定品牌名称的基础上进行。

优秀的品牌名称在品牌推出阶段所发挥的作用是巨大的。新品牌最有力的武器就是一个能引起人注意的品牌名称。有些品牌仅仅看到一次就能使人记住，比如阿里巴巴(电子商务网站)、联想(电脑)、奔腾(计算机微处理器)、娃哈哈(儿童营养饮料)、农夫山泉(天然水)、飘柔(洗发水)。

随着经济的发展，人类社会开始进入知识、信息经济时代，消费者对企业、品牌名称的作用认识越来越深刻。好的企业、品牌名称，可以使企业的发展事半功倍，甚至数倍、数十倍。许多企业的成功，与企业品牌名称的成功设计有很大的关系。例如浙江的老板实业集团公司原名浙江余杭红星五金厂，生产的红星牌抽油烟机，在市场上举步维艰，结果改名老板牌后，获得了迅速的发展，现已成为中国最大的抽油烟机专业生产基地之一。据称，改名老板牌后，一次广告的效果相当于原先 16 次的效果。

中国加入 WTO 后，全球经济一体化进程的加快，国际贸易已经成为促进世界各国经济发展的重要动力，商标译名对于商品在本土以外的销售情况具有举足轻重的作用。正如美国学者艾·里斯所说："一个译名的好坏，会带来销售业绩千百万美元的差异。"很多国内品牌的商标在汉语中有着很好的含义，但译作他国语言后却往往因为没能做到"入乡随俗"，导致品牌竞争力的降低。最典型的就是"美女变成毒蛇"的例子。我国一种口红商标叫作"芳芳"，国人一看到"芳芳"二字就不禁在心中升起美的联想，可商标音译成汉语拼音"fangfang"，英文读者一看心中不由得生起一种恐怖之感，因为"fang"恰好是一个英文单词，其义是蛇的毒牙。口红销路不畅也就不难想象了。各国语言因受本民族风俗习惯、政治、经济和宗教信仰等方面的影响，在表达方式及风格上也有所不同。这都是企业在 CIS 战略导入时需要注意的问题。

3. 徽记——企业的标志

商标是产品的标志，徽记则是企业的标志；尤其是服务性的企业没有上市销售的产品，徽记的作用更加突出。徽记主要包括以下两方面：一是字体的标志，字体标志是指以特定、明确的字体造型或字体所衍生出来的图案来表示企业的精神理念或象征公司的经营内容；二是形态的表现，简捷的图形、抽象化的图案，已成为企业徽记设计上的趋势之一。

劳斯莱斯汽车的标志图案采用两个 R 重叠在一起，象征着你中有我、我中有你，体现了两人融洽及和谐的关系。标志除双 R 外，还有著名的飞人标志。这个标志的创意取自巴黎卢浮宫艺术品走廊的一尊有两千年历史的胜利女神雕像，她庄重高贵的身姿是艺术家们产生激情的源泉。当汽车艺术品大师查尔斯·塞克斯应邀为劳斯莱斯汽车公司设计标志时，深深印在他脑海中的女神像立刻使他产生了创作灵感。劳斯莱斯品牌徽记如图 11-1 所示。

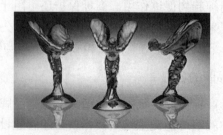

图 11-1　劳斯莱斯品牌徽记

4. 代表色

企业把某一种特定的色彩或一组色彩系列，统一运用在所有传达信息的媒体上，通过色彩的知觉刺激与心理反应表现企业的经营理念和产品的内容特质，这样一种或几种色彩称为企业标准色。标准色是企业理念的象征，它一经确定便会应用在企业所有视觉传达的相关媒体上，与企业标志、标准字体等基本视觉要素相结合，形成完整的视觉系统，在企业所传达的整体视觉设计系统中具有强烈的识别效应。企业标准色的设计要领如下。

(1) 传达企业理念。标准色要充分反映企业理念的内涵，传达企业理念、体现企业精神、展示企业形象。例如，IBM 公司采用蓝色作为标准色，传达出 IBM 公司生产经营高科技产品的经营理念，体现 IBM "开拓、创造、顺应时代潮流"的精神，展现出 IBM 高科技的"蓝色巨人"形象。

(2) 突出企业风格、个性。企业在设计标准色时，必须考虑如何体现企业的风格和个性。企业标准色反映企业理念、精神，又要突出企业风格、个性，还要尽量避免与同行业企业标准色的重复或混淆。为了达到上述要求，企业可以采用单色、双色和多色作为标准色，但一般不超过三种颜色。例如，海尔集团采用蓝色作为企业标准色，既容易使人联想到大海，同海尔拓宽海外市场、争创国际名牌的企业目标联系起来，又能体现海尔集团以现代科技生产具有海尔特色的产品群。又如，麦当劳用红色与金黄色组合成企业标准色，红色表示奋发向上的企业精神，金黄色体现出该企业经营汉堡包、薯条、麦乐鸡等食品的特色，具有鲜明的个性化。

(四)CIS 系统各构成要素的关系

MI、BI、VI 三者构成一个完整的 CIS 系统，彼此间相互联系、相互制约，又各具特点、各有侧重，共同构成完整的 CIS 系统。其中理念识别(MI)处于最高层次，它是企业的基本精神所在，是整个 CIS 设计的核心与灵魂。理念识别是企业在长期发展中形成的独特价值体系，为整个企业识别系统的运用提供了原动力，左右着 BI 和 VI 的设计和定位。行为识别(BI)是在企业理念指导下建立起来的全体员工的行为方式和工作方法，是 MI 的动态表现形式。其重点在人，是企业中人的因素的综合，是人的主观能动性的反映。视觉识别(VI)是对企业理念的静态具体展示，是外部公众最经常接触的企业视觉信息。其重点在物，是一种媒介或载体，它承载着 MI、BI 的全部内涵，并通过可视体得以表达。BI 和 VI 的设计必须充分体现企业经营理念的实质和内涵，否则企业的信息传递力和形象诉求力会大为降低。CIS 的三个基本部分相互影响，构成一个完美的统一体。如果把企业比作一个人，那么 MI 是人的思想，BI 是人的言谈举止，VI 则是人的衣着打扮。

三、CIS 战略的作用

CIS 战略是设计和塑造企业形象的有力手段，其具有以下几项作用。

1. 增强企业的可识别性

企业 CIS 的开发和导入，可使本企业与其他企业区别开来，也可使本企业产品与其他企业同类产品区别开来，从而提高产品的非品质竞争力，使企业在市场竞争中脱颖而出、独树一帜。这有利于在消费者心目中取得认同，建立起形象的偏好和信心。

2. 提高传播效率

企业 CIS 识别系统的导入和开发，能够保证信息传播的同一性和一致性，便于各界公众识别，使传播更经济、有效。例如，CIS 视觉识别系统的建立，各关系企业或企业各部门可遵循统一的设计形式，应用在所有设计项目上，可以收到统一的视觉识别效果。

3. 有助于提高经济效益

企业导入 CIS，有助于提高企业的社会知名度和美誉度，会为企业争得大批潜在顾客，占领更大的市场份额，统一的企业形象。CIS 还可将地域分散、独立经营的分支业务机构组织(各子公司)整合在一起，形成一个实力强大的竞争群体，充分发挥群体的效应。总之，CIS 设计的最终成果必然表现为经济效益的提高。

4. 有助于加强企业管理，建立起先进的文化价值观

在开发和导入 CIS 的过程中，企业一般都会制定 CIS 识别手册，包括理念识别、行为识别、视觉识别三大手册，以便让全体职员认真学习并共同遵守执行。员工不仅会体会到工作的价值，而且会主动地认知企业的价值观，并将其内化为个体价值观的一部分，从而提高员工士气，增强企业的凝聚力和实力，最终实现企业的经营目标。

第二节　CIS 战略的起源与发展

CIS 最早起源于第一次世界大战前的德国 AEG 电器公司。AEG 公司在其系列电器产品上首先采用了设计的商标，同时公司又将这一商标应用到公司的便笺、信封等办公用品上。这一商标成为以后企业统一视觉形象的 CIS 雏形，也可以看作 CIS 视觉识别设计的开端。第二次世界大战以后，国际经济复苏，工商企业蓬勃发展，企业经营者深感建立统一的识别系统可以正确传达企业的信息，塑造独特的企业经营理念。自 20 世纪 40 年代后期开始，欧美各大企业纷纷导入 CIS。20 世纪 60 年代至今可以说是欧美 CIS 的全盛时期，许多企业纷纷导入 CIS，并掀起了一波又一波高潮。第二次世界大战以后，CIS 逐渐传到日本，它较欧美晚了一二十年，但发展相当迅速。

一、CIS 战略在美国的产生和发展

具有真正意义上的 CIS 战略的产生应首推美国。20 世纪 50 年代，美国高速公路飞速发展，道路两旁交通标志林立。这些标志的共同特点是简洁、明了，颜色、图形均按统一的标准设定，没有过多的文字，只有系统性图形。司机看到这些标志，尽管车速很快，但仍能心领神会。基于这些标记的共同特点和规定的特定内涵，达到"瞬间识别"的效应。

美国企业家们在这种"车辆文化"的启迪下，设想如果能按照统一的标准设计出企业的标志、标准字和标准色，并通过这样的思路设计出企业广告，一定能获得"瞬间识别"企业的效果。把树立企业形象融于企业的生产经营之中。成功导入 CIS 应首推美国国际商

用机器公司，即 IBM 公司。1955 年 IBM 公司正式导入 CIS，聘请世界著名设计师瓦尔特·兰德为其设计出一套完整的企业识别系统，以传达统一的 IBM 形象。保罗·兰德公司为 IBM 公司设计的标志是由几何图形造型 IBM 三个大写字母并列组合构成，"M"字母的大小是"I""B"两者大小之和，名称、字样、图形三者合而为一。IBM(International Business Machines Corporation，国际商用机器公司)既象征了计算机产品系列及其联网技术，又使人联想到公司开发计算机的企业发展战略和提供优质服务的企业行为规范。该企业识别系统简洁、明了、流畅、美观，令人一目了然，很好地反映了 IBM 的品质感和时代感。

到了 20 世纪 70 年代，IBM 公司深深体会到企业经营哲学的重要性，1976 年提出在企业标志的设计上，要把经营哲学列为首先表现的东西。于是，IBM 公司又设计了八条与十三条条纹的两种变体标志，其标准字有实体、空心。反面和条纹等规格的使用说明，由各分公司根据实际需要弹性使用。这充分表明了 IBM 的经营哲学、优异性与时代性。其标准字可谓其"前卫、科技、智慧"的代名词，其蓝色条纹构成的 IBM 字形标志成功地树立起了 IBM 高科技的"蓝色巨人"形象(见图 11-2)。IBM 的良好形象获得了直接经济效益和社会效益，一跃成为全球最大的计算机公司。

图 11-2　IBM 公司新标识

IBM 公司的成功实例，激起了许多美国先进公司导入 CIS 战略的热情。例如，美孚石油公司、远东航空公司、美国无线电公司、东方航空公司、百事可乐公司、西屋电气公司、艾克逊公司等相继导入 CIS。其中最具代表性的视觉形象是可口可乐公司的标志设计。

多年以来，可口可乐以其独特的口味，通过营销战略和广告战略，已成为风靡全球的饮料之王，在消费者心目中留下了令人难以忘怀的深刻印象。1965 年，企业决策层毅然决定更改标志，提出了迎接新时代的"阿登计划"。经过市场调查，可口可乐原有标志中有几个要素是不可或缺的：①Coca-Cola 的书写字体；②品牌；③红色的标准色；④独特的瓶型。这 4 个基本要素是可口可乐公司多年来投入巨资所换得的宝贵财富，新的设计必须以此为基础。"阿登计划"关于为塑造可口可乐新形象而设定的目标是，不但要让消费大众继续饮用，更要使其认识饮用可口可乐的价值感；要使人们认识到，可口可乐是家喻户晓的品质优良的饮料；对年轻人有更强烈的诉求力；迅速将可口可乐的新形象在消费者心目中树立起来。可口可乐公司花费几个月的时间，从 150 多种计划中选出"阿登计划"的核心——正方形中配置 Coca-Cola 书写体的标准字，将瓶形特有的弧线轮廓予以象征化，使之成为像缎带一样的线条(见图 11-3)。标志诞生后，可口可乐公司随即进行应用设计要素的组合运用实验，直到 1968 年 12 月，整个设计终于获得公司决策层的认可。可口可乐新的 CIS 计划，正是为了适应新的时代精神，率先向前迈进，以领导时代潮流而展开的。1970 年，可口可乐正式导入 CIS，这一行动震惊了世界工商企业。

图 11-3 可口可乐公司新标识

二、CIS 战略在日本的发展

日本虽然开展、应用 CIS 战略的时间较晚，但起点高、发展快，一开始便显示了不凡的气概。日本 CIS 的发展大体可分为四个阶段。

第一阶段，20 世纪 70 年代前期。这时 CIS 设计开发的主要内容在于视觉传达设计的标准化，力求设计要素与传达媒介的统一性，使标志、标准字、标准色都能充分运用在企业中。当时较好地运用 CIS 设计的企业主要有马自达、大荣超级市场等。

第二阶段，20 世纪 70 年代后期。这时的 CIS 方向在于重整企业理念与经营方针，以活跃士气、带动生产、创造利润。这一时期表现为"医疗式 CIS"，目的在于保证企业的健康发展，实现企业的战略目标。比较有代表性的企业有松屋百货、健伍和小岩井乳业等。健伍(KENWOOD)音响公司，原名 TRIO 音响，公司业绩低落，在更名为 KENWOOD 并导入形象设计后，各方面均进行了革新，产品广受消费者欢迎。业绩在短时间内增长了两倍，使其从一家濒临倒闭的公司成为知名的跨国企业。

第三阶段，20 世纪 80 年代。这一时期以员工的意识改革和企业体制改善为主，这是对企业经营状况的强化。与第二阶段相比，这一时期比较注重防患于未然，以健全企业体制。这是一种"防御式 CIS"的形式，比较有代表性的主要有麒麟啤酒、石桥轮胎等。

第四阶段，20 世纪 90 年代以后。这时的 CIS 注重深入了解企业本身的经营资源与经营方针，再将其充分利用，以扩大与竞争对手之间的差异性，尤其深入挖掘企业文化。这一时期可以说已经确定了独树一帜的"日本型 CIS"战略。比较有代表性的企业是朝日啤酒公司。

当时，朝日啤酒新产品开发失败，市场占有率惨跌到 10%，公司经营处于危机状态。新上任的村井勉田社长决心以 CIS 运动更新企业理念，改造企业文化，重塑企业形象。公司提出了"消费者导向，尊重人性"的新的经营理念。为了在各部门推广这一新理念，朝日以社长为中心，设置 CIS 推动委员会。CIS 委员会以消费者导向为公司目标，推行"Live People(有活力的人)"运动新标识制定、新味道与新品牌的啤酒开发等改革，同时在人事、财务、营销等领域提出新的变革方案，并在企业进行全方位的改造。导入 CIS 后，朝日啤酒重显活泼生机，员工也一改原来的"毫无生气，夹着尾巴做人"的灰色形象，振奋起自信、追求卓越的精神面貌。

由此可见，日本型的 CIS 近乎"企业革命"，是对企业从外观形象到经营行动直至企业价值观、理念的全方位变革。

三、CIS 战略在中国的发展

纵观国际市场，以 CIS 开发导入最受企业重视，不难找到印象深刻、形象良好的商品及企业形象，例如可口可乐、麦当劳、P&G、TOYOTA 等均是在全面实施 CIS 战略下取得的成果。CIS 对现代企业发展意义重大：第一，它可为企业市场竞争提供一种有力武器，良好的 CIS 可有效统一和提升公司形象，不仅有利于企业与顾客的沟通，而且能够建立产品与企业的差别优势，创造名牌，提高经济效益；第二，正确导入 CIS 可理顺企业内部关系，规范企业行为，实现企业素质与管理水平的提高；第三，通过导入 CIS，可使企业文化得到优化，能有效提高企业员工的工作热情与积极性，同时它还对社会文化环境的改善发挥一定作用；第四，通过导入 CIS，可大大提高企业的信息传播效率，减少浪费，同时使其无形资产迅速增值。

随着市场竞争的不断加剧和公共关系手段的不断完善，CIS 战略在为企业服务的过程中不断被赋予新的内容。由于 CIS 在不同国家、不同企业得以运用的方式有所区别，从而形成了不同发展过程的战略。

CIS 在 20 世纪 80 年代中期传入中国，开始是以理论的形式作为大学教材引进的，最初还仅仅停留在工艺、美术院校的课堂上，对社会没有较大的影响。直到 20 世纪 80 年代后期，随着计划经济向市场经济转轨，竞争机制作用的日益强化，企业才感觉到 CIS 战略的重要性。之后，一大批名牌产品如雨后春笋般崛起，如格力空调、康佳彩电、格兰仕微波炉、健力宝饮料、美的风扇、华帝燃具等，在这些品牌的创立和成长过程中，皆有 CIS 的强力支持。

进入 21 世纪，中国企业开始直面国际国内两大市场激烈的竞争与挑战。当他们在外部竞争和经营压力下，明显感觉到品牌、文化、管理、形象这些与企业竞争力相关的"软件系统"要素，都滞后于企业发展步伐，与企业规模实力不匹配，对未来企业发展起到严重制约作用的时候，他们开始反省和重新审视 CIS。他们发觉自己的企业需要 CIS。他们从来没有像现在这样感到迫切需要 CIS。这是中国企业真正对 CIS 感到"内在需求"的时期。这种 CIS 的内需来自加入 WTO 后国际竞争的刺激和压力。这种需求使 CIS 从冷却到冰点的低谷开始升温。近年来 CIS 开始成为一些设计公司、咨询公司、文化公司的热门业务。这就是人们期待的"中国 CIS 第三次浪潮"到来的先兆。"中国 CIS 第三次浪潮"以渐进升温的内在需求为表征，正处在上升期。这时期的 CIS 开始走向成熟，无论是国有企业，还是成长壮大了的民营企业的企业家们，都抛弃了"表象化 CIS"的俗见，开始追求 CIS 对品牌建设、企业文化培育、管理规范和形象整合的全方效应。

这一时期的突出问题是：面对企业界对 CIS 深化发展与全面导入的需求，设计界、咨询界缺少深度的 CIS 专业技术储备。面对 CIS 专业性、技术性、实操性的困惑，企业家们发现真正的 CIS 专业机构难寻。这就是当前中国 CIS 运动出现的尴尬局面。基于此，广州、北京、上海、南京等大城市一些管理咨询公司、文化传播公司、著名院校开始介入 CIS 策划。但是，管理咨询文化公司、企业传播公司不擅长 VI 专业设计，以平面设计见长的广告设计公司又缺乏理念和行为系统设计及全面 CIS 战略规划的高度，这是制约 CIS 发展、影响区域经济、品牌经济、企业成长的要素之一。CIS 专业公司的成长与发展，将是中国 CIS 产业化的关键，CIS 学科化、专业化将是带动 CIS 产业化、本土化的引擎。

世界经济一体化进程加快，中国经济持续稳健发展，企业面对国际竞争压力和自身发展素质提升的需要，CIS 在中国开始真正热起来。特别是经过近几年的介绍、宣传及示范，已在全国范围内掀起了 CIS 研究开发热潮。CIS 已经不再是企业的专利，医院、学校、媒体、社团、城市、国家部门都在积极研究 CIS 的重要性，并着手进行导入与应用。

第三节　导入 CIS 的实施程序

CIS 的设计与实施导入是一种循序渐进的计划性作业，整个计划的进行与推展，只有严格按照原定的方法、时段按部就班地运作，才能获得预期的效果。面对急剧变化的生活形态、强烈竞争的市场环境、日新月异的潮流走向等诸多变化因素，企业标志是否符合时代的要求，是否能满足消费者的需求并使消费者认知，是否符合企业的市场定位与企业形象概念，已成为当今企业导入 CIS 的重要课题。

一、导入 CIS 的启动阶段

(一)选择正确的导入时机

准确把握全面导入 CIS 的时机，正确的导入时机是 CIS 导入成功的关键。在企业的 CIS 作业中，要把它同企业整体经营战略结合起来，从企业总目标出发，研究经营环境，从而找到导入 CIS 最好的机会点。

一般来说，企业导入 CIS 应选择在企业经营状况较好，未来不久有较大发展的战略转折时期较为合适。对于高起点新建企业，可考虑在建立初期即导入 CIS。

对近期不具备全面导入 CIS 的众多企业，可考虑采用侧面推进策略。比如先确立良好的企业理念，建立健全企业行为规范，做好企业标识、商品商标以及广告宣传等项工作，待条件成熟后再系统导入。

从总体分析，企业导入 CIS 的时机可以归纳为以下几种。

1. 企业新成立的时候

一家企业新成立时，如企业的最高决策者就能站在 CIS 设计的制高点上，对企业的理念、行为、视觉三大系统进行定位和规范，那么就可以少走弯路、少花钱、多办事，就可以收到事半功倍的效果。

2. 企业名称和企业标志陈旧或与其他企业雷同之时

我国原先构建的是单一的计划经济模式，因此很多企业都是按"地名+序数+行业"的三段式命名，或用"名胜+行业"的二段式命名，雷同化现象十分严重。再加上没有严格的规范，企业标志在使用过程中逐渐变形和走样，标志的表征性荡然无存，不利于社会公众的认知、识别和记忆。

3. 企业产品拓展、服务范围扩大，造成企业名称或企业标志与之不相适应

例如，美国的 RCA 公司，原本是一家无线电通信企业，后来由于业务范围拓展到卫星通信、电子和小汽车出租等行业，这样原先为人们所熟悉的标志所体现的视觉形象就显得有局限了。于是 RCA 公司更新了识别标志，以便与新的企业发展态势相吻合，新标志实施后果然受到公众广泛的好评。

4. 企业规模不断扩大

由于企业跨行业经营或多角度发展的需要，经常出现内部派生子公司或外部兼并其他企业的现象，这时如果缺乏明确统一的 CIS 计划，那么企业集团中各企业的作用、企业间的相互关系，以及母公司与子公司的相互关系就需要很长时间才能使人搞清楚了。

5. 企业合并之机

两个不同的企业合并到一起组建成新的企业，由于原来不论其好坏都有各自的形象，这时就需要设计新的 CIS 标志，以便创造新的辉煌。

6. 企业经营不善，员工士气低落

如果企业经济效益下降或者产品的市场覆盖率不高，可能有多方面的因素。但在产品的价格、质量与其他企业产品不相上下或大同小异的情况下，企业形象的好坏就起到关键作用。设计导入新的 CIS 标志，可使企业一改老面孔，振奋企业员工的精神，提升企业的经营实绩，使企业走上良性发展之路。

7. 企业经营国际化

企业经营国际化后，由于企业所面对的公众发生了变化，原先在国内市场上形象良好的企业及其产品很可能会丧失竞争力，这时就要设计导入新的 CIS 标志。

8. 企业管理层更迭

企业的经营理念在很多时候就是企业管理人员的经营理念，所以，企业高层决策者如董事长、总经理位置上人选的变动，往往引起导入新的 CIS 活动。

(二)组建负责 CIS 的机构

企业导入 CIS 应委托有关的形象策划咨询机构或专家小组协助进行，但不能交给其包办，应在整个过程中委派专人予以配合。企业应在 MI、BI 的策划过程中起主导作用。因此应组建导入 CIS 的执行委员会作为核心机构。这种机构一般由企业主要负责人和外聘专家共同组成，包括公司最高决策层；公司高级行政主管，以及营销、市场、公关等部门的负责人；专业策划公司或设计顾问公司的总经理及高级创意人员；与企业有关的社会知名人士、行业权威等。CIS 执行委员会的主要职能是确定 CIS 导入方针与政策；提供 CIS 创意、设计、策划所需资料；进行创意策划；设计论证；审定各种 CIS 方案；组织员工参加 CIS 导入、运作及培训工作。

二、企业实态调查阶段

通过对企业内、外部环境所作的调查，可以把握企业的发展历史、企业的经营状况，外部环境对企业的认知情况等，并可以此作为企业 CIS 导入创意、策划的参照依据。

(一)确定调研内容

确定调研内容是企业实态调查的起点，它可为整个调查指明总的方向和目标。选题首先面临的任务是确定调查范围。具体的工作包括下达任务、查阅文件、召开小型座谈会、

访问专家、分析公众等，最后确定调研内容。在进行企业调查时，任何一个问题都存在着许多可以调查的内容。除非对该问题作出清晰的定义，否则收集信息的成本可能会超过调查得出的结果价值。因此，在确定调研内容时，应该尽量使所选题目具体化。另外，在确定调研内容时还必须注意常规形象调查课题与针对性调查课题的关系。一般的常规形象调查是必要的，但也要依企业情况做针对性的调查。调研内容主要应包括以下几个方面。

1. 企业形象调查

企业形象调查是对企业内部与外部形象进行的全面、系统的调查。这部分调查工作是 CIS 调查的重点。一般企业往往没有现成的系统资料，CIS 专案人员需要进行原始资料的收集、调查。具体包括以下几个方面。

(1) 企业知名度调查(见第四章)。

(2) 企业美誉度调查(见第四章)。

(3) 企业信誉度调查。企业形象调查的基本内容除了知名度和美誉度外，还要调查了解企业在公众中的信誉度，即公众对本企业产品、价格、服务方式等是否欢迎和满意，以及信任的程度。了解公众对企业的运作经营管理、社会活动、环境意识、人员形象等的评价情况。一方面，公众对企业形象的认同，往往因各自的社会地位、对企业的了解程度、认识水平的不同而呈现差异，因此，应该注意识别公众意见的代表性和正确性。另一方面，信誉度好，一般是企业已经得到肯定的评价，而大众接受的程度也已经确定。但是，即使是肯定性的评价，也有各种程度和各个阶段的差异。信赖感的强度往往是和企业实绩成正比的。

事实上，以上所说的知名度、美誉度和信誉度这三者都与企业的业绩高低有关。因此，称这种适用于每一行业跟业绩有关的形象为"基本形象"。企业应该时刻掌握这类事关企业形象的基本要素，作为市场活动的参考，也可借此了解潜在资产。基本形象对企业活动的展开，具有决定性的影响。因此，准确把握本企业在公众心目中留下的基本形象，是企业形象调查活动中非常重要的内容。

2. 企业经营状况调查

企业经营状况调查是对企业内部情况进行的全面调查，其中包括财务状况、管理水平和营销状况三大部分。有关这部分信息一般具有现成的资料，CIS 专案人员根据自己的需要进行分析、利用即可，有不足的再另行调查。把握一个企业的营运状况，最好是从企业的财务报告入手，因为企业营运状况的好坏，可以直接表现在资产负债表、损益表、现金流量表等财务方面的书面文件中。CIS 专案人员首先应该对这些报表的形式与意义有一定的理解，其次才能从中获得 CIS 企划必要的信息。

3. 企业外部环境调查

企业外部环境调查即社会环境调查，其主要包括：①政策环境调查，了解党和国家的方针、政策、法律和条例等，为 CIS 设计提供政策保证。②对竞争对手的调查，企业形象设计工作在本质上是一种竞争战略的策划，因此需要了解竞争对手的实力与市场竞争态势。对竞争对手的调查包括：调查竞争对手的规模和市场占有率；竞争对手在企业形象策划中采取了哪些行动，其成效如何；竞争对手未来的发展趋势及动向；竞争对手的市场竞争战略；它的新产品开发能力及市场营销能力等。只有掌握这些情况后，企业才能扬长避短、出奇制胜地进行 CIS 活动与策划。③社会问题调查，主要调查社会中产生的各种重大事件及社会思潮给企业目标与公众带来的影响。

(二)编写 CIS 启动报告书

企业 CIS 启动报告书应以充分调查结果为基础，重新考察、评估企业理念内容，分析企业的内部情况、外在形象、市场环境与各个设计系统的表现形式，以确定未来企业的 CIS 概念、企业形象定位与战略总目标，并以此作为后续作业的策略与原则。CIS 概念设定得准确，可以保证 CIS 导入取得理想的效果。正如加藤邦宏先生在《企业形象革命》一书中所说，总概念是有关 CIS 的企划书，主要根据公司的客观事实，再构筑出适合于公司的企业理念，也可以说是公司最高主管的建议书，因此必须具有解决问题、改善公司形象、指出未来方向的分量。总概念应该能针对调查结果，表达出正确的判断，进而提供有关 CIS 活动指针和改良建议，深入浅出地指出未来企业应该具有的形象，并明示以后一连串的 CIS 作业及管理办法。

三、CIS 设计开发阶段

企业 CIS 是一个完整的系统。其中，理念识别(MI)、行为识别(BI)和视觉识别(VI)分别发挥着各自的作用。以下具体介绍它们各自的功能和设计方法。

(一)MI 设计

在整个 CIS 系统中，MI 处于核心和统帅的地位，因此，企业的 CIS 导入和设计，必须首先从 MI 开始。理念识别 MI 的英文全称是 Mind Identity，其中 Mind 的原文来自古希腊，具有心、精神、意识等含义，引申到了企业经营管理的领域里，就可以被视为企业的指导思想，包括企业的使命、经营哲学、行为准则和活动领域等内容。企业理念识别系统是一种观念、一种意识形态，并不存在于直观的层面中。但是，为了使组织内外的全部公众能够认知，企业的理念又必须有它的表现形式。企业理念的表现形式可以分为两种：一种是观念的形式；另一种是文字的形式。

1. 企业理念的观念形式

观念形式也就是企业理念表达的不同侧重面，或者说设计者对企业理念诸多方面的不同切入角度，它大致有以下几种。

(1) 经营宗旨。它是指企业经营活动的主要目的和意图。它表明企业依据何种经营理念来确定企业的行为，开展企业的各项生产经营活动。企业的经营宗旨本质上应反映企业的价值观念和思想水平，并表现为企业的经营方针和经营指导思想。

(2) 经营哲学。经营哲学是企业在经营管理活动中所依据的基本政策和价值取向，也就是企业为了实现自己的使命准备"怎么做"的问题。经营哲学是企业理念的浓缩，是企业灵魂的集中体现，是企业在生产经营活动中谋求自身的生存发展而长期形成的并为员工所认同的一种健康向上的群体意识。它统一于整体的价值观，是企业文化的重要表现形式。

(3) 行为准则。行为准则用于规范企业内部员工应该怎样行动，是员工应当具备的心理素质和行动原则。在理念识别系统中，行为准则属于"不许做"的问题，明确组织行为的戒律。

(4) 经营方针。它是指企业运行的基本准则，形象地说，是企业经营的导向，不同的企业有不同的经营方针。从社会的角度来看，不同的行业，在经营方针的选择、设计上有一定的倾向性。而这种倾向性往往是由企业关系者，或者说由企业生存发展环境所决定的。

(5) 经营策略。它是指企业为了实现自己的目标而采用的具体经营战术，也就是向社会说明企业准备"怎么做"。

(6) 企业价值观。它是指在企业中占主导地位的、为企业绝大多数成员所认同和共有的关于客观对象的总观点和总看法。它是整个企业理念系统的基石。上述关于企业理念的种种范畴，归根结底都受企业价值观的制约，企业价值观与企业宗旨、企业使命、经营方向、企业道德、企业精神这些理念识别要素之间都存在一种决定与被决定、指导与被指导、支配与被支配的关系。例如，IBM 公司把"服务"作为自己追求的最终目标，它的一切工作都要从这一价值取向出发。

2. 企业理念的文字形式

企业的理念识别系统不论突出哪个方面，都必须采用一定的文字形式。表达企业理念的文字形式主要有以下几种。

(1) 标语式口号。这种方式是指把企业的精神和经营理念的主要内容用箴言、警句张贴在企业的内部，使员工处处可见，随时受到熏陶。例如，海尔的企业精神是："敬业报国，追求卓越。"这表现出海尔人为振兴中国民族工业而奋斗的决心和毅力，也表现出海尔人的远大胸怀。"要么不做，要做就要做第一"，诸如此类的口号在海尔的生产经营场所到处可见。

(2) 条例式训词。有些企业将自己的企业理念提炼成一句训词，即把企业精神作为规则、文件在企业内予以公布。条例式训词具有某种正规制度所要求的性质，其内容一般可印制成小册子发给每位员工领会执行，这种方式在美、日等经济发达国家早就普遍实行了。例如，日本的大中型企业几乎都制定了社训，并张贴在本公司办公室、厂房、员工家中等场所。

(3) 厂歌式歌曲。有些企业将自己的企业理念谱写成歌曲作为厂歌，用艺术的形式向员工灌输。例如，日本松下公司首创社训、社歌，每天清晨全日本几十万名松下公司的员工整齐列队齐声歌唱。继松下之后，日本企业纷纷仿效，现在日本大多数企业都有厂歌。

3. 企业理念定位应注意的问题

在整个企业 CIS 设计过程中，MI 的设计最为重要，因为只有企业理念定位准确，才能顺利进行企业行为识别系统和视觉识别系统的设计。但企业理念的定位又最为困难，因为理念看不见、摸不着，需要有高度的概括和抽象能力。在进行企业理念定位时，要注意以下两个问题。

(1) 符合企业实际情况。企业理念定位必须建立在实事求是、周密严谨的调查研究基础上，切实把握企业各方面的实际情况，才能准确地做好理念定位工作。

(2) 真正突出企业特性。缺乏个性是我国多数企业的通病，不少企业的经营思想要么是"质量第一、用户第一、服务第一"，显得十分贫乏、苍白无力，要么是"团结、奋进、求实、创新",显得虚假做作,难以给顾客留下较为深刻的印象。理念设计要力戒一般化,不能大众化,要有自己的特色,必须展示企业独特的精神风貌和独特的经营思想。

(二)BI 设计

由于行为识别系统是通过具体行动来塑造企业形象的,其行为必须从企业内部和外部环境两个方面着手,而在企业内部员工中树立企业的美好形象是其基础,在外部环境中塑造企业的良好形象是其发展。

1. 企业内部行为

企业内部行为包括以下几个方面。

(1) 净化企业环境。企业营造一个干净、整洁、独特、积极向上、温馨融洽、团结互助的内部环境,不仅能保证员工的身心健康,而且有利于提升企业形象。

(2) 进行员工培训。主要是进行技能、操作培训,认同企业文化,讲解理念系统及企业各项制度等。其具体内容有工作态度与精神;服务水准;能力与技巧;各项礼仪、礼貌用语及约束条件;各项岗位操作培训等。

(3) 规范员工行为。行为规范是企业员工共同遵守的准则,它是指职业道德仪容仪表、见面礼节、电话礼貌、迎送礼仪、宴请礼仪、舞会礼仪、谈话态度、谈话礼节和体态语言等方面的规范化。

2. 企业外部行为

企业外部行为包括以下几个方面。

(1) 积极进行市场调查。通过市场调查,一方面,可以掌握大量有价值的市场信息,把握市场的未来发展方向,充分认识到企业的市场地位;另一方面,企业还可以向被调查者传递必要的信息,在一定范围内让人们了解与认知企业及其产品品牌。

(2) 完善服务工作。顾客购买产品是期望获得一系列利益和满足,这种利益和满足主要表现为企业为顾客提供的各项服务工作,包括购买前的服务、购买过程中的服务以及购买以后的系列服务。服务工作是让顾客产生满意感的最有效途径,好的服务工作可以使顾客产生即时的满意和情感,并使其念念不忘。事后顾客会将这种满意和情感传递给他人,产生倍增的传播效果。

(3) 搞好公共关系。在企业 CIS 形象战略中,公共关系不仅要为企业对外进行信息传递,以沟通与协调各种关系,更重要的在于为企业在社会上树立良好的信誉与形象,赢得社会公众的认可、信赖与接纳。为此,企业必须协调好与消费者、供应商、经销商、上级部门、政府、社区、金融机构、新闻媒介等的关系,让社会公众更多地了解与理解企业,并在社会上和市场上形成良好的公共关系氛围。

(4) 开展社会公益性活动。社会公益性活动的特点是影响大,传播效果好,易产生轰动效应,可以扩大企业的知名度,塑造企业的良好形象。这种活动的主要表现形式是各种赞助活动,主要的赞助对象是体育、文化、教育、社会福利和慈善事业、社会灾难性救助事业等。

(三)VI 设计

在全部 CIS 系统中,最为引人注目的内容还要算是 VI,即视觉识别系统。当今的企业,越来越向大型化、集团化的方向发展,机构越来越大,产品越来越多。在这种形势下,形成统一的企业形象十分关键。这就是 VI 设计的由来,不过随着 CIS 设计理论的发展,VI 设计也越来越纳入系统化的轨道。VI 设计必须以 MI 和 BI 为基础,其宗旨是将 MI 和 BI 形象化,以便于向外界传达。

1. 企业名称的设计

在现代商业社会中,企业名称同产品的销路密切相关。要从树立企业形象的高度策划好企业的名称,使之在公众心目中留下深刻、独特、美好的印象。企业名称被人形象地称为"企业名片",由于它是企业给予公众的"第一印象",因而在确立企业名称时,既要考虑准确而鲜明地反映企业和产品的特征,还要讲究与众不同,简短易记,适度暗示产品属性,以便于传播。

2. 企业标志的设计

标志是企业抽象的理念精神的形象表达,即运用特定的造型、图案、文字、色彩等视觉语言来表达或象征某一企业(产品)的形象。标志分为企业标志和产品标志两种。企业标志是从事生产经营活动的经营实体的标志。产品标志是用以区分不同生产者和经营者的商品和服务的标志,注册后又叫作商标。企业标志是企业的文字名称、图案记号或两者相结合的一种设计,用以象征企业的特性。企业标志可依据不同的标准进行分类,就其基本构成因素而言,可分为文字标志、图形标志以及由文字、图形复合构成的组合标志三种。

3. 企业造型及象征图形的设计

企业造型是指为了强化企业特征、表现产品特质而选择适宜的人物、动物、植物等,绘制成形象化的图形,以引起公众的注意,产生强烈的印象。企业造型的功能是通过形象化的图案昭示企业形象和产品特征。设计企业造型要谨慎地确定题材,理性地分析企业的实态、个性风格、品牌特征,并以企业的理想形象为基准进行思考与设计。企业应用设计的项目种类繁多、形式各异,常常需要富有弹性的造型、符号,有时还要随着媒体的不同、空间大小的不同而做一些适度的调整与修饰,这时就需要采用象征图案。象征图案通过丰富多样的造型、符号,可以补充企业标志、标准字的呆板僵化的不足,增加企业形象的诉求力,使其表现力更强、更完美。象征图案表现出的中性性格的造型符号,可以增强基本要素在应用要素或传播媒体中的柔软度与适应性。

4. 标准色的设计

企业广泛应用象征自身特性的色彩来加以识别,这种识别方法广泛应用于产品包装、员工服装、广告宣传、专用车体、办公用品、企业门面、建筑物外观等。这种规定的颜色叫代表色,也叫标准色、企业色。其实代表色广泛存在于日常生活中,例如邮政的绿、消防的红、医院的白、柯达的黄、可口可乐的红、百事可乐的蓝。如何设计好代表色,也是 CIS 战略的重要环节。

有专家做过实验,同样咖啡放入红、黄、蓝、可可色的咖啡罐中,请受试对象试饮结果不同,说明颜色对心理具有相当大的影响。因此,企业标准色的选择与设计,应与消费公众的心理、情趣相吻合。首先要避免采用禁忌色,使公众能够普遍接受。其次应尽量选择公众比较喜爱的色彩。

经典企业 CIS 导入的 VI 要素鉴赏如图 11-4 和图 11-5 所示。

图 11-4　海尔集团 VI 鉴赏

图 11-5　金利来集团 VI 鉴赏

四、CIS 实施管理阶段

1. 发布导入 CIS 内容

CIS 的发表时机对公司有重大影响。有的在 CIS 确定之后发表，有的在 CIS 实施过程中发表，有的在成功时发表。这些都可以根据公司的具体情况来定。CIS 的发表包括对公司内部发表和对公司外部发表。内外发表顺序有先内后外、先外后内或同时发表，各有效果，视企业具体情况而定。

2. 编制 CIS 手册

企业实施 CIS 战略，最终是以文字和图形相结合的形式作为其成果，主要表现为各种 CIS 手册。CIS 手册是企业 CIS 管理的基本依据，是员工行动的指南。毫无疑问，CIS 的这种最终成果又必须通过各种媒介在企业内外广泛传播，引起社会公众的高度关注，进而产生浓厚兴趣，直至亲自参与。

企业 CIS 手册一般包括理念识别手册、视觉识别手册和行为识别手册三大部分。各种手册的编制方法不外乎文字说明、图例标示以及二者的有机结合。CIS 手册的编制，是企业 CIS 战略的总体昭示，是全体员工行动的指南和依据。

3. CIS 系统运作管理

进行 CIS 的内外传播，将企业的统一行为、统一形象展示给社会公众，可以在社会公众心目中产生良好的印象。CIS 的实施与传播过程是企业的一项长期任务，导入后的大型公关、广告等传播活动固然非常重要，但没有长期的传播力度支撑，很难保证企业的受益生命周期会延长。

要使 CIS 计划真正得到落实，还必须对 CIS 的实施与传播进行监督、评估与反馈，只有这样才能确保其符合 CIS 导入的方向与目标，借以获得让社会公众识别、认同的效果。

五、CIS 战略与 CS 战略的异同分析

CIS 战略是企业有意识、有计划地将自己企业的各种特征向社会公众主动地展示与传播，使公众在市场环境中对某一个特定的企业有一个标准化、差别化的印象和认识，以便更好地识别并留下良好的印象，追求的结果是市场占有率和利润最大化，反映的是企业价值。因此，CIS 战略并没有能跳出"企业主导理念"，其运作带有明显的商品推销时代特点，即企业按照自我理解和自我设计向市场和顾客宣传自己。CS 战略是以顾客为中心的战略，但也有其自身局限性，相关内容在本书第三章已论述过。二者比较如表 11-1 所示。

表 11-1 CIS 战略与 CS 战略的比较

项 目	CIS 战略	CS 战略
价值核心	以企业为中心	以顾客为中心
企业理念	以企业利益为重	以客为尊
战略思想	企业主导、从内向外的方式	顾客主导、从外向内的方式

续表

项　目	CIS 战略	CS 战略
战略目的	提高企业业绩	达成顾客满意
战略关键	识别	情感
战略核心	名牌战略(产品)	高品质服务(服务)
战略方法	CIS 战略及其方法	CS 战略及其方法

第四节　关于 CIS 的错误认识

一、CIS 无用论

1994 年之后，CIS 在全国范围内以大传播、大推广、大交流为特色，设计界、企业界、公关界、教育界、理论界、艺术界在 CIS 的传播与推广活动中，扮演了较为重要的角色。这一时期的 CIS 传播与推广活动，集中在北京和广东两个地区。北京是全国的政治、文化与新闻传播中心，是传播 CIS 的理想之地；广东是 CIS 的发祥地，这片改革开放的热土无疑是 CIS 发育成长的温床。1993—1994 年期间，各地举办了一系列高层次、大视野的 CIS 传播活动。但是，这些传播活动基本上还是以设计界为主体唱戏，企业界虽然也有代表参加，只是作为听众出席。设计界与企业界沟通的桥梁没有建立起来，中国企业的 CIS 主体地位没有体现，因而这些 CIS 传播活动未能持久化发挥作用。这一系列 CIS 传播与推广活动，掀起了所谓的"中国 CIS 第二次浪潮"，出现了一个时期的"中国 CIS 热"。但是，这同经济过热现象一样，具有泡沫成分。"中国 CIS 热"没有持续几年，很快就被舆论的误导和宏观经济调整推向低谷。1998 年出版界推出的《超越 CIS：从 CIS 到 CS》及其相关的《走向 CS 时代》丛书，以炒作 CS(Customer Satisfaction，顾客满意)作为热门话题，将 CIS 打入冷宫。一时间"CIS 过时论""CIS 无用论"很快传播开来。

"CIS 无用论"是对企业的一种误导。CIS 为欧美、日韩等国际企业所普遍采用，历时半个世纪而不衰。CIS 设计进入中国不过十余年时间，大多数企业尚处于 CIS 门外，对 CIS 知之不深，怎能断言它无用？失败的案例不应成为导入 CIS 的障碍，不能因噎废食。据此可见，"CIS 无用论"的传播者对 CIS 缺乏深入的研究，是对 CIS 认知与实践的浅尝辄止。他们并不真正了解 CIS 的功能和特征，看到的只是"形象包装"等表面内容。当"中国 CIS 热"再度升起时，人们发现，CIS 不是无用，而是大有用场。越来越多的企业导入 CIS，几乎所有广告公司的业务策划都有"CIS 策划"这一款，CIS 已成了广告公司必须举起的一面旗帜。

面对 21 世纪市场国际化竞争，CIS 是我国企业必须运用的一件基本战略武器。企业要正确认识 CIS 对企业发展的作用，既不能持 CIS 无用观点，认为 CIS 仅仅是一种时髦装饰，也不能将其作为企业扭亏增盈的唯一法宝，应在导入 CIS 的同时系统考虑企业的综合管理问题，真正探索出一条"中国 CIS 之路"，实现 CIS 的本土化、中国化。

二、CIS 导入中重视 VI 而忽视 MI、BI

在 CIS 中，企业理念是灵魂，视觉识别是理念静态的表现，行为识别是理念动态的表现。企业这个法人如同自然人，一言一行、一举一动无不凸显着企业的理念。有了好的想法，行动是最重要的。如若没有行动，所有的理念便成为空虚的口号，VI 成为粉饰的衣冠。

中国先期导入 CIS 的企业实践，大多表现为以市场开拓和产品销售为主。导入 CIS 的企业虽然也表现出品牌意识，但是在非常务实的企业家们看来，CIS 的引进开发还是以宣传产品、促销产品为目标。当时的中国企业处于原始资本积累时期，出于生存的第一需要，淘"第一桶金"显然是最重要的。但是，过于现实和目光短浅的 CIS 导入动机，使中国很多企业在 CIS 的早期实践中未弄懂 CIS 的基本精神，很快这些企业就步入了"表象化 CIS"的误区。企业美容、产品包装成了 CIS 的主要功能。"表象化 CIS"几乎一直伴随着"中国型 CIS"的成长而存在。它已成为 CIS 的一种通病。这种通病来源于企业经营者对 CIS 的浮泛理解和表层开发，而文化价值观缺失和 CIS 投资观的缺失是其深层次原因。同时，设计公司的 VIS 设计功能单一，对企业理念识别(MI)和活动识别(BI)开发只能绕道走，则是另一方面的重要因素。由于 CIS 专业机构凤毛麟角，管理咨询公司的文化管理欠缺 VIS 设计专业技术；广告设计公司懂设计却站不到企业管理、文化与战略层面与企业家对话，这就是中国型 CIS 深化发展的瓶颈所在。

企业理念是 CIS 系统的核心，是视觉识别、行为规范的依据和原则性标准。企业形象的竞争，根本上是企业科学思想和先进理论的对比，制胜的关键是"想法"。中国企业的形象大多没有多大的竞争力，其经营观念和指导思想也处于原始状态。在这一点上，很多企业没有充分的认识。许多企业的 CIS 导入只是做表面文章，仅仅在 VI 识别上为企业修饰，而企业的理念是一片空白。

三、CIS 导入后墨守成规，导致形象老化

国内有许多知名的企业，像太阳神、霞飞、孔府家酒等许多曾经红极一时的企业，在 20 世纪 90 年代末纷纷受到冲击，或难以高速发展，或产品发展和市场营销严重滑坡，其重要的原因是文化内涵未进行及时调整和充实。太阳神从"猴头菇"一举成名以后，产品单调，形象更是固定在"当太阳升起以后，我们的爱天长地久"模型之上难以突破。孔府家酒曾是中国白酒行业中的新贵，其广告词"孔府家酒，让人想家"。随着《北京人在纽约》的走红而火爆，连创销售佳绩。但昨天的成功不等于今天的经验，多年不改的广告词使文化内涵已被抽取得一干二净，毫无新生气息和冲击力。

一个品牌的老化，与企业没有把营销做好有直接关系。比如在产品开发上，5 年前开发的产品，到现在不更新，甚至连包装都不换，因为企业认为可口可乐 100 年没有换过配方。但实际是，可口可乐几乎年年换包装。又如在视觉因素上，落伍、俗套的企业标识，用了 50 年还不更新，因为企业认为标识更换对市场有风险。但实际是，百事可乐几乎每间隔 10 年更新一次 VI 系统，使视觉因素紧跟时代步伐。再如在广告创意上，一个创意用几年不换，因为企业认为一个人老换衣服，会不容易认得出他是谁。但实际是，如果你的创

意不及时更新，不到 1 年，消费者对你创意的注意力便接近零，再做广告也没有什么效果。

在资讯发达的现代，企业之间的形象竞争非常激烈，每一个企业只有不断地巩固和加强自身的形象，才能保持原有的形象地位，否则"逆水行舟，不进则退"。企业若一段时期没有信息送达到公众那里，公众就会渐渐地将其淡忘，并会发出疑问：好久没有听到企业的声音，这家企业是不是不存在了？从世界著名企业发展的历史可以看到，即使目前排位在全世界前 50 位的名牌企业，也会不断地进行形象的巩固和更新，最后方才巩固形象成功。

纵观世界知名企业，从可口可乐、柯达、摩托罗拉到耐克、雀巢、索尼等没有一个是墨守成规、一成不变的。麦当劳的主导产品虽仅有汉堡包和薯条两大类，但它的内涵形象永远是在主旋律下面变化多端、层出不穷、新鲜生动的。有一闻到麦当劳香气就清醒的儿童；有摇篮里婴儿对麦当劳的喜爱；有利用汉堡包扯弄主人的小猫；有想吃薯条但又被鱼柳枝吓跑了的鱼群……这些不断变化的形象总能给人们一个又一个的惊喜，让人感到了"开心无价、麦当劳"。又如，可口可乐每年利用广告对其内涵的形象宣传就高达几十款，让人备感新鲜与活力，为其成为世界一流企业作出了巨大贡献。

消费者总是喜欢新鲜创意的。要想防止品牌形象老化，就必须时刻让消费者感觉到品牌新的气息。做到这一点，产品开发与维护、传播活动、视觉形象和代言人尤为重要。

(1) 产品升级。产品只是为企业赚钱的工具。给企业赚钱就继续用，赚不了钱就得淘汰。按照产品生命周期和需求管理的要求，及时开发新产品，并适时淘汰老产品，对防止品牌形象老化会起到至关重要的作用。

(2) 及时更新传播的创意。创意更换频率最好控制在 3 个月以内，因为 3 个月后已经不是什么新的创意了。如果费用紧张，可以半年换一次。

(3) 视觉形象。视觉形象跟不上企业发展，会影响品牌形象，在很多时候根本无法进行高质量的品牌传播活动。但视觉形象一变，随之而变的东西很多，例如包装、POP、广告、促销物品等，是很大一笔费用。可以根据企业实际情况采用不同的策略，或渐进式地更换策略。

(4) 代言人。明星就是那些当红的影视歌星或其他演艺界名人等，明星代言的主要目的是造势，所以对人气的要求比较高。人气下降的明星最好不要用。但是，企业应该使用什么样的明星代言人，到底选择谁来宣传自己的品牌和产品才会获得最优的效果，这是需要在选择代言人的时候加以思考的，选择不恰当，就变成了为明星做广告，而不是为产品做广告。英达、宋丹丹这一对夫妻在影视圈都是大腕，一家三口拍的"绿得八宝粥"，本来广告诉求点是传达品牌中蕴含的美满亲情，孰料两人竟分道扬镳，对"八宝粥"的品牌形象产生了不良影响。因此，在选择代言人的时候，需要对其过去的个人行为进行评估，同时在进行代言之后，对其新闻报道、媒体评论以及在各种场合的言论等都需要进行跟踪分析，发现代言人有不良行为时应立即采取补救措施。

【案例 11-1】2017 年度互联网品牌形象升级与更新经典案例

对于传统品牌而言，消费者对于品牌的认知可能需要一个非常漫长的过程。但对于互联网品牌而言，讲究的是速度，因此品牌升级就像一个简单的重启按钮，能够迅速让消费者产生对品牌的全新认知。

2017年，越来越多的互联网品牌走上了品牌升级的营销之路，从品牌定位升级、品牌形象(品牌名称和品牌标识)升级、营销策略升级、管理创新等多个角度出发，人们评选出了2017年度品牌升级与更新经典案例。

一、腾讯视频

继腾讯视频2016年品牌升级之后，围绕"好时光"概念，进一步深化品牌内涵。2017年7月，品牌联合彩虹合唱团团长金志承、星座专家同道大叔等青年意见领袖打造了"好时光列车""点亮地球一起燃"系列品牌事件，用"好时光一起燃"为品牌注入更年轻、更具活力的意义。11月，在V视界大会上，腾讯视频将品牌Slogan从"不负好时光"升级为"把每个平凡的日常变成美好时光"。

除了推出首个品牌故事外，还发起"凝固的好时光"线下艺术展、"床单电影院"校园活动等。基于用户需求的洞察，腾讯视频希望呈现用户观影时的真实情景，营造沉浸式感官体验，用优质的视频内容带领用户洞察生活中的美好时光。

二、天猫

天猫在2017年进行了成立以来最大规模的品牌升级，Slogan从"上天猫就够了"转变为"理想生活上天猫"。从客户认知上，天猫希望由卖货平台的形象转变为理想生活倡导者，通过倡导丰富、多元、理想的生活方式引领中国消费升级。

除了品牌定位，天猫还升级了整体视觉识别系统；上线天猫新版App，加入全景导购、VR体验等商品展示黑科技；依托平台大数据，进行线上线下全链路趋势榜单呈现；线下推出"理想生活体验馆"，为消费者提供沉浸式品牌体验等。

三、网易新闻

在消费升级大潮下，网易新闻将自身定位于"内容消费升级的引领者"。围绕内容建设，进行了包括产品战略、品牌定位、品牌口号的一系列焕新。2017年5月份，品牌提出全新口号"各有态度"，并对外发布"各凭态度乘风浪"系列品牌广告。在延续有态度品牌定位的同时，网易新闻将转变为汇聚鲜明独立观点的泛资讯平台，支持年轻人独立观点的表达与碰撞。

在产品战略上，网易新闻致力于建设内容品类多元化，内容严选并打造品牌化优质内容。除了发力网易号平台建设和直播PGC、媒体合伙人战略执行外，还通过一整套内容品牌控，打造原创品牌内容。

四、美团

在用户印象中，美团的外卖业务和餐饮团购业务认知最为深刻广泛。而近几年，美团围绕互联网生活服务拓展了很多新业务，例如电影、旅行、打车、民宿等。因此，基于品牌为商业服务的原则，美团进行了全新品牌升级。

美团品牌升级定位于"全"，在升级中美团呈现了15个服务场景，每个场景和需求都是具体而真切的，用户感受到的是"吃喝玩乐"的多业务认知，"全"是品牌传播所累积的认知结果。在内容层面，美团品牌还一改明星代言路线，让各行各业的"服务者"作为品牌升级的"代言人"。此外，在品牌升级战役中，美团品牌与美团外卖、美团旅行实现跨业务联动，与站内运营活动联动，在2017年12月实现用户突破5300万，GMV创历史新高。

五、菜鸟网络

2017年5月举行的全球智慧物流峰会上，菜鸟以新的品牌形象亮相，展现了其作为智慧物流利用算法和智能设备的平台能力。过去三年，菜鸟打造全球最大的数据基础设施，陆续推出电子面单、五级地址库、物流云、智能云客服等产品，推动了快递网络从IT时代向DT时代的全面升级。

菜鸟想要通过此次品牌升级活动普及其智慧物流的概念，即以数据为核心，打通跨境、快递、仓配、农村、末端配送五个链条的信息流、物流，形成智能网络。如今成立4年的菜鸟早已融入我们的生活，但在品牌传播方面一直以来却相对低调，此次借焕新品牌形象推出一系列海报和H5也是菜鸟网络面向大众消费者的第一次正式发声。

六、陌陌

陌陌2017年正式宣布从单纯的基于地理位置的社交平台，升级为泛社交泛娱乐平台。2017年3月，陌陌发布全新品牌彩色标识，并推出"视频社交，就在陌陌"的新主张。在App最新版本上，陌陌将原有的动态视频与短视频功能"时刻"融合成新的"视频"功能，并将入口提升到产品主帧"附近"的首页。表示通过视频与社交功能的结合，可为用户提供更加丰富的内容及社交体验。

视频社交的概念为陌陌带来了良好的品牌效益。9月，品牌月活动创历史新高，视频渗透率提升至62%。目前，短视频作为记录生活及展示自我的手段，已经实现与陌陌产品内不同社交场景的深度融合，成为用户发现及达成新关系的重要媒介。

七、穷游

穷游在2017年提出"用创造定义旅行"全新品牌主张，从鼓励用户"探索世界"升级为"用热爱对抗生活虚无"。基于用户数据和旅行趋势，穷游发现旅行者出行动因正从地理维度向兴趣维度转变。因此，品牌倡导年轻人通过个性化深度游跟世界发生联系，创造旅行、定义生活。

伴随品牌升级，穷游推出智能旅行线路规划产品Smartour、优选当地玩乐产品的"商家优选"以及App的改版计划；10月份，品牌举办"年度旅行者峰会"并发布TOP 50"年度旅行者"榜单。未来，品牌将围绕"创造"在两个方向发力：一是基于生活场景的跨界主题旅行活动；二是深挖人的维度，展现KOL更多创造力故事。

(资料来源：根据百度资料整理，2018年2月1日)

本 章 小 结

CIS是运用统一的视觉识别设计来传达企业特有的经营理念和活动，从而提升和突出统一化企业形象，使企业形成自己内在独特的个性，例如独特的标志、宣传、营销的特点等，与其他公司形成区别，最终增强企业整体竞争力。CIS的最终目标是通过树立统一化的企业形象，从而提高企业的整体竞争力。本章主要介绍了组织形象塑造的专业方法，分别介绍了 CIS 的起源、作用、组成要素和导入的程序、方法和技巧。通过本章的学习，可以培养 CIS 的专业素质，掌握 CIS 发展历程和组成内容及设计方法，掌握 CIS 的设计、运用能力和设计技巧。

复习思考题

1. 简述 CIS、MI、BI、VI 的含义。
2. 简述 CIS 的功能。
3. 为自己所在的学院或系或班级设计 CIS。

扫码阅读拓展案例

第十二章　国际公共关系

本章导读

从全球经济、贸易、科技发展的实际状况来看，投资国际化、生产国际化、经营国际化以及经济一体化的发展，使一国经济不可能超然于世界经济和贸易之上，参与国际竞争已成为一国国民经济发展不可或缺的重要组成部分和企业生存、发展的关键。加之国际经贸领域竞争日趋激烈，企业参与国际市场活动险象环生，因此，国际公共关系作为现代国际经营的重要手段，它日益受到普遍性的高度重视，在全球范围内形成了一股方兴未艾的热潮。

一个国家的任何组织都可以开展国际公共关系活动，特别是国际业务多的企业更需要开展国际公共关系活动。了解国际公共关系的发展历史与现状，有助于加深对国际公共关系的理解。

学习目标

通过对本章内容的学习，了解国际公共关系的产生和发展以及中国国际公共关系的发展，掌握国际公共关系的基本原则、目标与分类，重点掌握国际公共关系活动的内容，在此基础上了解常见的国际公共关系活动。

第一节　对外交往中的国际关系

一、国际公共关系概述

国际公共关系是指一个社会组织，例如政府部门、企业或事业单位等，在与他国公众的交往中，通过国际各种信息传播活动，增进本组织与他国公众之间的了解和信任，维护和发展本组织的良好形象。

国际公共关系有两个重要特征，即跨国界活动与非国家性质。

国际公共关系与国内公共关系不同，它是对外交往中的公共关系，需要进行跨国界活动。虽然它在应用公共关系基本原则与方法上与国内公共关系基本相同，但国际公共关系并不是国内公共关系的简单延伸。因为它面对的是比国内复杂得多的公众，即在宗教信仰、文化背景、受教育程度、语言文字和风俗习惯上各不相同的公众，而且这些公众生活在不同的环境中。国家间存在着利益冲突的政治和经济集团，存在着激烈的国际市场竞争，甚至存在着局部冲突和战争。因此，国际公共关系与国内公共关系相比，是一种更复杂和高级的公共关系。

国际公共关系需要进行跨国界活动，因而与外交有相似之处，特别是在使用的调查研究方法和活动方式上与"民间外交"有相似之处，但两者也不完全相同。外交工作是以国家和国家关系为对象的，但国际公共关系具有非国家性质的特征，它的工作对象是他国公众,而不是国家。

二、国际公共关系的产生和发展

随着经济社会的发展,每个国家都在设法提高参加国际经济、技术合作与竞争的能力,国与国之间需要更多的理解、信任、合作。

第二次世界大战以后,世界各国公共关系发展极快,1947年美国公共关系协会成立,同年加拿大成立了全国性公共关系协会,1948年英国公共关系协会成立。这一切很快促成了公共关系走向国际舞台,跨国性的公共关系组织也纷纷应运而生。1955年,第一个国际性的公共关系联合会宣告成立。随后,1959年,欧洲公共关系联盟成立。与此同时,各国的跨国公司纷纷建立了公关机构,各国海外机构和办事部门也开始注意国际公共关系技巧的运用。为什么第二次世界大战以后国际公共关系会得到如此之快的发展呢?这可从战后政治、经济以及传播手段的变化说起。

第二次世界大战以后,世界政治形势的格局发生了变化,这也导致了政治交往形式朝多元化、多层次的方向发展。各国政府和民间的体育与文化交流、经济交往不仅不断增加,而且国家之间相互依赖的程度也在不断增大。各国为保持其影响,不得不从对抗转入对话,从相互排斥转入相互合作,因而国际组织的作用也相应得到增强。此外,国际贸易障碍纷纷排除,伴随着人民生活水平的日趋提高,消费需求和消费结构的多样化,促使世界各国各类组织尤其是经济组织之间的竞争性增强,地区性经济逐渐被全球性经济贸易所取代,跨国公司不断出现,世界正从分散经济向聚合经济发展。在今天这个世界上,若想为本国、本组织谋利,首先得拓展视野,从国际角度考虑各种问题。

世界各国市场竞争日趋激烈,各国的市场销售都围绕着一个关键性的问题展开,那就是如何使市场销售策略能适应各国普遍的市场环境,做到四个"适当",即适当的产品、适当的地点、适当的时间和适当的价格。要使出口产品能适应各国消费者的需求,就需要了解当地的民俗、市场特征、消费者的特点乃至文化环境、社会结构等问题。同时,还必须将本国和本组织的情况告知其他国家的公众,增加透明度,以便吸引更多的外商来本国投资,购买本国的产品。

当今世界各种先进的大众传播手段为人们进行大规模的频繁交往提供了技术保证,使各类社会组织能更精确、及时地与世界各国公众建立联系、沟通信息,形成有效的信息反馈网络,并在当今瞬息万变的社会环境中提高自身的反应与调整能力。这一切使开展国际公共关系活动成为必要,同时也使这种活动的有效发展成为可能。

国际的传播交流侧重于使用在海外有影响力的传播媒介,而最重要的传播领域是金融和外交领域。随着各国金融和外交的发展,国际公共关系日益成为公共关系的重要部分。

随着全球经济的一体化,世界各国及地区皆不可避免地卷入国际市场的旋涡。一方面,跨国公司从数量到经营范围都发展得非常迅猛;另一方面,对外贸易及服务活动也成为每个国家国民经济的重要组成部分。在这一形势的推动下,国际公共关系势必成为有关组织跨国经济业务的主要活动。在此情况下,国际公共关系在世界范围内迅速发展起来。

三、国际公共关系的基本原则

因为国际公共关系的最大特点是与国外组织及公众打交道，因此，其活动的开展除了应遵循一般的公共关系活动原则外，还应考虑到它本身的特点及我国的具体情况，从而制定有针对性的措施。

1. 具备全球性眼光

当今世界是一个变化的世界，在这个变化的过程中，国际社会的相互依存和彼此影响，要比以往任何时候都深刻和广泛。国际公共关系作为在国际领域内开展的公共关系活动，以全球性的眼光来思考和看待公共关系工作所涉及和参与解决的问题，这不仅是国际公共关系得以存在的先决条件，也是开展国际公共关系的一个基本原则。

从事国际公共关系工作的机构和人员，怎样才能具备全球性的眼光呢？国际公共关系界人士认为：第一，要充分了解国际政治、经济形势的变化和发展趋势；第二，要关注人类社会共同面临的重大问题和全球经济发展的不平衡、国际金融市场的波动、生态环境的保护、恐怖组织的活动、威胁人类生存的艾滋病的传播等问题；第三，要重视现代科学技术发展，尤其是新传播媒介和技术的运用；第四，要掌握公共关系理论研究的新成果和公共关系实务发展的新动态。

当代国际公共关系的发展不再仅仅局限于作为社会组织的一种管理功能，它在人类社会的一些重大问题上正日益发挥着积极的作用。例如，在1991年和1992年世界最佳公共关系金奖大赛上，美国保护臭氧层工业联合会实施的保护全球环境信息交流的公共关系项目和肯尼亚的非洲医疗研究基金会针对艾滋病传播开展的促进边境社会医疗保健活动，受到国际公共关系界评委和联合国官员的好评，恰恰是因为这样的公共关系活动从全球的角度考虑问题，故而具有十分积极的国际意义。

2. 重视地方特色

一个变化的世界必然是一个多样化的世界，承认世界的这种多样性，尊重各国、各地区的地方特点，这是开展国际公共关系活动的另一个基本原则。

地方特点一般是指政治制度、法律法规、生活水平、文化传统、风俗习惯、交往语言、宗教信仰、礼俗禁忌等。了解和研究各国、各地区的地方特点，对于成功地开展国际公共关系活动至关重要。要做到这一点，公共关系从业人员应注意这样几方面的问题：①要承认人类社会的多样性和差异性，善于在求同存异的基础上开展各方面的工作；②要以理解和包容的态度，深入研究和平等对待各种地方特点，防止和避免产生这样或那样的偏见；③要通过实践活动来摸索和积累经验，通过学习来增长见识。

尊重地方特点也要求国际公共关系活动应具备地方特点。凡真正具有民族特色的，往往也具有世界性。我国近年来各地举办的种种带有浓厚地方文化特色的"节""会"，例如潍坊的国际风筝节、拉萨的雪顿节、哈尔滨的冰灯节，之所以能成为一种颇为有效的国际招商活动，对外宣传地方的经济优势，大大提高地方的知名度，就是因为它们开发、利用和突出了地方的特色。

3. 遵守国际惯例

每一个行业都有它自己成文和不成文的行规,国际公共关系领域自然也不例外。遵守与公共工作有关的国际惯例,是开展国际公关活动的又一个基本原则。

国际公共关系协会早在 1961 年就已有了《国际公共关系协会行为准则》,1995 年又在雅典通过《国际公共关系道德准则》。这两个文件对国际公共关系从业人员的行为规范提出了一些原则性的要求,例如注重信息的真实性和充分的交流,尊重和维护人类的尊严,对社会和公众利益负责等,所有国际公共关系工作者都应遵守这两个准则。

此外,国际公关领域还有一些不成文的国际惯例,例如在向社会公众广泛传播信息的过程中,应注重保守组织或客户的商业机密;公共关系职业性服务机构要在公平竞争的基础上寻求公共关系项目,不得向自己已有客户的竞争对手提供服务等。这些通过人们长期的公共关系实践所形成的国际惯例,同样必须为国际公共关系工作者所遵守。

四、中国国际公共关系的发展

(一)"民间外交"是具有中国特色的国际公共关系

中国的"民间外交"在实践中遵循了国际公共关系的实务原则——"双向沟通",争取国外广大公众的了解与支持,树立国家的良好形象。为了说明"民间外交"是具有中国特色的国际公共关系,下面以 2018"汉语桥"世界大学生中文比赛的举办为例,剖析这次成功的民间外交活动。

伴随着经济实力、国际影响力的提升,我国在国际事务中扮演的角色也越来越重要,也有很多外国人把目光投向中国,吃中国菜、用中国货、说中国话、学中国文化等成了他们之中一部分人的潮流。"汉语桥"作为由孔子学院总部和国家汉办主办的世界大学生中文比赛,经过十多年的发展已经成为国际人文交流领域的重要品牌活动,被誉为对外汉语"奥林匹克",连接着世界的"文化之桥、友谊之桥、心灵之桥"。

2018 年,我国的国际影响力提升到新的高度,向全世界塑造中国形象、传播中国外交理念成为必要,"讲好中国故事"也成为新的时代要求。因此,2018 年"汉语桥"世界大学生中文比赛将"天下一家"作为主题,以"中外交流"为核心理念,打造了一场时尚的民间外交活动,构建新时代中国与世界沟通的桥梁,向全世界展示新时代的中国外交形象。首先,本届"汉语桥"完成了调性创新,整体事件设定为一次盛大的中外交流大考,将事件化、活动化的赛事打造成极具传播力和影响力的快乐汉语比赛。其次,本届"汉语桥"赛事的播出时段调整到紧跟《新闻联播》播出后的黄金时段,并以日播形态从 7 月 30 日起连续播出两周,采取"即录即播"的方式突出比赛的时效性。而且,此次选手的文化体验与节目主体紧密结合,和当地人互动,既呼应了"天下一家"的活动主题,也丰富了选手在中国的文化体验,让他们更深入地了解中国文化,近距离触摸中国文化。一定程度上说,这样的体验创新更利于"汉语桥"向国际友人讲好新时代的中国故事,展现新时代的中国形象。

众所周知,文化软实力对一个国家、民族的发展繁荣起着至关重要的作用。"汉语桥"为中国与世界各国青年之间的沟通交流架起了一座桥梁,在推动中外文化更深入地交流,增进不同文化之间的相互了解的同时,进一步提升了中国的国际影响力,树立了中国良好的形象，成为国际公共关系活动的典范，是一次成功的民间外交活动。

(二)国际公共关系在中国的兴起

20 世纪 80 年代，随着中国的改革开放，公共关系理论与实践传入中国。公共关系的研究、教育从 1985 年以后迅速发展，各种公共关系协会、学会、研究会相继成立，1987 年中国公共关系协会成立。

1991 年 4 月，中国国际公共关系协会宣告成立。该协会作为一个全国性的公共关系行业管理组织，其宗旨是促进中国公共关系组织同海外公关组织和人士的相互沟通、了解和合作，开展高层次国际公共关系活动，为海内外组织提供公共关系咨询服务，组织海内外公共关系学术交流，培训国际公共关系人才。中国国际公共关系协会的成立，标志着中国公共关系界开始重视国际公共关系。多年来，该协会通过积极的对外交流活动和广泛的宣传活动，使国内公共关系界从一定程度上了解了国外公共关系理论研究和实务发展的最新动态，普及了国际公共关系知识。

随着改革开放的深入，中国公共关系的发展，尤其是中国公共关系市场逐步由潜在走向现实，中外公共关系交流自 20 世纪 80 年代后半期进入了一个新的发展阶段。近年来，国外一些大型公共关系公司的高级管理人员陆续来华访问，他们与中国公共关系界接触和交流的侧重点是了解中国公共关系市场的发育程度，探寻在中国市场上进一步发展的机会。国际公共关系协会四任主席的来访，尤其是国际公共关系元老萨姆·布莱克教授三次来访，使中国公共关系界有机会与国际公共关系协会建立密切的联系，也使国外同行有机会更全面地了解新中国公共关系发展所取得的成就。中国公共关系界有 10 多位人士加入了国际公共关系协会，近几届的世界公共关系大会我国均有代表参加，在国际公共关系舞台上已开始有中国的声音。我国公共关系界还以不同方式参与了世界最佳公共关系金奖大赛，有参赛、有获奖，也有评委。中国公共关系界以积极的姿态参与国际公共关系界的活动，在一些国际公共关系报刊和通信上，也能见到较多的有关中国公共关系的报道。如此频繁的接触、积极的交流，使中国公共关系的发展现已成为国际公共关系界人士关注的焦点之一。

近年来，中国国际公共关系协会在开展民间外交，促进国际交流与合作，推动全国公共关系事业职业化、专业化和规范化方面做了大量的工作，取得了显著成绩，突出地表现在以下几个方面。

1. 深化拓展公共外交工作，扩大对外交流合作

中国国际公共关系协会(以下简称"协会")以"让世界了解中国，让中国走向世界"为宗旨，积极服务国家公共外交总体战略，不断拓展对外联络渠道，开展多样国际交流活动，有力地支持配合了我国公共外交工作的开展。协会多年来与各国使馆、商会保持紧密的工作联系，积极参与美、英、德、俄以及哈萨克斯坦、巴基斯坦等多国使馆开展的活动并邀请其参加协会活动；参与多国商会活动，大力向外国企业介绍中国公关行业的发展，并向其推荐其中的优秀企业代表。协会近年来以纪念"二战"胜利七十周年为契机，积极邀请俄罗斯《共青团真理报》、俄罗斯国际作家联盟、俄文化基金会、俄季姆琴科基金会等文化组织来华开展文化交流活动，促进了中俄民间交流发展。2011 年协会通过回顾自身发展，召开了以"公共关系与国家形象"为主题的报告会暨协会二十周年庆典活动。多位

国家领导人出席庆典，外交部、国务院新闻办等单位的领导人及全球公共关系联盟、国际传播专业人士协会等领域的领导人、资深专家、协会理事和会员代表共聚一堂，共同探讨"公共关系与国家形象"这一话题。此项活动进一步阐述、明确了协会"让世界了解中国，让中国走向世界"的宗旨，对协会更好地配合和宣传国家公共外交工作具有重要的意义。

2. 加强行业指导力度，促进中国公共关系业的健康发展

根据协会 2017 年行业调查显示，全国公共关系行业年营业额已达到 500 亿元人民币，中国的公共关系服务市场已成为全球最具吸引力的市场之一。在行业高速发展的背景下，协会以"指导、协调、服务、监督"为自身职责，努力推动行业持续健康发展。比如积极响应政府整治非法网络公关的专项行动，坚决贯彻落实行动部署，大力倡导并深入开展行业自律活动，发起公益倡议，推动行业的进一步规范化发展，在加强行业自律和网络公关建设等方面发挥了积极的推动作用。

同时，协会积极参与支持地方公共关系行业发展，助力地方经济建设，例如参与支持"中国廊坊国际经济贸易洽谈会"等大型活动，协办海峡两岸及香港、澳门公共关系论坛暨西湖公共关系论坛。特别是积极参与了警察公共关系能力建设，提升公安机关与警察的公信力，先后成功举办了中国最佳警察公共关系案例大赛、中外警察公共关系论坛及系列警察公共关系沙龙活动，参与建立了中国人民公安大学警察公共关系研究中心，为提高公安机关的社会传播能力作出了贡献。

3. 加大会员服务力度并使会员服务经常化、制度化

协会以会员管理服务为工作中心，采取了一系列新措施有效服务会员，确保会员队伍质量。目前协会有会员单位 205 家，主要由国内外大中型企业、著名公关公司以及省市公关组织和知名高校组成。协会通过数据库建设、严格日常会员管理、协会领导定期走访、新会员入会走访等方式，确保了会员队伍的不断壮大及会员质量的进一步提高。目前，协会针对会员每月一次的定期讲座在内容和形式上不断进行改进，邀请行业内知名人士为会员就公关专业理论、业内热点问题进行培训，并通过网络向会员直播，得到了会员的广泛好评。协会向会员定期寄送《国际公关》杂志，每年更新会员名录。

协会官方网站"中国公关网"把服务于协会、服务于行业、服务于会员作为自身的工作定位，在推动会员服务方面发挥了积极的作用。作为行业的门户网站，"中国公关网"始终坚持正确的舆论导向和市场化发展方向，充分调动行业积极因素，进行行业资源整合及权威信息发布，同时大力推进中国公关网微博的建设。网站影响力进一步扩大，成为中国公共关系行业最具影响力的新媒体传播平台。目前，网站官方微博粉丝数量已达 6 万余人，并注册开通了官方微信。

4. 扩大行业对外交流，提升协会在海内外的知名度和影响力

协会作为外向型的专业组织，加大了海内外交流力度，与海内外一些公共关系专业组织建立固定的联系，例如国际公共关系协会、日本公共关系协会、中国香港公共关系专业人员协会、中国台湾公共关系基金会等。协会还作为中国行业代表多次参与国际行业活动，组建"中国公共关系代表团"参加美国"战略传播峰会"、德国"欧洲传播大

会"、瑞士"达沃斯国际传播论坛"、英国"国际传播咨询峰会"、中国香港"亚太公关传播测量评估峰会"等一系列国际知名行业活动，向各国代表介绍了中国公共关系行业30年的发展，并就全球行业发展进行了经验交流。

目前，我国已成为政治和经济大国，与全球有着密切的政治、经济联系，这又使我国的国际公共关系迈上了一个新的台阶。

第二节　国际公共关系的目标

一、国际公共关系目标的分类

国际公共关系目标是指在一定时期内能控制一个社会组织的公共关系活动全过程的总目标和指导实施方案中的各个具体目标。确定公共关系目标是编制公共关系计划的关键步骤，组织的公共关系活动将围绕并为实现这些目标而运营。国际公共关系目标与国内公共关系目标相比，更重视和强调跨国界的目标。

国际公共关系目标与国内公共关系目标在分类上基本相同，从实现目标的内容与时间上一般可确定为以下四类目标。

1. 长期目标(或总目标)

长期目标是涉及组织长远发展和经营管理战略等重大问题的目标，它与组织的整体目标一致，时间跨度一般在五年以上。

2. 近期目标(具体目标)

近期目标是为实现长期目标而制定的具体实施目标，其内容具体，有明确的指向性，并可实际指导公共关系的具体活动，常见的是年度工作目标(有些目标需要几年时间才能实现)，或需近期实现的较大的具体目标。

3. 一般目标(分目标)

一般目标是依据各类公众的权利要求、意图、观念或行为的同一性而制定的目标，它是构成总体形象的要素，也是为实现近期目标而制定的具体的分目标。

4. 特殊目标

特殊目标是针对那些与组织目标、发展及利益相关联的特殊公众或其特殊要求而制定的具体目标，特殊目标具有特殊的指向性。

例如，M跨国公司经过调查研究，决定在S国投资建设一个现代化面粉厂，并垄断当地面粉供应市场。其中垄断当地面粉供应市场是长期目标。为实现这一目标，要建立近期(具体)目标：①投资建厂；②生产管理科学化；③交通运输通畅；④通过公共关系手段建立企业信誉；⑤收购S国国营面粉厂。

在近期目标中，有的又有两个分目标(一般目标)。例如，交通运输通畅目标的两个分目标是：①了解当地铁路、公路、海运实际情况，以决定主要运输手段(海运)；②运输困难和严重障碍是与S国政府有关部门的关系问题。在实现第二个分目标的过程中是特殊目标。

建立公共关系目标，应确立公共关系重点和终点公众，规定实现目标的时间(这是公共关系的第二步，即制订公共关系计划)，并分清问题的轻重缓急，排列目标次序。近期目标包括五个方面，即投资建厂、科学管理、交通通畅、建立信誉、收购当地面粉厂。显然，投资建厂是第一步；有了工厂才能进行科学管理，这是第二步；有了产品，交通需通畅，这是第三步；流动问题解决了，就要在公众中树立信誉，解决销售问题，这是第四步；在上述几步运转良好的前提下，才有可能收购当地面粉厂，这是第五步。在上述五个步骤(近期目标)实现以后，组织的长期目标，即垄断面粉市场目标也可实现。

投资在近期目标中，投资建厂是第一步，也是公共关系的重点。为此，经过周密的调查研究，与当地政府谈判并达成协议：M 跨国公司在当地投资建厂，免费为 S 国磨面粉，20 年后该厂免费归 S 国政府。S 国政府同意税率优惠(免税若干年)，并规定小麦磨成面粉后，剩下的麸皮归 M 公司。其实，麸皮是制造某种贵重药品的重要原料，其价值大大高于面粉，麸皮由该公司运往欧洲销售。这样，M 公司在五年内即可收回投资成本，在其后 15 年内净收纯利润；而 S 国政府在 20 年后，也将拥有一座现代化面粉厂，此项目对双方都有利。

二、确立目标原则

1. 调查研究

人们常说："没有调查就没有发言权"。调查研究是收集情报和信息的系统方法，是有效公共关系的基础。调查研究可以使目标确立在真实、客观的基础上，可以减少确定目标过程中的不确定性因素；可以验证对公众状况和公共关系的假设；可以使目标准确和有效。

下面仍以 M 跨国公司为例。该公司设想在 S 国设厂，但是否能确立此目标呢？经过调查研究发现以下几个方面的问题。

(1) S 国在某年大选后，执行党实行对外开放政策，建立"自由贸易区"，采取许多优惠政策，具有投资建厂的有利外部社会环境。

(2) S 国东北部一港口是个天然良港，曾是某大国的重要军事基地，港阔水深，十分方便。

(3) S 国只有一个国营面粉厂，设备陈旧，无法与 M 公司竞争。M 公司投资建厂后有可能吞并 S 国国营面粉厂，垄断 S 国面粉供应市场。

M 公司在以上调查研究的基础上确立了"在 S 国投资建厂和垄断 S 国面粉市场"的目标。目标必须建立在全面系统的调查研究基础上。任何企业要在国外投资、设厂、开店，都要进行系统的可行性研究，对该国政府有关法律、规定，特别是海关税率规定、利润分成方法、外汇管理、原料来源、劳动力状况、工资水平及市场预测等各方面进行全面系统的调查研究，并在此基础上确定目标。

2. 确立重点公众

为确立目标，需研究目标公众，因为公共关系人员没有那么多时间、物力和财力对组织所涉及的全部公众进行研究。研究的重点应放在那些有代表性的公众和组织面临的重点公众。如上文所述的 M 跨国公司决定在 S 国投资建厂，投产后生产发展顺利，但面临着严重的交通运输问题。该公司决定大力发展海运，但 S 国政府中负责此项业务的部门从中阻挠。通过调研发现该部部长是个关键人物，因此该公司把此部长作为重点公众，确定此人为公共关系的目标。

3. 有针对性

由于国际公共关系人员面对世界上 100 多个国家，各个国家公众之间的文化背景、语言文字、受教育程度、宗教信仰、风俗习惯差别很大，因此，公共关系人员只能有针对性地去做公共关系实务，否则犹如茫茫大海，无法涉足，无法确定目标。

具有针对性，首先是确定预定目标的国家。例如，M 公司确定在 S 国设厂，就开始有针对性地了解有关 S 国的历史传统、风俗习惯、生活方式、消费需求、社会、政治、经济情况，发现其特点和规律性。在此基础上确立公共关系目标。在国外值得注意的是，公司虽然是经济活动的主要对象，但对当地政局也应十分关心，应经常了解各个党派不同的经济主张，分析政局发展趋势，预测政府的稳定性、执政人物变化的可能性等。因为这些变化可能对本组织(如企业)在当地的利益产生巨大的影响。

其次，有针对性原则要确定特定的公众。如上例，M 公司根据重点公众原则，确定某部长为公共关系特殊目标，然后针对该部长本人进行系统和全面的调查研究，并根据其工作能力和兴趣爱好，有意识地助推其工作成效。在发展中国家，处理公司与当地政府关系时，有针对性地开展特殊公共关系目标(重点公众)工作，建立友谊，是十分重要的，也是行之有效的方法。

4. 国际公共关系目标与组织整体性利益目标相一致

国际公共关系活动的最终目标是树立组织良好形象，这与组织的整体利益是一致的。例如，我国政府部门的国际公共关系目标，就是维护社会主义新中国的光辉形象，发展与各国和各国人民的友好关系，创造和平的国际环境，以利于我国现代化建设，这与我国总的战略目标利益一致。作为企业来讲，国际公共关系活动的目标就是树立企业在国外的信誉，发展和占领国际市场，这与企业要获得利润的整体目标是一致的，是为其服务的。又如对上文所述的 M 跨国公司来讲，在 S 国投资建厂的总利益就是获取最大利润，"垄断当地的面粉供应市场"是公共关系活动的总目标，垄断市场和获取利润是一致的，实现了垄断，也就是获得了最大利益。

三、目标确立前的调研

在公共关系活动中，通过调查研究，掌握和了解社会环境不仅是首要的步骤，而且是最困难的一步。对国际公共关系人员来讲，面临的困难就更多。但是，国际公共关系人员的责任之一就是客观、准确地提供信息、分析判断，并在此基础上确立公共关系的目标。为了达到这一目的，国际公共关系人员必须在日常工作中十分重视调查研究，充分地占有调研资料，尽可能成为公共关系对象国的"活字典"。充分利用计算机等现代科技手段，使日常调研科学化和系统化。在此基础上，遇到问题时要进行确立目标前的专项或专题调查研究就比较容易。这就是"养兵千日，用兵一时"。

日常的调查研究属于"基础调研"，主要包括四个方面内容，即社会环境、重要公众、组织环境和传播媒介。

1. 社会环境

社会环境包括的内容比较广泛，例如历史传统、地理资源、经济法规(特别是税率、关税、外汇管理)、外贸外经、交通运输、政局变化、市场行情及驻在国重大社会问题。又如人口与就业、生态平衡与人类资源等关系到影响公众意向和组织存亡的重大问题。此外还有有关组织的竞争对手资料等，这些资料要靠平时大量的积累。

2. 重要公众

重要公众的情况，尤其是在发展中国家，重要权威人物的情况应着重了解，并尽量广交朋友，这对组织的存亡与发展至关重要。在国外，许多事业成功的华侨或华人的经验表明，需要结交当地重要的权威人物。

3. 组织环境

组织环境包括组织内部环境及公众对组织印象的变化，后者包括组织知名度调查(公众是否了解本组织名称、标记、产品、服务，了解的程度和范围如何)、信誉调查(公众是否喜欢或信任本组织的产品与服务，程度如何)、公众评价调查(公众对本组织产品服务、经营管理、社会活动、人员形象的评价)。由于一般派驻国外的本组织人员人数较少，结构比较简单，因而组织内部环境一般可由国内公共关系人员了解，国际公共关系人员可重点进行外国公众对本组织印象的调查。

4. 传播媒介

在进行国际公共关系活动中，传播媒介及其在公众中的影响应列为重点利用和调查研究对象，对各电视台、广播电台、报刊的主编、重要编辑及记者等应尽量广泛结交并成为朋友，在一些传播媒介落后的发展中国家，没有广播、电视和报刊，广交有影响的公众就更加重要，由于日常调查研究内容十分广泛，可以有计划地进行，不同时期应突出不同的重点。

日常调研应尽量利用国外现成的资料、设施(例如记录各国基本情况的工具书、人物志、图书资料室、计算机中心等)，并利用现代技术对信息加以整理、储存。目录要简明，便于检索，在进行确立目标的专题调研时，应能立即拿出有关的基本资料，过去要求国际公共关系人员做"活字典"，在当前信息时代应多利用现代化设施，进行高效的信息调研和整理工作。在日常基础调研的同时，进行确立目标的专项或专题调研，其内容依拟定的目标而定。在国际公共关系的调研中值得特别注意的是，由于它是在国外进行的，使用的方法与活动的方式应与国内公共关系不同。

第三节 国际公共关系活动

一、国际公共关系活动的内容

(一)建立信息传播网络

国际公共关系工作的基础就是建立内、外部传播网络，其要求是双向、畅通和高效。

在驻国外的本组织代表处设立的公共关系部或代表应负责此项业务，它应具有情报中心和协调办公室的职能。

内部信息网络的主要目的是建立组织机构内部领导与职工、职工与职工之间的沟通渠道。内部信息网络具有管理职能，它十分重要，但不是国际公共关系的工作重点。

外部信息网络的主要目的是建立组织与社会环境(国外环境)、外国公众之间的沟通渠道。这是国际公共关系的工作重点，外部信息网络面较广，但应有重点，也就是外交上所说的"广交朋友，深交朋友"，既要联系面广，又要有重点和深度。

外部信息网络包括新闻传播媒介、公共关系公司和国际公共关系协会、政府部门权势人物、重要的私营企业及财团、知名人士与各界代表人物。外部网络的建立方式有以下几种。

1. 应合法地、有组织地进行

目前世界上绝大多数国家都与中国建立了外交关系，不少国家都存在着官方或民间的中外友好协会或中外协会，会员中有各行各业的友好人士。仅以美国为例，目前有民间的美中友好协会，官方的美中协会，美中议员友好协会、美中交流会等。国际公共关系工作人员要与这些组织建立联系，通过这些组织进一步与各行各业、各个层次的公众建立外部联系。

2. 积极地与当地社会团体建立联系

在一些国家中，企业家要定期举行午餐会，洽谈业务、交流信息，新闻界会不定期地举行新闻发布会、研讨会等。国际公共关系人员应与他们建立联系，广交朋友。

3. 与新闻传播媒介建立密切联系

国际公共关系人员与新闻记者、编辑的关系很大程度上会影响公共关系效果。国际公共关系人员必须在相互信任、互利互惠的基础上，与新闻界建立密切的合作关系。平日，公共关系人员要有选择地结交新闻记者和编辑，建立相互信任的关系。比较有效的方法是让记者采访或主动邀请记者采访。当然，首先，要认真做好准备，材料真实并有新闻价值，最好附图片。其次，可以用酒会或家宴形式，请记者一人采访，形成独家新闻。这样既结交了朋友，又传播了组织的信息，一举两得。

4. 利用大众媒介与一般公众建立关系

例如，举办展销会；设立当地人代理公司，进行售后服务；举办客户联谊会；安排组织的领导人来访；举行招待会等。

建立一个畅通、双向、高效的外部网络后，国际公共关系人员就会如鱼得水，在国外的工作就能较顺利地进行。

(二)处理公共关系，策划公共活动，树立组织形象

在双向信息交流的前提下，应对内外公众，特别是外国公众进行调查、分析，建立档案资料，最好利用电子计算机，建立方便的检索系统，制定适应各类公众的有关政策。

在调研的基础上，制定公共关系目标及活动计划，组织各种公共关系活动，进行双向

沟通，反馈信息，评估总结。作为国际公共关系人员，其日常工作大致可以分为情报与协调两部分：情报部分包括经常和系统地收集、反馈社会环境和各类公众的信息，在科学的基础上研究这些信息，撰写书面调研报告及书面活动的计划及计划实施后的总结报告，对公共关系活动的效果和组织形象进行比较可靠的评估与测定；协调部分主要是处理公共关系，策划各种公共关系活动，编制活动经费预算和执行程序，组织和实施各种活动。例如宴请、谈判、参观、演讲、展销会、研讨会、开幕式、奠基活动，编辑报刊及发布新闻等。日常工作虽然繁多，但目的只有一个，即通过公共关系活动在外国公众心目中树立组织的良好形象。

在国际公共关系活动中还包括处理突然发生的重大事件。国际公共关系人员应协助组织领导人调查事故原委并做好善后处理工作。

(三)监测社会环境，分析发展趋势

国际公共关系人员面临着复杂、多变的国际形势。驻在国有政策的变迁、政局变动等，都可能会危及组织利益与生存。例如，某国突然与中国断交，我国公司被迫撤回，在这类事件中，国际公共关系人员应配合我驻外使馆，随时监测社会环境，及早提出对策。监测社会环境的内容包括以下几个方面。

1. 政治环境的变化

一般要注意检测驻在国各种政策法令的变化，特别是对发展中国家来说，还要注意政局的变化。在各国总统选举、议会大选、地方选举时尤其要注意对中外关系及本组织可能产生的影响，例如美国总统选举年对我国贸易政策的影响、各驻美公司的环境等，更要注意特别是不利的影响。

2. 经济环境的变化

经济环境的变化是指市场行情、股市、汇率的变化，资源开发、能源生产、生态环境等的变化。

3. 舆论与人文环境的变化

监测新闻媒介舆论与各类公众舆论的变化，以及人们的价值观念、道德风尚、兴趣爱好、消费需求与结构变化等。根据监测情况，进行研究分析，向组织预报近期及长期发展趋势，预测重大公共关系活动可能遇到的问题，制定公共关系方案和对策。

二、常见的国际公共关系活动

常见的国际公共关系活动主要有以下几种类型。

(一)谈判、接待与出访

谈判是国际公共关系人员经常涉及的工作，也是一门艺术。在国际公共关系中，谈判是一个社会组织与他国组织或公众为了改变相互关系而交换意见、为了取得一致而相互磋商的行为，是直接影响人际关系、组织关系，对参与各方产生持久利益的过程。它是广义的，包括正式会谈和非正式磋商、对话。国际公共关系在涉外谈判中具有两个方面的作

用，即正式谈判的参与者，但不是直接谈判者，在谈判中起沟通与服务的作用；在非正式的磋商中，担任直接谈判人或调停人。不论正式谈判还是非正式谈判，尽管在形式上和礼仪上有区别，但是谈判的基本方法、技巧和策略是大同小异的。不论是否直接参与谈判，国际公共关系人员均应熟练掌握和运用这些基本方法。

1. 谈判前的准备工作

谈判前的准备工作是国际公共关系人员的工作重点，主要包括以下几个方面。

(1) 提供背景材料。事先认真地进行调查研究，收集大量国内外有关信息。围绕谈判主题，收集各方面材料。在与外商谈判合资或合作时，就要收集并编写有关背景材料。例如国际市场行情、技术水平、客户资信、客户在银行的有关资产及国内市场销路、双方国家有关的经济政策及法规、在当前国际市场上类似客户或企业的有关情况等。

(2) 做到"知己知彼"。认真调查研究，详细研究谈判对手的有关材料，例如经历、性格、爱好、举办过哪些成功谈判。最重要的是准备对方在谈判中可能提出的方案，分析、比较各种方案的可能性、利弊及己方的对策。

(3) 编写谈判方针的书面报告，请示本组织领导批准。代表国家的外交谈判方针，必须取得中央领导的批准；一个社会组织的谈判方针，应取得本组织领导批准。在撰写谈判方针的请示报告中，大致应包括以下内容：当前双方的有关情况，对外方预案的估计，分析外方在谈判中的目的与目标。为了达成协议，己方让步、妥协的方案及我方的底牌。

(4) 编写己方领导人的讲话稿和说帖。在正式谈判中，一般要举行欢迎宴会、欢送宴会。己方领导人一般要发表讲话，国际公共关系人员应根据这次谈判的主旨及己方有关策略、政策及欢迎的客套话等编写讲话稿。有的组织领导可能不用稿，但也应先撰写备用以供有关领导参考。国际公共关系人员应估计对方在谈判中可能提出的问题，对这些问题如何对答，事先准备好文字材料——说帖，誊写在小卡片上，要言简赅、准确明了。必要时，可立即拿出说帖。准备说帖应注意范围尽量广泛，切中要害。国际公共关系人员在正式谈判中虽不直接与外方谈判，但实际上比直接谈判者更需要动脑筋，尽量不要漏掉对方可能提出的问题，要做到心中有数。

(5) 接待准备工作。例如，在国内谈判，应在对方来中国数月前做好接待准备工作。主要包括：①事先定好房间，在考虑来访者之间关系的基础上，预先安排好有关房间，例如秘书及安全人员房间应离领导近；②预订好车辆；③事先安排好活动日程并征求外方意见，提前打印好活动日程安排；④如果到外地参观，要事先准备好交通工具(如坐飞机应提前订机票)和解决外地食宿问题；⑤提前预订外宾回程机票(如果对方需要)。

(6) 出国谈判的准备。如果是在国外谈判，要做好以下工作。①办理出国手续。填写有关审批表格，报有关领导和部门审批，办理有效护照、签证，包括有关国家入境签证及途经国家的过境签证。在申办时，注意过境国口岸次数及有关规定，尽量申请二次或多次过境，以免在国外再申办有关签证手续。订好机座，购买机票。审查机票是否签字及盖好有关航空公司钢印章；航班日期是否正确；机座是否正确等。申办出国携带外汇的有关手续和证明。②指定专人保管谈判用的资料，注意保密，防止丢失；保密资料不能放入托运行李箱内。③国际公共关系人员要熟悉航班、路线，懂外语，途中注意听飞机上的广播。在生活上照顾全体人员。④如遇过境停留，应事先与航空公司联系，如果该公司不负责接待，最好事先订好宾馆房间。⑤事先准备好记者机场临时采访的有关讲话稿或说帖(备用)。

2. 接待外方(谈判)人员

(1) 检查宾馆预订的房间。分派好客人的房间，有条件时在房门上用外文标明客人姓名。

(2) 检查和布置谈判场地。谈判用桌，正式的谈判一般用长方形桌或会议专用桌(主客分两方坐)，放桌布、饮料、笔、纸。外交谈判要挂国旗。一般谈判，若人数不多也可以用圆桌。谈判时机密资料不得放在桌面上。

(3) 准备好交通车辆。一般外宾人数不多、身份不高时，可用面包车；外方身份高、人数多，需用小车队。车队事先编好号码并有明显的号码标志，如需办车证的，应事先办好汽车通行证。

(4) 注意仪容、服装整齐。提前到飞机场、车站、码头，准备接客。身份高的外宾，需要机场贵宾室，应预订好房间。接待一般或初次见面的外宾，应事先准备一个牌子，用外文写好"欢迎××先生(女士)"。这样容易找到接的客人，并给外宾一个良好的最初印象。

(5) 与客人相见，应主动介绍己方领导人及自我介绍。接收客人名片，仔细阅读，尽快记住客人名字，并在上车前分发写有各位客人姓名、车号、宾馆房间号的卡片。对身份高的客人，可以交给其秘书。帮助提取托运行李，但不要拿对方的公文包或手提包。上车前点清外宾的人数，外宾各自认清行李并确认无误后放到车上。

(6) 上车后，简单向客人介绍活动安排，并询问客人身体情况及有何私人活动与安排。

(7) 接到客人后，直接送往住宿宾馆。如果客人不多，房间可以先分好，也可留给客人自己分，但应事先征询客人的意见。到房间后，不宜久留，以免影响客人休息。告诉客人联系方式。

(8) 如果外宾参加正式谈判，不宜安排太多的其他活动，可安排参观有关项目和文娱活动。活动安排要有助于达到己方谈判目的，营造和谐气氛。

3. 谈判应注意的事项

(1) 国际公共关系人员在正式谈判中主要起服务与沟通的作用，是"幕后的谈判者"。组织的领导人是直接谈判者，应由其与外宾谈判。

(2) 己方如果由多个单位组成，应由主谈判人按预定的谈判方针去谈，其他人不能随意向外宾表态。

(3) 主谈人在谈判时要察言观色，巧妙利用体会、参观、送礼品等手段，掌握会议进程。如果双方谈判陷入僵局，可暂时休会，以便各自调整谈判策略或安排参观访问，以缓和谈判气氛，留一定时间给双方谈判者请示各自的上级领导。

(二)宴会、家宴、冷餐会、招待会、酒会、便餐、茶话会

1. 中国饮食文化在国际公共关系中的作用

中国具有悠久的文化传统，中国的饮食文化世界闻名。在中国特色的国际公共关系中，饮食文化是重要活动手段之一，它对联络感情、建立友谊、实现双向沟通起着有效的作用，在发展中国家尤其如此。在发展中国家开展特色的国际公共关系时，可借鉴外交部门的一些做法。

在外交史上，中外均有利用宴请实现预期目标的例子。

在一般的国际交往中，宴请也有重要作用。例如，我国某公司在国外购置一座楼房，房主要求不用当地货币而用美元在第三国支付，这可能需经过该国外汇管理局审批。当地律师提出，若公司交纳一笔费用给前任外汇管理局局长，便可在外汇管理局找人疏通。但该公司通过我国使馆的一个朋友，直接宴请现任外汇管理局局长全家，气氛和谐，充满信任感。该局长说，在第三国支付美元不涉及该国外汇管理问题，因而不用向该局申报，问题轻松解决。

请客吃饭的做法，在发展中国家比较实用、有效。这与拉关系、走后门不同，不是为了公共关系人员的私利，而是为了社会组织利益，利用在发展中国家存在的现实而采取的一种公共关系手段。

2. 各种形式宴请的特点

(1) 正式宴会。一般在大饭店举行，规格最高，客人身份一般比较高贵(如高级政府官员，公司董事长、总经理等)。可用圆桌、长桌等方式，要排座位，设座位卡(姓名、职位)，并放菜单(外文)，客人按座位卡就座。排座次容易产生矛盾。在国外，一般社会组织比较少用。在外交上，一般用于招待总统、总理的国宴。

(2) 家宴。在家中请客人，女主人准备饭菜，客人一般不多。这种形式在国外比较常用，其优点是开支少，在家中谈话比较自由，容易联络感情，是比较有效的办法。最好每次只宴请一家人(包括夫人、小孩)，或相互熟悉的两三家人。这种方式一般不用排座位、摆菜单。对身份高或不熟悉的人，也可放菜单。女主人可亲自招待，显得亲切。

(3) 冷餐会。冷餐会又叫自助餐，食品规格接近宴会，适合人数较多的客人参加。这种方式食品自取，比较自由，不用排座位，容易结交朋友，但开支也较大。

(4) 招待会、酒会、便餐。这类宴请食品水平比较接近，即主要提供酒水及少量食品。招待会一般人数较多(几百人、几十人)；酒会、便餐人数少，只有一两个客人，可深入交谈。

(5) 茶话会。一般在下午举行，只供茶水、点心，常用来招待女宾，开支少，又可联络感情，但一般时间较短。

3. 因地制宜、因人制宜，灵活运用各种邀请方式

例如，我某展团在国外举办展销会时，在申报海关价格上遇到难题。有些物品，既可按工艺品申报，也可按日常用品申报，但两者税率相差极大，如纸扇，作为艺术品应缴税100卢比，而作为日用品仅 20 卢比，对我展品能否盈利关系较大。为此，要用国际公共关系办法，疏通海关官员。因此，展团团长出面宴请海关关长一家，展团又举行小型冷餐会，招待海关办事官员，以不同形式分别做工作，解决了申报海关价格上的难题。

(三)国际博览会、展销会、图片展览、交易会

1. 各种展览、展销活动与作用

(1) 国际博览会或展览会，一般是多国参加的综合和大型的展览活动，它以实物广告促进商品的销售，宣传国家形象，反映了参展国的特点及发展水平。在我国，一般由国际贸易促进会组织参加，展品主要用于参观展览，只有小部分进行商业销售。

(2) 展览会，可以是多国的，也可由一国某个公司举办。例如我国某公司与南亚某财团联合举办展销中国商品的展销会，类似把国内的百货公司搬到国外展销。

(3) 图片展览，以图片为主，通常是专题性的，主要起宣传作用。它可以举办专题展览会或在驻外机构展览橱窗陈列。

(4) 交易会。例如广州出口贸易交易会，由一国多公司联合举办，多国商人参观、洽谈、订货。

总之，国际公共关系通过各种展览、展销会开展公共关系活动，是一种综合运用各种媒介、手段推广产品，宣传组织形象和建立良好公共关系的大型活动。由于有实物、图片、模型，加上简介、交谈、宣传手册、电影、录音、录像等，是一种复合型传播方式，综合多种传播媒介的优点，以不同方式吸引公众。由于它是直观、形象、生动的传播，能够在公众中留下深刻的印象，同时组织与公众可进行双向沟通，所以是常用的国际公关手段之一。

2. 举办国际展览、展销会应注意的问题

(1) 要有吸引力。要像磁铁一样，吸引不了解展品的公众。没有公众参观，展览、展销活动就是失败的。根据我国在国外多年举办此类活动的经验，展览、展销会要有吸引力，应认真做好下面几件事。①要有中国特色。在多国博览会上尤其要注意这一点，例如中国古典建筑风格的展厅或展厅大门要有宫灯、狮子，如条件许可，配上中国民乐、舞龙灯或舞狮子，更能吸引公众，传统的优秀的中国文化艺术是吸引公众的"传家宝"。②要有针对性。事先了解举办展览会国家公众的接受水平及特点。③展与销最好能结合。许多观众在参观中国馆后，对中国产品产生好感，这时国际公共关系人员要抓住时机，继续做工作，分发介绍产品的手册，进一步详细介绍有关性能，提供订货场所，满足观众购买展品的要求。由于国际展览会一般规定展品要运回，不能在当地销售，出售展品有困难，因此最好与当地海关及举办单位商量，争取销售部分商品，如有条件最好举办展销会。④娱乐与展览相结合，例如展览厅中可以开辟电影或录像厅，免费向观众开放。招待员穿上民族服装，以中国食品招待观众，特别是对当地上层人物和外交使团可设专门餐厅招待，并发送小礼品。展厅内准备一些机器人、电动小火车、电动火箭和电子游戏机等娱乐项目，也有助于吸引观众。

(2) 搞好与当地新闻媒介的关系。要事先做好调查研究，在我驻外使馆的领导、支持与配合下，确定有关人员名单，准备好质量高、语言简洁、译成外文的新闻稿和有吸引力的图片，吸引报刊、广播、电视记者参观展览。宴请时发送小礼品，争取新闻媒介的支持。

(3) 研究驻在国海关的有关规定，搞好与海关官员的关系。在举办展销会时，这一点尤其重要。一般国家海关对工艺品、玩具等关税较高，因而报关时要认真、仔细研究有关规定，否则容易造成经济损失。

(4) 注意做好展品与人员的安全保卫工作。在多国博览会或有文物之类贵重物品的展览会上，尤其要做好安全保卫工作。在准备展览会时，安全问题应列入有关规划中。

(5) 争取我驻外使馆的领导与支持。在国外的各种活动中，我外出各团、组均受我使、领馆领导，由于他们多年驻在当地，熟悉当地情况，有广泛的交往，争取使、领馆的领导与支持，可克服不少困难。

3. 展览、展销会的组织工作

下面以安徽省某市在南亚某国与一当地财团联合举办的展销会为例，说明如何成功地举行一次展销会。

(1) 确定展销会的目的和主题。该市想把安徽产品打入国际市场，在国外投资，办合资零售商店。通过举行一次展销会，探索合资前景及进行实地市场调查。

(2) 确定外国合作伙伴。安徽省国际经济与合作公司通过该公司驻外代表与我驻外使馆商量，决定与当地某财团合作，双方达成意向书，即由该财团提供合作商店房地产、人员，我方提供中国商品，双方成立合资零售商店。这期间经过多次谈判，我方代表又向银行了解有关情况，对该财团资产进行调查、摸底。双方同意先举行一次展销会，试销中国产品。

(3) 选择展销地点。这一点非常重要，应提前几个月定好。对举办地点开始双方存在争议。外方建议在该财团所属的一座大楼内举行。此楼虽位于商业区之一，但不是最繁华地区，影响力有限。外方认为，未来的合作商店将建于此处，建议以展销方式试销。但我方建议将举办地点放在当地有影响的中国援建的大厦内，因为在中国援建的大厦内举办中国商品展销会能吸引观众。经过多次谈判，双方达成在中国援建的大厦内举办展销会的一致意见。结果提前几个月订好了展览大厅，并商定优惠租金。

(4) 确定参展单位及项目。考虑到未来的合作商店将销售中国百货，商品种类繁多，单一的出口公司难以承担，决定由该市百货公司组织人员，经过培训后参展。该公司负责提供展品、培训人员、准备宣传资料。

(5) 进行可行性考察及定案。由一位副市长带队，有关局和公司领导参加，赴该国实地考察，与合作伙伴进一步谈判，考察展览地点等，最后定案。

(6) 确定展销会预算开支。这是一项艰苦而复杂的工作。首先要与外国合作伙伴确定开支分摊。因为这是首次展销中国商品，外商对展销能否成功、能否盈利没有把握，因而在谈判时比较困难。外商不愿意承担太多风险，同意如盈利，双方各占 50%，但对亏损的负担则有疑虑。外商对我方各种商品的质量、价格、销售前景、人员素质不大了解，提出到中国的这家百货公司考察，指定几种商品参展。我方考虑，展销的目的在于对各种商品销路进行市场调查，希望出展的商品种类多些。但外商害怕我方以劣质商品参展，转嫁经济亏损。最后，双方同意，我方承担亏损的 70%，外商承担 30%。另外，还研究了向该国海关报关的方式，最后确定了预算开支。

(7) 雇用当地的工作人员。双方商定，双方负责挑选、雇用当地展销工作人员。我方人员一般外语水平较差，特别是许多人不懂当地方言。雇用当地人，工资水平低，语言熟悉。由于是展销业务，有中方人员协助、监督，明码标价，简单易行，效果较好。

(8) 展览大厅旁设中餐厅，展团招待参加开幕式的重要客人(当地权势人物、外交使团)，并赠送小礼品。

(9) 展销会开幕前一天，为当地新闻媒介、外国记者举行一场预展，电视台记者拍摄实况，展团负责人介绍有关情况，并在中餐厅宴请这些人员。当晚电视新闻给予报道，第二天各报也做了介绍，效果较佳。

(10) 展销品的价格问题及剩余展品的出售问题。这个问题比较复杂，涉及当地海关及有关法律规定，也涉及合作伙伴的利益，需要大量谈判及疏导工作。

(四)接待外国记者采访，请名人参加活动

在国内公共关系中，可以利用记者招待会和新闻发布会扩大影响。在国际公共关系活动中，一个社会组织在国外的重要性有限，如果无重大的信息，一般不用召开记者招待会，可写好新闻稿或宴请外国记者，给其以独家新闻的方式来宣布，效果比较好。这样既结交了新闻界的朋友，又使国际公共关系目标容易实现，比发广告和召开记者招待会省钱、省力，效果又好。

请当地名人参加活动，例如奠基式、展销会、开幕式等，因为名人在当地影响大，其一举一动会引起新闻界的注意。公共关系人员可以利用这一点，通过国外新闻媒介报道名人活动，提高组织的知名度。

第四节　国际公共关系礼仪和外事规则

一、国际公关礼仪在对外交往中的作用

在国际公共关系活动中，人们往往都把礼仪看作一个国家和民族文明程度的重要标志。世界上每一个文明的民族都有凝结着本民族公众情感的礼仪习俗。因此，认真研究、了解和学习国际公共关系礼仪，遵守外事规则，对国际公共关系人员来说，是必不可缺的一门重要课程。

在国际交往中，特别是外交活动中，各国都十分重视国际交际礼仪。在各国的外交部一般都设有负责此项业务的礼宾司。礼宾工作是整个对外工作的重要组成部分，是必不可少的形式与手段。在国际公共关系活动中，交际礼仪一般没有外交礼仪那样严格，但有一定弹性，应十分重视。在对外工作中，交际礼仪不仅起着润滑和媒介作用，而且起着黏合和催化作用，它对于表达感情、加强友谊、增进了解、树立形象都是必不可少的，对国际公共关系人员来讲十分重要。

相反，如果不注意国际礼仪，就可能破坏感情、破坏关系，造成恶果。例如，我国某公司经理和女翻译在某热带国家洽谈业务，这位女翻译第一次出国，不熟悉国际礼仪。因为当地天气闷热，室内无空调，她便习惯性地当着客人的面，用裙子当扇子扇风。客人对此举发生误会，认为这是有意挑逗和对他人格的侮辱，结果使顺利进行的洽谈突然陷入僵局，几乎破裂。经理发现后，赶忙解释，才勉强使洽谈继续进行。

二、国际公共关系礼仪的基本要求

(一)彬彬有礼，不卑不亢

1. 彬彬有礼

彬彬有礼就是要态度热情、言谈文雅、举止得体、仪表端庄。

(1) 态度热情。态度热情就是对内不以衣着取人，对外不以国取人，待人以诚，一视同仁，微笑服务。在对外交往中，在某些身上一度出现过不够重视亚洲、非洲、拉丁美洲朋友的不良倾向，这对开展对外活动，特别是中国的国际公共关系是不利的，因为亚非拉

国家多是发展中国家,民族自尊心很强。对这些国家的公众要做到真正平等,尊重他们的习惯,尽量满足客人的合理要求,并体谅对方的困难,这样才能树立中国和本组织的良好形象。

在国际公共关系活动中,态度热情表现在各个方面。例如,在涉外宾馆,当客人乘车到达宾馆门前时,门口服务员应立即迎上前去,打开车门,并把手放在汽车门顶,提防客人头部撞门(小面包车尤其应注意这一点),接客人下车。行李员应主动上前帮助提行李。如果是私家车,服务员还应协助开车、停车,同时给客人停车票证(免费服务)。客人到达前厅,服务员要热情办理手续,行李员引导客人到房间,客房服务员应事先打开空调,告诉客人各个电器开关、洗手间部位,并在询问客人有何要求后立即退出。

对国际公共关系人员来讲,态度热情不仅包括热情回答客人的有关问题,并协助解决具体困难,还包括守时守约。在现代社会紧张的生活节奏中,每个人的时间是极为宝贵的。在发达国家中,时间观念很强,特别要注意按时守约。当然,按时也不是机械的,如果是参加家宴或招待会,可以准时或略晚几分钟到场,但不能提前到场,以免给主人正在做准备(如洗澡)带来不便。但在第三世界国家,人们往往时间观念不强,不能按时到场,特别是地位高和有身份的人,因为公务繁忙,加上有意显示不同寻常的身份,常常最后到场,甚至有时迟到一两个小时。遇到这种情况,国际公共关系人员应予以理解,见面时仍应态度热情。

(2) 言谈文雅。言谈文雅首先表现在见面时的称呼上。在一般国际惯例中,称男子为先生,称女子为夫人、小姐或女士。对不熟悉的人,可以在职务后面加上先生、小姐,如"经理先生""护士小姐"。对熟悉的人,可称姓氏加先生、小姐等,如"李先生""史密斯小姐"。对医生、教师、律师可以称职务及姓氏,如"安东尼斯医生""吴律师"等。对上层人物,如部长、总理、大使可称部长阁下、总理阁下、大使阁下等。有些称呼在国内显得比较得体,如称某某老师,表示对人尊敬,但在国际惯例中难以使用。

言谈文雅还表现在与人交谈时距离要得体,这要根据不同国家的风俗习惯采取不同的做法。例如,在阿拉伯国家,谈话时要站得近,以示关系亲密;而在美国要保持距离,不能太近。在公共场合时(如招待会),可以谈笑风生,但不能声音太大,以免显得过于粗俗。

(3) 举止得体。例如,剔牙掩手、军人行举手礼、入室脱帽、室内不戴墨镜等。而客人未走主人先走、文艺晚会上打瞌睡等,都是举止不得体、没有礼貌的表现。谈话时,用手随便指指点点,特别是对方的脸,是失礼行为;在陌生人面前或不熟悉的场合,随便捻指响,会使人觉得没有教养,应避免。举止得体还包括能够控制自己的情感,不以眼神或体态外露情绪。在涉外活动中,对外不要劝酒,本人饮酒也不得超过酒量的三分之一,否则酒醉失态,会酿成大错。在海外华人中有劝酒习惯,因而在宴会上要注意掌握自己的酒量。

2. 不卑不亢

不卑不亢就是既不卑屈也不高傲,稳重自然,落落大方,特别是对待西方发达国家,要防止崇洋媚外,失去民族自尊心。

此外,不卑不亢还表现在对待发展中国家不搞大国沙文主义。对大小国家应一视同仁,礼仪安排应该平衡统一。作为中国特色的国际公共关系人员在对外交往中要保持和发扬这一优良作风,对大国强国不卑,对小国穷国不亢。

(二)尊重外国习惯

国际公关人员应充分了解、尊重对象国公众的习惯,以免伤害对方感情,影响彼此关系,损害组织形象。例如,根据国际惯例,一般在协议签字仪式上,宾主举香槟酒表示祝贺,但对方如果是信仰伊斯兰教国家的人,不能喝酒,就可以采取变通形式,将对方的酒改为水。

尊重对方风俗习惯需要加强调查研究,细致地了解有关风俗习惯。公关人员要克服困难,学会适应各种风俗习惯,适应各种环境。

(三)尚礼好客

在接待对象公众访华时,国际公关人员对客人应热情友好,主动周到,使他们有宾至如归之感。公关对象公众到中国访问,这是国际公关人员树立中国和本组织形象的良机,应尽量使客人留下美好的印象。中国素称礼仪之邦,富有尚礼好客的优良传统,在开展有中国特色的国际公关活动时应特别注意发扬这一优良传统,并使其成为中国国际公共关系的特色之一。

在对外活动中坚持礼尚往来,特别要注意在与发达国家公众交往时应注意坚持原则,维护国家与组织利益,不能丧失国格人格,丧失民族自尊心。国际公关人员在接待外宾、临时出国或长期驻外时都要注意这个问题。在安排活动时,要坚持原则,不能有损国家和组织形象。在个人交往时,不谋私利,不受金钱和美色的诱惑。

(四)实事求是,有的放矢

实事求是、有的放矢是公共关系工作应坚持的一个原则,也是国际公共关系礼宾工作应坚持的原则。应有一说一,有二说二,不能浮夸;不能只讲优点不讲缺点,也不能报喜不报忧。

礼宾工作是国际公共关系的一种手段,它是为国际公共关系目标服务的,因此礼仪安排要有针对性,注重实效,要根据公众情况决定。有的放矢,才能实现公共关系目标,也可以避免财力与物力的浪费。

(五)严谨细致

严谨细致,就是周密调查,慎重研究,仔细安排,掌握主动,抓住时机,调动全局。严谨细致是做好礼宾工作的基本条件,若在技术上出现差错,有时会造成难以挽回的影响。

(六)遵守纪律,维护形象

对公共关系人员来说,维护公众利益、诚实可信、遵纪守法、不谋私利是应遵守的职业道德与纪律。对国际公共关系人员来说,还应注意了解和遵守国际公共关系行为准则,使自己的行为符合国际标准。对中国国际公共关系人员来说,为维护我国和组织的良好形象,要严格遵守外事纪律,即严格遵守"涉外人员原则"。"内外有别"是所有中国涉外人员必须遵守的原则。对于国际公共关系工作来讲,内外有别是区别于国内公关工作的重要特征之一。它要求公共关系人员在对外活动中,不能像内部讨论一样,什么都讲。这包括两个方面:一是必须牢记保守国家和本组织的机密,绝不允许以友好、坦诚为借口,向外宾提供机密和在谈判时对我方不利的情况或资料;二是必须牢记"授权有限",注意请示汇报,及时得到领导与本组织的帮助。

为保守国家和组织的秘密。"内外有别"原则还对国际公共关系人员作出以下规定。

(1) 在接待国外人士参观和洽谈业务时,应从实际出发,划清秘密与非秘密、核心机密与非核心机密的界限。不明确的要向领导请示报告。明确规定参观路线、项目和洽谈的范围、口径。负责接待的国际公共关系人员应遵守这些规定,不得随意改变。

(2) 如果有外国机构和人员来电、来函或来人了解情况、索取资料时,属于保密事项的应及时向外事主管部门请示、报告,按规定给予答复。

(3) 出入外国驻华机构和外国人住处,陪同外国人参观、游览、参加宴会等,不得携带秘密文件、资料和记有秘密事项的笔记本,如需携带应经领导审批并采取保密措施。出国人员也应遵守上述规定。

(4) 凡属内部报刊及内部资料,未经批准不准对外提供或销售。未经公开展示的文物,不得让外宾参观或拍照。

(5) 出国谈判时,不得把机密文件放在桌上;内部商量对策和交换意见应在保密的地方进行;机密电报和文件应在使、领馆内草拟;在国外宾馆、饭店、乘车场合,严禁讨论秘密事项和内部问题。

(6) 对外发表论文,交换书刊、资料、样品应按有关规定办理,严格进行保密审查,履行审批手续,不得自行其是。

(7) 在对外经贸活动中,不得泄露内部掌握的对外援助技术出口和接受外援的具体政策、规划数字、计划措施等秘密事项。对外谈判、宣传报道、举办展览、接待参观、技术交流等,凡是尚未公布的经贸措施、统计数字、生产技术、计划措施,均须进行严格审查,未经批准,不得对外提供和公开发表。

(8) 在对外引进技术和资金的活动中,要注意工作方式,确需提供必要的秘密资料时,应本着确保核心机密和有控制地放宽对非核心机密限制的原则,办理必要的审批手续。

(9) 向国外转让、出售或通过技术合作、经济援助向外提供技术项目时,属于科技秘密事项的,应报有关部门批准。

(10) 利用广播、电视、电影、报纸、书刊等传播媒介时,不得涉及有关保密内容。在国际通信中,严禁明、密电混用,传真通信不得涉及保密内容,严禁用普通电话传达保密内容,注意计算机信息保密。

本 章 小 结

本章主要介绍了国际公共关系的基本内容,并对理论上和实践中的问题进行了探讨。

国际公共关系是指一个社会组织,如政府部门、企业或事业单位等,在与他国公众的交往中,通过国际各种信息传播活动,增进本组织与他国公众之间的了解和信任,维护和发展本组织的良好形象。

因为国际公共关系的最大特点是与国外组织及公众打交道,因此,其活动的开展除了应遵循一般的公共关系活动原则外,还应考虑根据它本身的特点及我国的具体情况而制定一些有针对性的特殊措施。

了解国际公共关系的目标及提高目标意识，能把组织形象的完善和形象地位的提高具体化、数量化，发挥组织的特长，促进组织目标的实现。

国际公共关系活动是组织与广大国际公众进行沟通、塑造自身良好形象的有效途径。组织可以根据具体情况，进行各种不同主题的国际公共关系活动。

在国际公共关系活动中，人们往往都把礼仪看作一个国家和民族文明程度的重要标志。世界上每一个文明的民族都有凝结着本民族公众情感的礼仪习俗。因此，认真研究、了解和学习国际公共关系礼仪，遵守外事规则，对国际公共关系工作人员来说，是不可缺少的一门重要课程。

复习思考题

1. 什么是国际公共关系？国际公共关系应遵循的原则有哪些？
2. 为什么说"民间外交"是具有中国特色的国际公共关系活动？
3. 国家公共关系日常的调查研究主要包括哪些方面的内容？
4. 常见的国际公共关系活动有哪些？
5. 国际公共关系礼仪的基本要求是什么？
6. 对于国际公共关系人员来说，如何做到遵守纪律、维护国家和组织的良好形象？

参 考 文 献

[1] 陈军，李晓，陈有真. 公共关系学[M]. 北京：清华大学出版社，2018.
[2] [美]洛厄里·德弗勒. 大众传播效果研究的里程碑[M]. 北京：中国人民大学出版社，2004.
[3] [美]沃纳·J. 赛佛林，小詹姆士·W. 卡德. 传播理论[M]. 北京：中国传媒大学出版社，2006.
[4] 齐杏发. 网络公关实务[M]. 上海：华东师范大学出版社，2014.
[5] 梅文慧. 信息发布与危机公关[M]. 北京：清华大学出版社，2013.
[6] 岑丽莹. 中外危机公关案例启示录[M]. 北京：企业管理出版社，2010.
[7] 罗子明，张慧子. 新媒体时代的危机公关：品牌风险管理及案例分析[M]. 北京：清华大学出版社，2013.
[8] [美]艾·里斯，劳拉·里斯. 广告的没落公关的崛起：彻底颠覆营销传统的公关圣经[M]. 北京：机械工业出版社，2014.
[9] 周思邑. 国际公关[M]. 北京：北京大学出版社，2016.
[10] 陈红. 国际交往实用礼仪[M]. 北京：清华大学出版社，2004.
[11] 周红梅，陈观瑜. 公共关系与商务礼仪[M]. 成都：电子科技大学出版社，2018.
[12] 袁学敏，袁继敏. 公共关系理论与应用[M]. 北京：北京理工大学出版社，2018.
[13] 刘军，李淑华. 公共关系学[M]. 3版. 北京：机械工业出版社，2018.
[14] 刘丽. 像马云一样去沟通[M]. 南昌：江西教育出版社，2018.
[15] 居延安. 公共关系学[M]. 5版. 上海：复旦大学出版社，2013.
[16] 何修猛. 现代公共关系学[M]. 3版. 上海：复旦大学出版社，2015.
[17] [美]菲利普·莱斯礼. 公关圣经[M]. 石芳瑜，译. 汕头：汕头大学出版社，2004.
[18] [美]阿尔·里斯，劳拉·里斯. 公关第一，广告第二[M]. 罗汉，虞琦，译. 上海：上海人民出版社，2004.
[19] 杨加陆. 公共关系学(第二版)[M]. 上海：复旦大学出版社，2021.
[20] 张梅贞. e时代公共关系学丛书：网络公关[M]. 武汉：武汉大学出版社，2012.
[21] 刘晓路. 现代公共关系在企业管理中的应用研究[J]. 现代营销，2019(02)：139-140.
[22] 孟祥健. 新媒体背景下公共关系事件营销传播[J]. 农家参谋，2019(03)：218.
[23] 高静波. 新媒体时代企业公共关系探微[J]. 重庆行政，2018，19(06)：74-76.
[24] 张迪，周晓辉，高涵. 影响央企新媒体策略使用的因素分析：卓越公共关系理论视角[J]. 国际新闻界，2018，40(11)：166-176.
[25] 陈先红，秦冬雪. 2017年西方公共关系研究述评[J]. 新闻与传播评论，2018，71(06)：93-104.
[26] 祝佳琪. 四种公共关系模式对现代数字社会适应性研究[J]. 中国管理信息化，2018，21(21)：173-174.
[27] 刘睿. 微信时代公共关系营销策略的思考[J]. 现代营销，2018(11)：101.
[28] 邵文博. 浅析公共关系策略在企业战略中的作用[J]. 当代经济，2018(20)：110-111.
[29] 俞丰. 基于公共危机视角的政府公共关系沟通路径探析[J]. 改革与开放，2018(19)：88-91.
[30] 彭荣华，李宇. 公共关系在现代市场营销中的作用与运用[J]. 改革与开放，2018(19)：158-160.
[31] 吴琰. 从微博看网络世界的公共关系[J]. 中国报业，2018(18)：14-15.

[32] 陈俊杰. 探究网络时代的公共关系与市场营销[J]. 现代商业，2018(23)：88-89.

[33] 周正科. 公共关系视角下的企业人力资源管理——以联想公司为例[J]. 现代农村科技，2018(08)：100-101.

[34] 马晓辉. 公共关系组织新时代的职能转变[J]. 公关世界，2018(15)：26-27.

[35] 杨俊. "互联网+"背景下公共关系学面临的契机与挑战[J]. 国际公关，2018(04)：92-93.

[36] 黄雕，毕芬，田莉，等. 移动信息时代下企业公共关系危机的应对策略[J]. 法制博览，2018(20)：243+161.

[37] 高碧瑶. 公共关系视域下企业社会责任的新型表现方式及特征[J]. 传播与版权，2018(06)：189-192.

[38] 黄晶. 论公共关系有效传播的影响因素[J]. 现代经济信息，2018(09)：456.

[39] 李自林. 加强海外项目公共关系管理助力"一带一路"建设[J]. 北京石油管理干部学院学报，2018，25(02)：67-71.

[40] 赵新利. 改革开放以来中国特色公共关系的发展[J]. 青年记者，2018(07)：67-68.

[41] 田书. 试论公共关系与新闻传播的关系[J]. 新闻传播，2017(24)：95-96.

[42] 叶蔚云. "一带一路"环境下我国国际公共关系的战略转变[J]. 探求，2017(06)：105-110+114.

[43] 白海鹰. 探究汽车营销中公共关系的价值[J]. 统计与管理，2017(11)：142-143.

[44] 庄雨桢. 公共关系管理对塑造企业形象的作用[J]. 环渤海经济瞭望，2017(11)：104.

[45] 胡清波. 浅析公共关系视域下媒体对政府公共形象传播的影响[J]. 新闻研究导刊，2017，8(21)：177.

[46] 黄小燡. 公众细分视角下的公共关系舆论引导分析[J]. 今传媒，2017，25(11)：70-71.

[47] 张媛. 电视公益广告对社会公共关系的影响[J]. 传播力研究，2017，1(10)：165-166.

[48] 郭腾月. 公共关系未来发展趋势浅析[J]. 新闻传播，2017(17)：78-79.

[49] 刘心雨. 公共关系在人力资源管理中的运用研究[J]. 企业改革与管理，2017(16)：75+224.

[50] 宋子慧. 融媒体时代下企业公共关系的发展研究[J]. 沿海企业与科技，2017(04)：37-39.

[51] 卢山冰. 公共关系理论发展百年综述[J]. 西北大学学报(哲学社会科学版)，2003(2).

[52] 胡建新. 公共关系理论在美国的历史演进及其启示[J]. 湖南大学学报(社会科学版)，2007(3).

[53] 方明，蔡月亮. 政府国际公关：国家形象塑造的新视野[J]. 东南传播，2007(1).

[54] 林如. 网络公关：话语权争夺和网络舆论引导[J]. 新闻界，2009(1).

[55] 张晓明，邬伟娥. 基于生态文明建设背景的绿色公关现状分析[J]. 现代经济，2008(13).

[56] 李满良. 公共关系与企业品牌建设[J]. 公关世界，2022(09)：16-17.

[57] 李道豫. 新起点，迎接中国公共关系行业新未来[J]. 国际公关，2021(12)：1-2.

[58] 杜娟. 直面网络公关——企业网络公关的基础理念与策略[J]. 国际新闻界，2000(03)：73-76.

[59] 《中国公共关系业2021年度调查报告》. 2022，6-7.